„BÜCHER SIND WIE FALLSCHIRME. SIE NÜTZEN UNS NICHTS, WENN WIR SIE NICHT ÖFFNEN."

Gröls Verlag

Redaktionelle Hinweise und Impressum

Das vorliegende Werk wurde zugunsten der Authentizität sehr zurückhaltend bearbeitet. So wurden etwa ursprüngliche Rechtschreibfehler *nicht* systematisch behoben, denn kleine Unvollkommenheiten machen das Buch – wie im Übrigen den Menschen – erst authentisch. Mitunter wurden jedoch zum Beispiel Absätze behutsam neu getrennt, um den Lesefluss zu erleichtern.

Um die Texte zu rekonstruieren, werden antiquarische Bücher von Lesegeräten gescannt und dann durch eine Software lesbar gemacht. Der so entstandene Text wird von Menschen gegengelesen und korrigiert – hierbei treten auch Fehler auf. Wenn Sie ebenfalls antiquarische Texte einreichen möchten, finden Sie weitere Informationen auf www.groels.de

Viel Freude bei der Lektüre wünscht Ihnen das Team des Gröls-Verlags.

Adressen

Verleger: Sophia Gröls, Im Borngrund 26, 61440 Oberursel

Externer Dienstleister für Distribution & Herstellung: BoD, In de Tarpen 42, 22848 Norderstedt

Unsere „Edition | Werke der Weltliteratur“ hat den Anspruch, eine der größten und vollständigsten Sammlungen klassischer Literatur in deutscher Sprache zu sein. Nach und nach versammeln wir hier nicht nur die „üblichen Verdächtigen“ von Goethe bis Schiller, sondern auch Kleinode der vergangenen Jahrhunderte, die – zu Unrecht – drohen, in Vergessenheit zu geraten. Wir kultivieren und kuratieren damit einen der wertvollsten Bereiche der abendländischen Kultur. Kleine Auswahl:

Francis Bacon • Neues Organon • **Balzac** • Glanz und Elend der Kurtisanen • **Joachim H. Campe** • Robinson der Jüngere • **Dante Alighieri** • Die Göttliche Komödie • **Daniel Defoe** • Robinson Crusoe • **Charles Dickens** • Oliver Twist • **Denis Diderot** • Jacques der Fatalist • **Fjodor Dostojewski** • Schuld und Sühne • **Arthur Conan Doyle** • Der Hund von Baskerville • **Marie von Ebner-Eschenbach** • Das Gemeindekind • **Elisabeth von Österreich** • Das Poetische Tagebuch • **Friedrich Engels** • Die Lage der arbeitenden Klasse • **Ludwig Feuerbach** • Das Wesen des Christentums • **Johann G. Fichte** • Reden an die deutsche Nation • **Fitzgerald** • Zärtlich ist die Nacht • **Flaubert** • Madame Bovary • **Gorch Fock** • Seefahrt ist not! • **Theodor Fontane** • Effi Briest • **Robert Musil** • Über die Dummheit • **Edgar Wallace** • Der Frosch mit der Maske • **Jakob Wassermann** • Der Fall Maurizius • **Oscar Wilde** • Das Bildnis des Dorian Grey • **Émile Zola** • Germinal • **Stefan Zweig** • Schachnovelle • **Hugo von Hofmannsthal** • Der Tor und der Tod • **Anton Tschechow** • Ein Heiratsantrag • **Arthur Schnitzler** • Reigen • **Friedrich Schiller** • Kabale und Liebe • **Nicolo Machiavelli** • Der Fürst • **Gotthold E. Lessing** • Nathan der Weise • **Augustinus** • Die Bekenntnisse des heiligen Augustinus • **Marcus Aurelius** • Selbstbetrachtungen • **Charles Baudelaire** • Die Blumen des Bösen • **Harriett Stowe** • Onkel Toms Hütte • **Walter Benjamin** • Deutsche Menschen • **Hugo Bettauer** • Die Stadt ohne Juden • **Lewis Caroll** • *und viele mehr….*

Gustav Schwab

Sagen des klassischen Altertums

Dritter Teil

Zuerst erschienen:

1838

Inhalt

Erstes Buch

-

Die letzten Tantaliden

Agamemnons Geschlecht und Haus

Troja war gefallen. Die heimsegelnde Flotte der Hellenen, vom Sturm halb vernichtet, hatte sich in ihren Überbleibseln wieder zusammengefunden, und auf der beruhigten See fuhren die Abteilungen der Griechen jede ihrer Heimat zu. Agamemnon, dessen Schiffe, von der Herrscherin Hera beschützt, keinen Schaden genommen hatten, steuerte rüstig auf die Küste des Peloponneses los. Schon nahete er dem spitzigen Felsenhaupte des Vorgebirges Malea in Lakonien, als ihn plötzlich aufs neue das Ungestüm eines Orkanes ergriff und ihn mit allen Fahrzeugen in die offene Flut des Meeres zurückwarf. Seufzend mit aufgehobenen Händen flehte der Völkerfürst empor zum Himmel und bat die Götter, ihn nicht nach so vielem Ungemach und nach mühselig vollbrachtem Willen der Himmlischen im Angesichte seiner Heimat mit so vielen tapferen Männern verderben zu lassen. Er wußte nicht, daß diesmal der Sturm sein Freund und von warnenden Gottheiten ihm zugesendet war: denn ihm wäre besser gewesen, an die fernste Barbarenküste verschlagen, in der Verbannung sein Leben zu beschließen, als seinen Fuß in den heimischen Königspalast Mykenes zu setzen.

Auf Agamemnons Geschlecht ruhete ein Fluch; von seinem Urahn Tantalos her war es unter Greueln erwachsen; ruchlose Gewalt hatte die einen seiner Glieder gestürzt, die andern erhoben; durch einen ungeheuren Frevel im eigenen Hause sollte auch Agamemnon das Ziel seines Lebens finden. Der Urgroßvater Tantalos hatte den zum Mahle geladenen Göttern seinen Sohn Pelops gekocht zu schmausen vorgesetzt, und nur ein Wunder hatte diesen Stammhalter des Geschlechts ins Leben zurückgerufen. Pelops, sonst unsträflich, ermordete seinen Wohltäter Myrtilos, den Sohn des Hermes, und half durch diesen Mord den Fluch des Hauses weiterspinnen. Myrtilos nämlich, der Stallmeister des Königs Önomaos, dessen Tochter Hippodameia Pelops durch den Sieg im Wagenrennen gewinnen sollte, ließ sich überreden, die Nägel aus dem Wagen seines Herrn zu ziehen und wächserne statt der eisernen einzustecken. Dadurch ging der Wagen des Önomaos auseinander, und Pelops gewann den Sieg und die

Jungfrau. Als aber Myrtilos die versprochene Belohnung forderte, stürzte ihn Pelops, um keinen Zeugen seines Betruges zu haben, ins Meer. Vergebens suchte er den über diesen Frevel zürnenden Gott Hermes zu versöhnen, baute dem Sohn ein Grabmal und dem Vater einen Tempel: er und sein Geschlecht waren der Rache des Gottes verfallen.

In den Söhnen des Pelops, Atreus und Thyestes, wirkte der Fluch kräftig fort. Atreus war König zu Mykene, Thyestes neben ihm König im südlichen Teile des argolischen Landes. Der ältere Bruder besaß einen Widder, der goldene Wolle trug; nach diesem gelüstete Thyestes, den jüngeren; er verführte die Gemahlin des Bruders, Aërope, zur Untreue und erhielt von ihr das goldene Lamm. Als Atreus das doppelte Verbrechen seines Bruders inneward, hielt ihn keine Überlegung ab; er handelte wie der Großvater: heimlich ergriff er die beiden kleinen Söhne des Thyestes, Tantalos und Pleisthenes, setzte sie geschlachtet beim gräßlichen Gastmahle dem Bruder vor und gab ihr Blut zum Weine gemischt, dem unseligen Vater zu trinken. Dem zuschauenden Sonnengott kam über dieser Unmenschlichkeit ein solches Grauen an, daß er seinen Wagen rückwärts lenkte; Thyestes aber floh vor dem entsetzlichen Bruder nach Epiros zu dem Könige Thesprotos. Das Land des Atreus ward von Dürre und Hungersnot heimgesucht, und der befragende König erhielt vom Orakel die Antwort, die Landplage werde aufhören, wenn der vertriebene Bruder zurückberufen sei. So machte sich Atreus selbst auf den Weg, den Thyestes in seiner Zufluchtsstätte aufzusuchen, und führte ihn mit einem Sohne, namens Ägisth, in die alte Heimat zurück. Auch dieser Ägisth war das Kind eines Greuels und in seinem Asyle von Thyestes erzeugt. Aber er hatte geschworen, seinen Vater an dem Atreus und dessen Kindern zu rächen. Das erste vollführte er bald, nachdem die Brüder zusammen nach Mykene zurückgekehrt waren. Ihre Freundschaft war dort von kurzer Dauer gewesen, und Atreus hatte den Bruder in den Kerker geworfen. Da erbot sich Ägisth trügerischerweise dem Oheim, indem er sich über den Greuel seiner Geburt entrüstet stellte, den eigenen Vater umzubringen. In den Kerker eingelassen, verabredete er mit seinem Vater die Rache, zeigte dem Atreus ein blutiges Schwert, und als dieser, über den geglaubten Tod des Bruder fröhlich, am Meeresufer ein Dankopfer anstellte, stieß ihm Ägisth dasselbe Schwert in den Leib. Thyestes kam aus seiner Haft hervor und bemächtigte sich auf kurze Zeit des brüderlichen Reiches; aber der älteste Sohn des Atreus, Agamemnon, stellte ihm nach und rächte mit dem Stahl an ihm des Vaters Mord. Ägisth blieb verschont, er ward von den Göttern zum

Fluche des Geschlechtes aufgehoben und regierte als König in dem alten Anteile seines Vaters im südlichen Lande.

Wie nun Agamemnon in den Krieg vor Troja gezogen war und seine Gemahlin Klytämnestra, über die Opferung ihrer Tochter Iphigenia grollend, im tiefen Mutterschmerze zu Hause saß, da deuchte Ägisth die rechte Zeit gekommen, auch dem Atriden mit seiner Rache zu nahen. Er erschien im Königspalaste zu Mykene, und der Wunsch, am unmenschlichen Gatten sich zu rächen, gab Klytämnestra nach langem Widerstreben der Verführung des Bösewichts preis, daß sie mit ihm als mit einem zweiten Gemahle Palast und Reich Agamemnons teilte. Von ihrem rechtmäßigen Gatten lebten in dessen Hause damals drei Geschwister der entrückten Iphigenia: ihr zunächst am Alter die kluge Jungfrau Elektra, eine jüngere Schwester Chrysothemis und ein kleiner Knabe Orestes. Vor ihren Augen nahm Ägisth von dem Ehebund und Palaste des Vaters Besitz. Das frevelnde Paar war jetzt, als sich der Kampf vor Troja zu seinem Ende neigte, nur darauf bedacht, daß der heimkehrende Agamemnon mit seiner furchtbaren Kriegerschar sie nicht unvorbereitet überraschen möchte. Seit Jahren war auf den Zinnen des Palastes ein Wächter aufgestellt, dem ein nächtliches Fackelzeichen von der Meergrenze des Landes her die Nachricht von der Eroberung Trojas und der Ankunft des Königes geben sollte. War die Kunde einmal gekommen, so sollte es an Zurüstungen nicht fehlen, dem Könige Agamemnon einen festlichen Empfang zu bereiten und ihn in die Falle zu locken, noch bevor er den wahren Zustand der Dinge in seiner Heimat erführe.

Endlich erglänzte die Fackel bei Nacht. Der Wächter eilte von der Zinne herab und meldete der Herrin das erblickte Zeichen. Mit Ungeduld erwarteten Klytämnestra und ihr Buhle den Morgen; und die Sonne war noch nicht lange aufgegangen, als schon ein Herold, von dem heimkehrenden König abgesandt, mit Olivenzweigen sein Haupt beschattend, auf den Palast von Mykene zugeschritten kam. Die Königin ging ihm mit verstellter Freundlichkeit entgegen. Doch sorgte sie, daß der Bote sich im Königshause nicht umsehen konnte, und als dieser in einer langen Erzählung seiner Siegesfreude Luft machen wollte, unterbrach sie ihn hastig und sprach: „Bemühe dich nicht; am besten werde ich das alles aus dem Munde meines königlichen Gemahles selbst erfahren. Kehre zurück und beschleunige seinen Weg. Sage ihm, wie erwünscht er mir und der Stadt komme und daß ich selbst mich zum Aufbruch anschicken werde, ihn nicht nur als meinen verehrten und geliebten Gatten, sondern auch als den herrlichen Eroberer einer weltberühmten Stadt nach Würden zu empfangen."

Agamemnons Ende

Als der König Agamemnon im Sturme von dem Vorgebirge Malea zurückgeworfen worden war, trieb ihn der Wind mit seinem Schiffzuge nach dem südlichen Gestade des Landes, wo einst sein Oheim Thyestes geherrscht hatte und jetzt der Fürstensitz des Ägisth war. Er warf die Anker aus und wartete günstigen Fahrwind in einer sicheren Hafenbucht ab. Ausgeschickte Kundschafter brachten ihm die Nachricht, daß der König des Landes, Ägisth, mit seiner Gemahlin Klytämnestra, seit diese von Aulis zurückgekehrt, in nachbarlicher Freundschaft gelebt habe, ja daß derselbe, schon seit geraumer Zeit nach Mykene berufen, in der Königin Namen das Reich Agamemnons verwalte. Der Völkerfürst erfreute sich dieser Nachricht und suchte nichts Arges darunter. Er dankte den Göttern, daß der alte Rachegeist aus seinem Hause verschwunden sei. Ihm selbst, der so viel Griechen- und Barbarenblut vor Troja notgedrungen vergossen hatte, war der Durst nach Blutrache vergangen, und sein Inneres dachte nicht daran, den Mörder seines Vaters, der doch selbst nur gerechte Rache genommen hatte, zu strafen. Auch das Herz seiner Gemahlin glaubte er durch den langen Zeitraum beschwichtiget. Unter fröhlichen Hoffnungen lichtete er die Anker bei günstigem Wind und lief mit seinen Kriegern wohlbehalten in den Hafen seiner Heimat ein.

Sobald er hier den Göttern ein Dankopfer für Rettung und beglückte Fahrt am Ufer dargebracht hatte, folgte er mit seiner Kriegerschar dem abgesandten Herold. Vor der Stadt Mykene kam ihm das gesamte Volk entgegen, seinen Vetter Ägisth, der im ganzen Lande als königlicher Verwalter des Reiches galt, an der Spitze. Alsdann erschien auch, von den Frauen ihres Hauses begleitet und von den streng bewachten Kindern umgeben, die Königin Klytämnestra. Wie man bei erheuchelter Freude pflegt, empfing sie den Gemahl mit allen ersinnlichen Ehrenbezeugungen und mit übertriebener Ehrfurcht; ja statt ihn zu umfangen, warf sie sich vor ihm auf die Knie nieder und ergoß sich in Glückwünschungen und Lobsprüchen. Agamemnon aber eilte freudig auf sie zu, erhob sie vom Boden, umarmte sie und sprach: „Was denkst du, Ledas Tochter, daß du wie eine Sklavin den Barbarenherrn, fußfällig im Staube dich wälzend, mich empfängst? Und was sollen diese herrlichen gestickten Teppiche, die unter meinen Fußtritt gebreitet sind? So empfängt man unsterbliche Götter und nicht sterbliche schwache Menschen. Ehre mich so, daß die Himmlischen mich nicht beneiden!“

Nachdem er die Gattin so begrüßt und die Kinder umarmt und geküßt, wandte er sich um zu Ägisth, der mit den Häuptlingen der Stadt seitwärts stand, reichte ihm brüderlich die Hand und sagte ihm freundlichen Dank für die sorgfältige Verwaltung des Landes. Dann löste er die Riemen seiner Schuhe und ging barfuß über das kostbare Gewebe der Teppiche durch die ganze Stadt bis zu seinem Palaste. In seinem Gefolge befand sich auch Kassandra, die weissagende Tochter des Priamos, die in der Beute dem Völkerfürsten, der sie von den ruchlosen Händen Ajax' des Lokrers befreit hatte, zuteil geworden war. Sie saß mit gesenktem Haupt und niedergeschlagenen Augen auf einem hohen, auch mit anderer Beute beladenen Wagen. Als Klytämnestra die edle Gestalt der Jungfrau gewahr wurde, überschlich sie ein Gefühl der Eifersucht, zu welchem sie freilich am wenigsten berechtigt war; gewaltiger aber noch befiel sie ein Schrecken, als sie den Namen der Gefangenen erkundet und erfahren hatte, daß sie die wahrsagende Priesterin der Pallas in ihrem durch Ehebruch entweihten Hause beherbergen sollte. Die höchste Gefahr deuchte ihr deswegen, länger mit ihrem verruchten Vorhaben zu zögern, und schnell war ihr arglistiger Entschluß gefaßt, die fremde Jungfrau auf *eine* Stunde mit dem Gatten zu verderben. Doch verbarg sie sorgfältig ihr Inneres vor der Seherin, und als der ganze Zug vor dem Königspalaste zu Mykene angekommen war, trat sie freundlich zu dem Wagen und rief ihr zu: „Steige herab, traurige Jungfrau, und gib dem Verdrusse Abschied! Mußte doch selbst Alkmenes unbezwinglicher Sohn, Herakles, einst in die Knechtschaft wandern und sein Haupt unter das Joch einer fremden Herrin beugen! Wem das Schicksal einen solchen Zwang zugedacht hat, der darf sich glücklich preisen, wenn er unter Herren kommt, bei denen alter Reichtum zu Hause ist; denn wer das Glück erst kurz und unverhofft geerntet hat, pflegt hart und übermütig gegen Knechte zu sein. Sei getrost, du sollst alles bei uns erhalten, was billig ist!“

Kassandra veränderte ihre Miene nicht bei diesen Worten; lange blieb sie ohne Regung auf dem Stuhl ihres Wagens sitzen, die Dienerinnen mußten sie nötigen, ihren Platz zu verlassen. Endlich sprang sie vom Sitze wie ein gescheuchtes Wild, ihr Herz wußte alles, was ihr bevorstand; sie war gewiß, daß der Schluß des Schicksals nicht zu ändern sei; und hätte sie ihn ändern können, sie hätte der Rachegöttin den Feind ihres Volkes nicht entziehen wollen, und weil er doch ihr

Retter war, so verdroß es sie nicht, mit ihm zu sterben. Im Palaste wurden der Fürst Agamemnon und alle mit ihm Angekommenen durch Zurüstungen zu einem prächtigen Gastmahle getäuscht. Bei diesem Mahle hatte er von den gedungenen Knechten des Ägisth wie ein Stier an der Krippe erschlagen werden sollen. Die Ankunft der Wahrsagerin aber bestimmte die Königin und ihren Ehebrecher, die Entscheidung nicht auf diesen Hinterhalt auszusetzen, sondern rascher und einsamer zu Werke zu gehen.

Agamemnon, von der Fahrt ermüdet und vom Wege durch das Land nach der Stadt bestäubt, verlangte nach einem erquickenden Bade, und Klytämnestra erklärte ihm mit liebreicher Zuvorkommenheit, daß sie dieses Bedürfnis längst vorhergesehen und daß ein warmes Bad für ihn bereitgehalten sei. Der König betrat ahnungslos das Badegewölbe seines Palastes, legte Panzer, Waffen und alle Gewande ab und bestieg wehrlos und entkleidet den Badebehälter. Da brachen Ägisth und Klytämnestra aus ihrem Verstecke hervor, warfen ihm ein festgewundenes Netz über den Leib und durchbohrten ihn mit wiederholten Dolchstichen. Sein Hilferuf drang aus dem unterirdischen Gemache, wo die Bäder sich befanden, nicht hinauf in den obern Palast. Unmittelbar nachher ward Kassandra, die einsam durch die dunkeln Vorhallen des Königspalastes hin und her irrte, das Geschehende sah und in Rätselsprüchen verkündete, niedergemacht.

Sobald die doppelte Untat geschehen war, gedachten die Mörder, auf ihren Anhang vertrauend, sie nicht länger zu verbergen. Die beiden Leichname wurden im Palaste ausgestellt; Klytämnestra berief die Häupter der Stadt und sprach ohne Rückhalt und ohne Scheu: „Verarget mir, Freunde, meine bisherige Verstellung nicht. Ich habe dem Todfeinde meines Hauses, dem Mörder meines geliebtesten Kindes, seine Blutschuld nicht anders bezahlen können; ja ich habe ihn ins Netz gelockt, wie einen Fisch habe ich ihn gefangen; mit drei Dolchstichen, im Namen des unterirdischen Pluton geführt, habe ich meine Tochter gerächt. Es ist Agamemnon, mein Gatte, von meiner eigenen Hand umgebracht; ich leugne es nicht. Hat er doch, als handelte es sich um den Tod eines Schlachtviehes, sein eigenes Kind, mir das liebste, geopfert, um mit meinem Mutterschmerze die thrakischen Winde zu besänftigen. Verdiente ein solcher Frevler zu leben, verdiente er ein so schönes, ein so frommes Land zu beherrschen? Ist's nicht gerechter, daß Ägisth euch befehle, der keinen Kindermord auf dem Gewissen hat, der in Atreus und im Atriden nur Erbfeinde seines Vaters gerächt hat? Ja es ist billig, daß ich ihm die Hand reiche, daß ich

Palast und Thron mit ihm teile, der das Werk der beleidigten Mutterliebe, das Werk der Gerechtigkeit mir vollbringen half. Er ist ein Schild meiner Kühnheit; solang er und sein Anhang mich beschützt, wird niemand es wagen, mich wegen meiner Tat zur Rechenschaft ziehen zu wollen. Was jene Sklavin betrifft" – mit diesen Worten deutete sie auf Kassandras Leichnam –, „so war sie die Buhlerin des Treulosen; sie hat die Strafe des Ehebruchs erlitten und soll den Hunden zum Zerfleischen vorgeworfen werden."

Die Häupter der Stadt blieben auf diese Rede stumm. An Gegenwehr war nicht zu denken: die Bewaffneten des Ägisth umgaben den Palast; Waffengeklirr ertönte, und drohende Laute ließen sich hören. Die Krieger Agamemnons, deren eine weit kleinere Schar aus dem männervertilgenden Kampfe von Troja heimgekehrt war, hatten sich in der Stadt zerstreut und sorglos die Waffen von sich gelegt. Der wilde Anhang des Ägisth durchzog Mykene in voller Rüstung und metzelte jeden nieder, der gegen den gräßlichen Mord seines Fürsten sich auflehnte.

Die Frevler versäumten auch nichts, ihre Herrschaft zu befestigen. Alle Ehrenstellen, alle Kriegsämter wurden unter ihre treuesten Anhänger verteilt. Die Töchter Agamemnons betrachteten sie als gefahrlose Weiber; aber zu spät fiel ihnen ein, daß in dem jungen Orestes, dem jüngsten Kinde Agamemnons und Klytämnestras, dem Vater ein Rächer nachwachse. Obgleich er kaum zwölfjährig war, hätte sie ihn doch gerne getötet, um sich von aller Furcht der Strafe zu befreien. Aber seine kluge Schwester Elektra, besonnener als die Mörder, hatte sogleich nach der Tat Sorge für ihn getragen und ihn heimlich dem Sklaven, dem seine Aufsicht anvertraut war, übergeben. Dieser hatte ihn nach Phanote im Lande Phokis gebracht und ihn dort als ein heiliges Unterpfand dem befreundeten Könige Strophios übergeben, der sein zweiter Vater wurde und ihn mit seinem eigenen Sohne Pylades sorgfältig erzog.

Agamemnon gerächt

Elektra führte inzwischen im Königspalaste ihres ermordeten Vaters das traurigste Leben, und nur die Hoffnung, ihren Bruder einst, zum Manne herangewachsen, als Rächer in den väterlichen Hallen erscheinen zu sehen, fristete ihr kummervolles Dasein. Von der Mutter wurde ihr die bitterste Feindschaft zuteil; im eigenen Stammhause mußte sie mit den Mördern ihres

Vaters wohnen und ihnen in allem unterwürfig sein; auf sie kam es an, ob sie darben oder den notdürftigen Unterhalt empfangen sollte. Auf dem Thron Agamemnons sah sie den Ägisth in königlicher Herrlichkeit sitzen, sah ihn in dessen schönste Gewande, welche die Vorratskammern des Palastes füllten, gekleidet einhergehen und den Schutzgöttern des Hauses an derselben Stelle Trankopfer spenden, wo er seinen Blutsverwandten ermordet hatte. Sie war Zeuge der zärtlichen Vertrautheit, mit welcher die freche Mutter den Besudelten behandelte; denn diese, mit Lächeln über das hinschlupfend, was sie Greuliches begangen hatte, ordnete alljährlich Festreigen an dem Tage an, an welchem sie den Gatten trügerisch dahingewürgt, und brachte noch dazu den Rettungsgöttern jeden Monat reichliche Schlachtopfer dar. Die Jungfrau verzehrte sich bei diesem empörenden Anblicke in geheimem Gram; denn es war ihr nicht einmal frei zu weinen vergönnt, sosehr ihr Herz darnach begehrte. „Was weinst du, Gottverhaßte“, rief ihr die Mutter zornig zu, sooft sie dieselbe in Tränen fand, „starb denn dir allein der Vater? Hat denn kein Sterblicher zu trauern als du? Möchtest du doch in deinem törichten Jammer schmählich vergehen!“ Zuweilen ward ihr böses Gewissen durch ein eitles Gerücht aufgeschreckt, als sei Orestes aus der Fremde im Anzug; dann wütete sie am rückhaltlosesten gegen die unglückliche Tochter. „Nun, wäre es nicht deine Schuld“, rief sie ihr zu, „wenn er käme? Bist nicht du es, die ihn aus meiner Hand hinweggestohlen und heimlich davongeschickt hat? Doch wirst du dich deiner Anschläge nicht freuen; der verdiente Lohn ereilt dich, ehe du es denkst!“ In solchen Scheltworten stand ihr dann der verworfene Gatte Ägisth bei, und vor beider Flüchen verbarg sich Elektra in die dunkelste Kammer des Hauses.

Jahre waren so hingeschwunden, während welcher sie unaufhörlich auf die Erscheinung ihres Bruders Orestes harrte; denn dieser hatte bei seiner Flucht, so jung er war, doch der Schwester das Versprechen hinterlassen, zur rechten Zeit, wenn er Manneskraft in seinem Arme mitbringen könnte, da zu sein. Jetzt aber zögerte der herangereifte Jüngling so lange, und die nahen wie die fernen Hoffnungen erloschen allmählich in dem trostlosen Herzen der trauernden Jungfrau.

Bei ihrer jüngeren Schwester Chrysothemis, die nun auch längst herangewachsen war, aber nicht das männliche Gemüt Elektras besaß, fand die treue Tochter Agamemnons keine Unterstützung ihrer Pläne und wenig Trost in ihrem Schmerz. Doch geschah dies nicht aus Gefühllosigkeit, sondern nur aus Schwäche des weiblichen Herzens. Chrysothemis gehorchte der Mutter und widersetzte sich nicht halsstarrig ihren Befehlen wie Elektra. So kam sie denn auch eines Tages mit Opfergeräte und Grabesspende für Verstorbene im Auftrage der Mutter vor das Tor des Palastes gegangen und trat der Schwester hier in den Weg. Elektra schalt sie über diesen Gehorsam und fand es schnöde, daß ein Kind solchen Mannes des Vaters vergessen und der ruchlosen Mutter stets gedenken könne. „Willst du denn“, erwiderte ihr Chrysothemis, „so lange Zeit hindurch niemals lernen, leerem Grame dich nicht fruchtlos hinzugeben? Glaube nur, daß mich auch kränkt, was ich sehe, und nur aus Not ziehe ich mein Segel ein. Dich aber, dies vernahm ich von den Grausamen, wollen sie, wenn du nicht aufhörst zu klagen, ferne von dem Elternhause in einen tiefen Kerker werfen, wo du den Strahl der Sonne niemals wieder schauen sollst. Bedenke dies und gib nicht mir die Schuld, wenn jene Not einbricht!“ „Mögen sie es tun“, antwortete Elektra stolz und kalt, „mir ist am wohlsten, wenn ich recht ferne von euch allen bin! Aber wem bringst du dieses Opfer da, Schwester?“ „Es ist von der Mutter unserm verstorbenen Vater bestimmt.“ „Wie, für den Ermordeten?“ rief Elektra staunend. „Sprich, was bringt sie auf solche Gedanken?“ „Ein nächtliches Schreckbild“, erwiderte die jüngere Schwester. „Sie hat, so geht die Sage, unsern Vater im Traume geschaut, wie er den Herrscherstab, den er einst trug und jetzt Ägisth trägt, in unserm Hause ergriff und in die Erde pflanzte. Diesem entsproßte alsobald ein Baum mit Ästen und üppigen Zweigen, der über ganz Mykene seinen Schatten verbreitete. Durch dieses Traumbild geschreckt und zu banger Furcht aufgeregt, schickt sie mich heute, wo Ägisth nicht zu Hause ist, des Vaters Geist mit diesem Grabesopfer zu versöhnen.“ „Teure Schwester“, sprach Elektra auf einmal in bittendem Tone, „ferne sei, daß die Spende des feindseligen Weibes das Grab unseres Vaters berühre! Gib das Opfer den Winden, vergrab es tief in den Sand, wo auch kein Teilchen davon die Ruhestätte unsers Vaters erreichen könne. Meinst du, der Tote im Grabe werde das Weihgeschenk seiner Mörderin frohen Mutes empfangen? Wirf du vielmehr alles hin, schneide dir und mir ein paar Locken des Haupthaares ab und bring ihm dieses unser demütiges Haar und meinen Gürtel da, das einzige, was ich habe, als wohlgefälliges Opfer dar. Wirf dich dazu nieder und flehe zu ihm, daß er aus dem Erdenschoß als Beistand gegen unsere Feinde heraufsteigen daß der stolze Fußtritt seines Sohnes Orestes bald erschalle und seine Mörder niedertrete. Dann wollen wir sein Grab mit reicheren Opfern schmücken!“ Chrysothemis, zum ersten Male von der Rede der Schwester ergriffen, versprach zu gehorchen und eilte mit dem Opfer der Mutter hinaus ins Freie.

Sie hatte sich noch nicht lange entfernt, so kam Klytämnestra aus den innern Hallen des Palastes und fing in gewohnter Weise auf ihre ältere Tochter zu schmähen an: „Du bist heute wieder ganz ausgelassen, scheint es, Elektra, weil Ägisthos, der dich doch sonst in Schranken hielt, fort ist. Schämst du dich nicht, anders als es einer sittsamen Jungfrau geziemt, den Deinen zur Schande vor das Tor zu gehen und mich da wohl bei den aus- und eingehenden Mägden zu verklagen? Nimmst du noch immer den Vater zum Vorwande deiner Anklage, daß er durch mich gestorben sei? Nun wohl, ich leugne diese Tat nicht, aber nicht ich allein bin es, die sie verrichtete, die Göttin der Gerechtigkeit stand mir zur Seite; und auf ihre Seite solltest du auch treten, wenn du vernünftig wärest. Erfrechte sich nicht dieser dein Vater, den du unaufhörlich beweinst, allein im ganzen Volke, deine Schwester sich und Menelaos zum Vorteil hinzuopfern? Ist ein solcher Vater nicht schändlich und sinnlos? Würde der Toten gewährt zu sprechen, gewiß, sie würde mir recht geben! Ob aber du, Törin, mich schiltst, das gilt mir gleich!"

„Höre mich an", erwiderte Elektra. „Du gestehst meines Vaters Mord. Das ist Schande genug, mag dieser Mord nun gerecht gewesen sein oder nicht. Aber nicht um der Gerechtigkeit willen hast du ihn erschlagen! Die Schmeichelei des schnöden Mannes trieb dich dazu, der dich jetzt besitzt. Mein Vater opferte fürs Heer und nicht für sich, nicht für Menelaos. Widerstrebend, gezwungen tat er es, dem Volke zulieb. Und wenn er es für sich, wenn er es für seinen Bruder getan hätte, mußte er deswegen von *deiner* Hand sterben? Mußtest du deinen Mordgenossen zum Gemahl nehmen und die allerschimpflichste Tat auf die allerverruchteste folgen lassen? Oder heißest du das vielleicht auch Vergeltung für den Opfertod deines Kindes?" „Schnöde Brut!" rief Klytämnestra zornglühend ihr entgegen. „Bei der Königin Artemis! du büßest mir diesen Trotz, ist nur erst Ägisth zurückgekommen. Wirst du dein Geschrei einstellen und mich ruhig opfern lassen?"

Klytämnestra wandte sich von der Tochter ab und trat an den Altar des Apollon, der vor dem Palaste wie vor allen Häusern der Griechen aufgestellt war, Haus und Straße zu behüten. Das Opfer, das sie darbrachte, war bestimmt, den Gott der Weissagungen wegen des Traumgesichtes zu versöhnen, das ihr in der letzten Schreckensnacht im Schlafe vorgekommen war.

Und es schien, als wolle der Gott sie erhören. Noch hatte sie nicht ausgeopfert, als ein fremder Mann auf die sie begleitenden Dienerinnen zuschritt und nach der Königswohnung des Ägisth sich erkundigte. Von diesen an die Fürstin des

Hauses gewiesen, beugte er die Knie vor ihr und sprach: „Heil dir, o Königin, ich bin gekommen, dir ein willkommenes Wort von deinem und deines Gemahles Freunde zu verkünden. Mich sendet der König Strophios aus Phanote: es starb Orestes; damit ist mein Auftrag zu Ende." „Dies Wort ist mein Tod", seufzte Elektra und sank an den Stufen des Palastes nieder. „Was sagst du, Freund?" sprach hastig Klytämnestra, den Altar mit einem Sprunge verlassend. „Kümmre dich nicht um jene Närrin dort! Erzähle mir, erzähle!"

„Dein Sohn Orestes", hub jener an, „von Ruhmbegier getrieben, war nach Delphi zu den heiligen Spielen gekommen. Als der Herold den Anfang des Wettlaufs verkündigte, so trat er herein in den Kreis, eine glänzende Gestalt, von allen angestaunt. Ehe man ihn recht seinen Anlauf nehmen sah, dem Wind oder dem Blitze gleich, war er am Ziele und trug den Siegespreis davon. Ja, soviel der Kampfrichter Heroldsrufe ergehen ließ, in dem ganzen fünffachen Kampfe der doppelten Rennbahn erschallte jedesmal als Name des Siegers Orestes, der Sohn Agamemnons, des Völkerfürsten vor Troja. Dies war der Anfang der Wettkämpfe. Aber wenn ihn die höhere Gewalt der Götter irremacht, so entgeht auch der Stärkste seinem Lose nicht. Denn als nun am andern Tage wiederum bei Sonnenaufgang das Wettrennen der geflügelten Rosse seinen Anfang nahm, war auch er unter vielen andern Wagenlenkern zur Stelle. Vor ihm waren auf dem Kampfplatz ein Achaier, ein Spartaner und zwei wohlerfahrene Rosselenker aus Libyen erschienen. Auf sie folgte Orestes als der fünfte, mit thessalischen Pferden; dann, mit einem Viergespann von Braunen, kam ein Ätolier; als siebenter ein Wettrenner aus Magnesia, der achte ein Kämpfer aus Ainia mit schönen Schimmeln, beide Thrakier; aus Athen ein neunter und zuletzt auf dem zehnten Wagen saß ein Böotier. Nun schüttelten die Kampfrichter die Lose, die Wagen wurden in der Ordnung aufgestellt, die Trompete gab das Zeichen, und dahin jagten sie alle, die Zügel schwingend und den Rossen Mut einrufend. Das Erz der Wagen dröhnte, der Staub flog empor, keiner sparte die Geißel. Hinter jedem Wagen schnaubten schon die Rosse eines andern. Man war bereits beim siebenten Umlauf. Orest hat es jedesmal, wenn er die Zielsäule umfahren mußte, verstanden, nur leise mit der Nabe anstreifend den Bogen zu nehmen, das Handpferd links straff im Zügel, rechts das äußere locker lassend. Noch flogen die Wagen alle mit gutem Glück dahin, da wurden die hartmäuligen Pferde des Ainianer scheu und rannten gegen den Wagen des Libyers an. Durch diesen einen Fehler geriet alles in Verwirrung, Wagen stürzten an Wagen; und bald war das Feld mit Trümmern bedeckt. Nur der kluge Athener wich seitwärts, hemmte seine Rosse und ließ im innern Kreise den Strudel der Wagen sich ineinanderwühlen. Hinter ihm drein kommend, trieb als der letzte Orestes seine Rosse an. Wie dieser nun alles gestürzt und in Unordnung und den Athener allein noch übrig sieht, klatscht er mit der Peitsche seinem Viergespann ins Ohr, und so fährt bald, beide Führer im Sitz aufrecht und vorgelehnt, das kühne Paar miteinander in die Wette. Jetzt nahte die letzte Säule. Orestes war auf der langen Bahn glücklich vorwärts gekommen und ließ, auf dies sein Glück vertrauend, allmählich auch mit dem innern Zügel nach. So wandte sich sein linkes Roß zu früh, bog um und streifte kaum merklich die Säule der Bahn. Und doch war der Stoß so groß, daß die Nabe mitten durchbrach, der Arme vom Wagensitze glitt und an seinem Zaume dahingeschleift wurde. Als er auf den Boden sank, flogen seine Rosse in wilder Flucht über den Sand; das Volk jammerte laut auf, denn der schöne Jüngling wurde bald am Boden hingeschleift, bald streckte er seine Glieder gen Himmel. Endlich hemmten die Wagenlenker selbst mit Mühe sein Gespann und lösten den Geschleiften ab, der so mit Blut befleckt, so entstellt war, daß selbst seine Freunde den Leib nicht mehr erkannten. Der Leichnam wurde sofort schleunig auf dem Scheiterhaufen verbrannt, und wir Abgeordneten aus Phokis bringen in einer kleinen Urne von Erz den jämmerlichen Überrest seines sittlichen Leibes, damit sein Vaterland ihm ein Grab gönne."

Der Bote endete: Klytämnestra aber fühlte sich von widersprechenden Gefühlen bewegt; sie sollte sich eigentlich über den Tod des gefürchteten Sohnes freuen; aber doch regte sich das Mutterblut mächtig in ihr, und ein unwiderstehlicher Schmerz verkümmerte ihr das Gefühl der Sorglosigkeit, dem sie sich mit dieser Nachricht endlich hingeben zu dürfen glaubte. Elektra dagegen war nur von einem Gefühle, dem grenzenlosesten Jammer, besessen und machte diesem in lauten Wehklagen Luft. „Wohin soll ich fliehen?" rief sie, als Klytämnestra mit dem Fremdling aus Phokis in den Palast gegangen war; „jetzt erst bin ich einsam, jetzt erst des Vaters beraubt; nun muß ich wieder die Dienstmagd der abscheulichsten Menschen, der Mörder meines Vaters, sein! Aber nein, unter demselben Dache mit ihnen will ich künftig nicht mehr wohnen, lieber werfe ich mich selbst hinaus vor das Tor dieses Palastes und komme draußen im Elend um. Zürnet einer der Hausbewohner darob? Wohl, er gehe heraus und töte mich! Das Leben kann mich nur kränken, und der Tod muß mich erfreuen!"

Allmählich verstummte ihre Klage, und sie versank in ein dumpfes Brüten. Wohl mochte sie stundenlang so in sich vertieft auf der Marmortreppe am Eingange des Palastes, den Kopf auf den Schoß gelegt, gesessen haben, als auf einmal ihre junge Schwester Chrysothemis voll Freude dahergeflogen kam und mit einem Jubelruf die Schwester aus ihrem brütenden Kummer weckte. „Orestes ist gekommen“, rief sie; „er ist leibhaftig da, wie du mich selbst hier vor dir siehest!“ Elektra richtete ihr Haupt auf, blickte die Schwester mit weit aufgerissenen Augen an und sprach endlich: „Redest du im Wahnsinn, Schwester, und willst meiner und deiner Leiden spotten?“ „Ich melde, was ich gefunden“, stieß Chrysothemis heraus, lachend und weinend zugleich. „Höre, wie ich auf die Spur der Wahrheit kam. Als ich an das überwachsene Grab unsers Vaters kam, da sah ich auf der Höhe Spuren einer frischen Opferspende von Milch und zugleich seine Ruhestätte mit mancherlei Blumen bekränzt. Staunend und ängstlich durchspähete ich den Ort, und als ich niemand gewahr wurde, wagte ich es, weiterzuforschen. Da entdeckte ich am Rande des Grabmals eine frisch abgeschnittene Locke. Auf einmal steigt in meiner Seele, ich weiß nicht wie, das Bild unseres fernen Bruders Orestes auf, und mich ergreift eine Ahnung, daß er, nur er es sei, von welchem diese Spur herrühre. Unter heimlichen Freudentränen greife ich nach der Locke, und hier bringe ich sie. Sie muß von des Bruders Haupte geschnitten sein!“

Elektra blieb bei dieser unsicheren Kunde ungläubig sitzen und schüttelte das Haupt. „Ich bedaure dich deiner törichten Leichtgläubigkeit wegen“, sprach sie; „du weißt nicht, was ich weiß.“ Und nun erzählte sie der Schwester die ganze Botschaft des Phokiers, so daß der armen Chrysothemis, die sich von Wort zu Wort mehr um ihre Hoffnung betrogen fand, nichts übrigblieb, als in den Weheruf mit einzustimmen. „Ohne Zweifel“, sagte Elektra, „rührt die Locke von irgendeinem teilnehmenden Freunde her, der dem jämmerlich umgekommenen Bruder am Grabe des ermordeten Vaters ein Andenken stiften wollte.“ Und doch hatte sich die Heldenjungfrau unter diesen Gesprächen wieder ermannt und machte der Schwester den Vorschlag: da die letzte Hoffnung, den Vater durch die Hand des Sohnes zu rächen, mit Orestes erloschen sei, die große Tat gemeinschaftlich mit ihr selbst zu vollführen und den Missetäter Ägisth zu töten. „Besinne dich“, sprach sie; „du hast das Leben und sein Glück lieb, Chrysothemis! Nun hoffe nur nicht, daß Ägisth je gestatten werde, daß wir uns vermählen und des Agamemnons Geschlecht, ihm und den Seinigen zur Rache, aus uns erneut hervorsprosse. Willst du aber meinem Ratschlage gehorchen, so verdienst du dir den Ruhm der Treue um Vater und Bruder, wirst in Zukunft frei herangewachsen leben, wirst durch einen würdigen Ehebund beglückt werden. Denn wer sähe sich nicht gerne nach einer so edlen Tochter um? Dazu wird alle Welt uns zwei Geschwister preisen, am Festmahl und in der Volksversammlung werden wir für unsere Mannestat nichts als Ehre ernten! Darum folge mir, du Liebe! hilf dem Vater, dem Bruder, rette mich, rette dich selbst aus der Not! Bedenke doch, wie ein schimpfliches Leben Edelgeborene schändet!“

Aber Chrysothemis fand den Vorschlag der plötzlich begeisterten Schwester unvorsichtig, unklug, unausführbar. „Auf was vertrauest du denn?“ fragte sie. „Hast du Männerfaust und bist nicht ein Weib? Stehest du nicht den mächtigsten Feinden, deren Glück von Tage zu Tage sich fester begründet, gegenüber? Wahr ist's, wir leiden Hartes; aber siehe zu, daß wir uns nicht noch Unerträglicheres zuziehen. Einen schönen Ruf können wir freilich gewinnen; aber nur durch einen schmählichen Tod! Und vielleicht ist Sterben nicht das Schlimmste, und es würde uns noch Schnöderes zuteil als der Tod. Drum, ehe wir so rettungslos verderben, laß dich erflehen, Schwester, bezwing deinen Unmut! Was du mir anvertraut hast, will ich als das tiefste Geheimnis bewahren!“

„Deine Rede überrascht mich nicht“, erwiderte mit einem tiefen Seufzer Elektra. „Ich wußte wohl, daß du meinen Vorschlag weit von dir werfen würdest. So muß ich denn ganz allein, mit eigenen Händen, an das Werk gehen. Wohl, es ist auch so recht!“ Weinend umschlang sie Chrysothemis. Aber die hohe Jungfrau blieb unerbittlich. „Geh“, sprach sie kalt, „zeige nur alles deiner Mutter an.“ Und als die Schwester weinend den Kopf schüttelte und davonging, so rief sie ihr nach: „Geh, geh! nie werde ich deinem Tritte folgen!“

Sie saß noch immer unbeweglich auf der Schwelle des Palastes, als zwei junge Männer in der Begleitung anderer mit einer Totenurne dahergeschritten kamen. Der schönste und blühendste von ihnen wandte sich an Elektra, fragte nach der Wohnung des Königes Ägisth und gab sich als einen der Abgesandten aus Phokis kund. Da sprang Elektra auf und streckte die Hände nach der Urne aus. „Bei den Göttern, Fremdling!“ rief sie, „wenn ihn dies Gefäß verhüllet, so gib es mir, auf daß ich mit seiner Asche den ganzen unglückseligen Stamm bejammere!“

„Wer sie auch sein mag“, sprach der Jüngling, die Jungfrau aufmerksamer betrachtend, „gebet ihr die Urne! Sicherlich hegt sie keine Feindschaft gegen den Toten, ist vielmehr eine Freundin oder gar ein ihm anverwandtes Blut.“ Elektra faßte die Urne mit beiden Händen, drückte sie wieder und immer wieder ans Herz und rief dazu in unverhaltenem Jammerton: „O du Überrest des geliebtesten Menschen! Wie mit ganz anderer Hoffnung habe ich dich ausgesandt und begrüße dich jetzt, da du so zurückkehrtest! Wär ich doch lieber gestorben, anstatt dich in die Ferne hinauszusenden; dann wärest du an demselben Tage am Grabe des Vaters als Schlachtopfer gesunken, wärest nicht in der Verbannung umgekommen und von Fremdlingshänden bestattet worden! So war denn all meine Pflege, all meine süße Mühe umsonst! Das alles ist mit dir gestorben; der Vater ist tot, ich selbst bin tot, seitdem du nicht mehr lebst: die Feinde lachen, unsere Mutter genießt in wilder Lust, denn jetzt fürchtet sie keine heimlichen Rachebotschaften, an mich von dir gerichtet, mehr. Ach, nähmest du mich doch auch mit auf in deine Urne; ich bin vernichtet, laß mich dein Nichts mit dir teilen!"

Als die Jungfrau so jammerte, konnte sich der Jüngling, der an der Spitze der Gesandten stand, nicht länger halten und seine Zunge nicht mehr zwingen. „Ist's möglich", rief er, „diese Jammergestalt soll Elektras edles Bild sein? O gottlos, o frevelhaft entstellter Leib! Wer hat dich so zugerichtet?" Elektra blickte ihn verwundert an und sprach: „Das macht, ich muß den Mördern meines Vaters dienen, gezwungen von der verruchten Mutter, und mit der Asche in dieser Urne ist alle meine Hoffnung dahin!" „Stell diesen Aschenkrug weg!" rief der Jüngling mit tränenerstickter Stimme, und als Elektra sich weigerte und die Urne fester ans Herz drückte, sprach er weiter: „Weg mit der leeren Urne, es ist alles nur Schein!" Da schleuderte die Jungfrau das Gefäß von sich und rief in Verzweiflung: „Wehe mir! wo ist sein Grab denn?" „Nirgends" war die Antwort des Jünglings; „den Lebendigen wird kein Grab gemacht!" „So lebt er, lebt er?" „Er lebt, wenn anders ich selbst vom Lebenshauch beseelt bin; ich bin Orestes, bin dein Bruder, erkenne mich an diesem Malzeichen, mit dem der Vater mich am Arme gezeichnet! Glaubst du nun, daß ich lebe?" „O Lichtstrahl in der Nacht!" rief Elektra und lag in seinen Armen.

In diesem Augenblicke kam der Mann aus dem Palast, welcher der Königin die falsche Todesbotschaft aus Phokis überbracht hatte; es war der Pfleger des jungen Orestes, dem einst Elektra selbst den Knaben übergeben und der ihn auf ihren Befehl ins Land des Phokier geleitet hatte. Als er mit kurzen Worten der Jungfrau dieses kundtat, reichte sie ihm erfreut die Hand und sprach: „O du einziger Retter dieses Hauses! Welchen Dienst haben mir diese teuren Hände, diese treu bemühten Füße geleistet! Wie verbargst du dich so lange unentdeckt?

Wie habt ihr doch alles angelegt und verabredet?" Aber der Pfleger stand ihren ungestümen Fragen nicht Rede. „Es wird die Zeit kommen, da ich dir alles mit Gemächlichkeit erzählen kann, edle Königstochter! Jetzt aber drängt die Stunde zum Angriff, zur Rache! Noch ist Klytämnestra allein im Hause, noch bewacht sie kein Mann drinnen; denn Ägisth verweilt noch in der Ferne! Wenn ihr aber noch einen Augenblick zögert, so habt ihr mit vielen und Überlegenen den Kampf zu wagen!"Orestes stimmte ein und eilte mit seinem treuen Freunde Pylades, dem Sohne des Königes Strophios aus Phokis, der an seiner Seite gekommen war, und mit allen andern Begleitern in den Palast, und Elektra, nachdem sie flehend den Altar Apollos umfaßt hatte, folgte ihnen.

Wenige Minuten waren verflossen, als Ägisth zurückkehrend in den Palast trat und hastig nach den Phokiern fragte, die, wie er unterwegs vernommen, die Freudenbotschaft von Orestes' Tode gebracht hätten. Die erste, die ihm im Innern des Königshauses begegnete, war Elektra, und er richtete mit höhnendem Übermut auch an sie die Frage: „Sprich, du Hochfahrende, wo sind die Fremdlinge, die deine Hoffnung vernichtet haben?" Elektra unterdrückte ihr Gefühl und antwortete ruhig: „Nun, sie sind drinnen, ihrer lieben Wirtin zugeführt!" „Und melden sie", fuhr er fort, „auch wahrhaftig seinen Untergang?" „O ja," erwiderte Elektra, „nicht nur dies, sondern sie haben ihn selbst bei sich." „Das ist das erste erfreuliche Wort, das ich von deinen Lippen höre!" sprach hohnlachend Ägisth, „doch siehe, da bringen sie ja den Toten schon!"

Frohlockend ging er dem Orestes und seinen Begleitern entgegen, die einen verhüllten Leichnam aus dem Innern des Palastes in die Vorhalle trugen. „O froher Anblick", rief der König und heftete seine gierigen Augen darauf, „hebet schnell die Decke auf, laßt mich ihn des Anstands halber beklagen; es ist ja doch verwandtes Blut!" So sprach er spottend. Orestes aber entgegnete: „Erhebe du selbst die Decke, Herrscher! dir allein gebührt es, liebevoll zu sehen und zu begrüßen, was unter dieser Hülle liegt!" „Wohl", antwortete Ägisth, „aber ruf auch Klytämnestra herbei, daß sie schaue, was sie gerne sehen wird." „Klytämnestra ist nicht ferne", rief Orestes. Indem lüftete der König die Decke und fuhr mit einem Schrei des Entsetzens zurück: nicht die Leiche des Orestes, wie er gehofft hatte – der blutige Leichnam Klytämnestras zeigte sich seinen Blicken. „Weh mir", schrie er, „in welcher Männer Netze bin ich Unglückseliger geraten?" Orestes aber donnerte ihn mit tiefer Stimme an: „Weißt du denn nicht schon lange, daß du zu Lebendigen als zu Toten sprächest? Siehest du nicht, daß Orestes, der Rächer seines Vaters, vor dir steht?" „Laß mich reden!" sprach zusammengesunken Ägisth. Aber Elektra beschwor den Bruder, ihn nicht anzuhören. Verstummend stießen ihn die Ankömmlinge hinein in den Palast und an demselben Orte, wo er einst den König Agamemnon im Bade gemordet, fiel Ägisth wie ein Opfertier unter den Streichen des Rächers.

Orestes und die Eumeniden

Orestes hatte, als er die Rachepflicht für den Vater an der Mutter und ihrem Buhlen übte, nach dem Willen der Götter selbst gehandelt, und ein Orakel des Apollo hatte ihm befohlen, zu tun, was er getan. Aber die Frömmigkeit gegen den Vater hatte ihn zum Mörder an der Mutter gemacht. Nach der Tat erwachte die Kindesliebe in seiner Brust, und der durch eine andere Naturpflicht gebotene Frevel gegen die Natur, den er im gräßlichen Zwiespalte der Pflichten begangen hatte, ließ ihn den Rächerinnen solcher Frevel, den Erinnyen oder Rachegöttinnen, anheimfallen, welche die Griechen aus Furcht auch die Eumeniden, das heißt „die Gnädigen“ oder „die uns gnädig sein mögen“, benannten. Töchter der Nacht und schwarz wie diese, von entsetzlicher Gestalt, übermenschlich groß mit blutigen Augen, Schlangen in den Haaren, Fackeln in der einen Hand, in der andern aus Schlangen geflochtene Geißeln, verfolgten sie den Muttermörder auf jedem Schritt und Tritt und sandten ihm ins Herz die nagenden Gewissensbisse und die quälendste Reue.

Sogleich nach der Tat jagten ihn die Eumeniden fort vom Schauplatze derselben, und als ein wahnsinniger Flüchtling verließ er die wiedergefundenen Schwestern, das Vaterhaus Mykene und sein Vaterland. In dieser Not blieb ihm sein treuer Freund Pylades, den er in einem Augenblicke der Besinnung mit seiner Schwester Elektra verlobt hatte, redlich zur Seite, kehrte nicht in seine Heimat Phokis und zu seinem Vater Strophios zurück, sondern teilte alle Wanderungen in der Irre mit seinem wahnsinnig gewordenen Freunde. Außer dieser treuen Seele hatte Orestes keinen menschlichen Beschützer in seinem Elend. Aber der Gott, der ihm die Rache befohlen hatte, Apollo, war bald sichtbar, bald unsichtbar an seiner Seite und wehrte die ungestüm nachdringenden Erinnyen wenigstens vom Leibe des Verfolgten ab. Auch sein Geist wurde ruhiger, wenn der Gott in der Nähe weilte.

So waren die Flüchtlinge auf ihren langen Irrfahrten endlich ins Gebiet von Delphi gekommen, und Orestes hatte im Tempel des Apollo selbst, dessen

Zutritt den Erinnyen verwehrt war, eine Freistätte für den Augenblick gefunden. Der Gott stand mitleidig zu seiner Seite, wie er, auf dem Estrich des Heiligtums ausgestreckt, von Müdigkeit und Gewissensangst abgemattet, gestützt auf seinen Freund Pylades, ausruhte, und sprach ihm Hoffnung und Mut mit den Worten ein: „Unglücklicher Sohn, sei getrost. Ich werde dich nicht verraten; mag ich nahe oder ferne sein, so bin ich dein Wächter, und nie werde ich deinen Feindinnen feige weichen! Du siehst auch, wie dort draußen die grauenvollen alten Mägde, deren Umgang Götter, Menschen und selbst Tiere scheuen, die sonst tief drunten in den Finsternissen des Tartaros wohnen, vom bleiernen Schlafe durch mich gebändigt, meinem Tempel ferne liegen. Dennoch verlaß dich nicht auf ihren Schlummer; er wird nicht lange dauern, denn mir ist immer nur kurze Macht über die greisen Göttinnen vom Schicksale verliehen. Deswegen mußt du bald wieder auf die Flucht; doch sollst du nicht länger ohne Ziel umherirren. Richte vielmehr deine Schritte nach Athen, der ehrwürdigen alten Stadt meiner Schwester Pallas Athene; dort will ich dir für ein gerechtes Gericht sorgen, vor welchem du deine Stimme erheben und deine gute Sache verteidigen kannst. Keine Furcht soll dich darum bekümmern; ich selbst scheide jetzt von dir, aber mein Bruder Hermes wird dich bewachen und sorgen, daß mein Schützling nicht verletzt werde."

So sprach Apollo. Noch bevor er aber seinen Tempel und den Orestes verließ, war das Schattenbild Klytämnestras im Traum vor die Seelen der schlummernden Rachegöttinnen getreten und hatte ihnen die zornigen Worte zugehaucht: „Ist's auch recht, daß ihr schlafet? Bin ich so ganz von euch verlassen, daß ich ungerächt in der Nacht der Unterwelt umherirren muß? Das Gräßlichste habe ich von meinen nächsten Blutsverwandten erduldet, und kein Gott zürnt darüber, daß ich von den Händen des eigenen Sohnes ermordet gefallen bin? Wie viele Trankopfer, von meiner Hand euch ausgegossen, habt ihr geschlürft, wie viele nächtliche Mahle habe ich euch aufgetischt! Das alles tretet ihr jetzt mit Füßen, und eure Beute lasset ihr entrinnen wie ein Reh, das mitten aus den Netzen davonhüpft! Höret mich, ihr Unterirdischen! Ich bin's, Klytämnestra, die ihr zu rächen geschworen und die sich jetzt in euren Traum einmischt, an euren Schwur euch zu erinnern."

Die schwarzen Göttinnen konnten des Zauberschlafes nicht so bald loswerden, und erst die lauten Worte des Schattens, die in ihren Traum hineintönten: „Orestes, der Muttermörder, entgeht euch!" rüttelten sie endlich aus dem Schlummer empor. Eine erweckte die andere, wie wilde Tiere sprangen sie vom

Lager auf, und ohne Scheu stürmten sie in den Tempel Apollos selbst hinein, und hatten schon die Schwelle überschritten: „Zeussohn“, schrien sie ihm entgegen, „du bist ein Betrüger! Du junger Gott trittst die alten Göttinnen, die Töchter der Nacht, mit Füßen, du wagst es, uns diesen Götterverächter und Mutterfeind vorzuenthalten, du hast ihn uns gestohlen und willst doch ein Gott sein! Ist das auch vor den Göttern recht?“ Apollo dagegen trieb die nächtlichen Göttinnen mit scheltenden Worten aus seinem sonnigen Heiligtum: „Fort von dieser Schwelle“, rief er, „ihr Greuelhaften! Ihr gehört in die Höhle des Löwen, wo Blut geschlürft wird, ihr Scherginnen des Schicksals, und nicht in den heiligen und reinen Sitz eines Orakels!“ Vergebens beriefen sich die Rachegöttinnen auf ihr Recht und ihr Amt. Der Gott erklärte den Verfolgten für seinen Schützling, weil er in seinem Auftrag als der fromme Sohn seines Vaters Agamemnon gehandelt, und vertrieb die Eumeniden von der Schwelle seines Tempels, daß sie, die Macht des Gottes fürchtend, weit rückwärts flohen.

Dann übergab er den Orestes mit seinem Freunde der Obhut des Hermes, des Gottes, in dessen Schutze die Wanderer stehen, und kehrte in den Olymp zurück. Die beiden Freunde aber schlugen, wie der Gott ihnen befohlen hatte, den Weg nach Athen ein, während die Erinnyen ihnen, aus Scheu vor der goldenen Rute des Götterboten, nur aus der Ferne zu folgen wagten. Allmählich jedoch wurden sie kühner; und als die beiden Freunde glücklich in der Stadt Pallas Athenes angekommen waren, heftete sich ihnen die Schar der Rächerinnen dicht an die Ferse, und kaum hatte Orestes mit seinem Freund den Tempel der Athene betreten, so stürmte auch schon der grauenvolle Chor durch die offenen Pforten desselben herein.

Orestes hatte sich vor der Bildsäule der Göttin niedergeworfen, streckte seine offenen Arme betend nach ihr aus und rief in der heftigsten Aufregung seines Gemütes: „Königin Athene, auf Apollos Befehl komme ich zu dir. Nimm einen Angeklagten gnädig auf, dessen Hände nicht mit unschuldigem Blute befleckt sind, und der doch müde ist von ungerechter Flucht und abgestumpft vom Flehen in fremden Häusern. Über Städte und Einöden komme ich daher, gehorsam dem Orakel deines Bruders, liege hier in deinem Tempel und vor deinem Bilde und erwarte deinen Richterspruch, o Göttin!“

Nun erhob auch der Chor der Furien, die hinter ihm herannaheten, seine Stimme und schrie: „Wir sind dir auf der Spur, Verbrecher! Wie der Hund dem verwundeten Rehbock, sind wir deinen Fußstapfen gefolgt, die von Blute triefen! Du sollst kein Asyl finden, Muttermörder! Dein rotes Blut wollen wir dir aus den

Gliedern saugen und dann das blasse Schattenbild mit uns hinunter in den Tartaros führen! Nicht Apollos, nicht Athenes Gewalt soll dich von der ewigen Qual befreien! – Mein Wild bist du, mir genährt, für meinen Altar bestimmt! Auf Schwestern, laßt ihn uns mit unsrem Reigen umtanzen und seine beschwichtigte Seele durch unsere Gesänge zu neuem Wahnsinn aufregen!"

Und schon wollten sie ihr furchtbares Lied anstimmen, als plötzlich ein überirdisches Licht den Tempel durchleuchtete, die Bildsäule verschwunden war, und an ihrer Stelle die lebendige Göttin Athene stand, mit ernsten blauen Augen auf die Menge herniederblickend, die ihre Tempelhallen füllte, und den unsterblichen Mund zu der himmlischen Rede erschließend.

„Wer hat sich in mein Heiligtum gedrängt?" sprach die Göttin. „Was für ungewohnte Gäste muß ich in meinem Tempel gewahren? Ein Fremdling hält meinen Altar umfaßt, und Weiber, keinem gezeugten Sterblichen ähnlich, haben sich in drohender Stellung hinter ihm geschart. Redet, wer seid ihr alle und was wollet ihr?"

Orestes, von Furcht und Zittern sprachlos, lag noch immer auf dem Boden, die Erinnyen aber standen unverzagt hinter ihm und nahmen das Wort. „Zeus' Tochter", sprachen sie, „ohne Umschweif sollst du alles aus unsrem Munde hören. Wir sind die Töchter der schwarzen Nacht, und Erinnyen nennt man uns drunten zu Hause." „Wohl kenn ich euer Geschlecht", sprach Athene, „und euer Ruf ist oft schon zu mir gedrungen. Ihr seid die Rächerinnen des Meineids und des Verwandtenmordes: was kann euch in mein reines Tempelhaus fuhren?"

„Dieser Mensch, der hier zu deinen Füßen deinen Altar durch seine Gegenwart besudelt!" sprachen sie. „Er hat seine eigene Mutter erschlagen. Richte du selbst ihn; wir werden dein Urteil ehren, denn wir wissen, du bist eine strenge und gerechte Göttin!"

„Wenn ihr mir denn den Richterspruch übertraget", antwortete Pallas Athene, „so sprich du zuerst, Fremdling, was kannst du gegen die Aussagen dieser Unterirdischen vorbringen? Nenne mir zunächst dein Vaterland, dein Geschlecht und dein Schicksal, und alsdann reinige dich von dem Frevel, der dir schuld gegeben wird. Solches gestatte ich dir, weil du vor meinem Altare kniend liegst und ihn als demütiger Schützling umfasset hältst! Auf alles jenes aber antworte mir ohne Gefährde!"

Jetzt erst wagte Orestes den Blick vom Boden zu erheben, richtete sich auf, doch so, daß er immer noch vor der Göttin auf den Knien lag, und sprach:

„Königin Athene! Vor allen Dingen sei dir die Besorgnis um dein Heiligtum benommen! Ich habe keinen unsühnbaren Mord begangen; ich umfange deinen Altar nicht mit unsauberen Händen! Ich bin gebürtig aus Argos, und du kennst meinen Vater wohl. Es ist Agamemnon der Völkerfürst, der Führer der griechischen Flotte vor Troja, mit dem du selbst Ilios' herrlichste Feste zerstörst hast. Dieser, nach Hause zurückgekehrt, ist keines ehrlichen Todes gestorben, sondern meine Mutter, die mit dem fremden Manne buhlte, hat ihn in ein trügerisches Netz gewickelt und umgebracht; das Bad war der Zeuge seines Mordes. Da bin ich, der ich seitdem in der Verbannung gelebt, nach langer Zeit zurückgekommen ins Vaterland und habe den Vater gerächt, ich leugne es nicht, des geliebten Erzeugers Mord mit Mord an der Mutter gerächt. Und zu dieser Tat hat dein eigener Bruder Apollo mich aufgemuntert, und sein Orakel hat mir mit großer Seelenqual gedroht, wenn ich die Mörder meines Vaters nicht bestrafe. Nun sollst du Schiedsrichterin sein, o Göttin, ob ich mit Recht oder Unrecht gehandelt! Auch ich unterwerfe mich deinem Richterspruch!"

Die Göttin schwieg eine Weile nachdenklich; dann sprach sie: „Die Sache, die entschieden werden soll, ist freilich dunkel, daß ein menschliches Gericht nicht damit fertig würde; darum, obwohl ich sterbliche Richter für sie wählen will, ist es doch gut, daß ihr euch mit eurem Rechtsstreit an eine Unsterbliche gewendet. Denn ich selbst will das Gericht versammeln, in meinem Tempel den Vorsitz führen und bei schwankendem Urteil den Ausschlag geben. Inzwischen soll dieser Fremdling unter meinem Schirm unangetastet in unsrer Stadt leben. Ihr aber, finstere, unerbittliche Göttinnen, beflecket diesen Boden nicht ohne Not mit eurer Gegenwart. Gehet hinab in eure unterirdische Behausung und erscheinet nicht eher wieder in diesem Tempel, bis der anberaumte Tag des Gerichtes herbeigekommen sein wird. Einstweilen sammle jede Partei Zeugen und Beweise; ich selbst aber will die besten Männer dieser Stadt, die meinen Namen führt, auslesen und zur Aburteilung dieses Streites bestellen."

Nachdem die Göttin sodann den Tag des abzuhaltenden Gerichtes festgesetzt hatte, wurden die Parteien aus dem Tempel entlassen. Die Rachegöttinnen gehorchten dem Ausspruche Athenes ohne Murren, ihre Schar verließ den Boden von Athen, und sie stiegen wieder zur Unterwelt hinab; Orestes mit seinem Freunde wurde von den Bürgern Athens gastlich aufgenommen und verpflegt.

Als der Gerichtstag erschienen war, berief ein Herold die auserwählten Bürger der Stadt auf einen Hügel vor derselben, der dem Ares heilig war und deswegen der Areopag oder Aresberg hieß, wo die Göttin in Person ihrer harrte und Klägerinnen und Angeklagter bereits sich eingefunden hatten. Aber noch ein Dritter war erschienen und stand dem Angeklagten zur Seite. Es war der Gott Apollo. Als die Erinnyen diesen erblickten, erschraken sie und riefen zornig: „König Apollo, kümmere du dich nicht um unsere Angelegenheiten! Sprich, was hast du hier zu schaffen?“ „Dieser Mann“, erwiderte der Gott, „ist mein Schützling, der in meinem Tempel zu Delphi sich in meinen Schirm begeben, und ich habe ihn von dem vergossenen Blut entsündigt. Darum ist es billig, daß ich ihm beistehe; und so bin ich denn erschienen, einesteils für ihn zu zeugen, andernteils als sein Anwalt vor dem ehrwürdigen heimlichen Gerichte dieser Stadt aufzutreten, das meine himmlische Schwester Athene versammelt hat. Denn ich bin es, der ihm den Mord der Mutter als eine fromme, den Göttern wohlgefällige Tat angeraten hat.“ Mit solchen Worten trat der Gott seinem Schützling noch näher. Die Göttin erklärte nun das Gericht für eröffnet und forderte die Erinnyen auf, ihre Klage vorzubringen. „Wir werden kurz sein“, nahm die Älteste unter ihnen als Sprecherin das Wort. „Du, den wir verklagen! beantworte uns Frage um Frage: Hast du deine Mutter umgebracht oder leugnest du's?“ „Ich leugne nicht“, sprach Orestes, doch erblaßte er bei der Frage. „So sprich, wie hast du's vollbracht?“ „Ich habe ihr“, antwortete der Angeklagte, „das Schwert in die Kehle gebohrt.“ „Auf wessen Rat und Anstiften hast du es getan?“ „Der hier neben mir steht“, erwiderte Orestes, „der Gott, hat mir's durch einen Orakelspruch befohlen; und er ist da, mir dies zu bezeugen.“ Darauf verteidigte sich der Orestes kürzlich gegen die Richter, daß er in Klytämnestra nicht mehr die Mutter, sondern nur die Mörderin des Vaters gesehen; und Apollo ließ eine längere und beredtere Verteidigung folgen. Die Rachegöttinnen blieben auch nicht stumm, und wenn der Gott mit schwarzen Farben den Mord des Gatten den Richtern vor Augen gestellt, so schilderten sie dagegen den Frevel des Muttermordes. Und als ihre Rede zu Ende war, sagte die Sprecherin: „Jetzt haben wir alle unsere Pfeile aus dem Köcher versendet; wir wollen ruhig erwarten, wie die Richter urteilen werden.“

Athene hieß die Stimmsteine, jedem einen schwarzen für die Schuld, einen weißen für die Unschuld des Beklagten, unter die Richter verteilen; die Urne, in welche die Steine zu legen waren, wurden in der Mitte des umzäunten Platzes aufgestellt; und ehe die Richter sich zum Abstimmen anschickten, sprach die Göttin noch von der erhöhten Stelle herab, auf welcher sie als Vorsitzerin des Gerichtes ihren Thronsessel eingenommen hatte, indem sie sich aus demselben erhob und in ihrer ganzen himmlischen Hoheit dastand: „Höret diese Bestimmung der Gründerin eurer Stadt, Bürger von Athen! Jetzt wo ihr den ersten Streit wegen vergossenen Blutes richtet! Für alle Folgezeit soll dieser Gerichtshof in euren Mauern bestehen. Hier auf diesem heiligen Areshügel, wo einst im Amazonenkriege gegen Theseus die feindlichen Heldinnen ihr Lager hatten und dem Gotte des Krieges ihr Opfer darbrachten, soll, nach dem Orte benannt, der Areopag sein Blutgericht halten und durch fromme Scheu die Bürger Tag und Nacht zurückschrecken. Aus den heiligsten Männern der Stadt gebildet stifte ich ihn, unzugänglich dem Gewinne, ehrwürdig, streng, einen wachsamen Schutz für die Schlafenden im ganzen Lande. Ihr alle Einwohner sollet seine Würde scheuen und ihn schirmen als eine heilsame Stütze eurer Stadt, wie kein anderes Volk in Griechenland oder unter den Ausländern sie besitzt. Dies sei für die Zukunft verordnet. Nun aber, ihr Richter erhebet euch, scheuet euren Eid und leget zur Entscheidung des Streites eure Stimmen in die Urne nieder!“

Schweigend erhuben sich die Richter von den Sitzen und traten einer um den andern an die Urne, und die Stimmsteine rollten nacheinander hinein. Als alle abgestimmt hatten, traten auserlesene, durch einen Eid verpflichtete Bürger hinzu und zählten die schwarzen und die weißen Steine ab. Da befand es sich, daß die Zahl beider gleich war und die Entscheidung der vorsitzenden Göttin zukam, wie sie sich im Beginne des Gerichtes dieselbe vorbehalten hatte. Athene stand abermals von ihrem Sitze auf und sprach: „Ich bin von keiner Mutter geboren, bin das alleinige Kind meines Vaters Zeus und aus seiner Stirne entsprungen, eine männliche Jungfrau, des Ehebundes unkundig, doch die geborne Beschützerin der Männer. Ich werde nicht auf die Seite des Weibes treten, das seinen Ehegatten freventlich erschlagen hat, dem schnöden Buhlen zu Gefallen. Nach meines Herzens Meinung hat Orestes wohlgetan: er hat nicht die Mutter umgebracht, sondern die Mörderin des Vaters. Er siege!“ Damit verließ sie den Richterstuhl, ergriff einen weißen Stimmstein und fügte ihn den andern weißen Steinen hinzu. „Dieser Mann“, sprach sie sodann feierlich, auf ihren Thron zurückgekehrt, „ist durch Stimmenmehrheit von dem Vorwurf ungerechten Mordes freigesprochen!“

Als das Urteil gefällt war, wandte sich Orestes zu der Göttin und sprach in tiefer Bewegung seines Herzens: „O Pallas Athene, die du mein Geschlecht und mich des Vaterlands Beraubten gerettet hast, in ganz Griechenland wird man deine Wohltat preisen und sagen: „So wohnet denn jener Argiver wieder in der

Väter Palast, erhalten durch die Gerechtigkeit Athenes und Apollos und des Göttervaters, ohne dessen Willen auch das nicht geschehen wäre." Ich aber ziehe heim, diesem Land und Volke schwörend, daß für ewige Zeiten kein Argiver kommen soll, die frommen Athener zu bekriegen! Ja wenn lange nach meinem Tode einer meiner Landsleute es wagen wollte, diesen meinen Eid zu verletzen, so wird von der Väter Gruft aus noch mein Geist ihn strafen und ihm Unheil auf den Weg senden, daß er seine verfluchten Pläne gegen diese Stadt nicht ausführen kann. Lebe denn wohl, du erhabene Beschützerin des Rechtes und du frommes Volk der Athener; möge dir in jedem Kriege und in allen Dingen Sieg und Heil zuteil werden!"

Unter solchen Segenswünschen verließ Orestes den heiligen Hügel des Ares, geleitet von seinem Freunde, der während des ganzen Gerichts nicht von seiner Seite gewichen war; die Rachegöttinnen wagten es nicht, gegen den Spruch der Göttin sich an dem Freigesprochenen zu vergreifen, auch scheueten sie die Gegenwart Apollos, der bereit war, den Ausspruch des Gerichtes aufrechtzuerhalten. Aber die Sprecherin der Schar stand von dem Sitze der Klägerinnen auf, und in übermenschlicher Größe dem Gott und der Göttin als ebenbürtig entgegenstellend, ließ sie mit der rauhen Stimme der Nacht ihre trotzige Einsprache gegen das Urteil also vernehmen: „Wehe uns! Die uralten Gesetze habt ihr zu Boden getreten, ihr jüngeren Götter; habt sie uns älteren Göttern aus den Händen gerungen! Verachtet, machtlos zürnend stehen wir da. Doch soll euch euer Urteil gereuen, ihr Athener! Alles Gift unseres erzürnten Herzens werden wir über diesen Boden ausschütten, wo die Gerechtigkeit verachtet worden ist. Der Fraß soll über alle Pflanzen, das Verderben über alles Leben kommen; mit Unfruchtbarkeit und Pest wollen wir Land und Stadt heimsuchen, wir, die gekränkten, die beschimpften Göttinnen der Nacht!"

Als Apollo diesen fürchterlichen Fluch vernahm, trat er ins Mittel und sprach besänftigend zu den mächtigen Göttinnen: „Folget mir, ihr Gnädigen! Zürnet nicht allzusehr über das gefällte Urteil! Seid ihr doch nicht besiegt worden; aus der Urne ist die gleiche Zahl schwarzer und weißer Steine hervorgegangen; das Gericht ist nicht zu eurer Schmach ausgefallen, nur die Barmherzigkeit hat gesiegt, nur die Billigkeit hat den Angeklagten, der zwischen zwei heiligen Pflichten wählen und eine von beiden verletzen mußte, gerettet! Und das haben wir Götter getan, nicht die Richter dieses Landes; und Zeus hat es gutgeheißen! Darum lasset euren Grimm nicht an dem unschuldigen Volke aus. Verspreche ich euch doch in seinem Namen, daß ihr Heiligtum und einen würdigen Sitz in seinem Lande erhalten sollet, daß ihr auf glänzenden Altären der gerechten Stadt euren Sitz nehmen werdet, verehrt als die unerbittlichen Göttinnen gerechter Rache von allen Bürgern dieser Stadt!“

Diese Versicherung bekräftigte auch Athene selbst: „Glaubet mir, ehrwürdige Göttinnen“, setzte sie hinzu, „wenn ihr in einem andern Lande euren Sitz aufschlaget, daß euch das gereuen, daß ihr euch nach dem verschmähten sehnen werdet. Die Bürger dieser Stadt sind bereit, euch in hohen Ehren zu halten: Chöre von Männern und Frauen werden euren Ruhm feiern, neben dem Tempel des vergötterten Königes Erechtheus sollt ihr ein geweihetes Heiligtum erhalten! Kein Haus wird gesegnet sein, das euch nicht verehrt!“

Solche Versprechungen besänftigten allmählich den Zorn der strengen Rachegöttinnen; sie gelobten ihren gnädigen Sitz in dem Lande zu nehmen, fühlten sich hochgeehrt, daß sie gleich Athenen und Apollo Altäre und Heiligtum in der berühmtesten Stadt besitzen sollten, und endlich wurde ihr Sinn so milde, daß sie auch ihrerseits das feierliche Versprechen vor den anwesenden Göttern ablegten, die Stadt zu schirmen, böse Wetter, Sonnenbrand, giftige Seuchen von ihrem Gebiet abzuhalten, die Herden des Landes zu schützen, den Bund der Ehen zu segnen und im Einverständnisse mit ihren Halbschwestern, den Parzen oder Schicksalsgöttinnen, das Wohl des ganzen Landes auf alle Weise zu befördern. Ja sie wünschten dem ganzen Volke ewige Eintracht und holden Frieden; und ihr schwarzer Chor brach unter Danksagungen des himmlischen Geschwisterpaares auf und verließ, von der ganzen Einwohnerschaft und Lobgesängen begleitet, den Areopag und die Stadt.

Iphigenia bei den Tauriern

Von Athen hatten sich die beiden Freunde, Orestes und Pylades, der erste nun wieder von seiner Schwermut genesen, nach Delphi zu dem Orakel Apollos gewendet, und dort fragte Orestes den Gott, was er weiter über ihn beschlossen hätte. Der Spruch der Priesterin lautete dahin, daß der Königssohn von Mykene die Endschaft seiner Not erreichen sollte, wenn er nach den Grenzen der taurischen Halbinsel, in die Nachbarschaft der Skythen sich begeben hätte, wo Apollos Schwester Artemis ein Heiligtum besitze. Dort sollte er das Bildnis der Göttin, das nach der Sage dieses Barbarenvolkes vom Himmel gefallen war und daselbst verehrt wurde, durch List oder andere Mittel rauben und, nach bestandenem Wagestück, dasselbe nach Athen verpflanzen, denn die Göttin sehne sich nach milderem Himmelsstriche und griechischen Anbetern, und ihr gefalle das Barbarenland nicht mehr. Wäre dieses glücklich vollführt, so sollte der landesflüchtige Jüngling am Ziele seiner Not stehen.

Pylades verließ seinen Freund auch auf dieser rauhen Wanderung nach einem gefahrvollen Ziele nicht. Denn das Volk der Taurier war ein wilder Menschenstamm, der die an seinem Ufer Gestrandeten und andere Fremde der Jungfrau Artemis zu opfern pflegte. Den gefangenen Feinden hieben sie den Kopf ab, steckten ihn an einer Stange über den Rauchfang ihrer Hütten und bestellten ihn so zum Wächter ihres Hauses, der alles von der Höhe herab für sie überschauen sollte.

Die Ursache, warum das Orakel den Orestes in dieses wilde Land unter den grausamen Völkerstamm sandte, war aber diese: Als Agamemnons und Klytämnestras Tochter auf Anraten des griechischen Sehers Kalchas, im Angesichte der Griechen, am Strande von Aulis geopfert werden sollte und der Todesstreich gefallen war, der eine Hindin anstatt der Jungfrau getroffen hatte, da stahl die erbarmungsvolle Göttin Artemis das Mägdlein aus den Blicken der Griechen weg und trug sie durch das Lichtmeer des Himmels auf ihren Armen über Meer und Land zu diesen Tauriern und ließ sie hier in ihrem eigenen Tempel nieder. Dort fand sie der König des Barbarenvolkes, Thoas mit Namen, und bestellte sie zur Priesterin des Artemistempels, wo sie im Dienste der Göttin des fürchterlichen Brauches pflegen und, wie die alte Sitte des rohen Landes heischte, jeden Fremdling, dessen Fuß dies Ufer betrat – und meistens waren es Landsleute von ihr, Griechen, die dieses jammervolle Los traf –, der Landesgöttin opfern mußte. Indessen hatte sie nur das Todesopfer einzuweihen. Niedrigere Diener der Göttin mußten dasselbe sodann in das Heiligtum hinein zur grausen Schlachtbank schleppen.

Jahre schon hatte die Jungfrau, ihres traurigen Amtes wartend, übrigens hochgehalten vom Könige und um ihrer milden, griechischen Sitte und ihrer eigentümlichen Liebenswürdigkeit willen verehrt vom Volke, fern von der Heimat und gänzlich unbekannt mit den Geschicken des Hauses, vertrauert, als es ihr einstmals in der Nachtruhe träumte, sie wohne fern von diesem Barbarenstrand im heimatlichen Argos und schlafe von den Sklavinnen des Elternhauses umringt. Da fing auf einmal der Rücken der Erde zu beben und zu zittern an, und ihr war, als flöhe sie aus dem Palaste, stände draußen und müßte sehen und hören, wie das Dach des Hauses zu wanken begann und der ganze

Säulenbau, bis auf den Grund erschüttert, zu Boden rasselte. Ein einziger Pfeiler – so dünkte ihr – vom väterlichen Hause blieb übrig. Mit einem Male bekam dieser Pfeiler Menschengestalt; aus dem Säulenknauf wurde ein Haupt, von blondem Haupthaar umwachsen, und dieses fing an, in vernehmlichen Lauten zu reden, deren Inhalt jedoch der Jungfrau entfallen war, als sie wieder erwachte. Im Traume aber geschah es noch, daß sie, ihrem Fremdenmord befehlenden Amte getreu, den Menschen, der ein Pfeiler ihres Vaterhauses gewesen war, als zum Tode bestimmt, mit dem Weihwasser besprengte und dazu bitterlich weinen mußte, bis sie der Traum verließ.

Am Morgen, der auf dieselbe Nacht folgte, war Orestes mit seinem Freunde Pylades am taurischen Uferstrande ans Land gestiegen, und beide schritten auf den Tempel der Artemis zu. Bald standen sie vor dem Barbarengebäude, das eher einem Zwinger denn einem Götterhause glich, und blickten staunend an dem hohen Mauerringe empor. Endlich brach Orestes das Schweigen. „Du treuer Freund“, sprach er, „der auch dieses Weges Gefahr mit mir geteilt hat, was fangen wir an? Wollen wir den Treppenkranz, der sich um den Tempel schlingt, erklimmen? Aber wenn wir droben sind, werden wir nicht in dem unbekannten Gebäude wie in einem Labyrinthe umhertappen? Und werden nicht eherne Schlösser uns den Zugang zu den Gemächern verschließen? Würden wir aber, indem wir Einlaß suchen, indem wir öffnen, an dem Tore von den Wachen, die ohne Zweifel bei dem Heiligtum aufgestellt sind, erhascht, so sind wir des Todes. Denn das wissen wir ja, daß Griechenmord den Altar dieser unerbittlichen Göttin unaufhörlich bespritzt! Darum, wäre es nicht geratener, zu dem Schiffe zurückzukehren, dessen Segel uns hierhergebracht hat?“

„Ei“, erwiderte Pylades, „das wäre wahrlich das erste Mal, daß wir miteinander die Flucht ergriffen! Heilig soll uns der Ausspruch Apollos sein! Doch wahr ist's, fort müssen wir von diesem Tempel! Das Klügste ist, wir verbergen uns in den dunklen Grotten, die das Meer bespült, ferne von unserem Fahrzeug, damit keiner, der es erblickt, dem Herrscher dieses Landes von uns melden könne und wir nicht von Waffengewalt, die gegen uns ausgesendet wird, übermannt werden. Wenn aber dann die Nacht anbricht, dann laß uns frisch ans Werk schreiten. Die Lage des Tempels kennen wir nun schon; irgendeine List wird uns ins Innere des Tempelraumes führen, und haben wir das Götterbild einmal auf den Armen, so ist mir vor dem Rückwege nicht mehr bange. Tapfre stürzen sich mutig in die Gefahr! Haben wir rudernd nicht einen unermeßlichen Weg zurückgelegt? Nun wäre es doch schmählich, wenn wir am Ziele umkehrten und ohne die Beute, die der Gott uns bezeichnet hat, heimkehrten!"

„Wohl gesprochen!" rief Orestes, „es geschehe, wie du rätst! Wir wollen uns verbergen, bis der Tag vorüber ist; die Nacht kröne unser Werk!"

Die Sonne stand schon höher am Himmel, als auf die Priesterin der Artemis, die an der Schwelle ihres Tempels stand, ein Rinderhirt, der mit schnellen Schritten vom Meergestade herbeigeeilt kam, zuschritt. Er brachte die Meldung, daß ein paar Jünglinge, wohlgefällige Schlachtopfer der Göttin Artemis, am Ufer gelandet seien. „Bereite nur, erhabene Priesterin", sprach er, „je eher, je lieber das heilige Wasserbad und schicke dich zu dem Werke an!" „Was für Landsleute sind die Fremdlinge?" fragte Iphigenia traurig. „Griechen", erwiderte der Hirt, „weiter wissen wir nichts, als daß der eine von ihnen Pylades heißt und daß sie unsre Gefangenen sind." „Laßt hören", fragte die Priesterin weiter, „wo geschah's, und wie finget ihr sie?" „Wir badeten eben", erzählte der Hirt, „unsre Rinder im Meere und warfen eins ums andere in das Wasser, das strömend durch die Felsen fällt, welche man die Symplegaden heißt. Es findet sich dort ein hohler, durchbrochener, stets vom Wasser beschäumter Felssturz, eine Grotte für die Schneckenfischer. Hier gewahrte ein Hirte von unsrer Schar zwei Jünglingsgestalten; sie kamen ihm so schön vor, daß er sie für Götter hielt und vor ihnen niederfallen wollte. Ein anderer aber, der neben ihm stand, ein frecher, ungläubiger Mensch, war nicht so töricht; er lachte, als er seinen Kameraden die Knie beugen sah, und sprach: „Siehest du denn nicht, daß es schiffbrüchige Seeleute sind, die sich in jene Felsenkluft gelagert haben, um sich zu verbergen, weil sie voll Angst von dem Gebrauche gehört haben, daß wir hierzulande die Fremden, die an unsern Strand geraten, zu opfern pflegen?" Diese Rede gefiel der Mehrzahl, und wir schickten uns an, Jagd auf die Opfer zu machen. Da trat der eine der Fremdlinge zu der Felskluft heraus, schüttelte sein Haupt und warf es wild umher, Arme und Hände schlotterten ihm; laut aufstöhnend, vom Wahnsinne gepackt, rief er: „Pylades, Pylades! siehest du dort nicht die schwarze Jägerin, den Drachen aus dem Hades, wie sie mich zu morden begehrt, wie sie mit den wilden Schlangen züngelnd auf mich zufährt? Und dort die andre, die Feueratmende, die hat ja meine eigene Mutter im Arm und drohet sie auf mich zu schleudern! Wehe mir! Sie erwürgt mich! Wie soll ich ihr entfliehen?" Von allen diesen Schreckbildern", fuhr der Hirte fort, „war weit und breit nichts zu sehen, sondern er hielt wohl das Gebrüll der Rinder und das Hundgebell für Stimmen der Erinnyen. Uns aber faßte alle ein Schrecken, zumal da der

Fremdling sein Schwert von der Seite zog und sich wie rasend auf die Rinderschar warf und ihnen das Eisen in die Bäuche stieß, daß sich bald die Meeresflut rot färbte. Endlich ermannten wir uns, bliesen mit unsern Muscheln das Landvolk zusammen und nahten uns den bewaffneten Fremdlingen in einem geschlossenen Haufen. Der Rasende, den die Zuckungen des Wahnsinns allmählich verlassen hatten, stürzte nun, am Mund von Schaume triefend, zu Boden. Wir alle wandten uns ihm zu mit Werfen und Schleudern, während sein Genosse ihm den Schaum abwischte und seinen eigenen Mantel ihm gewandt um den Leib schlug. Bald aber sprang der Darniedergeworfene mit vollem Bewußtsein wieder auf und wehrte sich seines Lebens. Zuletzt jedoch mußten sie der Überzahl weichen, wir umschlossen sie in einem Kreise; die wiederholten Steinwürfe machten, daß ihnen die Waffen aus den Händen fielen und ihre Knie ermattet zu Boden sanken. Nun bemächtigten wir uns ihrer und geleiteten sie zu Thoas, dem Beherrscher des Landes. Dieser hatte sie kaum zu Gesichte bekommen, als er auch schon befahl, die Gefangenen dir als Todesopfer zuzusenden. Flehe nur, o Jungfrau, daß du recht viel solche Fremdlinge abzuschlachten bekommst, denn es scheinen recht herrliche Griechen zu sein. Tötest du solcher viele, so büßt Griechenland deine Todesangst nach Gebühr, und du bist gerächt dafür, daß sie dich in der Bucht von Aulis umbringen wollten!“

Der Hirte schwieg und erwartete die Befehle der Priesterin, die ihm auch wirklich auftrug, die Fremdlinge zu holen. Als sich Iphigenia allein sah, sprach sie zu sich selber: „O Mein Herz, sonst warest du doch immer barmherzig gegen die Fremdlinge, schenktest gerne deinen Stammgenossen eine Träne, sooft dir griechische Männer in die Hände fielen! Nun aber, seit der Traum dieser Nacht mir die bittre Ahnung eingeflößt hat, daß mein geliebter Bruder Orestes das Licht der Sonne nicht mehr sieht – nun sollet ihr alle, die ihr nahet, mich grausam finden! Sind doch die Unglücklichen den Beglückten immer abhold! O ihr Griechen, die ihr mich wie ein Lamm zum Opferherde schlepptet, wo mein eigener Vater der Schlächter war! Ha, nie vergesse ich diese Schreckenszeit! Ja wenn Zeus mir mit frischen Winden den Mörder Menelaos einmal herbeiführen wollte und die trügerische Helena...“

Sie ward in ihrem Selbstgespäch unterbrochen durch das Herannahen der Gefangenen, die in Fesseln zu ihr geführt wurden. Als sie dieselben kommen sah, rief sie denen, die sie brachten, entgegen: „Lasset den Fremden die Hände frei; die heilige Weihe, die sie empfangen sollen, spricht sie von allen Banden los.

Dann gehet in den Tempel und bestellet alles, was dieser Fall erfordert!" Hierauf wandte sie sich zu den Gefangenen und redete sie an: „Sprechet, wer ist euer Vater, eure Mutter, wer eure Schwester, wenn ihr eine habt, die, jetzt eines so schmucken, stattlichen Bruderpaares beraubt, allein in der Welt stehen soll? Woher kommt ihr, bejammernswürdige Fremdlinge? Ihr hattet wohl eine weite Fahrt bis zu diesen Ufern. Doch bereitet euch zu einer weiteren; denn jetzt geht eure Fahrt hinunter ins Schattenreich!"

Ihr erwiderte Orestes: „Wer du auch immer seiest, o Weib, was beklagst du uns? Wer das Henkerbeil schwingt, dem steht es übel an, sein Opfer zu trösten, ehe er den Streich führt; und wem der Tod ohne Hoffnung droht, dem will auch das Jammern nicht geziemen. Keine Tränen, weder von dir noch von uns! Laß das Geschick ergehen!"

„Welcher von euch beiden ist Pylades? Das lasset mich zuerst wissen!" fragte nun die Priesterin. „Dieser hier!" sprach Orestes, indem er auf seinen Freund hindeutete. „Seid ihr Brüder?" „Durch Liebe", antwortete Orestes, „nicht durch Geburt!" „Wie heißest denn aber du?" „Nenne mich einen Elenden", erwiderte er; „am besten ist's, ich sterbe namenlos; dann werd ich doch nicht zum Gespötte!" – Die Priesterin verdroß sein Trotz, und sie drang in ihn, ihm wenigstens seine Vaterstadt zu nennen. Als der Name Argos im Ohr klang, zuckte es ihr durch die Glieder, und sie rief heftig: „Bei den Göttern, Freund, stammst du wirklich dorther?" „Ja", sprach Orestes, „von Mykene, wo mein Haus einst beglückt war." „Wenn du von Argos kommst, Fremdling", fuhr Iphigenia mit gespannter Erwartung fort, „so bringst du wohl auch Nachrichten von Troja mit? Ist's wahr, daß es spurlos vertilgt ist? Kam Helena zurück?" „Ja, beides ist so, wie du fragst!" „Wie geht's dem Oberfeldherrn? Agamemnon, deucht mich, hieß er, der Sohn des Atreus?" Orestes schauderte bei dieser Frage: „Ich weiß nicht", rief er mit abgewandtem Haupte. „Sprich mir von diesem Gegenstande nicht, o Weib!" Aber Iphigenia bat ihn mit so weicher, flehender Stimme um Nachricht, daß er nicht zu widerstehen vermochte. „Er ist tot", sprach er, „durch die Gemahlin starb er grausenhaften Todes!" Ein Schrei des Entsetzens entfuhr der Priesterin der Artemis. Doch faßte sie sich und fragte weiter: „Sprich nur das noch: Lebt des armen Mannes Weib?" „Nicht mehr", war die Antwort, „ihr eigener Sohn hat ihr den Tod gegeben; er übernahm das Rächeramt für seinen ermordeten Vater; doch gehet es ihm schlimm dafür!" „Lebt noch ein anderes Kind Agamemnons?" „Zwei Töchter, Elektra und Chrysothemis." „Und was weiß man von der Ältesten, die geopfert ward?" „Daß eine Hindin an ihrer Statt starb, sie selbst aber spurlos verschwunden ist. Auch sie ist wohl schon lange tot!" „Lebt der Sohn des Gemordeten noch?" fragte die Jungfrau ängstlich. „Ja", sprach Orestes, „doch im Elend, vertrieben, überall und nirgends!" „O trügerische Träume, weichet!" seufzte Iphigenia vor sich hin. Dann hieß sie die Diener sich entfernen, und als sie mit den Griechen allein war, sprach sie flüsternd zu ihnen: „Vernehmet etwas, Freunde, das zu eurem und meinem Vorteil dient, wenn wir einig sind. Ich will dich retten, Jüngling, wenn du mir ein Briefblatt in deine und meine Heimat Mykene, an die Meinigen gerichtet, nehmen willst!" „Ich mag mich nicht retten ohne den Freund", antwortete Orestes; „ich bin ein Unglücklicher, von dem er nicht gewichen ist. Wie sollte ich *ihn* in der Todesnot verlassen?" „Edler, brüderlich gesinnter Freund!" rief die Jungfrau. „O wäre mein Bruder wie du! Denn wisset, Fremdlinge, auch ich habe einen Bruder, nur daß er ferne aus meinen Augen ist. – Aber beide kann ich euch nicht entlassen: das duldet der König nimmermehr. Stirb denn du und laß deinen Pylades ziehen; welcher von euch mir das Blatt besorgt – mir gilt es gleich!" „Wer wird mich opfern?" fragte Orestes. „Ich selbst; auf Befehl der Göttin", antwortete Iphigenia. „Wie, du, das schwache Mädchen, schwingst auf Männer dein Schwert?" „Nein, ich benetze nur mit dem Weihwasser deine Locken! Die Tempeldiener sind's, die das Schlachtbeil schwingen. Dein verbranntes Gebein empfängt sodann ein Felsenschild." „O daß mich meine Schwester bestattete!" seufzte Orestes. „Das ist freilich nicht möglich", sagte die Jungfrau gerührt, „wenn deine Schwester im fernen Argos weilt. Doch, lieber Landsmann, sorge nicht, ich will deinen Scheiterhaufen löschen und mit Öl und Honig beträufeln und deine Gruft ausschmücken, als wäre ich deine leibliche Schwester! Jetzt aber laß mich gehen, die Zuschrift an die Meinen zu bestellen!"

Wie die Jünglinge allein, nur in der Ferne von Dienern bewacht waren, hielt sich Pylades nicht länger: „Nein", rief er, „bei deinem Tode leben kann ich nicht! Diese Schmach verlange nicht von mir. Ich muß dir in den Tod folgen, wie ich dir aufs weite Meer gefolgt bin. Phokis und Argos würden mich der Feigheit zeihen. Alle Welt – denn böse ist die Welt – würde sagen, um die Heimat mir zu gewinnen, hätte ich dich verraten, dich getötet, dir nach dem Reich, nach dem Erbe getrachtet, zumal da ich dein künftiger Schwager bin und um deine Schwester Elektra ohne Mitgift gefreit habe. Jedenfalls also will ich, muß ich mit dir sterben!" Orestes wollte nichts von diesem Entschlusse hören, und noch stritten sie, als Iphigenia, das beschriebene Blatt in der Hand, zurückkehrte. Als sie den Empfänger Pylades hatte geloben lassen, daß er den Brief gewiß den

Ihrigen abliefern wolle, und dagegen geschworen, ihn zu retten, besann sich die Jungfrau, und auf den Fall, daß das Schreiben durch irgendeinen Unglücksfall von der See verschlungen würde, während der Überbringer mit dem Leben davonkäme, wollte sie ihm den Inhalt überdies auch noch mündlich mitteilen. „Melde“, sprach sie, „dem Orestes, dem Sohne des Agamemnon: Iphigenia, die in Aulis vom Opferherde entrückt wurde, lebt und bestellet an dich, was folgt.“ „Was höre ich“, fiel ihr Orestes ins Wort, „wo ist sie? Steht sie von den Toten auf?“ „Hier steht sie“, sagte die Priesterin; „doch störe mich nicht! – „Lieber Bruder Orestes! Ehe ich sterbe, hole mich aus der fernen Barbarei nach Argos; erlöse mich vom Opferherd, an dem ich im Dienste der Göttin die Fremdlinge morden muß. Tust du es nicht, Orestes, so seien du und dein Haus verflucht!““

Die beiden Freunde konnten lange vor Staunen keine Worte finden, bis zuletzt Pylades das Blatt aus ihren Händen nahm und gegen den Freund gewendet, ihm den Brief überreichend, ausrief: „Ja, ich will den Eid auf der Stelle halten, den ich geleistet. Da nimm, Orestes, ich händige dir das Schreiben ein, welches die Schwester Iphigenia dir überschickt.“ Orestes warf es auf den Boden und umschlang die Wiedergefundene mit den Armen. Sie wollte ihm wehren, sie konnte es nicht glauben, bis Erzählungen aus der innersten Geschichte des Atridenhauses ihn ihr als denjenigen beglaubigten, als der er von Pylades bezeichnet ward. „O Geliebtester!“ rief die Jungfrau jetzt, „denn das bist du und nichts anderes, du der Meine, der Meine, der einzige, der Bruder! Aus dem geliebten Argos kommend! Wie jugendlich zart warest du, als ich dich verließ, im Arme des Pflegers ruhend, sorglos und glücklich! Ja, glücklich, wie wir beide in diesem Augenblick es sind.“ – Doch Orestes war schon zur Besinnung gekommen, und sein Antlitz hatte sich umwölkt. „Freilich sind wir jetzt glücklich“, sprach er, „aber wie lange wird es währen? Ist nicht der Jammer, der Untergang uns gewiß?“ Auch Iphigenia bedachte sich voll Unruhe: „Was ersinne ich nun“, sagte sie bebend, „wie erlöse ich dich aus dem Reiche des Barbarenfürsten, wie sende ich dich frei vom Tode nach Argos zurück, daß du nicht mitsamt deinem Freunde am Opferherde dem Stahl erliegen mußt? Aber schnell, ehe der Herr dieses Reiches, ungeduldig über den verzögerten Tod der Gefangenen, erscheint, erzähle mir, Bruder, und verschweige mir nichts von den entsetzlichen Ereignissen in unsrem unglücklichen Hause.“

Orestes meldete ihr mit gedrängten Worten alles, wie es sich begeben, und schloß das Fürchterliche mit einer guten Kunde, mit der Verlobung Elektras und seines Freundes. Während der Erzählung hatte sich die Jungfrau, so ganz sie Ohr war, doch auch mit der Rettung ihres geliebten Bruders im Geiste beschäftigt, und zuletzt hatte sich ihr ein glücklicher Gedanke dargeboten. „Ich habe", rief sie, „endlich den rechten Weg erdacht. Dein Seelenleiden, das sich bei eurer Gefangennehmung am Strande noch einmal regte, soll mir zum Vorwande bei dem König dienen. Du kommest, sage ich ihm, wie denn dies die Wahrheit ist, als Muttermörder von Argos. Deswegen seiest du unrein und noch nicht entsündiget, um als angenehmes Opfer der Göttin dargebracht zu werden. Erst müsse ein Wasserbad im Meere die Blutspur abwaschen, welche deinem Leibe noch von dem entsetzlichen Mord anklebe. Und weil du, im Tempel der Göttin dargestellt, ihr Bild als Schutzflehender berührt habest, so sei auch dieses verunreinigt worden und bedürfe einer Reinigung in der Meeresflut. Da nun mir, der Priesterin, allein vergönnt ist, das heilige Bildnis zu berühren, so trage ich selbst dasselbe auf meinen Armen und in eurer Begleitung – denn auch dich, Pylades, nenne ich als Teilhaber der Blutschuld, wie du es denn auch in der Tat warest – an den Meeresstrand, dort wo euer Schiff in der Bucht versteckt vor Anker liegt. Dies alles soll durch Überredung des Königes geschehen; denn hintergehen ließe sich der Wachsame nicht. Das weitere Gelingen des Planes, wenn wir einmal am Schiff angekommen sind, ist eure Sache, ihr Freunde!"

Dies alles war zwischen den Geschwistern und ihrem Freund im Vorhofe des Tempels verhandelt worden, ferne von den Dienern und Wachen. Jetzt wurden die Gefangenen den Aufsehern wieder übergeben, und Iphigenia führte sie in das Innere des Tempels. Nicht lange darauf erschien Thoas, der König des Landes, mit einem ansehnlichen Gefolge und fragte nach der Tempelwächterin, denn der Verzug gefiel ihm nicht, und er konnte nicht begreifen, warum die Leiber der Fremdlinge nicht schon lange auf dem Hochaltare der Göttin brannten. Wie er nun eben vor dem Tempel angekommen war, trat Iphigenia zu den Pforten desselben heraus und trug die Bildsäule der Göttin auf den Armen. „Was ist das, Agamemnons Tochter", rief der König erstaunt, „warum trägst du dieses Götterbild von dem heiligen Gestelle in deinen Armen fort?" „Es ist Abscheuliches geschehen, o Fürst!" erwiderte die Priesterin mit bewegter Miene, „die Opfer, die am Strande erjagt worden, sind nicht rein; das Standbild der Göttin, als sie sich ihm näherten, es schutzflehend zu umfangen, drehte sich freiwillig auf seinem Sitze und schloß die Augenlider. Wisse, dieses Paar hat Grauenhaftes verübt." Und nun erzählte sie dem Könige, was im wesentlichen Wahrheit war, und stellte das Verlangen an ihn, die Fremdlinge samt dem Bilde entsündigen zu dürfen. Um ihn recht sicher zu machen, verlangte sie, daß die

Fremden wieder gefesselt und ihre Häupter als Frevler vor dem Strahl der Sonne verhüllt würden; auch begehrte sie Sklaven zur Sicherheit, die im Gefolge des Königs erschienen waren. Nach der Stadt – auch dies hatte die Jungfrau schlau in ihrem Sinne ausgedacht – sollte der Fürst einen Boten senden, der den Bürgern befehle, sich, bis die Entsündigung vorüber sei, innerhalb der Mauern zu halten, um von der verpestenden Blutschuld nicht angesteckt zu werden. Der König selbst sollte in ihrer Abwesenheit im Tempel bleiben und für die Ausräucherung des gesamten Gewölbes besorgt sein, damit die Priesterin dasselbe nach ihrer Rückkehr gereinigt wiederfinde. Sobald die Fremden aus dem Tore des Tempels träten, sollte der König sein Antlitz ins Gewand hüllen, damit der Greuel sich ihm nicht mitteilen könnte. „Und wenn es dir“, schloß die Priesterin ihren Antrag, „auch dünken sollte, als säumte ich lang am Meeresstrande; werde darum nicht ungeduldig, o Herrscher; bedenke, welchen großen befleckenden Frevel es zu entsündigen gilt!“

Der König willigte in alles und verhüllte sich das Haupt, als bald darauf Orestes und Pylades aus dem Tempel geführt wurden, und es währte nicht lange, so war Iphigenia mit den Gefangenen und einigen Trabanten des Königes auf dem Wege zum Meeresufer aus dem Gesichtskreise des Tempels verschwunden. Thoas begab sich in das Innere desselben und ließ dort die von der Priesterin gebotene Räucherung vornehmen, die bei der Größe des Gebäudes eine geraume Zeit erforderte.

Nach mehreren Stunden kam ein Bote vom Meeresufer dahergeeilt! „Treulose Weiberseelen!“ fluchte er vor sich hin, als er erhitzt und keuchend vor der Tempelpforte stand und an das verschlossene Tor pochte. „Holla, ihr Leute drinnen“, schrie er, „öffnet die Riegel; tut dem Herrn zu wissen, daß ich als Überbringer schlimmer Neuigkeit vor dem Tore stehe!“ Die Türflügel öffneten sich, und Thoas selbst trat aus dem Tempel. „Wer ist's“, sprach er, „der mit seinem Lärm den Frieden dieses heiligen Hauses zu stören sich herausnimmt?“ „Vernimm, o König, welche Botschaft ich dir bringe“, hub der Diener an. „Die Priesterin des Tempels, dieses Griechenweib, ist mitsamt den Fremden und dem Standbild unserer erhabenen Schutzgöttin aus dem Lande entronnen! Das ganze Entsündigungsfest war eine Lüge!“ „Was sagst du?“ rief der König, der Unmögliches zu hören glaubte. „Welcher böse Geist hat dieses Weib ergriffen? Wer ist es, mit dem sie flieht?“ „Ihr Bruder Orestes“, erwiderte der Bote; „derselbe, den sie hier dem Opfertode geweiht zu haben schien. Hör die ganze Geschichte, und dann sinne auf Mittel, wie wir die Flüchtigen verfolgen und beifahen, denn ihre Fahrt ist lang, und dein Speer kann sie schon noch erreichen! Als wir ans Gestade des Ozeans gelangt waren, wo das Schiff des Orestes vor Anker lag, winkte Iphigenia uns, die wir die Fremdlinge in Fesseln daherführten, haltzumachen, damit wir dem heiligen Brandopfer und der beschlossenen Feier fernblieben. Sie selbst nahm den Fremden die Fesseln ab, hieß sie vorangehen und trug sie, ihnen folgend. Zwar schien uns dieses schon etwas verdächtig, indessen glaubten deine Diener, o Herr, es sich doch gefallen lassen zu müssen. Hierauf, damit es schien, als würde mit der Sühnungshandlung wirklich der Anfang gemacht, sang die Priesterin Zauberformeln ab und sprach in fremden Weisen allerlei Gebete. Wir aber hatten uns gelagert und harrten. Endlich kam uns der Gedanke, das entfesselte Paar könnte die wehrlose Frau getötet haben und entsprungen sein. Wir machten uns daher auf und eilten der Felsenbucht zu, die uns den Anblick der Priesterin und der Fremdlinge entzogen hatte. Als wir dicht an den Felsenstrand gelangt waren, sahen wir ein Griechenschiff auf dem Wasserspiegel schwebend und an fünzig Ruderer auf seinen Bänken; am Hinterteile des Schiffes, noch auf dem Ufer standen die beiden Fremden, der Fesseln entledigt; die einen lichteten die Anker und hängten sie ein, andere schlugen Zugbrücken, wanden an den Tauen, ließen Leitern für die Fremdlinge nieder. Da besannen wir uns denn freilich nicht länger; wir hatten das ganze Truggewebe vor uns und ergriffen das Weib, das auch noch am Strande verweilte. Orestes aber, sein Geschlecht und Vorhaben laut verkündend, wehrte sich mit Pylades für seine Schwester, die wir schleifend zwingen wollten, uns zu folgen. Da weder wir noch die Fremdlinge Schwerter hatten, so setzte es einen hartnäckigen Faustkampf. Indessen zwangen uns die Griechenjünglinge zum Rückzuge, da auch die Schützen vom Hinterteile des Schiffes uns mit Pfeilen aus der Ferne scharf zusetzten. Zu gleicher Zeit warf eine mächtige Meereswoge das Schiff ans Land, und es fehlte wenig, so wäre es gescheitert. Da nahm Orestes Iphigenien auf den Arm, die selbst das Bild in den Händen trug, sprang ins Wasser und schnell die Leiter des Schiffes hinan. Dort legte er die Schwester mitsamt dem Himmelsbilde der Artemis auf dem Verdecke nieder. Ihm nach war Pylades gesprungen, und als alle glücklich im Schiffe sich befanden, brach das Schiffsvolk in dumpfen Jubel aus und ruderte frisch durch die salzige Flut. Solange das Schiff durch die Hafenbucht fuhr, glitt es in sanftem Laufe dahin; als es aber in die offene See gelangt war, sauste ein Windstoß auf dasselbe herein und trieb es, trotz aller Anstrengungen der Ruderer, an das Gestade zurück. Da sprang Agamemnons Tochter flehend empor und rief laut: „Tochter Letos, jungfräuliche Artemis, du selbst verlangtest ja durch das Orakel deines Bruders

Apollo nach Griechenland, rette mich mit dir dorthin, mich, deine Priesterin, und vergib mir den kühnen Betrug, den ich mir gegen den Beherrscher dieses Landes erlaubt habe, dem ich gezwungen so lange dienen mußte. Du selbst ja hast auch einen Bruder und liebst ihn, du Himmlische! drum sieh auch unsere Geschwisterliebe gnädig an!" Zu diesem Gebete der Jungfrau stimmten, die entblößten Arme ums Ruder geschlungen, die Schiffer alle den flehenden Gesang, Päan genannt, an, wie ihnen befohlen ward. Dennoch trieb das Schiff immer mehr an den Strand, und ich bin geradenweges hierhergeeilt, um dir zu melden, was sich am Ufer dort begeben. Darum sende du nur auf der Stelle Fangstricke und Fesseln ans Gestade; denn wenn das brausende Meer nicht bald ruhig wird, so ist den Fremdlingen jeder Weg zur Flucht versperrt. Der Meeresgott Poseidon denkt mit Zorn an die Zerstörung seiner Lieblingsstadt Troja zurück; er ist ein Feind aller Griechen, und des Atridengeschlechts insbesondere. So wird er denn, wenn mich nicht alles trügt, die Kinder Agamemnons heute in deine Gewalt geben!"

Mit Ungeduld hatte der König Thoas das Ende des langen Berichtes abgewartet und ließ nun auf der Stelle an alle Bewohner seines rauhen Küstenlandes den Befehl ergehen, die Rosse aufzuzäumen, dem Meeresstrande zuzusprengen, das Griechenschiff, wenn es durch die Wellen ans Land geschleudert wäre, zu fassen und unter dem Beistande der Göttin Artemis die flüchtigen Verbrecher einzufangen. Das Fahrzeug sollte mit allen Ruderern versenkt werden, die beiden Fremdlinge aber mit der treulosen Priesterin wollte er vom schroffen Felsen ins Meer hinabstürzen oder bei lebendigem Leib mit dem Pfahle spießen lassen.

Und schon jagte er an der Spitze seines riesigen Volkes dem Meeresufer zu, als plötzlich eine himmlische Erscheinung den Zug hemmte und den König wider Willen stillezustehen zwang. Pallas Athene, die erhabene Göttin, war es, deren Riesengestalt, von einer lichten Wolke umgeben, über der Erde schwebend, dem Heereszuge den Weg vertrat und deren Götterstimme wie Donner über die Häupter der Taurier hinrollte: „Wohin, wohin jagest du, König Thoas, erhitzt und atemlos mit deinem Volke? Schenke den Worten einer Göttin Gehör! Laß die Haufen deines Heeres ruhen, laß meine Schützlinge frei abziehen! Das Verhängnis selbst hat, durch den Ausspruch Apollos, den Orestes hierhergerufen, daß er, von den Furien befreit, seine Schwester ins Vaterland zurückgeleite und das heilige Bildnis der Artemis in meine geliebte Stadt Athen bringe, wohin sie selbst begehret hat! Die Flüchtlinge trägt deswegen Poseidon, der Meeresgott, mir zulieb auf unbewegter Meeresfläche in ihrem Ruderschiffe dahin, und Orestes wird in Athen der taurischen Artemis Bild in einem heiligen Hain und neuen, herrlichen Tempel aufstellen, und Iphigenia wird auch dort ihre Priesterin sein, dort sterben, dort ihre fürstliche Gruft finden. Du, o Thoas, und du Volk der Taurier, gönnt ihnen allen ihr Geschick und zürnet nicht!“

Der König Thoas war ein frommer Verehrer der Götter. Er warf sich vor der Erscheinung nieder und sprach anbetend: „O Pallas Athene! Wer Götterwort vernimmt und sein Ohr nicht ihm zuneiget, der denkt verkehrt. Kampf mit allmächtigen Göttern bringt keine Ehre. Mögen deine Schützlinge mit dem Bildnis der Göttin ziehen, wohin sie wollen; mögen sie das Bild glücklich in deinem Reiche aufstellen. Ich senke meine Lanze vor den Göttern. Laßt uns umwenden und in die Mauern unserer Stadt zurückkehren.“

Es geschah, wie Athene verkündet hatte. Die taurische Artemis erhielt ihren Tempel und behielt ihre Priesterin Iphigenia in Athen. Orestes setzte sich zu Mykene als beglückter König auf den Thron seiner Väter und gewann mit der einzigen, lieblichen Tochter des Menelaos und der Helena, Hermione, die vergebens an Neoptolemos, den Sohn des Achill, verlobt worden war und die ihm der Bräutigam mit Verlust seines eigenen Lebens lassen mußte, auch das Königreich Sparta, und zuvor noch hatte er Argos erobert. So besaß er ein mächtigeres Reich, als je sein Vater besessen. Seine Schwester Elektra setzte ihr Gemahl Pylades auf den Thron von Phokis. Chrysothemis starb unvermählt; Orestes selbst erreichte ein Alter von neunzig Jahren. Da regte sich der alte, erlöschende Fluch der Tantaliden noch einmal: eine Schlange stach ihn in die Ferse, daß er starb.

Zweites Buch

-

Odysseus – Erster Teil

Telemach und die Freier

Die Heimkehr der Griechen von Troja war vollbracht, und so viele der Helden den Schlachten während des Krieges oder dem Sturm auf der Heimfahrt entronnen waren, befanden sich jetzt zu Hause, glücklich oder unglücklich. Nur Odysseus, der Sohn des Laërtes, Ithakas Fürst, war noch auf der Irrfahrt und von einem seltsamen Schicksale betroffen. Nach mancherlei Abenteuern saß er in der Ferne auf einer rauhen, mit Wäldern bedeckten, einsamen Insel, mit Namen Ogygia, wo ihn eine hohe Nymphe, die Göttin Kalypso, die Tochter des Atlas, in ihrer Grotte gefangenhielt, weil sie ihn zum Gemahl begehrte. Er aber blieb der zurückgelassenen Gattin, der edlen Penelope, treu; und endlich jammerte sein auch die Götter im Olymp; nur Poseidon, der Gott des Meeres, der alte Feind der Griechen, zürnte auch diesem Helden unversöhnlich, und wenn er ihn nicht zu vertilgen wagte, so legte er seiner Heimfahrt doch allenthalben Hindernisse in den Weg und trieb ihn in der Irre umher. Und so war er es auch, der ihn an jene unwirtliche Insel geworfen hatte.

Nun aber wurde doch im Rate der Himmlischen beschlossen, daß Odysseus aus den Banden der Inselfürstin Kalypso befreit werden sollte. Auf die Fürbitte Athenes wurde Hermes, der Götterbote, nach dem ogygischen Eilande geschickt, um der schönen Nymphe den unwiderruflichen Ratschluß des Zeus zu verkündigen, daß dem Dulder die Wiederkehr in seine Heimat bestimmt sei. Athene selbst band sich die ambrosischen goldenen Sohlen unter die Füße, womit sie über Wasser und Land dahinschwebt, nahm ihre mächtige Lanze mit der gediegenen scharfen Spitze von Erz, mit welcher sie so manche Helden in der Schlacht bezwungen hatte, zur Hand, schwang sich stürmend von dem felsigen Gipfel des Olympos herab, und bald stand sie auf der Insel Ithaka, die an der Westküste Griechenlands liegt, am Palaste des fernen Odysseus, vor der Schwelle des Hofes, da, wo der Weg zum hohen Tore des Königshauses führte. Ihre Göttergestalt war verwandelt, und die Lanze in der Hand, glich sie dem tapfern Mentes, dem Könige der Taphier.

Im Hause des Odysseus sah es traurig aus. Die schöne Penelope, die Tochter des Ikarios, blieb mit ihrem jungen Sohne Telemach nicht lange Meister in dem verlassenen Palaste. Als Odysseus, nachdem längst Nachricht von Trojas Fall und von der Rückkehr der andern Helden gekommen war, allein nicht heimkehrte, verbreitete sich allmählich mit immer größerer Sicherheit die Sage von seinem Tode, und es fanden sich aus der Insel Ithaka selbst, auf welcher noch andere mächtige und reiche Leute außer dem Fürsten Odysseus wohnten, nicht weniger als zwölf, von Zakynth zwanzig, ja von Dulichion zweiundfünfzig Freier mit einem Herold, einem Sänger, zween geübten Köchen und großem Sklavengefolge bei Penelope ein, die unter dem Vorwand, um die Hand der jungen Witwe zu werben, alle im Hause und vom Gute des abwesenden Fürsten zehrten und den frechesten Übermut trieben; und dieses Unwesen hatte nun schon über drei Jahre gewährt.

Als Athene in der Gestalt des Mentes ankam, fand sie die üppigen Freier eben an der Pforte des Hauses beim Brettspiel; sie saßen auf den Häuten von Rindern, die sie selbst dem Odysseus aus den Ställen genommen und geschlachtet hatten. Herolde und aufwartende Diener eilten hin und her; die einen mischten in gewaltigen Krügen den Wein unter das Wasser, andere säuberten die umhergestellten Tische mit Schwämmen und zerlegten das reichlich aufgetragene Fleisch. Der Sohn des Hauses, Telemach selbst, saß mit einem Herzen voll Betrübnis unter den Freiern und gedachte an seinen herrlichen Vater, ob er nicht endlich käme, die Scharen der Frechen zu zerstreuen und sich wieder in den Besitz seiner Habe zu setzen. Wie er die Göttin in der Gestalt des fremden Königs erblickte, eilte er ihr an der Pforte entgegen, faßte die Rechte des vermeintlichen Gastfreundes und hieß ihn willkommen. Als die beide in den gewölbten Saal des Palastes eingetreten waren und Athene ihre Lanze in den Speerkasten, der sich an der Hauptsäule befand, zu den Lanzen des Odysseus gelehnt hatte, führte Telemach seinen Gast zu Tische an einen Thronsessel mit schön gewirktem Polster, hieß ihn sitzen und schob ihm einen Schemel unter die Füße; er selbst stellte seinen Sessel neben den seinen; eine Dienerin brachte in goldener Kanne Waschwasser für die Hände des Fremdlings; die ehrbare Schaffnerin trug Brot und Fleisch herbei, ein Diener zerlegte die Speisen, und um die goldenen gefüllten Becher wandelte, Wein einschenkend, der Herold. Bald darauf traten auch, einer um den andern, die Freier ein und setzten sich alle auf stattliche Lehnsessel; die Herolde besprengten ihnen die Hände, die Mägde reichten ihnen Brot in Körben, die Diener füllten ihnen den Becher bis zum Rand, und sie machten sich, als kämen sie nicht eben vom Schmause, über das leckere Mahl her. Dann gelüstete sie nach Reigentanz und Gesang, der Herold reichte dem Sänger Phemios die zierliche Harfe, und dieser, von den trotzigen Freiern gezwungen, schlug die Saiten an und begann den herzerfreuenden Gesang.

Während nun diese dem Liede horchten, neigte Telemach sein Haupt nahe an das seines Gastes und flüsterte der verwandelten Göttin ins Ohr: „Wirst du mir, lieber Gastfreund, was ich dir sage, nicht verargen? Siehst du, wie diese Menschen hier fremdes Gut ohne Ersatz verprassen? das Gut meines Vaters, dessen Gebein vielleicht am Meeresstrand im Regen modert oder auf den Wellen umhergetrieben wird? Er kommt wohl nicht wieder heim, sie zu strafen! – Aber du sage mir, edler Fremdling, wer bist du, wo hausest du, wo sind deine Eltern? Bist du vielleicht schon vom Vater her unser Gastfreund?“ „Ich bin“, erwiderte Athene, „Mentes, der Sohn des Anchialos, und beherrsche die Insel Taphos; ich kam zu Schiffe hierher, um in Temesa Erz gegen Eisen einzutauschen. Frage deinen Großvater Laërtes, den Greis, der, wie man sagt, ferne von der Stadt, in Kummer auf dem Lande sich abhärmt: er wird dir sagen, daß unsere Häuser seit der Altväter Zeiten in Gastfreundschaft miteinander leben. Ich kam, weil ich glaubte, dein Vater sei wieder daheim. Dem ist nun freilich nicht so; aber doch lebt er gewiß noch; er ist wohl irgendwo an eine wilde Insel verschlagen und wird mit Zwang dort festgehalten. Ja, mir sagt es mein weissagender Sinn, er weilt nicht lange mehr, er macht sich bald los und kehret heim!

Du bist doch deines Vaters leiblicher Sohn, lieber Telemach! Wie du ihm am Haupte, zumal an den freundlichen Augen gleichest! Denn wisse, ich habe deinen Vater gekannt, ehe er gen Troja fuhr. Seitdem sah ich ihn nicht mehr. Doch sage mir, was ist denn das für ein Gewühl in deinem Hause? Feierst du denn ein Gastmahl oder ein Hochzeitsfest?“

Telemach antwortete mit einem Seufzer: „Ach lieber Gastfreund, ehemals mochte wohl unser Haus angesehen und begütert heißen, jetzt ist es anders; alle diese Männer aus der Nachbarschaft, die du hier siehest, umwerben meine Mutter und verzehren unser Gut. Sie selbst kann eine verabscheute Wiedervermählung nicht abschlagen und nicht vollziehen. Indessen verwüsten diese Schlemmer mein Haus, und in kurzem werden sie mich selbst umbringen!“ Mit zornigem Schmerz antwortete die Göttin: „Wehe, wie sehr bedarfst du des Vaters, Jüngling! Wohl empfehle ich dir, zu bedenken, wie du diesen lästigen Schwarm aus dem Palaste fortdrängest! Laß mich dir einen Rat geben. Morgen erhebe dich unter ihnen und heiße sie, einen jeglichen in das Seinige, sich zerstreuen; deiner Mutter aber sage: wenn ihr eigenes Herz nach einer Vermählung begehrt, so soll sie in den Palast ihres königlichen Vaters heimkehren; dort mag die Hochzeit angeordnet, mag die Brautgabe bereitet werden. Du selbst aber rüste das beste Schiff, das du hast, mit zwanzig Ruderern aus und begib dich auf den Weg, den lange abwesenden Vater zu suchen. Zuerst gehe nach Pylos im Lande Elis, frage dort den ehrwürdigen Greis Nestor; erfährst du da nichts, so wende dich nach Sparta zum Helden Menelaos, denn dieser ist der letzte von den Griechen, der heimgekehrt ist. Hörst du vielleicht dort, daß dein Vater lebe, daß er wiederkehre, nun, dann ertrag es noch ein Jahr. Vernimmst du aber, daß er gestorben sei, alsdann kehre heim, opfre Totenopfer und errichte ihm ein Denkmal. Findest du die Freier noch immer in deinem Hause, so sinne darauf, wie du sie durch List oder öffentlich tötest. Bist du doch nicht mehr unmündig und dem Knabenalter längst entwachsen! Hörest du nicht, welchen Ruhm der Jüngling Orestes unter den Menschen geerntet hat, daß er seines Vaters Mörder, Ägisth, erschlagen? Du bist so groß und stattlich; halte dich wohl! Mach, daß auch dich einst spätere Geschlechter loben!" Telemach dankte dem Gastfreunde für seinen guten Rat und seine väterliche Gesinnung, und da dieser sich zum Aufbruch anschickte, wollte er ihm ein Gastgeschenk mit auf den Weg geben; der verstellte Mentes versprach aber, wiederzukommen und auf dem Rückweg es abzuholen. Dann enteilte die Göttin und verschwand; denn wie ein Vogel durchflog sie den Kamin. Telemach staunte über dem Verschwinden des Fremden tief in der Seele; er ahnte, daß es ein Gott gewesen, und sann in sich gekehrt seinem Rate nach.

Im Saale dauerte indessen Saitenspiel und Gesang fort: der Sänger meldete die traurige Heimfahrt der Griechen von Troja, und alle Freier horchten. Droben im Söller saß inzwischen die einsame Penelope, und der Hall des Liedes drang zu ihr empor. Da stieg auch sie mit zwei Dienerinnen die Stufen ihrer hohen Wohnung herab und trat zu den Freiern in den Saal ein, doch in einen dichten Schleier gehüllt; eine der Mägde stand ihr zur Seite, und weinend begann sie, zu Phemios dem Sänger gewendet: „Du weißt ja sonst viele herzerquickende Lieder, guter Sänger! Erfreue sie damit; aber diesen Jammergesang, der mir beständig das Herz im Busen quält, den laß ruhen! Gedenke ich doch auch ohne das beständig des Mannes, dessen Ruhm durch ganz Griechenland reicht und der noch immer nicht heimgekehrt ist!" – Aber Telemach redete freundlich zu der Mutter: „Tadle doch den lieblichen Sänger nicht, daß er uns mit dem erfreut, was ihm gerade das Herz entzündet. Nicht den Sängern, Zeus müssen wir Schuld geben, der ihnen die Lieder eingibt und sie begeistert, wie er will! Laß ihn deswegen immerhin das Leid der Danaer besingen! Odysseus ist es ja nicht allein, der den Tag der Wiederkehr verlor; wieviel andere Griechen sind untergegangen! Du selbst, liebe Mutter, kehr ins Frauengemach zurück, besorge dort deine Geschäfte, die Spindel und den Webestuhl und leite das Tagwerk deiner Frauen! Das Wort gebührt den Männern, und vor allem mir, der ich die Herrschaft im Hause zu führen habe."

Penelope verwunderte sich über die verständige und bestimmte Rede des Knaben, den sie früher nie so hatte sprechen hören und der auf einmal zum Jüngling gereift schien; sie kehrte nach dem Söller zurück und beweinte dort ihren Gemahl in der Einsamkeit. Den Freiern aber, die zu toben und beim Becher Mutwill zu treiben anfingen, trat Telemach auch entgegen und rief in die Versammlung hinein: „Freuet euch immerhin beim Mahle, ihr Freier, aber lärmet mir nicht so, denn das ist eine Lust, dem Sänger in Stille zuzuhorchen! Morgen wollen wir Ratsversammlung halten; da will ich euch frank und frei den Vorschlag machen, nach Hause zu gehen; denn es ist Zeit, daß ihr euch an eurer eigenen Habe wärmet und nicht des fremden Mannes Erbgut vollends aufzehret."

Die Freier bissen sich auf die Lippen, als sie solche Reden hörten, und konnten über die entschlossenen Worte des Jünglings nicht genug staunen. Aber von seinem Vorschlage, zum Vater Penelopes, Ikarios, zu wandern, wollten sie nichts hören und zankten sich trotzig mit ihm herum. Endlich brachen sie auf, und auch Telemach ging zur Ruhe.

Am andere Morgen sprang er zeitig vom Lager, kleidete sich an und hängte das Schwert um die Schultern. Dann trat er aus der Kammer hervor und gebot den Herolden, die Versammlung der Bürger zu berufen, und lud auch die Freier zu derselben ein. Als das Volk sich gedrängt eingefunden hatte, erschien der Fürstensohn, die Lanze in der Hand; Pallas Athene hatte seiner Gestalt Hoheit und Anmut verliehen, so daß alles Volk den Kommenden anstaunte. Selbst die Greise machten ihm ehrerbietig Platz, und er setzte sich auf den Stuhl seines Vaters Odysseus. Da erhub zuerst der Held Aigyptios, von Alter gebückt und reich an Erfahrung, er, dessen ältester Sohn Antiphos schon mit Odysseus vor Troja gezogen war und erst auf dem Rückwege verunglückte, dessen zweiter Sohn Eurynomos mit unter den Freiern sich befand, während die zwei jüngsten Söhne noch des Vaters Geschäfte zu Hause betrieben, sich in der Volksversammlung und sprach: „Seit Odysseus fort ist, sind wir nicht versammelt gewesen. Wem ist denn auf einmal eingefallen, uns zusammenzuberufen? Ist es ein älterer Mann oder ein jüngerer, und welches Bedürfnis treibt ihn? Höret er etwa Kunde von einem heranziehenden Kriegsheere? Oder hat er einen Antrag zum Besten des Landes zu machen? Nun, gewiß es ist ein Biedermann, der also gehandelt hat; Zeus segne ihn, was er auch im Herzen vorhaben mag!"

Telemach erfreute sich des glücklichen Vorzeichens, das in diesen Worten lag, erhub sich von seinem Stuhle und sprach, mitten unter die Versammlung eintretend, nachdem der Herold Peisenor ihm das Zepter gereicht, indem er sich zuerst dem greisen Aigyptios zuwandte: „Edler Greis! der Mann, der euch berufen hat, ist nicht ferne: ich bin's, denn der Kummer und die Sorge bedrängen mich. Erst habe ich meinen trefflichen Vater, euren Beherrscher, verloren, und jetzt stürzt mein Haus ins Verderben, und alle meine Habe geht in Trümmer. Mit unerwünschter Bewerbung sieht sich meine Mutter Penelope von Freiern umdrängt. Diese sträuben sich, meinem Vorschlage sich zu fügen und beim Vater der Mutter, Ikarios, um die Tochter zu werben. Nein, von Tag zu Tage wenden sie sich an unser Haus, opfern Rinder zum Mahle, halten bei unsern Schafen und Ziegen Schmaus und trinken mir den funkelnden Wein ohne Scheu aus dem Keller. Was vermag ich gegen so viele? Erkennet doch selbst, ihr Freier, euer Unrecht; habt auch Scheu vor andern, vor der Nachbarschaft; bebet endlich vor der Rache der Götter! Wann hat euch mein Vater beleidigt, wann habe ich selbst euch Schaden zugefügt, dessen Ersatz ihr von mir zu nehmen berechtigt wäret? Ihr aber ladet mir unverdienten Schmerz auf die Seele!"

So sprach Telemach, vergoß Tränen dazu und warf zornig seinen Zepter auf die Erde. Die Freier saßen schweigend umher, und keiner außer Antinoos, der Sohn des Eupeithes, wagte es, ihm ein heftiges Wort auf seine Rede zu erwidern. Dieser erhub sich und rief laut: „Trotziger Jüngling, welche Schmähung erlaubst du dir gegen uns? Nicht die Freier haben alles das verschuldet, sondern deine eigene Mutter, die ränkevolle! Drei Jahre, und bald das vierte, sind dahin, und immer noch spottet sie des Wunsches der Achajer. Allen verheißt sie Gunst, bald diesem, bald jenem Manne sendet sie Botschaft zu; aber im Herzen denkt sie ganz anders. Wohl durchschauen wir ihre List. In ihrer Kammer hat sie ein großes Gewebe angefangen, und zur Versammlung der Freier hat sie gesprochen: „Ihr Jünglinge, wartet mit der Entscheidung und der Hochzeit nur so lange, bis ich das Leichengewand für meines Gemahles alten Vater Laërtes fertiggewirkt habe, daß, wenn er dereinst stirbt, keine Griechin mich tadeln kann, wenn der angesehene Mann als Leiche nicht festlich eingekleidet daläge!" Mit diesem frommen Vorwande gewann sie unsere Herzen. Nun saß sie auch wirklich den Tag über da und wirkte an ihrem großen Gewebe, in der Nacht aber beim Kerzenlichte, da trennte sie heimlich alles wieder auf, was sie am Tage gewoben hatte. So entging sie unsern Aufforderungen drei Jahre lang und täuschte edle Griechensöhne. Eine der Dienerinnen, welche sie nachts belauscht hatte, hat uns dieses hinterbracht, und so überraschten wir sie selbst, während sie damit beschäftigt war, ihr Gewebe zu zertrennen. Darauf nötigten wir sie, das Werk zu vollenden. So geben wir dir denn zur Antwort, Telemach, daß dir allerdings vergönnt sein soll, die Mutter hinweg- und zu ihrem Vater zu senden; aber du sollst ihr auch gebieten, sich demjenigen zu vermählen, den ihr Vater auserlesen wird oder den sie sich selbst erwählt. Wenn sie aber die edlen Griechen noch länger verhöhnt und mit ihrem Truggewebe täuschen will, so zehren wir auch noch länger von deinem Gute, und nicht eher weichen wir von deinem Herde und begeben uns an den unsrigen, als bis deine Mutter einen Gatten gewählt hat."

Darauf antwortete Telemach: „Antinoos, mit Zwang kann ich meine Mutter nicht aus dem Hause verstoßen, sie, die mich geboren und erzogen hat, mag nun mein Vater noch leben oder tot sein. Weder Ikarios, ihr Vater, noch die Götter könnten ein solches Verfahren billigen. Nein, wenn ihr selbst noch Gefühl für Recht und Unrecht habt, so verlasset mein Haus und besorget euch eure Gastmahle anderswo, oder verzehrt wenigstens eure eigene Habe und lasset die Bewirtung im Kreise herumgehen. Wenn es euch aber behaglicher dünkt, das Erbe eines einzelnen Mannes ohne Wiedererstattung zu verschlingen – nun, so tut es! Ich aber werde die Ewigen laut anflehen, daß mir Zeus zur wohlverdienten Bezahlung an euch verhelfe!"

Während Telemach so sprach, schickte ihm Zeus ein Himmelszeichen. Zwei Adler des Gebirges schwebten mit ausgebreiteten Schwingen herab aus den Lüften und umeinander her: als sie der Versammlung über den Häuptern waren, schauten sie drohend herab und fingen dann an, sich selbst mit den Klauen Hals und Kopf zu zerkratzen, dann erhoben sie sich wieder und stürmten rechts hin über Ithakas Stadt. Dies deutete der anwesende greise Vogelschauer Halitherses auf großes Verderben, das den Freiern drohe. Denn noch am Leben sei Odysseus und nahe schon, und der Tod sei allen jenen Männern bereitet. Aber der Freier Eurymachos, des Polybos Sohn, spottete des Zeichens und sagte: „Geh du nach Hause und verkündige deinen eigenen Kindern ihr Geschick, alberner Greis! Uns wirst du nicht betören. Viel Vögel fliegen unter den Strahlen der Sonne herum, aber nicht alle bedeuten etwas. Gewisser ist nichts, als daß Odysseus in der Ferne starb!" Übrigens beharrten die Freier auf ihrem Ansinnen, daß die Mutter Telemachs selbst das Haus verlassen, zu ihrem Vater Ikarios ziehen und dort wählen solle.

Da drang Telemach nicht weiter in sie, sondern er begehrte vom Volke nur ein schnellsegelndes Schiff und zwanzig Ruderer, um zu Pylos und zu Sparta nach dem verschollenen Vater zu fragen. Lebe der, so wollte auch Telemach noch ein Jahr zusehen; sei er tot, so möge ein anderer die Mutter nehmen. Jetzt erhub sich Mentor, der Freund und Altersgenosse des Odysseus, dem der Held, in den

Kampf vor Troja ziehend, die Sorge des Hauses anvertraut hatte, daß er, unter der Oberaufsicht seines Vaters Laërtes, alles in Ordnung erhielte. Dieser ereiferte sich zornig gegen die Freier und rief. „Kein Wunder, wenn ein zeptertragender König Recht und Billigkeit vergäße, stets zürnte und grausam frevelte: verdienen es die Menschen doch nicht anders! Wer in diesem Kreise gedenkt jetzt noch des freundlichen, väterlichen Herrschers Odysseus? Prassen doch diese Freier ungestraft von seinem Gute! Und nicht ihnen verdenke ich es, die da im Wahne handeln, als kehre Odysseus nicht wieder! Aber dem andern Volke verarg ich's, das stumm dasitzt und zuschauen mag und auch nicht mit einem Wörtchen es versucht, die frevelnden Freier im Zaum zu halten, so überlegen es ihnen an Zahl ist!“

Aber Leiokritos, einer der frechsten Freier, spottete des Scheltenden und sprach: „Laß immerhin den Odysseus kommen, du alter Schadenfroh; wir wollen sehen, ob er mit uns fertig wird, wenn er uns beim Mahle überrascht! Und glaubet mir nur, Penelope selbst, sosehr sie nach ihm zu schmachten scheint, würde seiner Ankunft sich am wenigsten freuen. Möge ihn das böse Verhängnis vertilgen! Nun, laßt uns scheiden, ihr Männer! Mögen Mentor und der alte Vogelschauer Halitherses die Reise des Knaben Telemach beschleunigen. Aber, was wollen wir wetten? er sitzt noch nach Wochen hier unter uns und erspäht sich hier in Ithaka selbst die Botschaft nach seinem Vater. Nimmermehr vollendet er die Reise!“

Lärmend trennten sich die Freier, und die ganze Volksversammlung tat, ohne einen Beschluß gefaßt zu haben, das gleiche. Jeder ging in seine Wohnung, und die Freier lagerten sich wieder im Palaste des Odysseus.

Telemach bei Nestor

Telemach ging hinab ans Meergestade, und die Hände in der Flut waschend, rief er zu dem unbekannten Gott, der tags zuvor in Menschengestalt bei ihm in seiner Wohnung erschienen war. Da nahete ihm Pallas Athene, dem Freunde seines Vaters, Mentor, an Gestalt und Stimme ähnlich, und sprach: „Telemach, wenn du hinfort nicht zaghaft und besinnungslos sein willst, wenn der Geist deines Vaters, des klugen Odysseus, nicht ganz von dir gewichen ist, so hoffe ich, daß du deinen Entschluß ausführest. Ich bin der alte Freund deines Vaters, ich will dir für ein schnelles Schiff sorgen und dich selber begleiten.“ Telemach, der nicht anders glaubte, als daß Mentor selbst zu ihm geredet, eilte entschlossen nach Hause; auf dem Wege begegnete er dem jungen Freier Antinoos, der ihm lachend die Hand hinbot und sprach: „Unbändiger, trotziger Jüngling, zürne nicht länger! Lieber geschmaust und getrunken mit uns, wie bisher! Laß die Bürger für deine Reise sorgen, und wenn sie dir Schiff und Mannschaft gerüstet haben, dann magst du meinethalben nach Pylos fahren!" Aber Telemach erwiderte: „Nein, Antinoos, es ist mir unmöglich, länger schweigend mit euch ausschweifenden Männern am Mahle zu sitzen. Ich bin kein Knabe mehr; ihr habt es hinfort mit einem mutigen Manne zu tun, mag ich nun gen Pylos fahren oder auf unsrem Eilande verbleiben. Aber ich will gehen, und nichts soll mir die beschlossene Fahrt vereiteln." So sprechend, zog er leicht seine Hand aus der Hand des Freiers und eilte in die Vorratskammer seines Vater hinab, wo Gold und Erz in Haufen lag, kostbare Gewande im Kasten ruhten, Krüge voll duftigen Öles und Fässer mit balsamischem Weine gefüllt an die Mauer gelehnt umherstanden. Hier fand er die wachsame Schaffnerin Eurykleia, schloß hinter sich die Pforte riegelfest und sprach zu ihr: „Mütterchen! Geschwind schöpf und fülle mir zwölf Henkelkrüge mit Wein und spünde sie wohl mit Deckeln, schütte mir auch zwanzig Maße feingemahlenen Mehls in Schläuche und rüste alles zusammen auf einen Haufen. Denn vor Nacht noch, wenn die Mutter schon im Schlafgemach ist, komme ich und hole alles ab. Erst nach zwölf Tagen, oder wenn sie mich selbst vermißt, darfst du ihr sagen, daß ich fort bin, den Vater zu suchen!" Weinend schwur ihm dieses die gute Schaffnerin zu und tat, wie er befohlen. Indessen hatte Athene selbst Telemachs Gestalt angenommen, Genossen für die Reise geworben und von einem reichen Bürger, Noëmon, ein Schiff zur Reise geborgt. Dann betäubte sie den Sinn der Freier, daß ihnen die Becher aus den Händen fielen und ein tiefer Schlummer, wie Berauschten zu geschehen pflegt, sich ihrer bemächtigte. Endlich nahm sie Mentors Gestalt wieder an, gesellte sich zu Telemach und ermunterte ihn, die Fahrt nicht länger zu verschieben. Bald standen beide am Meere, fanden dort die Genossen, ließen die Zehrung zu Schiffe bringen und bestiegen das Fahrzeug. Als die Woge schon um den Kiel schlug und der Wind die Segel schwellte, brachten sie den Göttern ein Trankopfer dar und fuhren bei günstiger Luft die ganze Nacht pfeilschnell dahin.

Mit Sonnenaufgang lag Nestors Stadt Pylos vor den Augen der Schiffenden. Dort brachte gerade das Volk, in neun Rotten geschart, dem Meeresgotte neun schwarze Stiere zum Opfer dar, verbrannte sie dem Gott und schmauste von den

Überbleibseln. Da landeten die Männer aus Ithaka, und Telemach, von Athene als Mentor geführt und zu keckem Gruße aufgemuntert, eilte unter die Versammlung des pylischen Volkes. Hier saß Nestor mit seinen Söhnen; Freunde rüsteten das Mahl, Diener steckten das Fleisch an Spieße und brieten es. Als nun die Pylier Fremdlinge ans Ufer steigen und herannahen sahen, eilten sie ihnen sogleich in dichten Haufen entgegen, boten ihnen die Hände zum Gruß und nötigten den Telemach und seinen Führer zu sitzen. Insbesondere ergriff sie Peisistratos, der Sohn Nestors, beide bei der Hand, ermunterte sie freundlich, am Gastmahl teilzunehmen, und wies ihnen am Ufersande des Meeres auf dickwolligen Vliesen zwischen seinem Vater Nestor und seinem Bruder Thrasymedes den Ehrensitz an. Dann legte er ihnen von dem besten Fleische vor, füllte zwei goldene Becher mit Wein, trank ihnen unter Handschlag zu und sprach zu der verstellten Athene: „Bring dem Poseidon das Trankopfer mit Gebet, o Fremdling, und laß auch deinen jüngeren Freund also tun! Bedürfen doch alle Sterblichen der Götter!" Athene nahm den Becher, flehte vom Meeresgotte Segen auf Nestor, seine Söhne und alle Pylier herab und bat um Vollendung dessen, weswegen Telemach zu Meere dahergekommen. Dann schüttete sie von dem Trank zu Boden und hieß ihren jungen Begleiter ein Gleiches zu tun.

Darauf wandte man sich zu Trank und Speise, und als Hunger und Durst gestillt waren, begann der greise Nestor das freundliche Gespräch und forschte nach dem Geschlecht und der Absicht der Fremden. Telemach beantwortete ihm beides, und als er auf seinen Vater Odysseus zu reden gekommen war, sprach er mit Seufzen: „Vergebens suchten wir bisher sein Schicksal zu erkunden. Wir wissen nicht, kam er auf dem Festlande von Feinden um, oder hat ihn die Brandung des Meeres verschlungen. Darum flehe ich dich, mir seinen traurigen Tod zu verkündigen, magst du nun Augenzeuge gewesen sein oder ihn nur von einem Wanderer vernommen haben. Schone mich nicht aus Mitleid, sondern erzähle mir nur alles getreulich!"

„Lieber Jüngling", antwortete Nestor, „weil du jener Zeit der Trübsal gedenkst, so höre alles, wie es ergangen." Der Alte holte dann nach Greisensitte weit aus, meldete von dem Tode der größten Helden noch unter Ilions Mauern selbst, von dem Hader der beiden Atriden, endlich von seiner eigenen Rückfahrt; aber von Odysseus wußte er so wenig als der fragende Telemach selbst. Dagegen erzählte er ihm weitläufig den Tod des Agamemnon zu Mykene und die Rache des Orestes. Endlich riet er ihm, nach Sparta zum Fürsten Menelaos zu gehen, der erst neulich von fern entlegenen Menschen, an deren Küste ihn der Sturm geschleudert, zurückgekehrt sei. Da dieser am längsten unter allen Griechenhelden auf der Fahrt gewesen, sei es auch am ehesten glaublich, daß er irgendwo etwas von dem Geschicke des Odysseus vernommen.

Athene billigte als Mentor den Vorschlag und erwiderte hierauf: „Der Abend ist unter unsern Gesprächen eingebrochen; erlaube jetzt, o lieber Greis, meinem jungen Freunde, dich in deinen Palast zu begleiten und dort zu ruhen. Ich selbst will nach unsrem Schiffe sehen und meine Genossen ermuntern, alles Nötige anzuordnen. Dann will ich mein Nachtlager auch daselbst nehmen. Am andern Morgen fahre ich zum Volk der Kaukonen, wo ich eine Schuld einzufordern habe. Meinen Freund Telemach aber sende du selbst" – Nestor hatte dies so angeboten – „mit deinem Sohne auf einem wohlgezimmerten Wagen, mit deinen leichtfüßigsten Rossen bespannt, nach Sparta." So sprach Athene, und siehe da, plötzlich verwandelte sie sich in einen Adler und flog empor zum Himmel. Alle sahen ihr staunend nach, Nestor ergriff den Jüngling Telemach bei der Hand und sprach: „Du darfst nicht verzagen und nicht trostlos werden, mein Lieber, da schon in deiner Jugend beschirmende Götter dich begleiten! Denn kein anderer war dein Genosse als Zeus' Tochter, Athene, die auch deinen tapfren Vater vor allen andern Argivern immer besonders geehrt hat!" Dann richtete der Greis ein frommes Gebet an die Göttin, gelobte, ihr ein jähriges Rind am andern Morgen zu opfern, und führte mit Söhnen und Eidamen seinen Gast zur Nachtruhe nach Pylos in den Königspalast. Hier wurde noch einmal ein Trankopfer dargebracht und ein Umtrunk getan. Alsdann begab sich ein jeder zur Ruhe. Telemach erhielt seine Lagerstatt in einem zierlichen Bettgestelle unter der hohen Halle des Hauses, und neben ihm legte sich der tapfere Peisistratos, Nestors Sohn, zur Ruhe.

Kaum schimmerte die Morgenröte in den Palast, so erhob sich der rüstige Greis Nestor vom Lager, trat vor die Schwelle und setzte sich auf die schönen weißen Marmorquadern nieder, die als Ruhesitze an den Flügeltoren des Palastes angebracht waren und wo schon vor alters sein Vater Neleus oft gesessen. Um ihn versammelten sich seine sechs Söhne, und der letzte, Peisistratos, brachte auch den Gast aus Ithaka mit, der den König Nestor begrüßte, dann aber die Versammlung wieder verließ. Nun wurde die Kuh herbeigeholt, die Nestor als Opfer der Athene gelobt hatte; der Goldschmied Laërkes wurde gerufen, der die Hörner des Rinds vergolden mußte; die Mägde im Palast rüsteten ein Festmahl, setzten Stühle, brachten Holz und frisches

Wasser herbei. Vom Schiffe herauf kamen Telemachs Freunde. Die Söhne Nestors führten die Kuh an den vergoldeten Hörnern herzu, ein anderer trug Wasserbecken und Opfergerste herbei, der vierte brachte die Axt, das Opfer zu schlachten, ein fünfter hielt die Schale hin, um das Blut des Tieres aufzufangen. Als das Opfertier den Streich mit der Axt erhalten hatte, schlachtete es unter dem Flehen der Gemahlin und der Töchter Nestors der sechste Sohn Peisistratos. Die besten Stücke wurden der Göttin verbrannt und dunkler Wein daraufgeschüttet; das übrige ward an Spieße gesteckt und gebraten.

Telemach war bei dem Opfer nicht zugegen gewesen; er hatte sich entfernt, um sich von der Reise im warmen Bade zu erholen, und trat jetzt in den schönen Leibrock gekleidet und in einen prächtigen Mantel gehüllt unter die Versammelten wieder ein. Nun setzte man sich zum Schmaus und Becher, und nach dem fröhlichen Mahle schirrte man die schönsten Rosse vor den Wagen, der den jungen Gastfreund nach Sparta bringen sollte. Die Schaffnerin legte Brot, Wein und andere Speisen hinein, und Telemach bestieg den Wagensitz. Neben ihm setzte sich Peisistratos in den Sessel, faßte die Zügel und schwang treibend die Geißel. Die Rosse flogen dahin; bald lag die Stadt Pylos hinter ihnen, und den ganzen Tag ging es im Fluge fort, ohne daß die Tiere zu ruhen begehrten.

Als die Sonne sich zum Untergang neigte und die Pfade schattiger wurden, kamen sie nach der Stadt Pherai, wo ein edler Griechenheld, namens Diokles, der Sohn des Orsilochos, hauste. Dieser nahm die reisenden Fürstensöhne gastlich auf, und sie ruheten in seiner Burg die Nacht über. Am andern Morgen fuhren sie weiter durch üppiges Weizenfeld, und endlich mit dem Abendschatten kamen sie zu der großen, zwischen Bergen gelegenen Stadt Lakedaimon oder Sparta.

Telemach zu Sparta

Freunde und Nachbarn umgaben den Fürsten Menelaos zu Sparta im Palaste beim fröhlichen Schmause; ein Sänger rührte die Harfe im dichten Gedränge; zwei Gaukler machten lustige Sprünge im Kreise; der Beherrscher des Landes feierte das doppelte Verlobungsfest zweier Kinder, der lieblichen Hermione, Helenas Tochter, die damals dem mutigen Sohne des Achill, Neoptolemos, als Braut entgegengesandt werden sollte, und eines Sohnes von einem Nebenweibe, Megapenthes, den er einer edeln Spartanerin verlobte. Unter diesem Getümmel hielten am Tore der Königsburg Telemach und Peisistratos mit ihrem Wagen, und ein Krieger des Menelaos, der sie zuerst erblickte, meldete dem Fürsten die Ankunft der Fremden und fragte an, ob die Rosse abgespannt oder die Fremden, wegen der festlichen Feier im Hause, einer Herberge zur Bewirtung zugewiesen werden sollten. „Ei, Held Eteoneus“, antwortete ihm Menelaos ärgerlich, „du warst doch sonst nie ein Tor, heute aber redest du wie ein Kind! Wie viele Gastfreundschaft habe ich selbst bei andern Menschen genossen; und ich sollte um irgendeiner Ursache willen Fremdlinge von meinem Herd abweisen? Hurtig die Rosse abgespannt und die Männer zum Gastmahl hereingeführt!“ Der Krieger verließ eilends mit vielen Dienern den Saal, und die schäumenden Rosse wurden vom Wagenjoch abgelöst und vor reichlichen Haber an die Krippe im Stalle gestellt; auch der Wagen wurde eingetan. Die Gäste führte man in den herrlichen Palast und wusch ihnen den Staub des Weges durch ein erquickendes Bad vom Leibe. Dann wurden sie dem Könige Menelaos zugeführt und nahmen an seiner Seite beim köstlichen Mahle Platz. Staunend betrachtete sich Telemach die Pracht des Palastes und der Bewirtung und flüsterte seinem Freunde ins Ohr: „Sieh nur, Peisistratos, das Erz, das rings in dem gewölbten Saale glänzt, das Gold und Silber, das schimmernde Elfenbein! Welch unendlicher Schatz! Zeus' Palast auf dem Olymp kann nicht herrlicher sein! Mich erfüllt dieser Anblick mit Staunen!“ Telemach hatte nicht so leise gesprochen, daß Menelaos nicht die letzten Worte vernommen hätte. „Lieben Söhne“, sagte er daher lächelnd, „mit Zeus wetteifere kein Sterblicher! Sein Palast ist unvergänglich und all sein Besitz! Aber das ist wahr: unter den Menschen wird sich nicht leicht einer mit mir im Reichtum messen können; habe ich ihn doch auch nach vielen Leiden und Irrfahrten eingetan und brauchte acht Jahre, bis ich wohlbehalten in der Heimat wieder ankam. Auf Zypern, in Phönizien, in Ägypten, Äthiopien, Libyen bin ich gewesen. Das ist ein Land, ihr Freunde! Dort kommen die Lämmer gleich mit Hörnern auf die Welt; die Schafe werfen dreimal des Jahres, und nie fehlt es dem Herrn und dem Hirten an Fleisch, Milch und Käse! Während ich mir in diesen Landen viel kostbare Habe sammelte, hat mir zu Mykene ein anderer den Bruder erschlagen, ein Meuchelmörder, durch die List seines treulosen Weibes – so daß ich bei all meinem Besitze doch nicht recht fröhlich herrschen kann! Doch das habt ihr wohl alles schon von euren Vätern vernommen, wer sie auch sein mögen!

Aber gern wär ich mit dem Drittel meines Gutes zufrieden, wenn nur die Männer noch lebten, die vor Troja gefallen sind. Und doch – keinen von ihnen betraure ich so innig als einen, der mir Schlaf und Speise verleidet, wenn ich sein gedenke! Denn so viel erduldete doch kein anderer Grieche als Odysseus! Und nun weiß ich nicht einmal, ob er lebt oder tot ist! Vielleicht trauern um ihn längst sein alter Vater Laërtes und seine züchtige Gemahlin Penelope und sein junger Sohn Telemach, der noch ein Säugling war, als er ihn verließ."

So sprach Menelaos, und ohne es zu wollen, machte er dem Telemach das Herz so weichmütig, daß ihm die Tränen von den Wimpern herabrollten und er den Purpurmantel mit beiden Händen fest vor die Augen drücken mußte. Dem Könige Spartas blieb dies nicht verborgen, und er erkannte in dem Jüngling alsbald den Sohn des Odysseus.

Indessen wandelte auch die Fürstin Helena aus ihrem duftenden Frauengemach hervor, einer Göttin an Schönheit gleich; sie umringten anmutige Dienerinnen: die eine stellte ihr den Sessel hin; eine andere breitete den wollenen Teppich unter; die dritte brachte ihr einen silbernen Korb, das Gastgeschenk der Königin von Theben in Ägypten; er war mit gesponnenem Garne gefüllt, und die volle Spindel lag darüber. So setzte sich die Königin auf den Sessel, stellte die Füße auf den Schemel und begann ihren Gemahl neugierig nach dem Geschlechte der neuangekommenen Männer zu fragen: „Sah ich doch auf der Welt noch keinen Menschen, der dem hochgesinnten Odysseus so ähnlich wäre wie der eine der Jünglinge hier!" So sprach sie leise zu ihrem Gemahl, und dieser antwortete ihr: „Auch mir, o Frau, kommt es so vor. Füße, Hände, Blick der Augen, Haupt- und Scheitelhaare, alles ist dasselbe an beiden! Auch tropften dem Jüngling bittere Zähren von den Wimpern, als ich vorhin unserer Not und des Odysseus gedachte."

Peisistratos, Telemachs Begleiter, vernahm diese Reden und sagte laut: „Du redest recht, König Menelaos, dieser ist des Odysseus Sohn, Telemach; er aber ist zu bescheiden, dreist mit dir zu sprechen. Ihn hat mit mir Nestor, mein Vater, gesandt, denn er hofft von dir Nachricht von seinem Vater zu erhalten." „Ihr Götter", rief nun Menelaos aus, „so ist wirklich der Sohn des geliebtesten Mannes mein Gast, des Mannes, dem ich selbst so gerne alle Liebe erwiesen hätte, wenn er auf der Heimkehr in meinem Hause einspräche!"

Als nun der König fortfuhr, so sehnlich von seinem alten Freunde zu reden, da mußten alle weinen, Helena und Telemach und Menelaos selbst, und auch Nestors Sohn weinte, denn er mußte an seinen Bruder Antilochos denken, der vor Troja, seinen Vater rettend, gefallen war.

Endlich bedachten sie, daß es fruchtlos und nicht heilsam sei, dem Gram beim Abendschmause nachzuhängen, und wollten, nachdem die Diener ihnen mit Wasser die Hände besprengt, alle zur Nachtruhe aufbrechen. Helena aber, die als Zeus' Tochter in allerlei Wunderkünsten erfahren war, warf noch vorher schnell in den letzten Becher Weins, den sie tranken, ein Mittel, das allen Kummer und die Erinnerung an alle Leiden aus der Seele vertilgte. Wenn ein Mensch von dieser Mischung trank, so benetzte ihm den ganzen Tag über keine Träne die Wangen, und wären ihm Vater und Mutter gestorben, wären ihm Sohn oder Bruder vor seinen Augen vom Schwert des Feindes durchbohrt worden. Da wurden sie alle fröhlich und sprachen noch lange in die Nacht hinein. Endlich wurde den Gästen ihr Bett von prächtigen Purpurpolstern und Teppichen unter der Halle bereitet; Menelaos und Helena aber begaben sich in das Innere des Palastes.

Am andern Morgen fragte der Fürst seine Gastfreunde über die Absicht ihrer Reise weiter aus und vernahm, wie es zu Ithaka, im Hause seines Freundes Odysseus, stehe. Als er hörte, wie sich die Freier dort gebärdeten, rief er entrüstet aus: „Ha, die Elenden, die im Lager des gewaltigen Mannes zu ruhen gedenken! Wie der Löwe zurückkommt, dem eine Hindin ihre Jungen ins Nest gelegt hat, während er im grünen Tale weidet, wird Odysseus kommen und ihnen ein Ende voll Entsetzen bereiten! Wisse, was mir in Ägypten der Meeresgreis Proteus geweissagt hat, als er, in mancherlei Gestalten verwandelt, endlich von mir gebunden und gezwungen ward, die Schicksale der heimkehrenden Griechenhelden mir kundzutun. „Den Odysseus“, sprach der Gott, „sah ich im Geist auf einer einsamen Insel Tränen der Sehnsucht vergießen. Dort hält ihn die Nymphe Kalypso mit Gewalt zurück, und ihm gebricht's an Schiffen und Ruderern, um in die Heimat zurückzukehren.“ Nun weißt du alles, lieber Jüngling, was ich dir über deinen Vater zu berichten vermag. Bleib nun noch ein eilf oder zwölf Tage bei uns, dann will ich dich mit köstlichen Geschenken entlassen.“

Aber Telemach dankte und ließ sich nicht zurückhalten. Nun schenkte ihm Menelaos einen silbernen Mischkrug mit goldenem Rande von unvergleichlich schöner Arbeit, ein Werk des kunstreichen Gottes Hephaistos selbst, und ein köstliches Frühmahl von Ziegen und Schafen wurde dem Abschied nehmenden Gastfreunde bereitet.

Verschwörung der Freier

Während dies in Pylos und in Sparta vorging, freuten sich auf der Insel Ithaka die Freier von Tag zu Tag im Palaste des Odysseus wie zuvor und ergötzten sich mit Diskuswerfen, Speerschleudern und anderen Spielen. Einst, als nur Antinoos und Eurymachos, die Vornehmsten und Schmucksten unter ihnen, seitwärts vom Spiele saßen, trat zu diesen Noëmon, der Sohn des Phronios, und sprach zu ihnen: „Können wir etwa vermuten, ihr Freier, wann Telemach von Pylos zurückkehrt? Das Schiff, auf dem er fährt, habe ich ihm geliehen, und jetzt brauche ich es selbst, um damit nach Elis zu segeln, wo ich mir aus meinem Stutengarten gern ein Roß holte, um es zu zähmen und zuzurichten."

Die beiden anderen staunten. Sie hatten gar nichts von der Abfahrt des Jünglings gewußt, sondern gemeint, er habe sich auf seine Besitzungen im Lande, auf seine Ziegenweiden und zu seinen Schweineherden begeben. Sie glaubten, er habe Noëmons Schiff mit Gewalt genommen, und fuhren zornig auf. Dieser aber besänftigte sie und sprach: „Ich selbst habe es ihm willig gegeben. Wer hätte auch einem bekümmerten Mann es versagen können? Das wäre gar zu hart gewesen! Zudem folgten ihm die edelsten Jünglinge, und als Führer trat Mentor mit ihm ins Schiff – oder war es vielleicht ein Gott, der dessen Gestalt angenommen; denn ich meine den Helden noch am gestrigen Morgen hier gesehen zu haben." So sprach Noëmon, verließ die Freier und ging zurück in seines Vaters Haus. Diese aber wurden bestürzt und unmutig bei der unerwarteten Nachricht. Sie standen von ihren Sitzen auf und traten mitten unter die andern, die eben, vom Kampfspiele ruhend, im Kreise gelagert saßen. Zürnend vor Ärger stellte sich Antinoos unter sie und sprach mit funkelnden Augen: „Telemach hat ein großes Werk unternommen; trotzig ist er auf die Fahrt gegangen, an die wir nimmermehr glauben wollten. Möge ihn Zeus vertilgen, ehe er uns Schaden zufügt! Drum, wenn ihr mir einen Schnellsegler und zwanzig Ruderer schaffen wollt, ihr Freunde, so laure ich ihm auf der Meerstraße, die Ithaka von Same trennt, auf, und seine Entdeckungsreise soll mit Schrecken endigen!" Alle riefen dem Sprecher Beifall zu und versprachen, ihm alles zu verschaffen, was er bedürfte. Dann brachen die Freier auf und zogen sich von Spiel und Rat in den Palast zurück.

Aber ihre Beratschlagung war nicht unbelauscht geblieben. Medon, der Herold, der im Herzen den schändlichen Freiern längst abhold war, obgleich er in ihren Diensten stand, hatte außerhalb des Hofes, doch nahe genug gestanden und hatte jedes Wörtchen gehört, das Antinoos sprach. Er eilte nach den

Gemächern Penelopes und erzählte seiner Herrin alles, was er vernommen. Herz und Knie erbebten der Fürstin, als sie die böse Kunde gehört, und lange blieb sie sprachlos; der Atem stockte ihr, und ihre Augen waren mit Tränen gefüllt. Spät erst begann sie: „Herold! Warum reiset aber auch mein Sohn? Ist ihm nicht genug, daß sein Vater untergegangen ist? Soll der Name unseres Hauses ganz von der Erde vertilgt werden?“ Und da Medon ihr keinen Aufschluß zu geben vermochte, sank sie weinend an der Schwelle ihres Gemaches nieder, und ringsum schluchzten die Mägde mit ihr. „Warum ist er auch auf die Fahrt gegangen, ohne es mir zu sagen! Gewiß hätte ich ihn auf bessere Gedanken gebracht! Rufe mir doch eine den alten Knecht des Hauses, Dolios, daß er gehe und dem greisen Laërtes dies alles melde! Vielleicht daß der alte Mann einen Rat in seinem erfahrenen Herzen findet!“ Da tat Eurykleia, die alte Schaffnerin, ihren Mund auf und sprach: „Und wenn du mich tötest, Herrin, ich will dir's nicht verhehlen. Ich selbst habe um alles gewußt; ich reichte ihm, was er begehrte; aber ich mußte ihm einen Eidschwur tun, vor dem zwölften Tage, oder ehe du ihn selbst vermißtest, nichts von seiner Reise zu melden. Jetzt aber rate ich dir, dich gebadet und geschmückt auf den Söller mit deinen Dienerinnen zu begeben und Athene, Zeus' Tochter, um ihren göttlichen Schutz für deinen Sohn anzuflehen.“

Penelope gehorchte dem Rate der Greisin und legte sich nach dem feierlichen Gebet ungegessen und kummervoll schlafen. Da sandte ihr Athene im Traum das Gebilde ihrer Schwester Iphthime, der Gemahlin des Helden Eumelos, welche ihr Trost einsprach und die Wiederkehr ihres Sohnes verkündigte. „Sei getrost“, sprach sie, „deinen Sohn begleitet eine Führerin, um die ihn andere Männer beneiden dürften. Pallas Athene selbst ist an seiner Seite; sie wird ihn gegen die Freier schirmen, sie hat auch mich dir zugesandt.“ So redete die Gestalt und verschwand an der verschlossenen Türe. Penelope erwachte aus dem Schlummer voll Freudigkeit und Mut. Sie baute auf den Wahrheit verkündenden Morgentraum.

Inzwischen hatten die Freier ungehindert ihr Schiff gerüstet, und Antinoos hatte es mit zwanzig tapferen Ruderern bestiegen. Mitten in der Meerstraße, welche die Inseln Ithaka und Same trennt, lag ein Felseneiland voll schroffer Klippen. Auf dieses steuerten sie los und legten sich dort in einen lauernden Hinterhalt.

Odysseus scheidet von Kalypso und scheitert im Sturm

Zeus' Bote, Hermes, schwang sich aus dem Äther ins Meer, eilte wie eine Möwe durch die Wogen und kam, wie in der Götterversammlung beschlossen worden war, auf Ogygia, der Insel Kalypsos, an. Auch fand er die schöngelockte Nymphe wirklich zu Hause. Auf dem Herd brannte eine lodernde Flamme, und der Dunst des gespaltenen, brennenden Zedernholzes wallte würzig über das Eiland hin. Kalypso aber sang mit klangreicher Stimme in der Kammer und wirkte dazu mit goldener Spule ein herrliches Gewebe. Die Grotte, in welcher ihre Gemächer waren, beschattete ein grünender Hain mit Erlen, Pappeln und Zypressen, in welchen bunte Vögel nisteten, Habichte, Eulen und Krähen. Auch ein Weinstock breitete sich über das Felsengewölbe aus, voll reifender Trauben, die aus dichtem Laube hervorblickten. Vier Quellen entsprangen in der Nähe und schlängelten sich nachbarlich dahin und dorthin; von ihnen bewässert, grünten schwellende Wiesen, mit Veilchen, Eppich und andern Kräutern und Blumen durchsäet.

Der Götterbote bewunderte die herrliche Lage der Nymphenwohnung; dann wandelte er in die geräumige Kluft. Kalypso erblickte den Nahenden und erkannte ihn auch alsbald; denn so ferne sie auch voneinander wohnen mögen, so sind sich doch die ewigen Götter von Gestalt nicht unbekannt. Den Odysseus fand jedoch Hermes nicht zu Hause. Er saß, wie er gewohnt war, jammernd am Gestade und schaute mit Tränen in den Augen auf das öde Meer sehnsüchtig hinaus.

Als Kalypso die Botschaft des Gottes vernahm, den sie voll Herzlichkeit empfangen hatte, stutzte sie und sprach endlich: „O ihr grausamen, eifersüchtigen Götter! Duldet ihr's denn gar nicht, daß eine Unsterbliche sich einen Sterblichen zum lieben Gemahl erkiese? Verarget ihr mir den Umgang mit dem Manne, den ich vom Tode gerettet habe, als er, an den geborstenen Kiel seines Schiffes sich schmiegend, an meine Küste geschleudert ward? Alle seine tapfern Freunde waren in den Abgrund versunken; sein Schiff hatte der Blitz getroffen; einsam schwamm er auf den Trümmern einher. Ich empfing den armen Schiffbrüchigen freundlich, stärkte ihn mit Nahrung, ja ich verhieß ihm zuletzt, ihm Unsterblichkeit und ewige Jugend zu verleihen. Aber weil gegen Zeus' Rat keine Ausflucht etwas vermag – so mag er denn wieder hinausfahren auf das unendliche Meer. Nur mutet mir nicht zu, daß ich ihn selbst fortschicke; fehlt es doch meinen Schiffen an Bemannung und an Rudergeräten! Doch soll es ihm an meinem guten Rate nicht fehlen, daß er ganz unversehrt das Ufer seines Heimatlandes erreiche.“

Hermes war mit dieser Antwort wohl zufrieden und enteilte wieder zum Olymp. Kalypso ging selbst an den Meeresstrand, wo der trauernde Odysseus saß, trat nahe zu ihm hinan und sprach: „Armer Freund, dein Leben darf dir nicht fürder in Schwermut dahinschwinden. Ich entlasse dich. Auf, mächtige Balken gehauen, mit Erz zum Floß gefügt und mit hohen Brettern umsäumt! Allerlei Labsal, Wasser, Wein und Speise lege ich dir selbst hinein, versehe dich mit Gewanden und sende günstigen Wind vom Lande; mögen dich die Götter glücklich in die Heimat geleiten!"

Mißtrauisch blickte Odysseus die Göttin an und sprach: „Gewiß, du sinnest auf etwas ganz anderes, schöne Nymphe! Nimmermehr besteige ich ein Floß, wenn du mir nicht den großen Göttereid schwörest, daß du mir nicht irgendein Übel zum Schaden ausgedacht hast!" Aber Kalypso lächelte, und sanft mit der Hand ihn streichelnd, antwortete sie: „Ängstige dich nicht mit solchen eiteln Gedanken! Die Erde, der Himmel und der Styx seien meine Zeugen, daß ich nichts Böses mit dir vorhabe. Ich rate dir das, was ich mir selbst in der Not ausdenken würde." Mit diesen Worten ging sie voran, Odysseus folgte, und in der Grotte nahm sie noch den zärtlichsten Abschied von ihm.

Bald war das Floß gezimmert, und am fünften Tage schwoll das Segel des Odysseus im Winde. Er selbst saß am Ruder und steuerte kunsterfahren durch die Flut. Kein Schlaf kam ihm über die Augen, beständig blickte er nach den Himmelsgestirnen und richtete sich nach den Zeichen, die ihm Kalypso beim Scheiden angegeben hatte. So fuhr er siebzehn Tage durch das Meer. Am achtzehnten erschienen ihm endlich die dunklen Gebirge des phäakischen Landes, das sich ihm entgegenstreckte und trübe dalag wie ein Schild im dunkeln Meere. Jetzt aber ward ihn Poseidon gewahr, der eben von den Äthiopen heimkehrte und über die Berge der Solymer hinschritt. Er hatte der letzten Ratsversammlung der Götter nicht beigewohnt und merkte, daß diese seine Entfernung benutzt hatten, den Odysseus aus der Schlinge zu ziehen. „Nun", sprach er bei sich selbst, „er soll mir doch noch Jammers genug erfahren!" Und jetzt versammelte er die Wolken, regte das Meer mit dem Dreizack auf und rief die Orkane zum Kampfe miteinander herbei, so daß Meer und Erde ganz in Dunkel gehüllt wurden. Alle Winde pfiffen um das Floß des Odysseus her, daß diesem Herz und Knie zitterten und er zu jammern anfing, daß er den Tod nicht von den Speeren der Trojaner gefunden. Als er noch so seufzte, rauschte eine Welle von oben herab, und das Floß geriet in einen Wirbel: er selbst taumelte weit von dem erschütterten Fahrzeug, das Ruder fuhr ihm aus der Hand, das

Floß war in Stücke gegangen; Mastbaum und Segelstangen trieben da und dort über das tobende Meer hin. Odysseus aber war in die Brandung untergetaucht, und das nasse Gewand zog ihn immer tiefer hinab. Endlich kam er wieder empor, spie das Salzwasser, das er geschluckt hatte, aus und schwamm den Trümmern des Floßes nach, deren größtes Stück er endlich auch glücklich erreichte und sich mitten darauf niederließ. Wie er nun auf dem zerrissenen Floße dahintrieb, gleich einer Distel im Winde, da erblickte ihn die Meeresgöttin Leukothea, und es erbarmte sie des armen Dulders. Wie ein Wasserhuhn flog sie aus dem Strudel empor, setzte sich auf das Gebälk und sprach zu ihm: „Laß dir raten, Odysseus! Zieh dein Gewand aus, überlaß das Floß dem Sturm; schnell umgürte dich hier mit meinem Schleier unter der Brust, und dann – verachte schwimmend alle Schrecken des Meeres!“ Odysseus nahm den Schleier; die Göttin verschwand, und obgleich er der Erscheinung mißtraute, so gehorchte er dem Rate doch. Während Poseidon ihm die wildeste Woge sandte, daß das Bruchstück des Floßes ganz auseinanderging, setzte er sich wie ein Reiter auf einen einzelnen Balken, zog das lange, beschwerende Gewand, das Kalypso ihm geschenkt hatte, aus und sprang mit dem Schleier umgürtet in die Flut.

Poseidon schüttelte ernsthaft das Haupt, als er den entschlossenen Mann den Sprung wagen sah, und sprach: „So irre denn durch die Meeresflut, von Jammer umringt! Gewiß, du sollst noch übergenug vom Elend kosten!“ Mit diesen Worten verließ der Gott die See und zog sich nach seinem Palaste zurück. Odysseus wogte nun noch zwei Tage und Nächte auf der See umher; da erblickte er endlich ein waldiges Ufer, wo die Brandung an Klippen donnerte, und eine hochschwellende Woge trug ihn, ehe er einen Entschluß fassen konnte, von selbst dem Gestade entgegen. Mit beiden Händen umfaßte er eine Klippe; aber siehe da – eine Woge kam und schleuderte ihn wieder ins Meer zurück. Er suchte sein Heil aufs neue im Schwimmen und fand endlich ein bequemes, seichtes Ufer und eine sichere Bucht, wo ein kleiner Fluß sich ins Meer ergoß. Hier flehte er zum Gotte dieses Stromes, der ihn hörte, das Wasser besänftigte und ihm möglich machte, schwimmend das Land zu erreichen. Ohne Stimme und Atem sank er auf den Boden, aus Mund und Nase strömte ihm das Meerwasser, und erstarrt von der fürchterlichen Anstrengung, sank er in eine Ohnmacht.

Als er wieder aufzuatmen anfing und das Bewußtsein ihm zurückkehrte, löste er sich den Schleier der Göttin Leukothea dankbar ab und warf ihn in die Wellen zurück, daß ihn die Geberin wieder erfassen konnte; dann warf er sich unter die Binsen nieder und küßte die wiedergewonnene Erde. Den nackten Mann fror, und die Nachtluft wehte schneidend von Morgen her. Er beschloß, den Hügel hinanzugehen und sich in die nahe Waldung zu bergen. Hier fand er eine Ruhestatt unter zwei verschlungenen dichten Olivenbäumen, einem wilden und einem zahmen, die so dick belaubt waren, daß kein Wind, kein Regen und kein Sonnenstrahl sie je durchdrang. Dort häufte sich Odysseus von der Menge gefallener Baumblätter ein Lager, legte sich mitten hinein und deckte sich wieder mit Blättern zu. Ein erquickender Schlaf ergoß sich bald über seine Augenlider und ließ ihn alles überstandene und bevorstehende Leid vergessen.

Nausikaa

Während Odysseus von Anstrengung und Schlaf überwältigt im Walde lag, war seine Beschützerin Athene liebreich für ihn bedacht. Sie eilte in das Gebiet der Phäaken, auf dem er angekommen war, welche die Insel Scheria bewohnten und hier eine wohlgebaute Stadt gegründet hatten. Dort herrschte ein weiser König, mit Namen Alkinoos, und in seinen Palast begab sich die Göttin. Sie suchte hier das Schlafgemach Nausikaas auf, der jungfräulichen Tochter des Königes, die an Schönheit und Anmut einer Unsterblichen ähnlich war. Diese schlief, von zwei Mägden, die ihre Bettstellen an der Pforte hatten, bewacht, in einer hohen, lichten Kammer. Athene nahte sich dem Lager der Jungfrau leise wie ein Lüftchen, trat ihr zu Häupten, und in eine Gespielin verwandelt, sprach sie zu ihr im Traume: „Ei du träges Mädchen, wie wird dich die Mutter schelten! Hast du doch gar nicht für deine schönen Gewande gesorgt, die ungewaschen im Schranke liegen! Wenn nun einmal deine Vermählung herankommt und du etwas Schönes für dich selbst brauchst und für die Jünglinge, die deine Brautführer sein werden! Wie soll es dann werden? Schmucke Kleider empfehlen jedermann, und auch deine lieben Eltern haben an nichts eine größere Freude! Auf, erhebe dich mit der Morgenröte, sie zu waschen; ich will dich begleiten und dir helfen, damit du geschwinder fertig wirst. Du bleibst doch nicht lange mehr unvermählt; werben doch schon lange die Edelsten unter dem Volke um die schöne Königstochter!“

Der Traum verließ das Mädchen; eilig erhob sie sich vom Lager und suchte die Eltern in ihrer Kammer auf. Diese waren bereits aufgestanden; die Mutter saß am Herde mit Dienerinnen und spann purpurne Seide, der König aber begegnete ihr unter der Pforte; er hatte schon einen Rat der angesehensten Phäaken bestellt und wollte sich eben in denselben verfügen. Da faßte ihn die ihm entgegenkommende Tochter bei der Hand und sprach schmeichelnd: „Väterchen, willst du mir nicht einen Lastwagen anspannen lassen, damit ich meine kostbaren Gewande zur Wäsche nach dem Flusse fahren kann? Sie liegen mir so schmutzig umher. Auch dir ziemt es, in reinen Kleidern im Rate dazusitzen. So wollen auch deine fünf Söhne, von welchen drei noch unvermählt sind, beständig in frischgewaschener Kleidung umhergehen und fein schmuck beim Reigentanz erscheinen. Und am Ende liegt doch alles auf mir!"

So sprach die Jungfrau; daß sie aber an die eigene Vermählung dabei denke, das mochte die Blöde sich und dem Vater nicht gestehen. Dieser aber merkte es doch und sprach: „Geh, mein Kind, ein geräumiger Korbwagen und Maultiere sollen dir nicht versagt sein; befiehl den Knechten nur, anzuspannen!" Nun trug die Jungfrau die feinen Gewande aus der Kammer und belud den Wagen; die Mutter fügte Wein in einem Schlauche, Brot und Gemüse hinzu, und als sich Nausikaa in den Wagensitz geschwungen, gab sie ihr noch die Ölflasche mit, sich zugleich mit den dienenden Jungfrauen zu baden und zu salben. Die Jungfrau war eine geschickte Wagenlenkerin, sie ergriff selbst Zaum und Geißel und lenkte die Tiere mit den Dienerinnen dem anmutigen Ufer des Flusses zu. Hier lösten sie das Gespann, ließen die Maultiere im üppigen Grase weiden und trugen die Gewande am Waschplatz in die geräumigen Behälter, die zu diesem Behufe gegraben waren. Dann wurde von den emsigen Mädchen die Wäsche mit den Füßen gestampft, gewaschen und gewalkt, und endlich wurden alle Kleider der Ordnung nach am Meeresufer ausgebreitet, wo reingespülte Kiesel eine Steinbank bildeten. Alsdann erfrischten sich die Mädchen selbst im Bade, und nachdem sie sich mit duftigem Öle gesalbt, verzehrten sie das mitgebrachte Mahl fröhlich am grünen Ufer und harrten, bis ihre Wäsche an den Sonnenstrahlen getrocknet wäre.

Nach dem Frühstücke erlustigten sich die Jungfrauen mit Tanz und Ballspiel auf der Wiese, nachdem sie ihre Schleier und was von Kleidern sie hindern konnte, abgelegt. Nausikaa selbst stimmte zuerst den Gesang dazu an, an hohem Haupt und edlem Angesichte vor allen den reizenden Mädchen hervorragend. Die Jungfrauen taten ihr alle nach, und ihre Fröhlichkeit war groß. Wie nun die Königstochter einmal den Ball nach einer Gespielin warf, da lenkte ihn die unsichtbar gegenwärtige Göttin Athene so, daß er in die Tiefe des Flußstrudels fallen mußte und das Mädchen verfehlte. Darüber kreischten die Spielenden alle auf, und Odysseus, dessen Lager in der Nähe unter den Olivenbäumen war, erwachte. Horchend richtete er sich auf und sprach zu sich selber: „In welcher

Menschen Gebiet bin ich gekommen? Bin ich unter wilde Räuberhorden geraten? Doch deucht mir, ich hörte lustige Mädchenstimmen, wie von Berg- oder Quellennymphen! Da bin ich doch wohl in der Nähe von gesitteten Menschenkindern!"

So sprach er zu sich, und indem er mit der nervichten Rechten aus dem verwachsenen Gehölz einen dichtbelaubten Zweig abbrach und sein Blöße damit bedeckte, tauchte er aus dem Dickicht hervor, und von der Not gedrängt, erschien er wie ein wilder Berglöwe unter den zarten Jungfrauen. Er war von dem Meeresschlamm noch ganz entstellt: die Mädchen meinten ein Seeungeheuer zu sehen und flüchteten sich, die einen da-, die andern dorthin, auf die hohen waldigen Anhöhen des Gestades. Nur die Tochter des Alkinoos blieb stehen; Athene hatte ihr Mut ins Herz eingeflößt, und sie stand gegen den Fremdling gekehrt. Odysseus besann sich, ob er die Knie der Jungfrau umfassen oder aus ehrerbietiger Ferne sie anflehen sollte, ihm ein Kleid zu schenken und den Weg nach Menschenwohnungen zu zeigen. Er hielt das letztere für ziemlicher und rief ihr daher von weitem zu: „Seiest du eine Göttin oder eine Jungfrau, schutzflehend nahe ich mich dir! Bist du eine Göttin, so achte ich dich Artemis gleich an Gestalt und Schönheit; bist du eine Sterbliche, so preise ich deine Eltern und deine Brüder selig! Das Herz muß ihnen im Leibe beben über deine Schönheit, wenn sie sehen, wie solch ein herrlich Geschöpf zum Reigentanz einherschreitet. Und wie hochbeglückt ist der, der dich als Braut nach Hause führt! Mich aber sieh du gnädig an, denn ich bin in unaussprechlichen Jammer gestürzt. Gestern sind es zwanzig Tage, daß ich von der Insel Ogygia abgefahren bin; vom Sturm ergriffen, wurde ich auf dem Meer umhergeworfen und endlich als Schiffbrüchiger an diese Küste geschleudert, die ich nicht kenne, wo mich niemand kennt. Erbarme dich mein; gib mir eine Bedeckung für meinen Leib, zeige mir die Stadt, wo du wohnest. Mögen dir die Götter dafür geben, was dein Herz begehrt, einen Gatten, ein Haus, und Frieden und Eintracht dazu!"

Nausikaa erwiderte auf diese Anrede: „Fremdling, du scheinst mir kein schlechter und kein törichter Mann zu sein. Da du dich an mich und mein Land gewendet hast, soll es dir weder an Kleidung noch an sonst etwas mangeln, was der Schutzflehende erwarten kann. Ich will dir auch die Stadt zeigen und den Namen unseres Volkes sagen. Phäaken sind es, die diese Felder und dieses Reich bewohnen; ich selbst bin die Tochter des hohen Königes Alkinoos." So sprach sie und rief die dienenden Mädchen, indem sie ihnen Mut einflößte und wegen des Fremdlings sie zu beruhigen suchte. Die Mägde aber standen und ermahnten eine die andere, hinzutreten. Endlich gehorchten sie der Fürstin, und nachdem sich Odysseus an einem versteckten Orte des Ufers gebadet, legten sie ihm Mantel und Leibrock, die sie aus den Gewanden hervorsuchten, zur Bedeckung in das Gebüsch. Als der Held sich den Schmutz vom Leibe gewaschen und sich gesalbt hatte, zog er die Kleider an, die ihm die Fürstentochter geschenkt hatte und die ihm wohl zu Leibe saßen. Dazu machte seine Beschützerin Athene, daß er schöner und voller von Gestalt anzuschauen war; von dem Scheitel goß sie ihm schön geringeltes Haar, und Haupt und Schultern glänzten von Anmut. So in Schönheit strahlend, trat er aus dem Ufergebüsch und setzte sich seitwärts von den Jungfrauen.

Nausikaa betrachtete die herrliche Gestalt mit Staunen und begann zu ihren Begleiterinnen: „Diesen Mann verfolgen gewiß nicht alle Götter. Einer von ihnen muß mit ihm sein und hat ihn jetzt in das Land der Phäaken gebracht. Wie unansehnlich erschien er anfangs, als wir ihn zuerst erblickten, und jetzt wahrhaftig gleicht er den Bewohnern des Himmels selbst! Wohnte doch ein solcher Mann unter unserem Volke und wäre ein solcher mir zum Gemahl vom Geschick erkoren! Aber auf, ihr Mädchen, stärket mir den Fremdling auch mit Trank und Speise!"

Dies geschah, Odysseus aß und trank und labte sich an der lang entbehrten Nahrung.

Hierauf wurde der Wagen mit den gewaschenen und getrockneten Gewanden wieder bedeckt, die Maultiere vorgespannt, und Nausikaa nahm auf dem Wagensitz ihren Platz ein. Den Fremdling aber hieß sie zu Fuße mit den Dienerinnen hinter dem Wagen folgen. „Dies tue", sprach sie freundlich zu ihm, „solang es durch Wiesen und Äcker geht; bald aber wirst du die Stadt gewahr werden; eine hohe Mauer umschließt sie, ihre beiden Seiten – denn sie liegt ganz am Meere – schließt ein trefflicher Hafen mit schmalem Zugange ein. Dort ist auch ihr Marktplatz und ein herrlicher Tempel des Meeresgottes Poseidon, wo Seile, Segeltücher, Ruder und andere Schiffsgeräte bereitet und verkauft werden. Denn mit Köcher und Bogen machen sich unsere Phäaken nicht viel zu schaffen, aber tüchtige Seeleute, das sind sie! Wenn wir nun in der Nähe der Stadt sind, dann, guter Fremdling, vermeide ich gerne das lose Geschwätz der Leute, denn dieses Volk ist übermütig; da könnte wohl ein Bauer, der uns begegnet, sagen: „Was folgt doch der Nausikaa für ein schöner, großer Fremdling? Wo fand sie wohl den auf? Er wird sicherlich ihr Gemahl!" Das wäre mir ein herber Schimpf. Gefiele es mir doch an einer Freundin nicht, wenn sie sich, ohne Wissen der

Eltern, zu einem Fremden gesellte, vor der öffentlichen Vermählung. Drum, wenn du an ein Pappelgehölz kommst, das der Athene heilig ist und aus dem ein Quell entspringt, der sich durch die Wiese schlängelt, kaum einen Heroldsruf von der Stadt entfernt, dort verweile ein wenig; nur so lange, bis du annehmen kannst, daß wir in der Stadt angekommen sind; dann folg uns nach, du wirst den herrlichen Palast meines Vaters leicht aus den andern Häusern herauskennen. Dort umfasse die Knie meiner Mutter; denn wenn *sie* dir wohl ist, so darfst du sicher sein, deiner Väter Heimat wieder zu schauen!" So sprach Nausikaa und fuhr auf dem Wagen dahin, doch langsam, daß die Mägde und Odysseus folgen konnten. Am Hain Athenes blieb dann der Held zurück und betete flehend zu Athene, seiner Beschirmerin. Athene hörte ihn auch, nur fürchtete sie die Nähe ihres Bruders Poseidon und erschien ihm deswegen nicht öffentlich in dem fremden Lande.

Odysseus bei den Phäaken

Die Jungfrau war schon in dem Palast ihres Vaters angekommen, als Odysseus den heiligen Hain verließ und gleichfalls den Weg nach der Stadt einschlug. Athene entzog ihm auch jetzt ihre Hilfe nicht. Daß kein mutwilliger Phäake den wehrlosen Wanderer kränken konnte, verbreitete sie, für ihn selbst unbemerkt, rings um ihn her Nacht, und ganz nahe vor den Toren wollte sie es doch nicht lassen, ihm in sichtbarer Gestalt als ein junges Phäakenmädchen, den Wasserkrug an der Hand, zu begegnen. „Töchterchen", redete der Held sie an, „willst du mir nicht den Weg zur Wohnung des Königes Alkinoos zeigen? Ich bin ein verirrter Fremdling, komme aus fernen Landen und kenne hier niemand." „Recht gerne, guter Mann", sagte die Göttin in Mädchengestalt; „mein ehrlicher Vater wohnt ganz nahe dabei. Aber geh nur ganz stille mit mir: die Leute sind hier den Fremden nicht sonderlich gewogen; das kecke Leben zur See macht sie trotzig." Unter diesen Worten ging Athene schnell voran, und Odysseus folgte, aber kein Phäake wurde ihn gewahr. Gemächlich konnte er den Hafen, die Schiffe, die getürmten Mauern der Stadt anstaunen; endlich sprach Athene: „Dies ist, fremder Vater, das Haus des Alkinoos, wandle nur getrost hinein; dem mutigen Manne gelingt alles! Doch eins laß mich dir sagen: Suche vor allen Dingen die Königin auf. Sie heißt Arete und ist die Nichte ihres eigenen Gemahls. Der vorige König nämlich, Nausithoos, ein Sohn Poseidons und der Periböa, der Tochter des Gigantenbeherrschers Eurymedon, hinterließ zwei

Söhne, unsern König, Alkinoos, und einen andern, Rhexenor. Der letztere lebte nicht lange und hinterließ eine einzige Tochter; und dies ist unsere Königin Arete. Alkinoos ehrt sie, wie nur irgendein Weib auf der Erde geehrt werden kann, und ebenso verehrt sie auch alles Volk, denn sie ist voll Verstandes und Geistes und weiß selbst Männerzwiste mit ihrer Weisheit zu entscheiden. Wenn du sie gewinnen kannst, so sei getrost."

So sprach die verstellte Göttin und enteilte. Odysseus stand stille, in Betrachtung des herrlichen Palastes versunken. Das hochragende Haus strahlte wie die Sonne. Tief hinein von der Schwelle erstreckten sich nach beiden Seiten Wände von gediegenem Erz, mit Simsen aus bläulichem Stahl. Die innere Wohnung verschloß eine goldene Pforte; die Pfosten, auf eherner Grundlage ruhend, waren von Silber mit goldenem Kranze, der Ring an der Pforte war von Gold; goldene und silberne Hunde, ein Werk Hephaistos', standen rechts und links, wie Wächter der Königswohnung, aufgepflanzt. Als er in den Saal gekommen war, sah er ringsum Sessel mit feingewirkten Teppichen bedeckt, auf welchen die Fürsten der Phäaken beim Königsmahle zu sitzen pflegten; denn dieses Volk liebte beständig Speise und Trank. Auf hohen Gestellen standen goldene Bildsäulen, Jünglinge vorstellend, mit brennenden Fackeln in der ausgestreckten Hand, welche beim nächtlichen Schmause den Gästen leuchteten. Fünfzig Dienerinnen waren durch den Palast des Königes verbreitet; die einen mahlten auf der Handmühle Getreide, die andern woben, noch andere wirbelten sitzend die Spindel. Die Weiber sind dort so gute Weberinnen wie die Männer Schiffsleute. Außerhalb des Hofes breitete sich ein Garten aus, eine Hufe ins Gevierte, mit einer Ringmauer umgeben und mit Bäumen voll der saftigsten Birnen, Feigen und Granaten, Oliven und Äpfel bepflanzt; diese trugen Sommer und Winter, denn immer wehte warme Westluft im Phäakenlande, so daß zu gleicher Zeit an den einen Bäumen Blüten prangten, an den andern Früchte hingen. Daneben streckte sich auf ebenem Boden eine Weinpflanzung hin, wo ein Teil der Trauben im Sonnenstrahle kochte, andere der Winzer schon schnitt, wieder andere erst als Herlinge aus der Blüte schwollen und noch andere sich allmählich färbten. Am andern Ende des Gartens dehnten sich schön geordnete Beete voll duftender Blumen; auch flossen in dem Raume zwei Quellen; die eine durchschlängelte den Garten, die andere quoll unter der Schwelle des Hofes am hohen Palaste selbst; und aus ihr schöpften sich die Bürger ihr Wasser.

Nachdem Odysseus alle die Herrlichkeiten eine gute Weile bewundert, betrat er den Palast und eilte nach dem Saale des Königes. Hier waren die vornehmen

Phäaken zu einem Schmause versammelt. Weil aber der Tag sich neigte, gedachten sie des Schlafes und spendeten eben am Schlusse des Mahles dem Hermes ein Trankopfer. Odysseus durchwandelte noch in Nebel gehüllt ihre Reihen, bis er vor dem Königspaar angelangt war. Da zerfloß auf Athenes Wink das Dunkel um ihn her; er warf sich vor der Königin Arete schutzflehend nieder, umfing ihre Knie und rief: „O Arete, Rhexenors hohe Tochter, flehend liege ich vor dir und deinem Gemahl! Mögen die Götter euch Heil und Leben schenken, so gewiß ihr mir, dem Verirrten, Wiederkehr in die Heimat bereitet! Denn ferne von den Meinigen streife ich schon lange in der Verbannung umher." So sprach der Held und setzte sich am Herd in die Asche nieder, neben dem brennenden Feuer. Die Phäaken schwiegen alle bei dem unerwarteten Anblicke staunend, bis endlich der graue, welterfahrene Held Echeneos, der Älteste unter den Gästen, das Schweigen brach und vor der Versammlung, zu dem Könige gewendet, also begann: „Fürwahr, Alkinoos, es ziemt sich nicht, daß irgendwo auf der Erde ein Fremdling in der Asche sitze. Gewiß denken meine Mitgäste wie ich und erwarten nur deinen Befehl. Laß darum den Fremden auf einem der schmucken Sessel gleich uns Platz nehmen und erhebe ihn aus dem Staub! Die Herolde sollen neuen Wein mischen, daß wir dem Zeus, dem Beschirmer des Gastrechts, auch noch ein Trankopfer bringen; und die Schaffnerin mag den neuen Gast mit Speise und Trank laben!"

Diese Rede gefiel dem guten König; er nahm den Helden selbst bei der Hand, erhub ihn und führte ihn zu einem Sessel an seiner eigenen Seite, indem der Liebling des Königes selbst, sein Sohn Laodamas, ihm Platz machen mußte. Auch sonst geschah alles, wie Echeneos geraten, und Odysseus schmauste geehrt in der Mitte der Helden. Als das Opfer dem Zeus dargebracht war, erhub sich die Versammlung, und der König lud alle Gäste auf den andern Tag zu einem gleichen Freudenmahle ein. Dem Fremdling aber, ohne auch nur nach seinem Namen und Geschlechte zu fragen, versprach er nach gastlicher Beherbergung sichere Entsendung nach der Heimat. Als er jedoch den Helden, den Athene noch immer mit einem Schimmer überirdischer Hoheit umgeben hatte, näher betrachtete, da setzte er noch hinzu: „Solltest du aber einer der Unsterblichen sein, welche ja manchmal in sichtbarer Gestalt die Menschen bei ihren Festen besuchen: – dann freilich bedarfst du unserer Beihilfe nicht, und es ist an uns, dich um deinen Schutz zu bitten."

„Denke doch das nicht in deinem Herzen", antwortete Odysseus dem Könige beschämt; „gleiche ich doch an Wuchs und Gestalt nicht den unsterblichen

Göttern, sondern bin ein Sterblicher, wie ihr alle es seid. Ja, wenn ihr einen Menschen kennet, der euch auf Erden der unglückseligste deucht, so nehme ich es mit seiner Trübsal auf! Und so dachte ich denn auch jetzt an nichts anders, als meinen Hunger an eurem Tisch zu stillen, und ihr konntet auch daran wohl sehen, daß ich ein recht armer, sterblicher Mensch bin."

Als die Gäste den Saal verlassen hatten und das Königspaar allein mit dem Fremdlinge im Saale zurückgeblieben war, betrachtete Arete die schön gewirkten Kleider des Mannes, Mantel und Leibrock, erkannte darin ihr eigenes Gewebe und sprach: „Zuerst muß ich dich nun doch fragen, o Fremdling, woher und wer du bist und wer dir diese Gewande gegeben hat. Sagtest du nicht, daß du auf dem Meere umherirrend hierhergekommen seiest?" Odysseus antwortete hierauf mit einer getreuen Erzählung seiner Abenteuer auf Ogygia bei Kalypso und seiner traurigen letzten Fahrt und verschwieg zuletzt auch die Begegnung Nausikaas und ihren Edelmut nicht.

„Nun, das ist schon recht von meiner Tochter gehandelt", sprach, als die Erzählung zu Ende war, lächelnd Alkinoos, „aber eine Pflicht hat sie doch vergessen; dich sogleich mit den Dienerinnen selbst in unser Haus zu führen!" „Hüte dich, o König", antwortete Odysseus, „deine treffliche Tochter deswegen zu tadeln. War sie doch bereit, so zu handeln, wie du meinst, aber ich selbst weigerte mich aus Blödigkeit; denn ich fürchtete, du könntest ein Ärgernis daran nehmen; wir Menschenkinder sind alle so gar argwöhnisch!" „Nun, ich bin ohne Ursache nicht zum Jähzorn geneigt", antwortete ihm der König; „indessen ist Ordnung in allen Dingen gut. Aber wenn doch die Götter es fügen wollten, daß ein Mann wie du meine Tochter zur Gemahlin begehrte, wie gerne wollte ich dir Haus und Besitzungen gewähren, wenn du bei uns bliebest! Doch mit Zwang will ich niemand bei mir halten, und morgen noch sollst du freies Geleite von mir bekommen; ich gebe dir Schiff und Ruderer, wohin du fahren willst, und wäre deine Heimat so weit als die entfernteste Insel, nach welcher wir Schiffahrt treiben!"

Odysseus vernahm dieses Versprechen mit innigem Danke, verabschiedete sich von seinen königlichen Wirten und erholte sich auf weichem Nachtlager von allen erduldeten Mühseligkeiten.

Am andern Morgen in aller Frühe berief der König Alkinoos das Volk zu einer Versammlung auf den Marktplatz der Stadt; sein Gast mußte ihn dorthin begleiten, da setzten sich beide nebeneinander auf zwei schön behauene Steine.

Inzwischen durchwandelte die Göttin Athene, in einen Herold verwandelt, die Straßen der Stadt und trieb die Häupter des Volkes an, der Versammlung beizuwohnen. Endlich füllten sich die Gänge und Sitze des Marktes mit den zusammenströmenden Bürgern. Alle schauten mit Bewunderung auf den Sohn des Laërtes, dem Athene, seine Beschirmerin, immer noch eine überirdische Hoheit in Wuchs und Gestalt verliehen hatte. Alsdann empfahl der König in einer feierlichen Rede dem Volke den Fremdling und ermunterte dasselbe, ihm ein gutes Ruderschiff mit zweiundfünfzig phäakischen Jünglingen zur Verfügung zu stellen. Zugleich lud er die anwesenden Häupter des Volkes zu einem Festmahle, das dem Fremden zu Ehren gegeben werden sollte, in seinen Palast ein und befahl auch, den Demodokos zu berufen, den göttlichen Sänger, dem Apollo die Gabe des Liedes verliehen hatte und der mit seinem begeisterten Gesange das Herz der Gäste erfreuen sollte.

Nachdem die Volksversammlung aufgehoben war, rüsteten die Jünglinge, wie ihnen befohlen war, das Schiff, brachten Mast und Segel hinein, hängten die Ruder in lederne Schleifen und spannten die Segeltücher auf. Dann begaben sie sich in den Palast des Königes. Hier waren Hallen, Höfe und Säle schon voll von Geladenen, denn jung und alt hatte sich eingefunden. Zwölf Schafe, acht Schweine und zwei Stiere waren für das Mahl geschlachtet worden, und der liebliche Festschmaus dampfte schon. Auch den Sänger führte der Herold herbei, dem die Muse Gutes und Böses beschert hatte; das Licht der Augen hatte sie ihm genommen, dafür aber das Herz ihm mit lichten Gesängen aufgehellt. Diesem stellte der Führer einen Sessel an der Säule des Saales, mitten unter den Gästen; darauf hängte er über dem Haupte des Sängers die Harfe an einen Nagel und leitete ihm die Hand, daß der Blinde sie finden konnte. Vor ihn hin stellte er einen Tisch mit dem Speisekorb und dem immer vollen Becher, daß er nach Herzenslust trinken möchte. Wie nun das Mahl vorüber war, hub der Sänger sein Lied an aus den schon damals berühmt gewordenen Heldensagen von Troja. Der Inhalt seines Gesanges aber war der Streit zweier Helden, deren Name auf aller Lippen war, des Achill und des Odysseus.

Als unser Held seinen Namen nennen und im Liede feiern hörte, mußte er das Haupt im Gewande verbergen, damit man die Träne nicht gewahr würde, die sich ihm aus den Augen stahl. Sooft der Sänger schwieg, enthüllte er sein Gesicht und griff zum Becher. Wenn aber das Lied von neuem begann, verhüllte er sein Haupt wieder. Keiner bemerkte es als der ihm zunächst sitzende König, der ihn tief aufseufzen hörte. Er hieß daher dem Gesang ein Ende machen und befahl, den Fremdling auch durch Kampfspiele zu ehren. „Unser Gast“, sprach er, „soll auch den Seinigen zu Hause melden können, wie wir Phäaken es im Faustkampf, Ringen, Sprung und Wettlauf allen Sterblichen zuvortun.“ So wurde das Mahl aufgehoben, und die Phäaken folgten dem Rufe ihres Königs. Eilend begab sich alles auf den Markt. Dort erhoben sich eine Menge edler Jünglinge, darunter auch drei Söhne des Alkinoos selbst, Laodamas, Halios und Klytoneos. Diese drei maßen sich zuerst miteinander im Wettlauf, auf einer Sandbahn, die sich vor ihnen weithin erstreckte. Auf ihr flogen sie nach einem gegebenen Zeichen stürmend dahin und durchstäubten das Gefilde; Klytoneos war es, der den andern es bald zuvortat und das Ziel als Sieger erreichte. Dann wurde der Ringkampf versucht; in diesem siegte der junge Held Euryalos; darauf kamen die Springer: hier zeigte sich der Phäake Amphialos als den Überlegenen; im Scheibenschwingen gewann es Elatreus, endlich im Faustkampfe Laodamas, der Königssohn.

Dieser erhob sich jetzt in der Versammlung der Jünglinge und sprach: „Freunde, wir sollten doch auch erforschen, ob der Fremdling etwas von unsern Kämpfen versteht. Gestalt, Schenkel und Füße versprechen nichts Schlechtes, seine Arme sind nervicht, sein Nacken ist voll Kraft, sein Wuchs ist mächtig. Und scheint er gleich von Gram und Elend gebrochen, so mangelt es ihm doch nicht an Jugendstärke!“ „Du hast recht“, sprach jetzt Euryalos; „darum gehe hin, o Fürst, und fordre ihn selbst zum Wettstreite auf!“ Laodamas tat dieses mit freundlichen, höflichen Worten.

Doch Odysseus erwiderte: „Verlanget ihr das von mir, mich zu kränken, ihr Jünglinge? Die Trübsal nagt an mir, und keine Lust zum Wettkampfe bewegt mein Herz! Ich habe genug gestrebt und geduldet, und jetzt verlangt mich nach nichts anderem als nach der Heimkehr in mein Vaterland!“ Laodamas antwortete ihm unwillig: „Fürwahr, Fremdling, du gebärdest dich nicht wie ein Mann, der sich aufs Kämpfen versteht; du magst wohl ein Schiffshauptmann und zugleich Kaufherr sein, so ein Warenmäkler; als ein Held erscheinst du nicht.“ Odysseus runzelte bei diesem Worte die Stirne und sprach: „Das ist keine feine Rede, mein Freund, und du erscheinst als ein recht trotziger Knabe. Verleihen doch die Götter nicht einem und demselben Manne die Gaben der Schönheit und Anmut und das Geschenk der Beredsamkeit und der Weisheit; mancher ist von unansehnlicher Gestalt, aber seinen Worten ist ein Reiz verliehen, daß alle, die sie hören, davon entzückt werden; und auch ein solcher ragt in der Volksversammlung hervor, und man ehrt ihn wie einen Unsterblichen. Dagegen sieht oft einer aus wie ein Gott, und an seinen Worten ist wenig Witz. Dennoch bin ich kein Neuling im Wettkampfe, und als ich meiner Jugend und meinen Armen noch vertrauen konnte, nahm ich es mit den Tüchtigsten auf. Jetzt haben mich Schlachten und Stürme freilich heruntergebracht. Doch du hast mich herausgefordert, und ich will's auch so versuchen!"

So sprach Odysseus und erhub sich vom Sitz, ohne den Mantel abzulegen. Er ergriff eine Scheibe, größer, dicker und schwerer als die, nach welchen die Phäakenjünglinge zu langen pflegten, und warf sie kräftig, daß der Stein laut hinsauste; unter seinem Schwunge bückten sich die umstehenden Phäaken, und er flog weit über das Ziel hinaus. Schnell machte Athene, in einen Phäaken verwandelt, das Zeichen, wo der Stein gefallen war, und sprach: „Dein Zeichen soll auch ein Blinder erkennen, Mann, so weit liegt es von allen andern ab! In diesem Kampfe bist du sicher, nie besiegt zu werden!" Odysseus freute sich, daß er einen so guten Freund im Volke gefunden habe, und sprach mit leichterem Herzen: „Nun, ihr Jünglinge, schleudert mir dorthin nach, wie ihr es vermöget! Und ihr, die ihr mich so schwer beleidigt habt, kommt her und versuchst euch mit mir in welchem Kampfe ihr wollet; ich werde keinem ausweichen! Mit jedem will ich kämpfen, nur nicht mit Laodamas, denn wer stritte auch gerne mit dem, der ihn bewirtet? Besonders gut verstehe ich's, den Bogen zu spannen, und wenn viele Genossen mit mir in die Wette schössen, ich wäre doch der erste, der meinen Mann mit dem Pfeil träfe. Nur einen kenne ich, den Griechen Philoktet; der hat es mir oft zuvorgetan vor Troja, sooft wir uns dort im Schusse übten! Auch mit dem Wurfspieße treffe ich nicht weniger sicher und schieße so weit wie ein anderer mit dem Pfeile. Nur im Wettlaufe, da möchte vielleicht einer es mir zuvortun, selbst unter euch; denn das stürmische Meer hat mir viel Kraft genommen, zumal da ich tagelang ohne Nahrung auf meinem Fahrzeuge saß."

Als die Jünglinge dieses vernahmen, verstummten sie alle, nur der König nahm das Wort und sagte: „Wohl hast du uns deine Tüchtigkeit enthüllt, o Fremdling, und hinfort soll dich kein Mensch mehr wegen deiner Stärke tadeln. Wenn du nun daheim bei Gattin und Kindern sitzest, so denk auch an unsre Mannhaftigkeit zurück. Als Faustkämpfer und Ringer zeichnen wir uns freilich nicht aus, aber im Wettlaufe siegen wir, und auf die Schiffahrt verstehen wir uns auch. Schmaus, Saitenspiel, Reigentanz – darin sind wir auch Meister; den schönsten Schmuck, das lindeste Bad, das weichste Lager – die findet man bei uns! Auf denn, ihr Tänzer, ihr Schiffslenker, ihr Läufer, ihr Sänger, zeigt euch vor dem Fremdlinge, daß er zu Hause etwas von euch zu erzählen hat! Und bringet auch die Harfe des Demodokos her!“ Sogleich machte sich ein Herold auf und schaffte die Harfe herbei. Neun auserwählte Kampfordner ebneten den Raum für den Tanz und umzirkten die Schaubühne. Ein Spielmann stellte sich mit der Harfe in der Mitte, und der Tanz der blühendsten Jünglinge begann; im schönsten Takte, im raschesten Schwunge hoben sie ihre Füße. Odysseus selbst mußte staunen; er hatte noch nie so behenden und anmutigen Tanz gesehen. Dazu sang der Sänger ein liebliches Lied von den heitersten Geschichten aus dem Leben der Götter. Nachdem der Reigentanz lange genug gedauert, hieß der König seinen Sohn Laodamas und den geschmeidigen Halios den Einzeltanz miteinander aufführen; denn mit ihnen wagte es niemand, sich zu messen. Diese nahmen einen zierlichen Ball zur Hand, und der eine schwang ihn, indem er sich rücklings dazu beugte, hoch in die Luft empor; der andere, in die Höhe springend, fing ihn, ehe er wieder mit den Füßen auf den Boden trat, schwebend in der Luft auf. Dann tanzten sie in leichten, wechselnden Schwenkungen umeinander her, und andere Jünglinge, die im Kreise umherstanden, klatschten mit den Händen dazu. Odysseus wandte sich bewundernd zu dem Könige und sprach: „In der Tat, Alkinoos, du kannst dich der geschicktesten Tänzer auf dem ganzen Erdboden rühmen. In dieser Kunst habt ihr euresgleichen nicht!“ Alkinoos tat sich auf dieses Urteil nicht wenig zugute. „Höret ihr's“, rief er seinen Phäaken zu, „wie der Fremdling über uns urteilt? Er ist doch ein sehr verständiger Mann, und er verdient es wohl, daß wir ihm auch ein ansehnliches Gastgeschenk reichen. Wohlan! zwölf der Fürsten des Landes, und ich selbst der dreizehnte, sollen ihm jeder einen Mantel und einen Leibrock herbeibringen und zudem ein Pfund des köstlichsten Goldes. Das wollen wir ihm zu einer großen Gabe vereint schenken, damit er mit fröhlichem Herzen von uns scheide. Und außerdem soll Euryalos es versuchen, mit freundlichen Worten ihn ganz mit uns auszusöhnen.“ Alle Phäaken riefen ihm Beifall zu. Ein Herold ging, die Geschenke zu sammeln. Euryalos nahm sein Schwert mit silbernem Heft und elfenbeinerner Scheide, übergab es dem Gaste und sprach dazu: „Väterchen, haben wir ein kränkendes Wort gegen dich fallen lassen, so sollen es die Winde verwehen! Dir aber mögen die Götter fröhliche Heimfahrt verleihen! Heil und Freude dir! „„Auch dir!“ antwortete Odysseus; „möge dich deine Gabe nie reuen!“ Mit diesem Wort hängte er sich das schmucke Schwert um die Schulter. Es war um Sonnenuntergang, als die Geschenke ankamen und alle vor der Königin niedergelegt wurden. Sie hieß Alkinoos auch noch eine zierliche Lade für die Gewande herbeischaffen; darein wurden die Gaben gelegt und für Odysseus in den Palast getragen. Dort fügte der König, der sich mit der ganzen Gesellschaft in seine Wohnung begeben hatte, noch andere Gaben an köstlichen Gewanden hinzu und außerdem ein herrliches goldenes Gefäß. Dem Gaste wurde ein Bad bereitet; indessen zeigte ihm die Königin selbst alle die köstlichen Geschenke in der offenen Lade und sprach dazu: „Betrachte dir den Deckel selbst genau und verschließe die Lade, daß dich ja keiner, wenn du etwa schläfst, während der Heimfahrt beraube und die schöne Kiste davontrage!" Odysseus schlug den Deckel sorgfältig ein und verschloß die Lade mit einem vielfach verschlungenen Knoten; dann erquickte er sich im warmen Bade und wollte nun wieder in die Gesellschaft der zu Schmaus und Trunk niedergesessenen Männer zurückkehren. Da fand er vor dem Türpfosten des Saales beim Eingang in denselben die holdselige Jungfrau Nausikaa stehen, welche er seit seinem Einzuge in die Stadt nicht mehr erblickt hatte und welche seither züchtiglich und ferne von den Männerfesten im Frauengemache verschlossen gelebt; nun aber wollte sie zum Abschiede den edlen Gast auch noch einmal begrüßen. Nachdem sie einen langen bewundernden Blick auf die edle Heldengestalt des Mannes geworfen, sprach sie endlich, indem sie den Hineintretenden sanft aufhielt: „Heil dir und Segen, edler Gast! Gedenke meiner auch im Lande deiner Väter, da du mir ja doch dein Leben verdankest!" Gerührt antwortete ihr Odysseus: „Du edle Nausikaa, wenn mich Zeus den Tag meiner Heimkunft erleben läßt, so werde ich dich, meine Retterin, täglich wie eine Gottheit anflehen!" Mit diesen Worten betrat er den Saal wieder und setzte sich an der Seite des Königes nieder. Hier waren die Diener eben damit beschäftigt, das Fleisch zu zerlegen und den Wein aus den großen Mischkrügen in die Becher einzuschenken. Auch der blinde Sänger Demodokos wurde wieder eingeführt und nahm seinen alten Platz an der Mittelsäule des Saales ein. Da winkte Odysseus dem Herold, schnitt vom Rücken des vor ihm liegenden gebratenen Schweines das beste Stück ab, streckte es ihm auf einer Platte hin und sagte: „Herold, reich dem Sänger dieses Fleisch; obgleich ich selbst in der Verbannung bin, so möchte ich ihm doch gerne etwas Liebes erweisen. Stehen doch die Sänger bei dem ganzen Menschengeschlecht in Achtung, weil die Muse selbst sie den Gesang gelehrt hat und mit ihrer Huld über ihnen waltet." Dankbar empfing der blinde Sänger die Gabe.

Nach dem Mahle wandte sich Odysseus noch einmal an Demodokos: „Ich preise dich vor andern Sterblichen, lieber Sänger", sprach er zu ihm, „daß dich Apollo oder die Muse so schöne Lieder gelehret hat! Wie lebendig und genau du das Schicksal der griechischen Helden zu schildern verstehst, als hättest du alles mit angesehen und mit angehört! Fahre nun fort und sing uns auch noch die schöne Mär vom hölzernen Rosse und was Odysseus dabei getan hat!" Der Sänger gehorchte freudig, und alles lauschte seinem Gesange. Als der Held so seine Taten preisen hörte, mußte er wieder heimlich weinen, und nur Alkinoos bemerkte es. Er gebot daher dem Sänger Stillschweigen und sprach im Kreise der Phäaken: „Besser ist's, die Harfe ruhet nun; denn wahrlich, ihr Freunde, nicht jedermann zur Lust singt der Sänger jene Märe. Seit wir am Mahle sitzen und das Lied ertönt, hört unser schwermütiger Gast nicht auf, seinem Grame nachzuhängen, und wir streben vergebens, ihn zu erheitern. Und doch muß einem fühlenden Mann ein Gast so lieb sein wie ein Bruder. Nun denn, Fremdling, so sag uns redlich, wer sind deine Eltern, welches ist dein Vaterland? Einen Namen führt doch jeder Mensch, sei er von edler oder von geringer Abkunft. Dein Land müssen wir ohnedem wissen und deine Geburtsstadt, wenn dich meine Phäaken heimbringen sollen. Weiter brauchen sie nichts; sie bedürfen auch der Piloten nicht: haben sie nur den Namen des Orts, so finden sie die Fahrt durch Nacht und Nebel!"

Auf diese freundliche Rede erwiderte der Held ebenso liebreich: „Glaube doch ja nicht, edler König, daß euer Sänger mich nicht ergötze! Vielmehr ist es eine Wonne, einem solchen zuzuhören, wenn er seine göttergleiche Stimme vernehmen läßt; und ich weiß mir nichts Angenehmeres, als wenn ein ganzes Volk bei festlicher Freude horchend am Munde eines Sängers hängt, während die Gäste in langen Reihen sitzen, vor jedem sein Tisch voll Brots und Fleisches steht und der Schenk fleißig mit dem Kruge bei den Bechern kreist! Ihr aber wünschet meine Leiden von mir zu vernehmen, ihr lieben Gastfreunde; da werde ich noch tiefer in Kummer und Gram versinken. Denn wo soll ich anfangen und womit enden? – Doch höret vor allen Dingen mein Geschlecht und mein Vaterland!"

Odysseus erzählt den Phäaken seine Irrfahrten

Kikonen. Lotophagen. Zyklopen. Polyphem

„Ich bin Odysseus, der Sohn des Laërtes; die Menschen kennen mich, und der Ruhm meiner Klugheit ist über die Erde verbreitet. Auf der sonnigen Insel Ithaka wohne ich, in deren Mitte sich das waldige Gebirge Neriton erhebt; ringsumher liegen viele kleinere bewohnte Eilande, Same, Dulichion, Zakynthos. Meine

Heimat ist zwar rauh, doch nähret sie frische Männer, und das Vaterland ist einem jeden das Süßeste. Wohlan nun, vernehmet von meiner unglückseligen Heimfahrt aus dem trojanischen Lande! Von Ilion weg trug mich der Wind nach der Kikonenstadt Ismaros, die ich mit meinen Genossen eroberte. Die Männer vertilgten wir; die Frauen samt der andern Beute wurden verteilt. Nach meinem Rate hätten wir uns nun eilig davongemacht. Aber meine unbesonnenen Begleiter blieben schwelgend bei der Beute sitzen, und die entflohenen Kikonen, durch ihre landeinwärts wohnenden Brüder verstärkt, überfielen uns beim Schmaus am Gestade. Die Übermacht siegte. Sechs Freunde von jedem unsrer Schiffe blieben auf dem Platze, wir andern entgingen dem Tode nur durch schleunige Flucht.

Also steuerten wir weiter westwärts, froh, der Todesgefahr entronnen zu sein, aber von Herzen traurig über den Tod unserer Genossen. Da sandte Zeus uns einen Orkan aus Norden. Meer und Erde hüllten sich in Wolken und Nacht; mit gesenkten Masten flogen wir dahin, und ehe wir die Segel eingezogen hatten, krachten die Stangen zusammen, und die Segeltücher zerrissen in Stücke. Endlich arbeiteten wir uns ans Gestade und lagen dort zwei Tage und Nächte vor Anker, bis wir die Masten wieder aufgerüstet und neue Segel aufgespannt hatten. Wir steuerten nun vorwärts und hatten alle Hoffnung, bald in die Heimat zu gelangen, wäre nicht, eben als wir ums Vorgebirge Malea, an der Südspitze der Pelopsinsel von Griechenland, herumschifften, der Wind plötzlich in Nord umgeschlagen und hätte uns seitwärts in die offene See hineingetrieben. Da wurden wir nun neun Tage vom Sturm herumgeschleudert; am zehnten gelangten wir ans Ufer der Lotophagen, die sich von nichts als Lotosfrucht nähren. Hier stiegen wir ans Gestade und nahmen frisches Wasser ein. Dann sandten wir zwei unserer Freunde auf Kundschaft aus, und ein Herold mußte sie begleiten. Diese gelangten in die Volksversammlung der Lotophagen und wurden von diesem gutmütigen Volke, dem es nicht in den Sinn kam, etwas zu unserem Verderben zu unternehmen, auf das freundlichste empfangen. Aber die Frucht des Lotos, welche sie ihnen zu kosten gaben, hat eine ganz eigentümliche Wirkung. Sie ist süßer als Honig, und wer von ihr kostet, der will nichts mehr von der Heimkehr wissen, sondern immer in dem Lande bleiben. So mußten wir denn auch unsre Genossen, während sie weinten und widerstrebten, mit Gewalt nach den Schiffen zurückführen.

Auf unsrer weiteren Fahrt kamen wir nun zu dem wildlebenden grausamen Volke der Zyklopen. Diese bauen das Land gar nicht, sondern überlassen alles den Göttern. Auch wächst wirklich dort alle mögliche Nahrung ohne Zutat des Pflanzers und Ackermanns: Weizen, Gerste, die edelsten Reben voll großbeeriger Trauben; und Zeus gibt in mildem Regen seinen Segen dazu. Auch halten sie keine Gesetze, treten in keine Ratsversammlung zusammen, sondern alle wohnen auf den felsichten Gebirgshöhen, rings in gewölbten Erdhöhlen; da richtet sich der Zyklop, wie er mag, mit Weibern und Kindern ein; übrigens bekümmert sich keiner um den andern. Außerhalb der Bucht, in mäßiger Entfernung vom Zyklopenlande, erstreckt sich eine bewaldete Insel voll wilder Ziegen, die, von keinem Jäger geängstet, hier sorglos grasen. Kein Mensch wohnt darauf; die Zyklopen selbst, die den Schiffbau nicht verstehen, kommen auch nicht dahin. Bewohner könnten sich die Insel leicht zum blühendsten Lande umschaffen, denn der Boden ist höchst fruchtbar: feuchte, schwellende Wiesen breiten sich über den Strand aus, das unbenützte Ackerfeld ist locker, der Boden fett; die gelegensten Hügel böten sich dem Weinbau dar. Auch ist ein vor allen Winden geschirmter Hafen da, so sicher, daß man die Schiffe weder anzubinden noch vor Anker zu legen braucht. Der Bucht zugekehrt quillt das reinste Wasser perlend aus der Felsenkluft, und grünende Pappeln stehen ringsumher. Dorthin geleitete ein schirmender Gott unsere Schiffe in der dunkeln Nacht. Als der Morgen anbrach, betraten wir das Eiland und erlegten auf fröhlicher Jagd so viele Ziegen, daß ich jedem meiner zwölf Schiffe ihrer neune zuteilen konnte und noch ihrer zehen für mich behielt. Da saßen wir denn am lieblichen Ufer den ganzen Tag und taten uns bis zum späten Abend recht gütlich mit dem frischen Ziegenfleisch und altem Weine, den wir in der Kikonenstadt erbeutet hatten und in Henkelkrügen mit uns führten.

Am andern Morgen wandelte mich die Lust an, das gegenüberliegende Land auszukundschaften, von dessen Bewohnern, den Zyklopen, ich noch nicht wußte, wie sie geartet seien; ich fuhr daher mit vielen Genossen auf meinem Schiffe hinüber. Als wir dort landeten, sahen wir am äußersten Meeresstrand eine hochgewölbte Felsenkluft, ganz mit Lorbeergesträuch überschattet, wo sich viele Schafe und Ziegen zu lagern pflegten; ringsum war von eingerammelten Steinen und hohen Fichten und Eichen ein Gehege erbaut. In dieser Umzäunung hauste ein Mann von riesiger Gestalt, der die Herde einsam auf entfernten Weiden umhertrieb, nie mit andern, auch nicht mit seinesgleichen, umging und immer nur auf boshaften Frevel sann. Das war eben ein Zyklop. Während wir nun das Gestade mit den Augen musterten, wurden wir alles dieses gewahr. Da wählte ich mir zwölf der tapfersten Freunde aus, hieß die übrigen an Bord bleiben und mir das Schiff bewahren und nahm einen Schlauch voll des besten Weines zu mir, den mir ein Priester Apollos in der Kikonenstadt Ismaros geschenkt hatte, weil wir seiner und seines Hauses geschont. Diesen nebst guter Reisekost in einem Korbe trugen wir und gedachten damit den Mann zu kirren, der schon auf den ersten Anblick unbändig und keinem Gesetz unterworfen erschien.

Als wir bei der Felskluft angekommen waren, fanden wir ihn selbst nicht zu Hause, denn er war bei seinen Herden auf der Weide. Wir traten ohne weiteres in die Höhle ein und wunderten uns über die innere Einrichtung. Da standen Körbe, von mächtigen Käselaiben strotzend, umher; in den Ställen die in der Grotte angebracht waren, stand es gedrängt voll von Lämmern und jungen Ziegen, und jede Gattung war besonders eingesperrt. Körbe lagen umher, Kübel voll Molken, Bütten, Eimer zum Melken. Anfangs drangen die Genossen in mich, von dem Käse zu nehmen, soviel wir könnten, und uns davonzumachen, oder Lämmer und Ziegen nach unserem Schiffe hinzutreiben und dann wieder zu unsern Freunden nach der Insel hinüberzusteuern. Hätte ich ihrem Rate doch gefolgt! Aber ich war allzu begierig, den seltsamen Bewohner der Höhle zu schauen, und wollte lieber ein Gastgeschenk erwarten als mit einem Raube von dannen ziehen. Deswegen zündeten wir ein Feuer an und opferten. Dann nahmen wir ein weniges von dem Käse und aßen. Nun warteten wir, bis der Hausherr heimkäme.

Endlich nahete er, auf seinen Riesenschultern eine ungeheure Last trockenen Scheiterholzes tragend, das er gesammelt, um sich sein Abendmahl damit zu kochen. Er warf sie zu Boden, daß es fürchterlich krachte und wir alle vor Angst zusammenfuhren und uns in den äußersten Winkel der Grotte versteckten. Da sahen wir denn, wie er seine fette Herde in die Kluft eintrieb, doch nur die, welche er wollte; Widder und Böcke blieben draußen in dem eingehegten Vorhofe. Nun rollte er ein mächtiges Felsstück vor den Eingang, das zweiundzwanzig vierrädrige Wagen nicht von der Stelle hätten schaffen können. Dann setzte er sich gemächlich auf den Boden, melkte der Reihe nach die Schafe und Ziegen, legte die saugenden ans Euter, machte die eine Hälfte der Milch mit Lab gerinnen, formte Käse daraus und stellte sie in Körben zum Trocknen hin; die andere Hälfte verwahrte er in großen Geschirren; denn das war sein täglicher Trunk. Wie er mit allem fertig war, machte er sich ein Feuer an, und nun geschah es, daß er uns in unserem Winkel erblickte. Auch wir sahen jetzt erst seine gräßliche Riesengestalt genau. Er hatte wie alle Zyklopen nur ein einziges funkelndes Auge in der Stirn, Beine wie tausendjährige Eichenstämme und Arme und Hände groß und stark genug, um mit Granitblöcken Ball zu spielen.

„Wer seid ihr, Fremdlinge?“ fuhr er uns mit seiner rauhen Stimme, an, die klang wie ein Donner im Gebirge, „woher kommt ihr über das Meer gefahren? Ist die Seeräuberei euer Geschäft, oder was treibt ihr?“ Bei dem Gebrüll bebte uns das Herz im Leibe. Doch nahm ich mich zusammen und erwiderte: „Ach nein; wir sind Griechen, kommen von der Zerstörung Trojas zurück und haben uns während der Heimfahrt auf dem Meere verirrt. So nahen wir deinen Knien und flehen dich um Schutz und eine Gabe an. Ja, scheue die Götter, lieber Mann, und erhöre uns! Denn Zeus beschirmt die Schutzflehenden und rächt ihre Mißhandlung!“

Aber der Zyklop erwiderte mit gräßlichem Lachen: „Du bist ein rechter Tor, o Fremdling, und weißt nicht, mit wem du es zu tun hast. Meinst du, wir kümmern uns um die Götter und ihre Rache? Was gilt den Zyklopen Zeus der Donnerer und alle Götter miteinander! Sind wir doch viel vortrefflicher als sie! Will's mein eigen Herz nicht, so schone ich weder dich noch deine Freunde! Aber sage mir jetzt, wo du das Schiff geborgen hast, auf welchem du hergekommen bist. Wo liegt es vor Anker, nah oder ferne?“ So fragte der Zyklop voll Arglist, ich aber war bald mit einer schlauen Erfindung bei der Hand. „Mein Schiff, guter Mann“, antwortete ich, „hat der Erderschütterer Poseidon nicht weit von eurem Ufer an die Klippen geworfen und zertrümmert; ich allein mit diesen zwölf Gesellen bin entronnen.“ Auf diese Rede antwortete das Ungeheuer gar nicht, sondern streckte nur seine Riesenhände aus, packte zwei meiner Genossen und schlug sie, wie junge Hunde, zu Boden, daß ihr Blut und Gehirn auf die Erde spritzte. Dann zerhackte er sie Glied für Glied zur Abendkost und fraß sich an ihnen satt, wie ein Löwe in den Bergen. Eingeweide, Fleisch, ja das Mark mitsamt den Knochen verzehrte er. Wir aber streckten die Hände zu Zeus empor und jammerten laut über die Freveltat.

Nachdem sich das Untier seinen Wanst gefüllt und den Durst mit Milch gelöscht, warf er sich der Länge nach in der Höhle zu Boden, und nun besann ich mich, ob ich nicht auf ihn losgehen und ihm das Schwert zwischen Zwerchfell und Leber in die Seite stoßen sollte. Aber schnell bedachte ich mich eines Bessern. Denn was hätte uns das geholfen? Wer hätte uns den unermeßlichen Stein von der Höhle gewälzt? Wir hätten zuletzt alle des jämmerlichsten Todes sterben müssen. Deswegen ließen wir ihn schnarchen und erwarteten in dumpfer Bangigkeit den Morgen. Als dieser erschienen und der Zyklop aufgestanden war, zündete er wieder ein Feuer an und fing an zu melken. Als er alles beendigt, packte er wieder zwei meiner Begleiter und verzehrte sie zu unserem Entsetzen, wie das erstemal, zum Frühstück. Dann trieb er die feiste Herde aus der Höhle, nachdem er den Fels abgehoben, ging selbst mit hinaus und pflanzte den Stein wieder davor, wie man den Deckel auf den Köcher setzt. Wir hörten ihn mit gellendem Pfeifen seine Herde in die Berge treiben; wir aber blieben in der Todesangst zurück, und jeder erwartete, daß das nächstemal die Reihe, gefressen zu werden, an ihn kommen werde. Ich selbst bewegte fortwährend Entwürfe der Rache in meinem Herzen, wie ich es angreifen sollte, dem Ungeheuer zu vergelten. Endlich kam mir ein Gedanke, der nicht übel war. Drinnen im Stalle lag die mächtige Keule des Zyklopen aus grünem Olivenholz; er hatte sie sich abgehauen, um sie zu tragen, wenn sie dürre geworden wäre; uns erschien sie an Länge und Dicke dem Mast eines großen Schiffes gleich. Von dieser Keule hieb ich mir einen Pfahl von der Dicke, wie ein Arm ihn umspannen kann, reichte denselben den Freunden und hieß sie ihn glatt schaben, dann schärfte ich ihn oben ganz spitz und brannte ihn in der Flamme hart. Diesen Pfahl verbarg ich mit aller Sorgfalt im Miste, dessen es haufenweise in der Höhle gab. Dann losten meine Genossen, wer es wagen sollte, den Brandpfahl dem Ungeheuer mit mir ins Auge zu drehen, wenn es im Schlummer läge. Das Los traf gerade die vier tapfersten der Freunde, die ich mir selbst ausgewählt hätte, und der fünfte war ich.

Am Abend kam der gräßliche Hirte mit seiner Herde heim. Diesmal ließ er nichts im Vorhof, sondern trieb alles miteinander in die Höhle; vielleicht argwöhnte er etwas oder schickte es auch, wie ihr bald hören werdet, ein Gott zu unsern Gunsten so. Übrigens fügte er, wie bisher, den Stein wieder in die Öffnung, tat alles wie sonst und fraß auch zwei aus unserer Mitte. Inzwischen hatte ich eine hölzerne Kanne mit dem dunkeln Wein aus meinem Schlauche gefüllt, näherte mich dem Ungeheuer und sprach: „Da nimm, Zyklop, und trink! Auf Menschenfleisch schmeckt der Wein vortrefflich. Du sollst auch erfahren, was für ein köstliches Getränk wir auf unserem Schiffe führten. Ich brachte ihn mit, um ihn dir zu spenden, wenn du Erbarmen mit uns trügest und uns heim ließest. Aber du bist ja ein ganz entsetzlicher Wütrich; wie mag dich künftig ein anderer Mensch besuchen? Nein, du bist nicht billig mit uns verfahren!"

Der Zyklop nahm die Kanne, ohne ein Wort zu verlieren, und leerte sie mit durstigen Zügen; man sah ihm das Entzücken an, in welches ihn die Süßigkeit und Kraft des Trankes versetzte. Als er fertig war, sprach er zum ersten Male freundlich: „Fremdling, gib mir noch eins zu trinken; und sage mir auch, wie du heißest, damit ich dich auf der Stelle mit einem Gastgeschenk erfreuen kann. Denn auch wir haben Wein hierzulande, wir Zyklopen. Damit du aber auch erfahrest, wen du vor dir hast, so wisse: Polyphemos ist mein Name." So sprach der Zyklop, und gerne gab ich ihm von neuem zu trinken. Ja, dreimal schenkte ich ihm die Kanne voll, und dreimal leerte er sie in der Dummheit. Als ihm der Wein die Besinnung zu umnebeln anfing, sprach ich schlauerweise: „Meinen Namen willst du wissen, Zyklop? Ich habe einen seltsamen Namen. Ich heiße der Niemand; alle Welt nennt mich Niemand, Mutter, Vater hießen mich so, und bei allen meinen Freunden bin ich so geheißen." Darauf antwortete der Zyklop: „Nun sollst du auch dein Gastgeschenk erhalten: den Niemand, den verzehre ich zuletzt nach allen seinen Schiffsgenossen. Bist du mit der Gabe zufrieden, Niemand?"

Diese letzten Worte lallte der Zyklop nur noch, lehnte sich rückwärts und taumelte bald ganz zu Boden. Mit gekrümmtem feistem Nacken dehnte er sich schnarchend im Rausch, ja Wein und Menschenfleisch brach er in der Trunkenheit aus seinem Schlunde heraus. Jetzt steckte ich schnell den Pfahl in die glimmende Asche, bis er Feuer fing, und als er schon Funken sprühte, zog ich ihn heraus, und mit den vier Freunden, die das Los getroffen hatte, stießen wir ihm die Spitze tief ins Auge hinab, und ich, in die Höhe gerichtet, drehte den Pfahl, wie ein Zimmermann einen Schiffsbalken durchbohrt. Wimpern und Augenbrauen vermengte die Glut bis auf die Wurzeln, daß es prasselte und sein erlöschendes Auge zischte wie heißes Eisen im Wasser. Grauenvoll heulte der Verletzte auf, so laut, daß die Höhle von dem Gebrüll widerhallte; und wir, vor Angst bebend, flüchteten in den äußersten Winkel der Grotte.

Polyphem riß sich indessen den Pfahl aus der Augenhöhle, von dem das Blut triefend herunterrann; er schleuderte ihn weit von sich und tobte wie ein Unsinniger. Dann erhub er ein neues Zetergeschrei und rief seine Stammesbrüder, die Zyklopen, herbei, die im Gebirge umher wohnten. Diese kamen von allen Seiten heran, umstellten die Höhle und wollten wissen, was ihrem Bruder geschehen sei. Er aber brüllte aus der Höhle heraus: „Niemand, Niemand bringt mich um, ihr Freunde! Niemand tut es mit Arglist!" Als die Zyklopen das hörten, sprachen sie: „Nun, wenn niemand dir etwas zuleide tut, wenn dich keine Seele angreift, was schreiest du denn so? Du bist wohl krank; aber gegen Krankheit haben wir Zyklopen keine Mittel!" So schrien sie und eilten wieder davon. Mir aber lachte das Herz im Leibe.

Der blinde Zyklop tappte indessen in seiner Höhle umher, immer noch vor Schmerzen winselnd. Er nahm den Felsstein vom Eingange, setzte sich dann unter die Pforte und tastete mit den Händen herum, um einen jeden von uns zu fangen, der Lust hätte, mit den Schafen zu entwischen; denn er hielt mich für so einfältig, daß ich es auf diese Weise angreifen würde. Ich aber kam inzwischen an tausenderlei Planen herum, bis ich den rechten ausfindig machte. Es standen nämlich gemästete Widder mit dem dichtesten Vliese um uns her, gar groß und stattlich. Die verband ich ganz geheim mit den Ruten des Weidengeflechtes, auf welchem der Zyklop schlief, je drei und drei; und der mittlere trug unter seinem Bauche immer einen von uns Männern, der sich an seiner Wolle festhielt, indessen die beiden andern Widder rechts und links, die heimliche Last beschirmend, einhertrollten. Ich selber wählte den stattlichsten Bock, der hoch über alle andern hervorragte. Ihn faßte ich am Rücken, wälzte mich unter seinen Bauch und hielt die Hände fest in den gekräuselten Wollenflocken gedreht. So unter den Widdern hängend, erwarteten wir mit unterdrückten Seufzern den Morgen. Er kam; und die männliche Herde sprang zuerst hüpfend aus der Höhle auf die Weide. Nur die Weibchen blökten noch mit strotzenden Eutern in den Ställen. Ihr geplagter Herr betastete jedem Widder, der hinausging, sorgfältig den Rücken, ob kein Flüchtling darauf sitze; an den Bauch und meine List dachte er in seiner Dummheit nicht. Nun wandelte auch mein Bock langsam zur Felsenpforte, schwer beladen mit Wolle, noch schwerer mit mir, der ich unter allerlei Gedanken mich dahintragen ließ. Auch ihn streichelte Polyphemos und sprach: „Gutes Widderchen, was trabst du so langsam hinter der übrigen Herde aus der Höhle heraus? Du leidest ja sonst nicht, daß andere Schafe dir vorangehen; du bist sonst immer der erste bei den Wiesenblumen und am Bach und abends der allererste wieder im Stalle. Betrübt dich das ausgebrannte Auge deines Herrn? Ja, hättest du Gedanken und Sprache wie ich, gewiß, du sagtest mir, in welchem Winkel sich der Frevler mit seinem Gesindel verbirgt: dann sollte mir sein Gehirn von der Höhlenwand spritzen und mein Herz wieder froh werden vom Leide, das der Niemand über mich gebracht!"

So sprach der Zyklop und ließ den Widder auch hinausgehen. Und nun waren wir alle draußen. Sowie wir ein wenig von der Felskluft entfernt waren, machte ich mich zuerst von meinem Bocke los und löste dann auch meine Freunde ab. Wir waren unsrer leider nur noch sieben, umarmten uns mit herzlicher Freude und jammerten um die Verlorenen. Doch winkte ich ihnen, daß keiner laut weinen, sondern daß sie mit den geraubten Widdern sich schnell nach unsern

Schiffen mit mir aufmachen sollten. Erst als wir wieder auf unsern Ruderbänken saßen und durch die Wogen dahinschifften, auf einen Heroldsruf vom Ufer entfernt, schrie ich dem am Uferhügel mit seiner Herde bergwärts hinanklimmenden Zyklopen meine Spottrede zu: „Nun, Zyklop, du hast doch keines schlechten Mannes Begleiter in deiner Höhle gefressen! Endlich sind dir deine Freveltaten vergolten worden, und die Strafe des Zeus und der Götter hast du empfunden!“

Als der Wüterich dieses hörte, wurde sein Grimm noch viel größer. Er riß einen ganzen Felsblock aus dem Gebirge heraus und warf ihn nach unserem Schiffe. Auch hatte er so gut gezielt, daß er das Ende unseres Steuerruders nur um ein weniges verfehlte. Aber von dem niederstürzenden Blocke schwoll die Flut an, und die rückwärtswallende Brandung riß unser Schiff wieder ans Gestade zurück. Mit aller Gewalt mußten wir die Ruder anstrengen, um dem Ungeheuer aufs neue zu entfliehen und vorwärtszukommen. Nun fing ich abermals an zu rufen, obgleich mich die Freunde, die einen zweiten Wurf befürchteten, mit Gewalt abhalten wollten. „Höre, Zyklop“, schrie ich, „wenn dich je einmal ein Menschenkind fragt, wer dir dein Auge geblendet, so sollst du eine bessere Antwort geben, als du sie deinen Zyklopen erteilt hast! Sag ihm nur: der Zerstörer Trojas, Odysseus, hat mich geblendet, der Sohn des Laërtes, der auf der Insel Ithaka wohnt!“ So rief ich. Heulend schrie der Zyklop herüber: „Wehe mir! So hat sich denn die alte Weissagung an mir erfüllt! Denn einst befand sich unter uns ein Wahrsager mit Namen Telemos, des Eurymos Sohn, welcher hier im Lande der Zyklopen alt geworden ist. Dieser hat mir gewahrsagt, daß ich dereinst durch Odysseus das Gesicht verlieren sollte. Da meinte ich dann immer, es sollte ein stattlicher Kerl daherkommen, so groß und stark, wie ich selber bin, und sollte sich mit mir im Kampfe messen. Und nun ist dieser Wicht gekommen, dieser Weichling, hat mich mit Weine berückt und mir im Rausch das Auge geblendet! Aber komm doch wieder, Odysseus! Diesmal will ich dich als Gast bewirten, will dir vom Meeresgott sicheres Geleite erflehen, denn wisse, ich bin der Sohn Poseidons. Auch kann nur er und kein anderer mich heilen!“ Jetzt aber fing er an, zu seinem Vater Poseidon zu beten, daß er mir die Heimkehr nicht vergönnen solle. „Und kehrt er jemals zurück“, endete er, „so sei es wenigstens so spät, so unglücklich, so verlassen als möglich, auf einem fremden Schiffe, nicht auf dem eigenen; und zu Hause treffe er nichts als Elend an!“

So betete er, und ich glaube, der finstere Gott hat ihn gehört. Auch ergriff er einen zweiten, noch viel größeren Felsblock und schleuderte ihn uns nach. Auch diesmal verfehlte er uns nur um ein weniges. Doch widerstanden wir dem Gegenstoße der Flut und ruderten getrost vorwärts. Bald waren wir auch wieder bei der Insel angekommen, wo die übrigen Schiffe geborgen in der Bucht lagen und die Freunde, schon lange traurig am Strande gelagert, uns erwarteten. Sie empfingen uns, als wir anlandeten, mit einem lauten Freudenrufe. Als wir ans Land gestiegen, war unser erstes Geschäft, die Herde des Zyklopen, die wir geraubt hatten, unter unsere Freunde zu verteilen. Den Widder jedoch, unter dessen Bauche ich entflohen war, schenkten mir meine Genossen im voraus von der Beute. Denselben brachte ich sogleich dem Zeus zum Opfer dar und verbrannte ihm die Schenkel des Tieres. Der Gott verschmähte jedoch das Opfer und ließ sich von uns nicht versöhnen. Sein Beschluß war, daß unsere Schiffe alle und außer mir auch alle meine Freunde untergehen sollten.

Doch davon hatten wir keine Ahnung. Wir saßen vielmehr den ganzen Tag, bis die Sonne ins Meer sank, vergnügt beieinander, schmausten und tranken, als wären wir aller Sorgen ledig. Dann legten wir uns am Strande zum Schlummer nieder und schliefen beim Wogenschlage ein. Sobald jedoch der Himmel sich wieder rötete, saßen wir auch schon alle auf unsern Schiffen und ruderten weiter, der Heimat entgegen."

Odysseus erzählt weiter

Der Schlauch des Äolos. Die Lästrygonen. Kirke

„Hierauf", fuhr Odysseus fort, „gelangten wir an eine Insel, welche Äolos, der Sohn des Hippotes, ein vertrauter Freund der Götter, bewohnte. Dieses Eiland war schwimmend in der Flut; eine eherne Mauer umgab dasselbe mit starrendem Erz, und ihre Grundlage war ein glatter Fels, der rings um das Inselland herumlief. Dieser Äolos hatte in seinem Palaste sechs Söhne und sechs Töchter und feierte mit ihnen und der Gattin alle Tage ein Fest. Der gute Fürst beherbergte uns einen ganzen Monat und befragte uns recht eifrig über Troja, die Macht der Griechen und ihre Heimkehr. Über alles dieses gab ich ihm genaue Auskunft, und als ich ihn endlich bat, unsere Heimfahrt zu befördern, bezeigte er sich in allem höchst willig und schenkte uns einen dick aufgeschwollenen Schlauch, aus der Haut eines neunjährigen Stiers bereitet. In diesem waren sämtliche Winde eingeschlossen, die über die Erde dahinzuwehen pflegen; denn Äolos war vom Vater Zeus zum Verwalter der Winde bestellt und hatte die

Macht empfangen, welche Winde er wollte, loszulassen und ihnen wieder Ruhe zu gebieten. Er selbst nun band uns den Schlauch mit einem glänzenden Seile von Silberfaden in meinem Schiffe fest und schnürte ihn so zusammen, daß auch nicht die kleinste Luft herauskonnte. Doch hatte er sich darum der Winde nicht ganz entäußert, vielmehr von allen Gattungen noch genug zu Hause. Das zeigte er sogleich. Denn als wir uns eingeschifft hatten, ließ er unsern Schiffen den sanftesten Westwind nachwehen, der uns schnell und leicht in die Heimat bringen sollte. Aber es wurde uns nicht so gut, sondern unsere eigene Torheit brachte uns in großes Unglück.

Schon segelten wir neun Tage und Nächte lang auf dem Meere vorwärts, und in der zehnten Nacht waren wir so nahe an meiner Heimatinsel Ithaka, daß wir die Wachtfeuer des Ufers erblicken konnten. Da mußte mich müden Mann der Schlummer beschleichen, denn ich hatte mich unaufhörlich damit beschäftigt, das Segel meines Schiffes zu stellen, um desto schneller das Vaterland zu erreichen, und dieses Geschäft mochte ich keinem andern anvertrauen. Während ich nun schlief, spannen meine Schiffsgesellen ein Gespräch darüber an, was wohl in dem Schlauch sein möchte, welchen mir der König Äolos zum Gastgeschenke gegeben hätte. Da zeigte sich, daß sie alle in dem Wahn befangen waren, ich führe Silbers und Goldes genug in dem Sacke bei mir, und endlich fing einer der Lüsternsten also an: „Odysseus ist doch auch überall hoch geachtet und geehrt! Wieviel Beute hat er nicht nur vor Troja mit hinweggebracht! Und wir, die wir alle die nämlichen Gefahren und Mühseligkeiten ausgestanden haben, wir kehren sämtlich mit leeren Händen in die Heimat zurück! Jetzt hat ihm Äolos auch vollends einen Sack voll Silbers und Goldes gegeben! Wie wär's, wenn wir hineinguckten und auch erfahren, wieviel Schätze da drinnen verborgen sind?“ Dieser böse Rat leuchtete den übrigen Gesellen sogleich ein. Der Schlauch wurde aufgelöst, und kaum war das Band los, so brausten alle Winde miteinander daraus hervor, und die Windsbraut riß unsre Schiffe wieder hinaus in die offene See.

Ich selbst fuhr über dem Brausen aus dem Schlafe empor. Als ich das Unglück sah, das angerückt war, überlegte ich einen Augenblick bei mir, ob ich nicht lieber über Bord springen und mich in dem Abgrund begraben sollte. Doch faßte ich mich wieder und beschloß zu bleiben und alles, was da kommen konnte, zu ertragen. Die Wut der Orkane warf uns an die Insel des Äolos zurück. Hier ließ ich die Meinigen auf den Schiffen und eilte mit einem einzigen Freund und dem Herolde in die Burg des Fürsten, den ich mit seiner Gemahlin und seinen

Kindern gerade beim Mittagsmahle traf. Sie staunten alle nicht wenig über unsere Zurückkunft, als sie aber vollends die Ursache vernahmen, erhob sich der Verwalter der Winde zornig von seinem Sitze und rief mir entgegen: „Verruchter Mensch, offenbar verfolgt dich die Rache der Götter! Einen solchen darf ich weder beherbergen noch geleiten! Geh mir aus dem Hause, Verworfener!“ Mit diesem Fluche jagte er mich, den Seufzenden, von dannen, und schwermutsvoll schifften wir weiter.

Meinen Gesellen schwand aller Mut beim Ruder; es war schon wieder der siebente Tag vergangen, und nirgends wollte sich ein Land zeigen.

Endlich kamen wir an eine Küste und zu einer turmreichen Stadt. Die letztere hieß Telepylos und war der Sitz der Lästrygonen. Das alles wußten wir jedoch noch nicht, und von der Stadt erblickten wir auch nichts. Der Hafen, in welchen wir einfuhren, war vortrefflich, eng geschlossen und von allen Seiten durch schroffe Felsen geschirmt, so daß das Gewässer in der Bucht stets ruhig und wellenlos war. Ich knüpfte mein Schiff zuerst im Hafen an, erklomm das felsige Ufer und schaute mich auf den Steinzacken, nach der Landseite gewendet, um. Nirgends entdeckte ich gebautes Feld, keinen Ackersmann, keine Stiere. Nur Rauch, wie von einer großen Stadt, sah ich gen Himmel aufsteigen. Da schickte ich zur Erkundigung zwei auserlesene Freunde voraus mit einem Herold. Diese stiegen ans Land und fanden bald einen Weg, der über eine Waldung der Anhöhen jenem Rauche zuging und sie endlich in die Nähe der Stadt führte. Vor dieser begegneten sie einer wasserschöpfenden Jungfrau, der rüstigen Tochter des Lästrygonenköniges Antiphates. Sie stieg eben zu der Quelle Artakia hinab, wo die Einwohner ihr Wasser holten. Das Mädchen, über dessen Größe sie sich nicht genug wundern konnten, bezeichnete ihnen freundlich ihres Vaters Wohnung und gab ihnen die gewünschte Auskunft über Land, Stadt und Beherrscher. Als sie nun aber in die Stadt und an den Palast kamen, so erstarrten sie erst vor Entsetzen. Da stand die Gemahlin des Lästrygonenköniges vor ihnen, so riesengroß wie der Gipfel eines Berges. Denn die Lästrygonen waren Riesen und Menschenfresser. Auch rief die Königin sogleich ihrem Gemahl, und dieser griff zum Gruße nach dem einen der Gesandten und befahl sogleich, ihn für sich zum Abendessen zuzurüsten. Die zwei andern nahmen in der Todesangst die Flucht nach den Schiffen. Der König aber rief brüllend die ganze Stadt unter die Waffen, und über tausend Lästrygonen, lauter Riesen, den Giganten ähnlich, kamen heraus und schleuderten große Feldsteine nach uns, so daß man auf den Schiffen nichts als das Geschrei Sterbender und das Zusammenkrachen der getroffenen Schiffsbalken hörte. Nur mein eigenes Schiff war von mir hinter einem Felsen so angebunden worden, daß es die Steine nicht treffen konnten. Als nun die übrigen Schiffe am Versinken waren, nahm ich von ihrer Mannschaft in dasselbe auf, soviel meiner Freunde noch unverletzt waren, und entrann mit ihnen auf meinem Schiffe unversehrt aus dem Hafen. Die andern Fahrzeuge aber versanken mit einer Unzahl Toter und Sterbender in den Abgrund.

Nun fuhren wir auf dem einzigen Schiffe zusammengedrängt weiter und kamen wieder an eine Insel mit Namen Aiaia. Hier wohnte eine sehr schöne Halbgöttin, ein Kind des Sonnengottes und der Okeanostochter Perse und Schwester des Königes Aietes. Sie hieß Kirke und hatte einen herrlichen Palast auf der Insel. Wir aber wußten nichts von ihr. Wir fuhren in eine Bucht der Insel ein, legten unser Schiff vor Anker und lagerten uns, müde von der Anstrengung, voll Verdruß und Betrübnis, im Ufergrase. Am dritten Morgen machte ich mich, mit Schwert und Lanze bewehrt, auf, das Land auszukundschaften. Endlich ward ich einen Rauch gewahr, und dieser stieg aus Kirkes Palast auf. Doch ging ich nicht sogleich auf die Spur los, sondern durch frühere Gefahren gewitzigt, kehrte ich erst zu meinen Freunden zurück und sandte Späher aus. Wir hatten auch alle schon lange keine genügende Nahrung zu uns genommen. Da erbarmte sich auf meinem Rückwege der Götter einer über uns und schickte mir einen Hirsch mit hohem Geweih in den Weg, der durstig aus dem Walde zum Bache hinunter in raschen Sätzen stürzte. Ich schoß ihn im Laufe, indem ich ihn mit meiner Lanze mitten in das Rückgrat traf, daß sie unten am Bauche wieder hervordrang. Dann zog ich die Lanze, mit dem Fuße auf das Tier gestemmt, aus der Wunde, macht mir ein Seil von Weidenruten, band es dem Wild um die Füße und trug es so um den Nacken gehängt zu dem Schiffe, indem ich mich bei der ungewohnten Last unter dem Gehen auf meine Lanze stützen mußte.

Meine Begleiter fuhren freudig empor, als sie die schöne Waldbeute auf meinen Schultern erblickten. Geschwind wurde das Tier geschlachtet und ein Festschmaus angestellt, indem wir, was von Brot und Wein zu finden war, auf dem Schiffe zusammensuchten. Nun meldete ich ihnen von dem Rauche, den ich entdeckt hatte. Aber meine Freunde wurden ganz mutlos, denn alle mußten an die Höhle des Zyklopen und den Hafen des Lästrygonenköniges denken, wo uns die Hoffnung beidemal so grausam irregeführt hatte. Ich allein blieb mutig unter ihren Tränen. Ich teilte alle meine Genossen, soviel ihrer mir geblieben waren, in zwei Scharen und gab der einen mich selbst, der andern den Eurylochos zu Anführern. Dann schüttelten wir Lose in einem ehernen Helme.

Das Los traf den Eurylochos, und er mußte sich sofort mit zweiundzwanzig Genossen, die ihm nur unter Seufzern folgten, auf den Weg machen, nach der Seite, von welcher ich den Rauch hatte aufsteigen sehen.

Diese Schar fand bald den herrlich aus behauenen Steinen aufgeführten Palast der Göttin Kirke in einem anmutigen Tale der Insel versteckt. Wie staunten aber meine Genossen, als sie in der Umzäunung des Hofes und vor der Pforte des Wohnhauses Wölfe mit spitzigem Gebiß und Löwen mit zottigen Mähnen umherwandeln sahen. Voll Angst erblickten sie die gräßlichen Ungeheuer und dachten schon darauf, wie sie sich aus dem unheimlichen Orte durch die schleunigste Flucht retten möchten. Aber bereits waren sie umringt von den wilden Tieren. Diese taten ihnen jedoch nichts zuleide, stürzten auch nicht, wie solche Bestien pflegen, mit einem Satze auf sie zu, sondern sie näherten sich ihnen langsam und schmeichelnd, und trugen ihre langen Schweife wedelnd aufgerichtet, wie Hunde, wenn sie dem Herrn entgegengehen, der ihnen gute Bissen von einem Schmause mitbringt. Es waren dies, wie wir nachher erfuhren, lauter durch die Zauberkünste Kirkes verwandelte Menschen.

Da die Tiere ihnen nichts anhatten, faßten meine Freunde wieder Mut und näherten sich der Pforte des Palastes. Aus diesem hörten sie die Stimme Kirkes, die eine vortreffliche Sängerin war, erschallen. Sie sang zu ihrer Arbeit; denn sie saß eben über dem Gewebe eines großen, wundervollen Gewandes, wie es nur Göttinnen zu wirken verstehen. Der erste, der einen Blick in den Palast geworfen hatte und sich dieses Anblicks erfreute, war der Held Polites, der mir besonders befreundet war. Auf seinen Rat riefen unsere Freunde die Bewohnerin heraus, und sie erschien auch wirklich freundlich an der Pforte und nötigte alle Angekommenen herein, mit Ausnahme ihres Führers Eurylochos, der ein besonnener Mann war und, durch die früheren Vorfälle gewarnt, irgendeinen Betrug witterte.

Die andern führte Kirke gar holdselig in ihren Palast ein und hieß sie auf hohen, schmucken Sesseln Platz nehmen. Alsdann brachte man Käse, Mehl, Honig und herben pramnischen Wein herbei, woraus ein Gericht köstlicher Kuchen von Kirke geknetet wurde; während dieser Arbeit aber mischte sie unvermerkt unheilbringende Säfte unter den Teig, welche die Armen von Sinnen bringen und sie ihres Vaterlandes vergessen machen sollten. Und wirklich wurden sie alle miteinander, sowie sie von der verführerischen Speise gekostet hatten, in borstige Schweine verwandelt, fingen an zu grunzen und wurden von der Zauberin samt und sonders in die Kofen getrieben. Hier ließ ihnen Kirke statt der köstlichen Bissen Steineicheln und Kornellen, wie andern Schweinen, zur Nahrung vorwerfen.

Eurylochos hatte von weitem das alles zum Teile mit angesehen, zum Teile geschlossen. Er eilte, was er nur konnte, zu unsrem Schiffe zurück, um das schreckliche Schicksal unsrer Freunde mir und den Zurückgebliebenen zu verkündigen. Als er aber bei uns ankam, konnte er anfangs kein einziges Wort hervorbringen, weil ihm die entsetzliche Angst noch immer die Sprache raubte; aus seinen Augen stürzten Tränen, und seine Seele war ganz in Jammer versenkt. Wie wir nun alle voll Verwunderung in ihn drangen, zu sprechen, fand er endlich Worte und erzählte das jämmerliche Schicksal der andern Freunde. Auf diese Schreckensbotschaft warf ich Augenblicks mir das Schwert um die Schultern und den Bogen darüber, dann befahl ich ihm, mich auf der Stelle den Weg nach dem Palaste zu führen. Er aber umschlang mir mit beiden Armen die Knie und flehte mich an, zurückbleiben zu dürfen und selbst zurückzubleiben. „Glaube mir", schluchzte er, „du kehrest weder selbst um, noch bringst du einen der verlorenen Freunde zurück. O laß uns von diesem verwünschten Strande fliehen!" Ihm nun erlaubte ich zu bleiben; ich selbst aber gehorchte der Notwendigkeit und ging. Auf dem Wege begegnete mir ein blühender Jüngling, mit dem holdesten Reiz der Jugend geschmückt, und streckte mir den goldenen Stab entgegen, an welchem ich Hermes, den Boten der Himmlischen, erkannte. Er faßte mich freundlich bei der Hand und sprach: „Armer, was rennest du so, aller Gegend unkundig, durch das Waldgebirg? Deine Freunde sind bei der Zauberin Kirke in Schweineställe gesperrt. Willst du gehen, sie zu erlösen? Eher wirst du auch zu den andern gesteckt werden! Nun wohl, ich will dir ein Mittel an die Hand geben, dich zu bewahren. Wenn du dieses Heilkraut bei dir trägst" – und mit diesen Worten grub er eine schwarze Wurzel mit milchweißer Blüte aus dem Boden und nannte sie mir Moly –, „so vermag ihr Betrug nicht, dir zu schaden. Sie wird dir nämlich ein süßes Weinmus bereiten und ihre Zaubersäfte dareinmengen. Dieses Kraut aber wird sie verhindern, dich in ein Vieh zu verwandeln. Wenn sie dich dann mit ihrem langen Zauberstabe berührt, so reiß du dir nur dein scharfes Schwert von der Hüfte und renn auf sie los, als wolltest du sie ermorden. Dann zwingst du ihr leicht einen heiligen Eid ab, daß sie keinerlei Tücke an dir üben wolle. Du magst alsdann ohne Gefahr bei ihr wohnen und ihr in allem zu Willen sein, und wenn ihr vertraut geworden seid, wird sie dir auch deine Bitte nicht abschlagen und dir deine Freunde zurückgeben."

So sprach Hermes und verließ mich, in den Olymp zurückkehrend. Ich selbst eilte unruhig und nachdenklich dem Palaste der Zauberin entgegen. Auf meinen Ruf öffnete sie die Pforte und hieß mich freundlich eintreten, was ich, obwohl mit einem Herzen voll Ingrimm, auch tat. Nun führte sie mich zu einem herrlichen Thronsessel, rückte mir einen Schemel unter die Füße und mengte sofort in goldener Schale wirklich ihr Weinmus. Sie konnte kaum erwarten, bis ich es ausgeleert, und ohne im mindesten an meiner Verwandlung, die auf der Stelle eintreten würde, zu zweifeln, berührte sie mich mit ihrem Stabe und sprach: „Fort mit dir in den Schweinestall, zu deinen Freunden!" Ich aber riß das Schwert von der Seite und rannte wie mordbegierig auf die Zauberin ein. Nun schrie sie laut auf, warf sich zu Boden und umfaßte mein Knie, indem sie mir jammernd entgegenrief: „Wehe mir! Wer bist du, Gewaltiger, den mein Trank nicht zu verwandeln vermag? Noch kein anderer Sterblicher hat der Stärke meines Zaubers widerstanden. Bist du vielleicht der erfindungsreiche Odysseus selbst, dessen Ankunft, wenn er von Troja zurückkehrte, mir Hermes schon lange geweissaget hat? Wenn du es bist, so stecke dein Schwert in die Scheide und laß uns Freunde werden!" Ich aber veränderte meine drohende Stellung nicht und antwortete: „Wie kannst du verlangen, Kirke, daß ich mich freundlich gegen dich erweisen soll, da du meine Begleiter in deinem Hause zu Schweinen umgewandelt hast? Muß ich nicht vermuten, daß du nur darum dich so zuvorkommend gegen mich beträgst, um auch meinem Leibe irgendein Leid anzutun? Ich kann nur alsdann dein Freund werden, wenn du mir einen heiligen Eid schwörst, mir auf keinerlei Weise schaden zu wollen!" Die Göttin beschwur auf der Stelle, was ich verlangte, und nun war auch ich zufrieden und überließ mich sorglos der Nachtruhe.

Frühmorgens waren vier Dienerinnen, lauter schöne und edelgeborene Nymphen, damit beschäftigt, die Säle ihrer Herrin in Ordnung zu bringen. Die eine bedeckte die Thronsessel mit herrlichen purpurnen Polstern, eine zweite stellte silberne Tische vor die Sessel und setzte goldene Körbe darauf, die dritte mischte in einem silbernen Kruge den Wein und verteilte goldene Becher auf den Tischen umher; von der vierten endlich wurde frisches Quellwasser herbeigetragen, der Kessel auf den Dreifuß gesetzt und die Glut darunter geschürt, bis das Wasser kochte. Dieses mußte mir zu einem erquickenden Bade dienen, und als ich darauf gesalbt und angekleidet war, sollte ich in Kirkes Gesellschaft das Morgenmahl genießen. Aber obgleich reichliche Speisen vor mir auf meinem Tische standen, streckte ich doch nicht die Hände darnach aus, sondern saß schweigend und kummervoll meiner schönen Wirtin gegenüber. Als diese mich endlich nach der Ursache meines stummen Grames fragte, da sprach ich: „Welcher Mann, der noch ein Gefühl für Recht und Billigkeit hat, könnte sich auch an Speise und Trank erfreuen, solange er seine Freunde im Elende weiß? Wenn du willst, daß ich mit Lust bei dir genießen soll, so laß mich meine lieben Genossen mit Augen sehen!"

Kirke ließ sich nicht lange bitten, sie verließ das Gemach, ihren Zauberstab in der Hand. Draußen schloß sie die Türe des Kofens auf und trieb alle meine Freunde heraus, die mich, der ich inzwischen auch herbeigekommen war, in der Gestalt neunjähriger Schweine umwimmelten. Nun ging sie bei allen umher und bestrich jeden mit einem andern Safte. Auf einmal schälten sie sich aus der borstigen Hülle und wurden alle zu Männern, und zwar jünger und schöner, als sie vorher gewesen waren. Freudig eilten sie auf mich zu und reichten mir die Hände; als sie aber ihres elenden Schicksals gedachten, fingen sie alle zu weinen und zu jammern an. Die Göttin sprach darauf schmeichelnd zu mir: „Jetzt, lieber Held, habe ich ja deinen Willen getan. Tu du nun mir auch den Gefallen und laß dein Schiff ans Ufer ziehen, birg seine Ladung in den Felsengrotten des Ufers und laß es dir dann mit deinen lieben Genossen wohl bei mir sein!"

Ihre Schmeichelrede gewann mein Herz. Ich suchte das Schiff und die zurückgebliebenen Freunde auf, die mich schon lange für tot beklagt hatten und nun mit Freudentränen auf mich zustürzten. Als ich ihnen den Vorschlag machte, das Schiff ans Ufer zu ziehen und bei der Göttin einzukehren, zeigten sich auch sogleich alle willig, nur Eurylochos wehrte die Genossen ab und sprach zu ihnen: „Habt ihr denn ein gar so großes Verlangen nach eurem Verderben, daß ihr in den Palast der Zauberin eingehen wollt, die uns alle in Löwen, Wölfe und Schweine verwandeln und zwingen wird, in dieser scheußlichen Gestalt ihr Haus zu hüten? Wie ist der Zyklop mit unsern Freunden umgegangen, als der Unverstand des Odysseus uns ihm in die Hände geliefert?" Als ich diese Schmähung hörte, empfand ich einige Lust in mir, das Schwert zu ziehen und ihm den Kopf vom Rumpfe zu schlagen, obgleich er nahe mit mir verwandt war. Die Freunde sahen die Bewegung, die ich machte, fielen mir in den Arm und brachten mich zur Besinnung.

Nun brachen wir alle auf, und Eurylochos selbst, durch meine Drohung erschreckt, weigerte sich nicht, zu folgen. Inzwischen hatte Kirke unsre Freunde gebadet, mit Öle gesalbt und herrlich bekleidet, und wir fanden sie alle ganz fröhlich beim Schmaus versammelt. Da war ein Weinen und Umarmen und

Begrüßen! Die Göttin sprach allen Mut ein und tat uns so viel Liebes, daß wir von Tag zu Tag fröhlicher wurden und das ganze Jahr über bei ihr blieben. Wie aber nun das Jahr zu Ende ging, riefen mich meine Begleiter und ermahnten mich, endlich der Heimkehr eingedenk zu sein. Sie bewegten mir auch mit ihrer Rede das Herz, und noch an demselben Abend umfaßte ich Kirkes Knie und flehte sie an, Wort zu halten und mich, wie sie mir anfangs gelobt hatte, zur Heimat zu entsenden. Die Zauberin antwortete: „Du hast recht, Odysseus; es geziemt mir nicht, dich länger mit Zwang bei mir zu halten; aber bevor du heimkommst, müßt ihr doch noch einen Umweg machen. Ihr müßt das Reich des Hades und der Persephone, das Schattenreich besuchen und die Seele des blinden Greisen, des thebanischen Propheten Tiresias, um die Zukunft befragen; denn diesem ist auch im Tode noch sein voller Geist und die Sehergabe durch Persephones Gunst verblieben; die Seelen der andern Toten sind alle nur wandelnden Schatten gleich."

Als ich diesen Beschluß vernahm, fing ich zu weinen und zu jammern an; mir graute vor der Behausung der Toten, und ich fragte, wer mich denn geleiten sollte, denn eine Schiffahrt in die Unterwelt hat noch kein Sterblicher bei Leibes Leben unternommen. „Laß dich die Sorge um das Geleite deines Schiffes nicht bekümmern", antwortete die Göttin; „richte nur getrost den Mast in die Höhe und spanne die Segel aus! Der Nordwind wird euch schon hintreiben; bist du einmal am Gestade des Okeanos, des Stromes, der die Erde umgürtet, landest du an einem niedrigen Ufer, wo du Erlen, Pappeln und Weidenbäume beisammen erblickst. Dies ist der Hain Persephones; dort ist auch der Eingang in die Unterwelt. Hier, in einem Tale bei einem Felsen, wo die schwarzen Ströme Pyriphlegethon und Kokytos, der letztere ein Arm des Styx, sich in den Acheron oder die Unterwelt stürzen, wirst du eine Kluft finden, durch welche der Weg in das Schattenreich geht. Da gräbst du eine Grube und bringst den abgeschiedenen Seelen ein Totenopfer von Honig, Milch, Wein, Wasser und Mehl dar, gelobst ihnen auch ein Schlachtopfer, wenn du nach Ithaka heimkommst, und außerdem dem Tiresias einen schwarzen Widder; dann opferst du noch zwei schwarze Schafe, ein männliches und ein weibliches, und blickst dem vereinigten Strome durch die Kluft in die Tiefe nach, während deine Genossen die Tiere den Göttern verbrennen und zu ihnen beten. Da werden dir die Seelen der Toten erscheinen, und die Luftgebilde werden herauf ans Licht zu dringen begehren und von dem Blute der Totenopfer kosten wollen. Du aber wehrest sie mit dem Schwerte ab und erlaubst ihnen nicht, näher zu gehen, bis du den Tiresias befragt hast. Denn dieser wird bald herannahen und dir auch über deine Heimfahrt Aufschluß geben."

Diese Rede tröstete mich einigermaßen. Am andern Morgen versammelte ich meine Freunde und wollte sie zum Aufbruch mahnen. Nun hatte sich einer von ihnen, mit Namen Elpenor, der jüngste von allen, aber weder besonders mutig noch sehr verständig, vom süßen Weine Kirkes trunken, von den Freunden entfernt und, um kühlere Luft zu atmen, auf dem platten Dache des Palastes gelagert. Dort war er am vorigen Abend eingeschlummert und hatte die Nacht über in ungestörtem Schlafe gelegen. Als er nun durch das Gewühl der sich erhebenden und zur Versammlung eilenden Freunde plötzlich aufgeweckt wurde, fuhr er empor und vergaß in der Betäubung, wo er war; anstatt sich zur Treppe zu wenden, taumelte er über das Dach hinaus und fiel den hohen Palast herunter, so daß ihm das Genick zerbrach und sein Geist auf der Stelle zum Hades fuhr.

Ich aber sammelte meine Begleiter um mich her und sprach: „Ihr meinet nun wohl, teure Freunde, nun gehe es geraden Weges ins liebe Vaterland? Aber ach, dem ist leider nicht so; die Göttin Kirke hat uns eine ganz andere Fahrt vorgeschrieben. Wir sollen hinunter in das schreckliche Reich des Hades und dort die Seele des thebanischen Sehers Tiresias wegen unserer Heimfahrt befragen!" Als meine Genossen dieses hörten, da brach ihnen fast das Herz vor Kummer; sie jammerten laut und rauften sich die Haare aus. Aber ihre Klage half ihnen nichts. Ich befahl ihnen, aufzubrechen und mit mir zum Schiffe zu wandeln. Kirke war uns vorausgeeilt; sie hatte die zwei Opferschafe uns ins Schiff bringen und dort anbinden lassen, auch uns mit Honig, Wein und Mehl für das Opfer reichlich versorgt. Als wir ankamen, schlüpfte sie mit einem stummen Abschiedsgruße leicht an uns vorüber. Wir aber zogen das Schiff ins Meer, richteten den Mast und die Segel und setzten uns betrübt auf die Ruderbänke. Ein günstiger Fahrwind, den uns Kirke schickte, blies in die Segel, und bald waren wir wieder auf der hohen See."

Odysseus erzählt weiter

Das Schattenreich

„Die Sonne tauchte ins Meer", fuhr Odysseus nach einer Pause fort, den horchenden Phäaken zu erzählen, „als wir, von einem wunderbaren Fahrwinde vorwärts getrieben, am Ende der Welt beim Gestade der Kimmerier, das in ewigem Nebel liegt und von den Sonnenstrahlen niemals beleuchtet wird, am Strome Okeanos, der die Welt umgürtet, anlangten. Wir kamen an den Fels und die Zusammenströmung der Totenflüsse, wie es uns Kirke bezeichnet hatte, und opferten ganz nach ihrer Vorschrift. Sowie das Blut aus den Gurgeln der Schafe in die Grube floß, tauchten tief aus der Unterwelt die Seelen der Abgeschiedenen nach der Felsenkluft empor, in welcher wir uns, den Strom zur Seite, befanden. Jünglinge und Greise, Jungfrauen und Kinder kamen, auch viele Helden mit klaffenden Wunden und in blutbesudelten Rüstungen; scharenweise, mit hohlem, grausenvollem Stöhnen umflatterten sie, nach Art der Schatten, die Opfergrube, so daß mich ein Entsetzen ankam. Schnell ermahnte ich die Genossen, nach Kirkes Rat die geopferten Schafe zu verbrennen und zu den Göttern zu flehen. Ich selbst riß das Schwert von der Hüfte und wehrte den Luftgebilden, vom Opferblute zu lecken, bevor ich den Tiresias befragt hätte.

Zuallererst nun nahte sich mir die Seele unsres Freundes Elpenor, dessen Leib noch unbegraben in Kirkes Wohnung lag. Mit Tränen im Auge klagte mir der Schatten sein Verhängnis und beschwor mich, nach der Insel Aiaia zurückzufahren und ihm ein ehrliches Begräbnis angedeihen zu lassen. Ich versprach es ihm, und das Schattenbild lagerte sich mir gegenüber. So saßen wir in wehmütigem Gespräch, dort die Schattengestalt, hier ich, das Schwert quer über dem Opferblut haltend. Bald gesellte sich zu uns auch der Schatten meiner Mutter, der herrlichen Antikleia, die ich noch lebend verlassen hatte, als ich gegen Ilios aufbrach. Sprachlos ließ sie sich nieder, auf das Blut starrend; ihren Sohn achtete und erkannte sie nicht.

Nun erschien die Seele des Thebaners Tiresias, einen goldenen Stab in der Rechten. Er erkannt mich sogleich und hub an: „Edler Sohn des Laërtes, was trieb dich, das Sonnenlicht zu verlassen und diesen Ort des Entsetzens zu besuchen? Aber ziehe nur dein gezücktes Schwert von der Grube zurück, damit ich von dem Opferblut trinke und so in den Stand gesetzt werde, dir dein Schicksal zu weissagen.“ Ich wich bei diesem Worte von der Grube und stieß mein Schwert in die Scheide. Nun trank der Schatten von dem schwarzen Blut und fing alsbald zu wahrsagen an: „Du forschest bei mir, Odysseus, nach einer fröhlichen Heimkehr ins Vaterland; aber ein Gott wird sie dir schwer machen, und du kannst dich der Hand des Erderschütterers nicht entziehen. Du hast ihn schwer dadurch beleidigt, daß du seinem Sohne Polyphemos das Auge geblendet hast. Dennoch soll dir die Rückkehr nicht ganz abgeschnitten sein; halte nur dein und deiner Genossen Herz im Zaume. Zuerst landet ihr auf der Insel Thrinakia. Wenn ihr dort die heiligen Rinder und Schafe des Sonnengottes unberührt lasset, so dürfte euch die Heimfahrt wohl gelingen. Verletzet ihr sie aber, dann weissage ich deinem Schiffe und deinen Freunden Verderben. Wenn du selbst auch entrinnest, so kommst du spät, elend und einsam in die Heimat, auf einem fremden Schiff. Auch dort findest du nur Jammer: übermütige Männer, die dein Gut verprassen und um dein Weib Penelope freien. Wenn du diese, sei es mit List oder Gewalt, bezwungen oder getötet und ruhiges Glück dir lange gelächelt hat, so nimm, doch erst am Abend deines Lebens, dein Ruder auf die Schulter und wandre immer fort und fort, bis du zu Menschen kommst, die das Meer nicht kennen, keine Schiffe haben, ihre Speise mit keinem Salz würzen. Und wenn dir dort in der Fremde ein Wanderer begegnet und dir sagt, du tragest des Worflers Schaufel auf dem Rücken, dann stoße das Ruder in die Erde, bring dem Poseidon ein Opfer und wandre wieder heim. Endlich wird dich, während dein Reich blühet, ein friedlicher Greisentod fern vom Meere hinwegnehmen."

Dies war der Inhalt seiner Weissagung. Ich dankte dem Seher und fragte ihn weiter: „Sage mir jetzt: dort sitzt der Schatten meiner Mutter! Wie mache ich es, ehrwürdiger Greis, daß sie mich erkenne?" „Vergönne ihr nur", erwiderte der Seher, „vom Opferblute zu trinken, so wird sie ihr Schweigen bald brechen." Da wich ich von der Grube mit dem Schwerte zurück, und die Mutter trank. Urplötzlich erkannte sie mich, heftete ihr tränendes Auge auf mich und sprach: „Lieber Sohn, wie kamst du lebendig in die Todesnacht herab? Haben dich der Ozean und die andern furchtbaren Ströme nicht gehindert? Irrest du immer seit Trojas Fall umher und kommst nicht zu deiner Heimat Ithaka?" Nachdem ich hierüber Aufschluß gegeben hatte, befragte ich die Mutter über ihren Tod, denn ich hatte sie lebend verlassen, als ich gen Troja zog. Auch wie es sonst bei uns zu Hause stehe, fragte ich sie mit pochendem Herzen. Und der Schatten erwiderte: „Deine Gattin, nach der du so ängstlich fragst, weilt in deinem Hause mit unerschütterlicher Treue, und Tag und Nacht weint sie um dich. Deinen Zepter führt kein anderer, sondern dein Sohn Telemach verwaltet dein Gut. Dein Vater Laërtes hat sich aufs Land zurückgezogen und kommt nie mehr in die Stadt; dort schläft er nicht in einer Fürstenkammer, nicht in einem weichen Bette; neben dem Herdfeuer liegt er wie andere Knechte, auf dem Stroh, in ein schlechtes Kleid gehüllt, den ganzen Winter über; im Sommer bettet er sich unter freiem Himmel auf ein Bündel Reisig; und das alles tut er aus Jammer über dein

Geschick. Ich selbst bin dem Gram über dich, mein lieber Sohn, erlegen, und keine Krankheit hat mich dahingerafft."

So sprach sie und machte mich vor Sehnsucht erbeben. Als ich sie aber in die Arme schließen wollte, zerstob sie wie ein Traumbild. Nun kamen andere Schatten daher, viele Gattinnen berühmter Helden. Sie tranken alle von dem Opferblute und erzählten mir ihre Geschicke. Als die Frauen nacheinander wieder verschwunden waren, ward mir ein Anblick zuteil, der mir das Herz im Busen bewegte. Es kam nämlich die Seele des Völkerfürsten Agamemnon heran. Schwermütig bewegte sich der große Schatten nach der Opfergrube und trank von dem Blute. Da blickte er auf, erkannte mich und fing an zu weinen. Vergebens streckte er die Hände aus, mich zu erreichen; in den Gliedern war keine Spannkraft; er sank zurück zur Ferne und antwortet von dort aus auf meine sehnlichen Fragen: „Edler Odysseus", sprach er, „mich hat nicht, wie du wähnst, der Zorn des Meeresgottes verderbt, nicht Feinde auf der Feste haben mich bezwungen. Wie man den Stier an der Krippe erschlägt, hat mich mein Weib Klytämnestra mit ihrem Buhlen Ägisth im Bade erschlagen, mich, der ich in die Heimat voll Sehnsucht nach Frau und Kindern gekommen war. Darum rate ich dir, Odysseus, zeige dich nicht allzu gefällig gegen die Gattin, vertrau ihr aus Zärtlichkeit nicht ein jegliches Geheimnis an. Doch du hast ein verständiges und tugendhaftes Weib, du Glücklicher! Und das Knäblein, das an ihrer Brust lag, als wir Griechenland verließen, dein Telemach wird als Jüngling, voll herzlicher, voll kindlicher Liebe seinen Vater empfangen. Mein ruchloses Weib hat mir nicht einmal gegönnt, die Augen an dem Anblicke meines Sohnes zu laben, bevor sie mich ermordete! Dennoch rate ich dir, heimlich und nicht öffentlich am Gestade Ithakas zu landen: denn keinem Weibe ist zu trauen!"

Mit diesen finstern Worten wandte sich der Schatten um und verschwand. Nun kamen die Seelen des Achill und seines Freundes Patroklos, des Antilochos und des großen Ajax. Zuerst trank Achill, erkannte mich und staunte. Ich erzählte ihm, warum ich gekommen. Als ich aber den berühmtesten Griechen als Gebieter der Geister auch im Hades selig pries, erwiderte er mißmutig: „Sprich mir nichts Tröstliches vom Tode, Odysseus! Lieber wollte ich als Taglöhner auf Erden das Feld bestellen, ohne Eigentum und Erbe, als über die sämtliche Schar der Toten herrschen!" Dann mußte ich ihm vom Heldenleben seines Sohnes Neoptolemos erzählen, und als er viel Gutes und Rühmliches über ihn vernommen, wandelte der erhabene Schatten zufriedenen und mächtigen Schrittes der Tiefe wieder zu und verlor sich in derselben.

Auch die andern Seelen der Abgeschiedenen, die inzwischen von dem Blute getrunken hatten, standen mir nun Rede. Nur der Schatten des Ajax, den ich einst im Streit um die Waffen des Achill besiegt und der sich deswegen entleibt hatte, stellte sich seitwärts und zürnte. Mit sanften Worten redete ich ihn an: „Telamons Sohn, kannst du denn auch im Tode den Unmut nicht vergessen, in welchen dich die Rüstung des Achill versetzt hat, welche die Götter den Argivern doch nur zum Fluche bestimmt hatten? Denn durch sie bist du, der ein Turm war in der Feldschlacht, dahingesunken, daß wir dich nächst Achill bejammern mußten. Doch ist keiner von uns an deinem Tode schuldig; es war ein Verhängnis, das dir und uns Zeus zugesandt hat. Darum, edler Fürst, bezwinge dein Gemüt, nahe mir, rede mit mir!“ Aber der Schatten antwortete nichts, sondern ging ins Dunkel zu andern abgeschiedenen Seelen.

Nun erblickte ich auch die Schatten längst verstorbener Helden: den Totenrichter Minos; den gewaltigen Jäger Orion, welcher, die Keule in der Hand, Schattenbilder von Luchsen und Löwen aufscheuchte; den Tityos, dem für seine Frevel zwei Geier, von jeder Seite einer, an der Leber fraßen; den Tantalos, der dürstend mitten im Wasser stand, daß es ihm das Kinn bespülte, aber sooft er trinken wollte, wich die Welle zurück und versiegte, daß der schwarze Boden zu seinen Füßen sichtbar wurde; auch ragten Bäume voll Früchten über sein Haupt herein, voll Birnen, Feigen, Granaten, Oliven, Äpfeln: – wenn er aber, der Hungernde, sie mit den Händen haschen wollte, da schwang der Sturm die Äste aufwärts den Wolken zu, und seine Hand griff in die leere Luft. Auch den Sisyphos sah ich, den vergebliche Pein abquälte: er war bemüht, ein großes Felsenstück einen Berg emporzuschieben; angestemmt, mit Händen und Füßen arbeitete er sich ab und wälzte den Stein die Berghöhe hinauf. Sooft er aber schon glaubte, ihn auf dem Gipfel droben zu haben, glitt ihm das Felsstück aus den Händen und rollte schändlicherweise den Berg hinunter. Da begann denn seine Anstrengung von neuem: der Angstschweiß floß ihm von den Gliedern, und das Haupt hüllte eine Wolke von Staub ein. Ihm zunächst stand der Schatten des Herakles, doch nur sein Schatten, denn er selbst lebt als Gemahl der Jugendgöttin ein seliges Leben unter den Olympischen. Sein Schatten aber stand finster wie die Nacht, hielt den Pfeil auf der Bogensehne und blickte schrecklich umher, als wollte er ihn eben gegen den Feind abschnellen. Ein prächtiges Wehrgehenk, mit allerlei Tiergestalten geschmückt, hing ihm über die Schultern.

Auch er verschwand, und nun kam noch ein ganzes Gedränge anderer Heldenseelen. Gerne hätte ich den Theseus und seinen Freund Peirithoos herauserkannt. Aber bei dem grausenvollen Getöse der unzähligen Scharen kam mich plötzlich eine solche Furcht an, als streckte mir die Meduse ihr Gorgonenhaupt entgegen. Eilig verließ ich mit meinen Genossen die Kluft und wandte mich wieder dem Gestade des Okeanos und unsrem Schiffe zu. Dann segelten wir, wie ich es dem Schatten Elpenors versprochen hatte, nach Kirkes Insel zurück."

Odysseus erzählt weiter

Die Sirenen. Skylla und Charybdis. Thrinakia und die Herden des Sonnengottes. Schiffbruch. Odysseus bei Kalypso

„Nachdem wir die Gebeine unsres verunglückten Genossen", fuhr Odysseus fort, „auf der Insel Aiaia verbrannt und zur Erde bestattet, auch dem Toten einen Grabhügel aufgehäuft hatten und eine Denksäule daraufgesetzt und von Kirke sehr freundlich empfangen und bewirtet worden waren, fuhren wir, von ihr vor allerlei Gefahren gewarnt und reichlich mit Lebensmitteln versorgt, weiter.

Das erste Abenteuer, das wir zu bestehen hatten und von welchem uns Kirke geweissagt, erwartete uns am Eilande der Sirenen. Dieses sind sangreiche Nymphen, die jedermann bezaubern, der auf ihr Lied horcht. Am grünen Gestade sitzen sie und singen ihre Zauberlieder dem Vorüberfahrenden zu. Wer sich zu ihnen hinüberlocken läßt, ist ein Kind des Todes, und man sieht deswegen an ihrem Ufer moderndes Gebein genug umherliegen. Bei der Insel dieser verführerischen Nymphen angekommen, hielt unser Schiff stille, denn der Fahrwind, der uns bisher gelinde vorwärts getrieben, hörte mit einemmal auf zu wehen, und das Gewässer schimmerte wie ein Spiegel. Meine Begleiter nahmen die Segel von den Stangen, falteten sie zusammen, legten sie im Schiffe nieder und setzten sich ans Ruder, um das Schiff so vorwärtszubringen. Ich aber gedachte an das Wort, das Kirke, die mir dieses alles voraussagte, gesprochen hatte. „Wenn du an die Insel der Sirenen kommst und ihr Gesang euch droht, so verklebe die Ohren deiner Freunde mit Wachs, daß sie nichts hören; begehrst du aber selbst ihr Lied zu vernehmen, so befiehl, daß man dich, an Händen und Füßen gefesselt, an den Mast binde, und je sehnlicher du deine Freunde bittest, dich loszubinden, desto fester sollen sie die Seile schnüren!"

Daran dachte ich jetzt, zerschnitt eine große Wachsscheibe und knetete sie mit meinen nervichten Fingern; das weiche Wachs strich ich sodann meinen Reisegenossen in die Ohren. Sie aber banden mich auf mein Geheiß aufrecht unten an den Mast; dann setzten sie sich wieder an die Ruder und trieben das Fahrzeug getrost vorwärts. Als die Sirenen dieses heranschwimmen sahen, standen sie in der Gestalt reizender Mägdlein am Ufer und stimmten mit wundersüßer Kehle ihren hellen Gesang an, der also lautete:

Komm, preisvoller Odysseus, erhabener Ruhm der Achajer,
Lenke das Schiff ans Land, um unsere Stimme zu hören.
Denn noch ruderte keiner vorbei im dunkelen Schiffe,
Eh er aus unserem Munde die Honigstimme gehöret:
Jener sodann kehrt fröhlich zurück und mehreres wissend.
Denn wir wissen dir alles, wieviel in den Ebenen Trojas
Argos' Söhne und die Troer vom Rat der Götter geduldet,
Alles, was irgend geschah auf der vielernährenden Erde.

So sangen sie. Mir aber schwoll das Herz im Busen vor Begierde, sie zu hören; ich winkte meinen Freunden mit dem Kopfe, mich loszubinden. Aber sie mit ihren tauben Ohren stürzten sich nur um so rascher aufs Ruder, und zwei von ihnen, Eurylochos und Perimedes, kamen herbei und legten mir, wie ich früher befohlen hatte, noch viel stärkere Stricke an und schnürten auch die alten fester zusammen. Erst als wir glücklich vorübergesteuert und ganz außer dem Bereiche der Sirenenstimmen waren, nahmen meine Freunde sich selbst das Wachs aus den Ohren, und mir lösten sie die Fesseln wieder. Ich aber dankte ihnen herzlich für ihre Beharrlichkeit.

Kaum waren wir etwas vorwärts gerudert, als ich von ferne Wasserstaub und eine mächtige Brandung gewahr wurde. Das war die Charybdis, ein täglich dreimal unter einem Fels hervorquellender und wieder zurückwallender Strudel, der jedes Schiff verschlingt, das in seinen Rachen gerät. Meinen Begleitern fuhren die Ruder vor Schrecken aus der Hand; sie flossen dem Strome nach, und das Fahrzeug stand stille. Ich selbst sprang von meinem Sitze auf, durcheilte das Schiff und sprach den Freunden, von Mann zu Manne gehend, Mut ein. „Lieben Freunde“, sagte ich, „wir sind ja keine Neulinge in den Gefahren. Was auch kommen mag, ein größeres Leid als in der Höhle des Zyklopen kann uns nicht betreffen; und doch half euch dort meine Klugheit hinaus. Drum gehorchet mir nur alle. Bleibt fest auf euren Bänken sitzen und schlaget mutig mit den Rudern“ – denn sie hatten sie wieder gefangen – „auf die Brandung los. Ich denke, Zeus hilft uns durch schleunige Flucht aus dieser Not. Du aber, Steuermann, nimm alle deine Besinnung zusammen und lenke das Schiff durch Schaum und Brandung, so gut du kannst! Arbeite dich an den Fels hin, damit du nicht in den Strudel geratest!“ So hatte ich die Freunde vor dem Strudel Charybdis gewarnt, von welchem mir Kirke erzählt hatte; aber von dem Ungeheuer Skylla, das gegenüber drohete, schwieg ich noch weislich; ich fürchtete, die Genossen möchten mir vor Schrecken wieder die Ruder fahrenlassen und sich im innern Schiffsraume zusammendrängen.

Eines andern Gebotes hatte ich jedoch vergessen, das Kirke mir auch gegeben. Sie hatte mir nämlich verboten, mich zum Kampfe mit diesem Ungeheuer zu rüsten; ich hüllte mich aber in meine volle Waffenrüstung, nahm zwei Speere in die Hand und stellte mich so aufs Verdeck, um dem herankommenden Ungeheuer zu begegnen. Aber obgleich mir die Augen vom Umherschauen schmerzten, konnte sie mein Blick doch nicht entdecken, und so fuhr ich denn voll Todesangst in den immer enger werdenden Meerschlund hinein. Diese Skylla hatte mir Kirke so geschildert: „Sie ist kein sterblicher Gegner, vielmehr ein unsterbliches Unheil; Tapferkeit vermag nichts gegen sie, die einzige Rettung ist, ihr zu entfliehen. Sie wohnt gegenüber der Charybdis in einem sein spitzes Haupt in die Wolken steckenden Fels, ewig von dunkelem Gewölk umfangen, von keinem Sonnenstrahl erleuchtet und ganz aus glattem Gesteine aufgetürmt. Mitten in diesem Fels ist eine Höhle, schwarz wie die Nacht; in dieser haust die Skylla und gibt ihre Gegenwart nur durch ein fürchterliches Bellen kund, welches über die Flut herüberhallt wie das Geschrei eines neugeborenen Hundes. Dieses Ungeheuer hat zwölf unförmige Füße und sechs Schlangenhälse, auf jedem derselben grinst ein scheußlicher Kopf mit drei dichten Reihen von Zähnen, die sie fletscht, ihre Opfer zu zermalmen; halb ist sie einwärts in die Felskluft hinabgesenkt, ihre Häupter aber streckt sie schnappend aus dem Abgrunde hervor und fischt nach Seehunden, Delphinen und wohl auch größeren Tieren des Meeres. Noch nie hat sich ein Schiff gerühmt, ohne Verlust an ihr vorübergekommen zu sein; gewöhnlich hat sie, ehe sich's der Schiffer versieht, in jedem Rachen einen Mann zwischen den Zähnen, den sie aus dem Schiffe geraubt hat.“

Dieses Bild hatte ich vor meiner Seele und spähte vergebens umher. Indessen waren wir mit dem Schiffe ganz nahe an die Charybdis geraten, die die Meeresflut mit ihrem gierigen Rachen einschlürfte und wieder ausspie; die brauste wie ein Kessel über dem Feuer, und weißer Schaum flog empor, solange sie die Flut herausbrach; wenn sie dann die Wogen wieder hinunterschluckte, senkte sich das trübe Wassergemisch ganz in die Tiefe, der Fels donnerte, und man konnte in einen Abgrund von schwarzem Schlamm hinuntersehen. Während nun unsere Blicke mit starrem Entsetzen auf dieses Schauspiel gerichtet waren und wir unwillkürlich mit dem Schiffe zur Linken auswichen, waren wir plötzlich der bisher nicht entdeckten Skylla zu nahe gekommen, und ihre Rachen hatten auf einen Zug sechs meiner tapfersten Genossen vom Bord hinweggeschnappt; ich sah sie mit schwebenden Händen und Füßen zwischen den Zähnen des Ungeheuers hoch in die Lüfte gezückt; noch aus seinen Rachen heraus riefen sie mich hilfeflehend bei Namen: einen Augenblick darauf waren sie zermalmt. Soviel ich auf meiner Irrfahrt erduldet habe, ein jammervollerer Anblick ist mir nicht geworden!

Jetzt aber waren wir auch glücklich zwischen dem Strudel der Charybdis und dem Felsen der Skylla hindurch; die von der Sonne glänzende Insel Thrinakia lag vor uns, und noch auf dem Meere hörten wir das Gebrüll der heiligen Rinder es Sonnengottes und das Blöken seiner Schafe. Durch so viel Unglück gewitzigt, dachte ich auf der Stelle an die Warnung des blinden Tiresias in der Unterwelt und kündigte den Genossen an, daß er und Kirke mich gewarnt, die Insel des Helios zu fliehen, weil uns dort noch das allerjämmerlichste Schicksal bedrohe. Diese Erklärung betrübte meine Begleiter über die Maßen, und Eurylochos sagte ärgerlich: „Du bist doch ein grausamer Mann, Odysseus, ganz von Stahl und hast kein Gelenk im Nacken! Wie, willst du im Ernst uns, den von Anstrengung und Ermüdung Entkräftigten, nicht gönnen, einen Fuß ans Land zu setzen und uns auf dieser Insel mit Speise und Trank zu erquicken, sondern blindlings sollen wir in der Stille der Nacht hinausfahren durch die schwarzen Meereinöden? Wenn nun plötzlich im Dunkel der unbändige Südwind oder der pfeifende West herangewirbelt käme? Laß uns wenigstens diese finstere Nacht am Ufer vor Anker gehen, das uns so gastlich zuwinkt!“

Wie ich diesen Widerspruch hören mußte, da merkte ich wohl, daß ein feindseliger Gott Böses über uns beschlossen hatte. Ich sagte daher nur: „Eurylochos, es ist keine Kunst, mich zu zwingen, den einzelnen Mann eurer so viele. So gebe ich euch denn nach. Aber einen heiligen Schwur müßt ihr mir tun, dem Sonnengotte kein Rind oder auch nur ein Schaf abzuschlachten, wenn ihr etwa seiner Herden ansichtig werden solltet. Begnüge sich vielmehr jeder mit der Kost, mit der uns die gute Kirke versorgt hat!“ Diesen Eid leisteten mir alle willig; darauf ließen wir das Fahrzeug in eine Bucht einlaufen, aus der sich süßes

Wasser in die gesalzene Flut ergoß. Alle stiegen aus dem Schiffe, und es währte nicht lange, so war das Nachtessen bereit. Nach dem Mahle beweinten wir die Freunde, welche von der Skylla verschlungen worden waren, aber mitten unter den Tränen überwältigte uns müde Seefahrer der Schlummer.

Es mochte noch ein Drittel der Nacht übrig sein, als Zeus einen entsetzlichen Sturm sandte, so daß wir mit der Morgenröte eilig unser Fahrzeug in eine Meergrotte in Sicherheit brachten. Noch einmal warnte ich die Genossen vor dem Rindermorde, denn bei der ungestümen Witterung sahen wir einem längeren Aufenthalte auf der Insel entgegen. Auch verweilten wir wirklich einen vollen Monat allda, weil beständiger Südwind blies, der nur auf kurze Zeit mit dem Ostwind abwechselte; es war uns aber einer entgegen wie der andere. Solange von Kirkes Vorrat noch Speise und Wein übrig war, hatte es keine Not. Als wir aber alle Nahrung aufgezehrt hatten und der Hunger bei uns sich einstellte, gingen meine Begleiter anfangs auf den Fisch- und Vogelfang aus, und ich selbst machte auch einen Ausflug längs dem Ufer, ob mir kein Gott oder kein Sterblicher begegnen möchte, der mir einen Ausweg aus dieser Not anzeigte. Als ich weit genug von den Freunden entfernt war und mich ganz in der Einsamkeit sah, wusch ich meine Hände, um sie rein emporstrecken zu können, in der Flut, warf mich demütig auf die Knie und flehte zu allen Göttern um Rettung. Sie aber schickten mir einen wohltätigen Schlummer.

Während ich nun so ferne war, erhob sich Eurylochos unter meinen Begleitern und gab ihnen einen verderblichen Rat: „Höret mein Wort“, sprach er, „schwerbedrängte Freunde! Zwar ist jeder Tod den Menschen schreckhaft, aber das entsetzlichste Geschick ist doch der Hungertod. Wohlan, was bedenken wir uns, die schönsten von den Rindern des Helios den Göttern zu opfern und uns am übrigbleibenden Fleische zu sättigen? Sind wir nur glücklich nach Ithaka gekommen, so wollen wir den Gott schon versöhnen und ihm einen herrlichen Tempel bauen, auch köstliche Weihegeschenke darin aufstellen. Schickt er uns aber im augenblicklichen Zorn einen Sturm zu und bohrt unser Schiff in den Grund – nun, so will ich lieber in einem Augenblick meinen Atem in die Fluten verhauchen als so jämmerlich auf dieser einsamen Insel verschmachten!“

Dies Wort gefiel meinen hungrigen Genossen. Sogleich machten sie sich auf, trieben die allerbesten Rinder von der Herde des Sonnengottes herbei, die in der Nähe grasten, und nachdem sie zu den Göttern gefleht, schlachteten sie dieselben, weideten sie aus und brachten die Eingeweide mit den in Fett eingewickelten Lenden den Unsterblichen dar. Wein zum Trankopfer hatten sie keinen, weil aller längst verzehrt war; die Eingeweide und Schenkel wurden daher nur mit Quellwasser besprengt. Die reichlichen Überreste steckten sie an Spieße, und eben setzten sie sich zum Mahle, als ich – dem die Götter den Schlaf wieder von den Augenlidern geschüttelt – herankam und mir der Opferduft schon von weitem entgegendampfte. Da jammerte ich zum Himmel empor: „O Vater Zeus und ihr andern Himmlischen! Zum Fluche habt ihr mich in Schlummer gesenkt. Denn welcher Tat haben sich meine Freunde vermessen, während ich schlief!"

Inzwischen war dem Sonnengotte durch eine dienende Göttin schon die Nachricht von dem großen Frevel zugekommen, der an seinem Heiligtume verübt worden war. Zornig trat er in den Kreis der Olympischen und klagte ihnen die Unbill. Zeus selbst fuhr zürnend von seinem Throne auf, als er solches hörte, zumal da Helios drohte, den Sonnenwagen zum Hades hinabzulenken und der Erde nicht mehr zu leuchten, wenn die Verbrecher nicht zur vollen Strafe gezogen würden. „Leuchte du", sagte zu ihm Zeus, „immerhin den Göttern und den Menschen, Helios; ich will den verfluchten Räubern ihr Schiff bald mit meinem Donnerkeil treffen, daß es in Trümmer gehe und zerschmettert in den Abgrund versinke!" Diese Worte des Zeus hat mir die edle Göttin Kalypso gemeldet, welche die Untat durch ihren Freund, den Götterboten Hermes, erfahren hat.

Als ich nun bei dem Schiffe und den Genossen angekommen, fuhr ich sie an und schalt sie im tiefsten Unmut. Leider aber war alles zu spät, und die Rinder lagen geschlachtet vor mir. Aber entsetzliche Wunderzeichen bezeugten den geschehenen Frevel; die Häute krochen umher, als wären sie lebendig; das rohe und gebratene Fleisch an den Spießen brüllte, wie Rinder zu brüllen pflegen. Doch meine hungrigen Begleiter kehrten sich daran nicht. Sechs Tage hintereinander schmausten sie. Erst am siebenten Tage, als alles Ungewitter vorüber schien, stiegen wir wieder zu Schiffe und fuhren in die offene See hinaus. Als wir dahinsteuerten und das Land schon längst aus den Augen verloren hatten, breitete Zeus ein schwarzblaues Gewölk gerade über unsere Häupter aus, und das Meer unter uns wurde immer dunkler. Plötzlich brach ein wütender Orkan aus Westen auf uns los, beide Taue des Mastbaumes zerrissen, daß derselbe krachend rückwärtssank und alles Geräte auf das Schiff schleuderte. Die ganze Last stürzte dem am Steuerende sitzenden Piloten auf den Kopf und zerkrachte ihm den Schädel, so daß er wie ein Taucher ins Meer hinabsank und die Wellen den Leichnam verschlangen. Jetzt fuhr ein Blitz mit knallendem

Donner auf das Schiff hernieder und durchschmetterte es, daß es voll von Schwefeldampf wurde. Meine Freunde stürzten aus dem Fahrzeug und zappelten wie schwimmende Krähen um das Schiff her, wogten auf und nieder und versanken endlich alle. Bald war ich ganz allein auf dem Schiffe und irrte darauf umher, bis die Flanken sich vom Kiel ablösten; der liegende Mastbaum krachte vollends hernieder auf den entblößten Kiel, und so fuhr das offene Wrack dahin. Ich hatte indessen die Besinnung nicht verloren, ergriff ein ledernes Seil, das noch an dem Mast herunterhing, und band damit Mast und Kiel zusammen. Dann setzte ich mich darauf und ließ mich in der Götter Namen von dem tobenden Sturme dahinschleudern.

Endlich hörte der Orkan zu wüten auf, und der West legte sich; darüber erhub sich aber der Südwind und versetzte mich in neue Angst; denn nun war ich in Gefahr, der Skylla und Charybdis wieder zugetrieben zu werden. Und dies geschah auch: der Morgen dämmerte kaum, als ich Skyllas spitzen Säulenfels gewahr wurde und die gräßliche aus- und einsprudelnde Charybdis gegenüber erblickte. Diese verschlang, als ich bei ihr angekommen war, augenblicklich mit ihrem Strudel den Mast; ich selbst ergriff die Äste eines von ihrem Fels überhangenden Feigenbaums, schmiegte mich daran und hing da in der freien Luft wie eine Fledermaus. So schwebte ich über der Charybdis bodenlos, bis Mast und Kiel aus ihrem Schlunde wieder hervorsprudelten. Diesen Augenblick ersah ich, war mit einem Sprung wieder auf meinem alten Sitz und ruderte nun auf dem schmalen Kiele mit den Händen auf dem Wirbel fort. Dennoch wäre ich verloren gewesen, wenn Zeus' Gnade meine Balken nicht von dem Fels der Skylla abgelenkt und glücklich aus dem durchwogten Felsenschlunde hinausgeleitet hätte.

Neun Tage trieb ich nun noch auf der See umher; in der zehnten Nacht brachten mich gnädige Götter endlich auf Kalypsos Insel Ogygia. Diese hehre Göttin pflegte und erquickte mich... Doch warum will ich euch davon erzählen? Habe ich doch schon gestern dir, edler König, und deiner Gemahlin dies mein letztes Abenteuer berichtet!“

Odysseus verabschiedet sich von den Phäaken

Odysseus hatte geschlossen und ruhte von seiner langen Erzählung aus. Die Phäaken, die mit Entzücken zugehört, waren alle noch in seine Rede versunken und schwiegen auch. Endlich brach Alkinoos das Stillschweigen und sprach: „Heil dir, edelster der Gäste, den mein Königshaus jemals aufgenommen hat! Da du in meiner Wohnung eingekehrt bist, so hoffe ich, du werdest nicht mehr vom rechten Wege in die Heimat abirren und bald im Hause deiner Väter alles Elend, das du erduldet hast, vergessen! Höret nun auch ihr, lieben Freunde und beständige Gäste meines Palastes! In einer schönen Lade liegen bereits herrliche Kleidungsstücke für unsern edeln Gast bereit, dazu künstlich gearbeitetes Gold und manches andre Geschenk, das ich und die Fürsten unter euch ihm bestimmt haben. Hierzu füge ein jeder von uns noch einen großen Dreifuß und ein Becken. Die Volksversammlung wird uns für diese großen Geschenke, die freilich dem einzelnen schwerfallen würden, genügend entschädigen!"

Allen gefiel diese Rede, und die Versammlung der Gäste wurde aufgehoben. Am andern Morgen brachten die Phäaken sämtliche Erzgeschenke auf das Schiff, und Alkinoos selbst stellte sie sorgfältig unter die Bänke, damit die Ruderer nicht dadurch gehindert würden. Hierauf kehrten die Freunde miteinander in den Palast des Königes zurück, und dort wurde das Abschiedsmahl gerüstet. Nach dem Opfer, das Zeus von dem geschlachteten Rinde dargebracht wurde, begann der Festschmaus, und der von allem Volk hochgeehrte blinde Sänger Demodokos sang herrliche Lieder dazu.

Odysseus aber war mit seiner Seele nicht gegenwärtig. Oft schaute er durch die Fenster des Saales nach dem Stand der Sonne und wünschte sehnlich ihren Untergang, so sehnlich, wie einen Bauern, der den ganzen Tag über den Pflug durch seinen Acker gelenkt hat, nach der Abendkost verlangt. Und endlich sprach er ohne Scheu zu seinem königlichen Wirt: „Gepriesener Held Alkinoos, geuß das Trankopfer aus und entlasse mich! Du hast ja schon getan, was meines Herzens Wunsch ist. Die Geschenke liegen auf meinem Schiffe, die Fahrt ist bereit. Mögen die Himmlischen dich segnen; möge ich mein Weib untadelhaft zu Hause finden und Kind, Verwandte und Freunde wohlbehalten!"

In seinen Wunsch stimmten alle Phäaken laut und von Herzen ein. Alkinoos befahl dem Herolde Pontonoos, allen Gästen umher die Becher noch einmal zu füllen. Nun stand jeder von seinem Sitze auf, und wie auf einen Wink brachten sie das Trankopfer für ihres Gastes glückselige Rückkehr den olympischen Göttern dar. Da erhub sich Odysseus, reichte seinen Becher der Königin Arete und sprach: „Lebe wohl für immer, hohe Königin, bis dich Alter und Tod, die allen Menschen bevorstehen, langsam beschleichen! Ich kehre jetzt heim. Freue du dich zu Hause deiner Kinder, deines Volks und deines edeln Gemahls!"

So sprach Odysseus und verließ die Schwelle des Palastes. Auf des Königes Befehl, der ihm scheidend die Hand mit herzlichem Drucke gereicht, geleitete ihn ein Herold und auf Aretes Geheiß drei Dienerinnen bis ans Schiff. Die eine trug die schönen Gewande, Mantel und Leibrock, die andere die verschlossene Lade, die dritte Speise und Wein. Alles wurde wohl im Schiffe geborgen. Auf dem Verdeck aber wurde ein zottiges Fell und Leinwand darüber ausgebreitet. Da stieg Odysseus schweigend ein und legte sich darauf zum Schlummer nieder. Die Ruderer setzten sich auf die Bänke. Das Schiff ward losgebunden und wogte fröhlich unter dem Schlage der Ruder dahin.

Drittes Buch

-

Odysseus – Zweiter Teil

Odysseus kommt nach Ithaka

Der Schlummer des Odysseus war süß, aber auch so tief wie der Tod. Das Schiff flog schnell und sicher dahin, wie ein Wagen mit vier Hengsten durch die Ebene oder wie ein Habicht durch die Luft fliegt. Es war, als wüßte es, welch einen Schatz es an dem Manne trage, der in Klugheit mit den Himmlischen wetteiferte und mehr Leiden erduldet hatte als irgendein Sterblicher. Jetzt aber hatte er im ruhigsten Schlafe alles vergessen, was er jemals in Schlachten und auf den Meereswellen Herbes erfahren.

Als der Morgenstern am Himmel stand und den Tag ankündigte, steuerte das Schiff in vollem Laufe schon auf die Insel Ithaka zu, und bald lief es in die sichere Bucht ein, welche dem Meeresgotte Phorkys gewidmet war. Zwei Landspitzen mit gezackten Felsen laufen hier zu beiden Seiten in das Meer hinaus und bildeten für die Schiffe einen sicheren Hafen. Im Mittelpunkte der Bucht stand ein schattiger Ölbaum, und neben demselben war eine liebliche Grotte, in deren tiefer Dämmerung Meernymphen ihren Wohnsitz hatten. In derselben standen steinerne Krüge und Urnen gereiht, in welchen Bienen Honig bereiteten; auch Webstühle von Stein konnte man da sehen, mit purpurnen Fäden bezogen, welche die Nymphen zu wundervollen Gewanden woben. Zwei nie versiegende Quellen rannen durch die Grotte, die einen gedoppelten Eingang hatte, gegen Mitternacht für die Menschen, gegen Mittag eine verborgene Pforte für die unsterblichen Nymphen, welche nie ein Sterblicher betrat. Bei dieser Höhle landeten die Phäaken, hoben den schlummernden Odysseus mitsamt Teppich und Polster aus dem Schiff und legten ihn vor der Grotte unter dem Ölbaum im Sande nieder. Hierauf wurden auch alle die Gaben ausgeschifft, welche ihm Alkinoos und seine Fürsten als Geschenke mitgegeben, und sie legten alles sorgfältig seitwärts vom Wege, damit nicht etwa ein vorübergehender Wanderer den Fortschlummernden berauben möchte. Den Helden aus dem Schlafe zu wecken, wagten sie nicht, denn derselbe deuchte ihnen von den Göttern selbst ihm zugesendet. Hierauf setzten sie sich wieder ans Ruder und fuhren ihrer Heimat zu.

Aber der Meeresgott Poseidon grollte den Phäaken, daß sie mit Hilfe der Pallas ihm seine Beute entrissen hatten, und erbat sich vom Göttervater die Erlaubnis, an ihrem Schiff Rache nehmen zu dürfen. Dieser gönnte sie ihm, und als das Schiff der Insel Scheria, dem Lande der Phäaken, schon ganz nahe war und mit vollen Segeln einherwogte, stieg Poseidon aus den Wellen empor, schlug es mit der flachen Hand und verschwand wieder in der Flut. Das Schiff aber mit allem, was darauf war, wurde plötzlich in einen Felsen verwandelt und wurzelte im Meeresboden fest. Die Phäaken, welche auf die Nachricht, daß ihre Landsleute zurückkommen, nach dem Strande geeilt waren, konnten nicht genug staunen, als das Schiff, welches eben noch in vollem Fluge begriffen war, plötzlich in seinem Laufe gehemmt stillstand. Aber Alkinoos erhob sich in der Versammlung und sprach: „Wehe uns, gewiß erfüllt sich jetzt an uns die uralte Weissagung, von welcher mir mein Vater erzählt hat. Poseidon, sagte mir dieser, zürne uns in seinem Herzen, daß wir, die gewandten Schiffer, jeden Fremdling glücklich in seine Heimat bringen. Einst aber werde ein phäakisches Schiff, das auch von einer solchen Begleitung heimkehre, von ihm am Ufer versteinert werden und unsre Stadt als ein Felskamm umziehen. Darum wollen wir in Zukunft uns nicht mehr einfallen lassen, den Fremden das Geleite zu geben, die als Schutzflehende in unsre Stadt kommen; dem zürnenden Meeresgott aber wollen wir zwölf Stiere opfern, damit er sich erbarme und unsre Stadt nicht ganz mit einem Gebirge von Felsen einschließe." Die Phäaken erschraken, als sie dieses hörten, und rüsteten sich in aller Eile zu dem Opfer.

An Ithakas Strande war Odysseus indessen vom Schlummer erwacht, aber so lange schon von der Heimat entfernt, erkannte er sie nicht mehr. Zudem hatte Pallas Athene um ihn selbst einen Nebel gebildet, damit er unkenntlich würde und seine Gattin und Mitbürger ihn nicht früher zu erkennen vermöchten, ehe die Freier ihre Missetat gebüßt hätten. So erschien denn jetzt dem Helden alles, die geschlängelten Pfade, die Meeresbuchten, die himmelanragenden Felsen, die Bäume mit ihren hohen Wipfeln, in fremder Gestalt. Er fuhr vom Boden auf, blickte bang umher, schlug sich an die Stirne und rief wehklagend: „Ich Unglückseliger, in welche neue Fremde bin ich wieder gekommen, unter welche Unholde von Menschen? Wohin rette ich mich mit dem geschenkten Gute? Wär ich doch bei dem Volke der Phäaken geblieben, wo ich so freundlich gepflegt worden bin! Jetzt aber haben sie mich freilich auch verraten: sie versprachen, mich nach Ithaka zu führen, und haben mich hier in dem fremden Lande ausgesetzt. Vergelte es ihnen Zeus, der Rächer! Gewiß haben sie mir auch von meinem Gute gestohlen!"

Der Held blickte um sich, sah Dreifüße, Becken, Gold, Kleider, alles in bester Ordnung umherstehen und liegen, fing an zu mustern und zu zählen: und siehe da, ihm mangelte nichts. Als er nun nachdenklich und die Heimat betrauernd am Strande umherirrte, gesellte sich zu ihm die Göttin Athene in Gestalt eines zarten Jünglings, eines Schafhirten, aber wie ein Königssohn mit feinen Gewanden angetan, mit schönen Sohlen an den Füßen und einem Spieß in der Hand. Odysseus war froh, einem Menschen zu begegnen, und fragte ihn mit freundlichen Worten, auf welchem Gebiet er sich befinde, ob es ein Festland oder eine Insel sei. „Du mußt aus der Ferne daherkommen", antwortete die Göttin, „wenn du erst nach dem Namen dieses Landes zu fragen brauchst. Ich versichere dich, man kennt es im Westen und im Osten. Zwar ist es gebirgig, und Rosse kann man hier keine tummeln wie im Argiverlande; arm ist es aber deswegen nicht; Wein und Getreide gedeihen herrlich. Ziegen und Rinder hat es in Menge, dazu die schönsten Waldungen und Quellwasser genug. Auch durch seine Bewohner ist es berühmt worden. Frage nur das trojanische Land, das doch ferne genug ist, das wird dir etwas von der Insel Ithaka zu erzählen wissen!"

Wie herzlich froh war Odysseus, als er den Namen seines Vaterlandes nennen hörte! Doch hütete er sich wohl, dem vermeintlichen Hirten sogleich seinen Namen zu nennen. Er stellte sich, als käme er mit der Hälfte seines Gutes von Kreta, der fernen Insel, her, wo er die andere Hälfte seinen Söhnen zurückgelassen. Mord, an dem Räuber seiner Habe verübt, habe ihn genötigt, sich aus der Heimat zu flüchten. So erzählte er eine weitläufige Fabel. Als er am Ende war, lächelte Pallas Athene, fuhr ihm streichelnd über die Wange und verwandelte sich plötzlich in eine schöne, schlanke Jungfrau. „Wahrhaftig", sprach sie zu ihm, „das müßte ein Ausbund von Schlauheit sein, der dich in

Listen besiegte, und wenn es auch eine Gottheit wäre! Selbst im eigenen Lande legst du die Verstellung nicht ab! Doch reden wir nicht länger davon; bist du doch der Klügste aller Sterblichen wie ich die Einsichtsvollste unter den Göttern. Mich hast du aber doch nicht erkannt, hast nicht geahnt, daß ich auch zuletzt noch in allen Gefahren neben dir stand und dir die Liebe des Phäakenvolkes zuwege brachte. Und jetzt bin ich gekommen, um dir das geschenkte Gut verbergen zu helfen, zugleich, um dir zu sagen, was für Prüfungen dich im eigenen Palaste erwarten, und Rat darüber mit dir zu pflegen."

Staunend blickte Odysseus an der Göttin empor und antwortete ihr: „Wie sollte auch ein Sterblicher dich erkennen, erhabene Tochter des Zeus, wenn du in allerlei Gestalten verkleidet ihm begegnest! Habe ich dich doch nicht in deiner eigenen Gestalt gesehen, seit Troja zerstört ward, nur daß du im Phäakenlande dich mir zu erkennen gegeben und mir den Weg in die Stadt gezeigt. Jetzt aber beschwöre ich dich bei deinem Vater: sage mir, ist's wirklich wahr, daß ich im geliebten Vaterlande bin, und tröstest du mein Herz nicht mit einer Täuschung?" „Überzeuge dich mit deinen eigenen Augen", antwortete Athene; „erkennst du nicht die Bucht des Phorkys, den Ölbaum dort, die Nymphengrotte, wo du so manche Sühnopfer dargebracht hast, und jenes finstere Waldgebirg, es ist ja das dir wohlbekannte Neriton!" So sprach Athene und zerstreute schnell den Nebel vor den Augen des Helden, daß das Heimatland klar vor ihm lag. Erfreut warf sich Odysseus auf die mütterlicher Erde nieder, sie zu küssen, und betete zu den Nymphen, den Schutzgottheiten des Ortes, wo er stand. Hierauf half ihm die Göttin die Habe, die er mitgebracht hatte, in der Felskluft verbergen, und als alles wohl versteckt und ein Stein davorgewälzt war, setzten sich Göttin und Held unter den Olivenbaum und beratschlagten über den Untergang der Freier, von deren frechen Werbungen in seinem eigenen Hause sowie von der Treue seiner Gattin Athene ihrem Schützling ausführlichen Bericht erstattete. „Wehe mir!" rief Odysseus, als er alles vernommen, „hättest du mir nicht alle diese Umstände verkündigt, gnädige Göttin, so hätte mich zu Hause ein ebenso schmählicher Tod erwartet wie den Agamemnon in Mykene. Wenn aber du mir ernstlich deine Hilfe gewährest, so fürchte ich, der einzelne Mann, selbst dreihundert Feinde nicht."

Hierauf erwiderte die Göttin: „Sei getrost, mein Freund; nimmermehr werde ich dich versäumen. Vor allen Dingen will ich dafür sorgen, daß kein Mensch auf diesem Eilande dich erkenne. Das Fleisch um deine stattlichen Glieder soll zusammenschrumpfen, dein braunes Haar vom Haupte schwinden; deinen Leib hülle ich in einen Kittel, in welchem jedermann dich nur mit Abscheu betrachtet; deine strahlenden Augen mach ich blöde, so daß du nicht nur den Freiern, sondern auch deinem Weib und deinem Sohne ganz entstellt erscheinest. Zuerst nun heiße ich dich deinen redlichsten Untertan aufsuchen, den Hirten, der die Schweine bewacht und mit treuer Seele an dir hängt. Bei der Quelle Arethusa am Koraxfelsen wirst du ihn finden, wie er seine Herde hütet; dort setzest du dich zu ihm und erkundigst dich nach allem, was zu Hause vorgeht. Unterdessen eile ich nach Sparta und rufe deinen lieben Sohn Telemach zurück, der dort beim Fürsten Menelaos nach deinem Schicksale geforscht hat." „Ei, warum hast du ihm nicht lieber alles gleich gesagt", fragte Odysseus etwas ärgerlich, „da dir doch alles bekannt war? Sollte etwa auch er im Elend auf dem Ozean umherirren gleich mir, während Fremde sein Gut verpraßten?" Aber die Göttin sprach ihm Mut und Trost ein und sagte: „Ängstige dich nicht um deinen Sohn, mein Lieber! Ich selbst habe ihn geleitet, und meine Absicht bei seiner Reise war, den Jüngling in der Fremde zu bilden und ihn sich Ruhm gewinnen zu lassen, damit auch er den Freiern als ein Mann entgegentreten könnte. Auch drückt ihn keineswegs ein Leiden; ruhig sitzt er im Palaste des Menelaos, und nichts, was sein Herz nur wünschen mag, fehlt ihm. Es ist wahr, die Freier haben ihm zu Schiffe einen Hinterhalt gestellt und gehen darauf aus, ihn umzubringen, bevor er die Heimat wieder erreicht. Ich aber fürchte nichts für ihn. Ehe dies geschieht, wird noch viele von den Freiern selbst der Boden decken!"

So sprach die Göttin und berührte den Helden leicht mit ihrem Stab, worauf ihm sogleich die Glieder zusammenschrumpften und er in einen zerlumpten, schmutzigen Bettler verwandelt wurde. Sie reichte ihm den Bettelstab nebst einem garstigen zerflickten Ranzen an einem geflochtenen Tragbande und verschwand.

Odysseus bei dem Sauhirten

In dieser Gestalt wandelte der ganz unkenntlich gemachte Held über die Höhen des Waldgebirges hin nach der Stelle, die ihm seine Beschützerin bezeichnet hatte und wo er wirklich den treuesten seiner Knechte, den Sauhirten Eumaios, antraf. Er fand diesen auf der Hochebene des Gebirges, wo er seiner Herde ringsum aus schweren Steinen, die er selbst herbeigeschleppt, ein Gehege gepflanzt hatte. Innerhalb desselben standen, einer an dem andern, zwölf Kofen, in deren jedem fünfzig Mutterschweine zur Zucht eingesperrt lagen; die männlichen, in weit geringerer Anzahl, ruhten außerhalb der Ställe. Von diesen nämlich ließen die Freier Tag für Tag dem Sauhirten einen gemästeten Eber zu ihren Schmäusen abfordern, und es waren ihrer nur noch dreihundertsechzig. Die Herde bewachten vier Hunde, die so wild aussahen wie reißende Wölfe.

Der Sauhirt war gerade damit beschäftigt, sich schönes Stierleder zu Sohlen zu schneiden, seine Knechte hatten sich alle zerstreut; drei waren mit den ausgetriebenen Schweinen auf der Weide; ein vierter war nach der Stadt geschickt worden, um den übermütigen Freiern das verlangte Mastschwein zu bringen.

Die Hunde wurden den herannahenden Odysseus zuerst gewahr und stürzten bellend auf ihn los; dieser legte den Stab aus der Hand und setzte sich. Gewiß hätte er nun in seinem eigenen Gehöfte die Schmach erfahren müssen, von seinen Hunden angefallen zu werden, wenn der Sauhirt nicht aus der Türe seiner Hütte hervorgeeilt wäre und, das Sohlenleder aus den Händen lassend, den Tieren Einhalt getan und sie mit Steinen auseinandergescheucht hätte. Dann wandte er sich zu seinem Herrn, den er für einen Bettler hielt, und sprach: „Wahrhaftig, es hätte wenig gefehlt, o Greis, so hätten dich die Hunde zerfleischt, und du hättest mir zu der Trübsal, die ich schon habe, noch weitern Kummer bereitet! Ist es doch genug, daß ich hilflos um meinen armen, fernen Herrn jammern muß. Hier sitze ich und mäste seine fetten Schweine für andere Leute zum Schmaus, während er selbst vielleicht im Elende nicht einmal ein Stückchen trockenes Brot zu verzehren hat und in der Fremde herumirrt, wenn er anders das Tageslicht noch sieht! Komm in die Hütte, armer Mann, und laß dich mit Wein und Speise erquicken, und wenn du satt bist, sage mir, von wannen du bist und was für Gram du erduldet hast, daß du so gar jämmerlich aussiehst!“

Beide betraten die Hütte, der Sauhirt streute dem Ankömmling Laub und Reisig auf den Boden, breitete seine eigene Lagerdecke, ein großes, zottiges Gemsfell, darüber und hieß ihn sich niederlassen. Als Odysseus dankbar seine Freude über einen so gütigen Empfang aussprach, antwortet ihm Eumaios: „Sieh, Alter, man soll keinen Gast verschmähen, auch den geringsten nicht. Meine Gabe ist freilich nur klein. Wäre mein guter Herr zu Hause geblieben, so hätte ich es wohl noch besser; Haus, Gut und Weib hätte er mir gegeben, und ich könnte Fremdlinge anders bewirten! Nun aber ist er zugrunde gegangen. Möchte doch Helenas Stamm im Unheil vergehen, die so viele Tapfere ins Verderben gestürzt!“

So sprach der Sauhirt, umschlang sich seinen Leibrock mit dem Gürtel und ging hin zu den Kofen, wo ihm die Ferkel scharenweise lagen. Von denen nahm er zwei, schlachtete sie zur Bewirtung seines Gastes, zerschnitt das Fleisch, steckte es an Spieße, bestreute es mit weißem Mehl und legte das Gebratene frisch an den Spießen dem Gaste vor. In eine hölzerne Kanne goß er aus dem Kruge süßen alten Wein, setzte sich dem Fremdling gegenüber und sagte: „Iß nun, fremder Mann, so gut wir es haben! Es ist eben Ferkelfleisch, denn die Mastschweine essen mir die Freier weg, diese gewalttätigen Menschen, die weniger Götterfurcht im Herzen haben als die frechsten Seeräuber! Wahrscheinlich haben sie von dem Tode meines Herrn Kunde, daß sie um seine Gattin gar nicht werben wie andere Leute, sondern, niemals zu den Ihrigen heimkehrend, in aller Ruhe fremdes Gut verprassen. Tag und Nacht schlachten sie nicht ein- und zwei-, nein mehreremal und leeren dazu ein Weinfaß ums andere. Ach, mein Herr war so reich wie zwanzig andere zusammen! Zwölf Rinderherden, ebenso viele Schaf-, Schweine- und Ziegenherden besitzt er auf dem Lande, die ihm teils Hirten, teils Mietlinge versehen. In dieser Gegend allein sind eilf Ziegenherden, welche wackre Männer hüten: sie müssen den Freiern alle Tage den auserlesensten Geißbock abliefern. Ich bin sein Oberhirte über die Schweine, auch ich muß Tag für Tag den besten Eber auswählen und den unersättlichen Schwelgern zusenden!"

Während der Hirt so sprach, verschlang Odysseus, wie einer, der nicht denkt, was er tut, hastig das Fleisch und trank den Wein in raschen Zügen, ohne ein Wort zu sprechen. Sein Geist war ganz mit der Rache beschäftigt, die er an den Freiern zu nehmen vorhatte. Als er satt gegessen und getrunken und der Hirt ihm den Becher noch einmal vollgefüllt, trank er ihm freundlich zu und sprach: „Bezeichne mir doch deinen Herrn näher, lieber Freund! Es wäre gar nicht unmöglich, daß ich ihn kennte und ihm irgendwo einmal begegnet hätte; denn ich bin gar weit in der Fremde herumgekommen." Aber der Sauhirt antwortete ihm ganz ungläubig: „Meinst du, wir werden einem umherirrenden Manne, der uns von unserm Herrn etwas erzählen will, so leicht Glauben beimessen? Wie oft ist es schon geschehen, daß Landfahrer, die nach einer Pflege verlangten, vor meine Herrin und ihren Sohn gekommen sind und sie mit ihren Märchen über unsern armen Herrn bis zu Tränen gerührt haben, bis man ihnen Mantel und Leibrock dargereicht und sie wohl bewirtet hatte. Ihm aber haben gewiß Hunde und Vögel schon lange das Fleisch von den Gebeinen verzehrt, oder die Fische haben's gefressen, und die nackten Knochen liegen am Kieselstrande. Ach, nimmermehr bekomme ich einen so gütigen Herrn; er war gar zu freundlich, gar zu liebreich. Wenn ich an ihn denke, ist mir gar nicht, als dächte ich an meinen Gebieter, sondern wie ein älterer Bruder steht er mir vor der Seele.“

„Nun, mein Lieber“, antwortete ihm Odysseus, „weil dein ungläubiges Herz so zuversichtlich seine Rückkehr leugnet, so sage ich dir mit einem Eidschwur: Odysseus kommt! Meinen Lohn, den Mantel und Leibrock, verlange ich erst, wenn er da ist; denn so entblößt ich bin, mit einer Fabel möchte ich mir's nicht verdienen; ich hasse die Lügner bis auf den Tod. So höre denn, was ich dir bei Zeus, bei diesem deinem gastlichen Tische und bei dem Herde des Odysseus schwöre: Wann dieser Monat abgelaufen ist, wird er eintreten in sein Haus und die Frechen züchtigen, die es wagen, sein Weib und seinen Sohn zu beschweren.“ „O Greis“, erwiderte Eumaios, „ich werde dir so wenig den Lohn für deine Botschaft zu entrichten haben, als Odysseus nach Hause zurückkehrt. Fasle nicht, trinke ruhig deinen Wein und sprich von etwas anderem. Deinen Eid laß gut sein! Von Odysseus hoffe ich nichts mehr; mir macht jetzt nur sein Sohn Telemach Sorge; in ihm hoffte ich einst an Leib und Seele den Vater wiederzuschauen. Aber ein Gott oder Mensch hat ihm den Sinn betört: er ist gen Pylos gefahren, um nach dem Vater zu forschen; unterdessen legten sich die Freier zu Schiff in einen Hinterhalt und werden mit ihm den letzten Sprößling vom uralten Stamme des Arkeisios vertilgen. Doch erzähle du, Greis, mir jetzt dein eigenes Leiden: Wer bist du, und was brachte dich nach Ithaka?“

Odysseus macht sich den Scherz und erzählte dem Sauhirten ein langes Märchen, in dem er sich für den verarmten Sohn eines reichen Mannes von der Insel Kreta ausgab und die buntesten Abenteuer von sich zum besten gab. Auch den Krieg vor Troja hatte er mitgemacht und den Odysseus dort kennengelernt. Auf der Heimkehr verschlug ihn der Sturm an die Küste der Thesproten, bei deren Könige er wieder etwas von Odysseus vernommen haben wollte. Dieser sei der Gast jenes Fürsten gewesen und habe ihn kurz vor der Ankunft des Bettlers verlassen, um zu Dodona beim Orakel den Ratschluß Zeus' zu vernehmen.

Als er mit dem langen Gewebe seiner Lügen zu Ende war, sprach der Sauhirt ganz gerührt: „Unglücklicher Fremdling, wie hast du mir das Herz im Leib aufgeregt, indem du mir deine mühseligen Irrfahrten so ausführlich geschildert! Nur eines glaube ich dir nicht: nämlich das, was du mir von Odysseus sagst. Was brauchst du auch so in den Wind hinein zu lügen! Mir ist es ganz entleidet, nach meinem Herrn umherzufragen und zu forschen, seit mich ein Ätolier angelogen hat, der, wegen eines Totschlags flüchtig, in mein Gehege kam und mir beteuerte, daß er selbst ihn auf der Insel Kreta bei Idomeneus seine vom Sturm zerschmetterten Schiffe ausbessernd und ergänzend angetroffen habe. Im Sommer oder doch im Herbste komme er mit seinen Genossen und unendlichem Gute gewiß zurück. Darum, du Unglücklicher, bemühe dich nicht, meine Gunst durch solche Lügen erschmeicheln zu wollen, das Gastrecht ist dir ja ohnedem gesichert."

„Guter Hirte", antwortete Odysseus, „ich will dir einen Vergleich vorschlagen: Wenn jener wirklich zurückkommt, so sollst du mich mit Mantel und Leibrock nach Dulichion entlassen, wohin mein Herz verlangt; kommt aber dein Herr nicht heim, so hetze die Knechte gegen mich, daß sie mich von einer Felsenspitze ins Meer stürzen, damit andern Bettlern die Lust zu lügen vergeht," „Ei, das wäre ein schöner Ruhm für mich", fiel ihm der Sauhirt in die Rede, „wenn ich meinen Gast, den ich in die Hütte geführt und bewirtet habe, hintendrein erschlüge! Da könnte ich ja in meinem Leben nicht mehr zu Zeus beten! Doch das Abendessen wird bald herankommen, und es ist an der Zeit, daß meine Knechte heimkehren, dann wollen wir wieder fröhlich sein." Wirklich kamen auch bald darauf die Schweine mit ihren Hütern herbei und wurden grunzend in die Kofen getrieben. Jetzo befahl der Hirt, ein fünfjähriges Mastschwein zur Ehre seines Gastes zu schlachten. Ein Teil wurde unter Gebet den Nymphen und dem Gotte Hermes geopfert, einen andere reichte er den Hütern, das beste Rückenstück wurde seinem Gast zuteil, obgleich er in seinen Augen nur ein Bettler war.

Das rührte den Odysseus in der Seele, und er rief dankbar aus: „Möge dich, guter Eumaios, Zeus so lieben, wie du mich, der in solcher Gestalt zu dir kam, geehrt hast!" Der Sauhirt sprach ihm freundlich zum Mahle zu, und während sie sich fröhlich in der Hütte sättigten, bedeckten draußen Wolken den Mond, der Westwind sauste, und bald ergoß sich der Regen in Strömen. Den Helden fing es in seinen Bettlerlumpen zu frieren an, und um den Hirten zu versuchen, ob er in seiner Aufmerksamkeit so weit gehen würde, ihm seinen warmen Mantel abzutreten, fing er wieder an, ein recht erlogenes Märchen zu erzählen. „Höret mich", sprach er, „Eumaios und ihr andern Hirten! Der gute Wein betört mich nun einmal, zu schwatzen, und entlockt mir Worte, die vielleicht besser verschwiegen blieben. Als wir einst vor Troja uns in einen Hinterhalt gelegt, wir drei, Odysseus, Menelaos und ich, mit einer Schar von Kriegern, schmiegten wir uns der Burg gegenüber zwischen Rohr und Sumpf unter unsre Rüstungen, und es wurde Nacht. Der Nordwind kam mit einem Schneegestöber, und bald hatte der Frost unsre Schilde mit einem Rande von Glatteis umzogen. Den beiden andern tat dieses nicht viel, sie hatten sich in ihre Mäntel gewickelt und schlummerten von der Kälte unangefochten unter ihren Schilden. Ich dagegen hatte beim Weggehen unbedachtsamerweise meinen Mantel den Freunden zurückgelassen, denn auf eine solche Kälte hatte ich keineswegs gerechnet, sondern war nur im Gürtel und mit dem Schilde ausgegangen. Nun war noch ein Drittel der Nacht übrig und die Morgenkälte am schneidendsten. Da stieß ich endlich meinen Nachbar, den schlafenden Odysseus, mit dem Ellbogen an und ermunterte ihn mit den Worten: „Du, wenn die Nacht noch lange währt, so bringt mich der Frost um. Ein böser Dämon hat mich verführt, im bloßen Rocke ohne Mantel zu gehen!" Wie das Odysseus hörte, der bekanntlich ein Mann zum Rat so gut wie zur Schlacht war, so flüsterte er mir zu: „Still, daß kein Achaier uns hört; dir soll bald geholfen sein!" Dann richtete er sich vom Lager auf, stützte sein Haupt auf den Ellenbogen und rief über die Schläfer hin: „Ihr Freunde, die Götter haben mir einen warnenden Traum gesendet: wir haben uns zu weit von den Schiffen entfernt; will nicht einer gehen und dem Agamemnon die Aufforderung bringen, uns noch mehr Streitgenossen zu schicken?" Auf diese Worte sprang einer unsrer Krieger, Thoas, der Sohn des Andraimon, dienstbereit vom Boden auf, legte seinen Mantel von sich und eilte zu den Schiffen. Ich aber wickelte mich behaglich in denselben und schlief nun getrost bis zur Morgenröte. Ja, wär ich noch der junge stattliche Mann wie damals, so würde mir, aus Liebe wie aus Scheu, wohl auch irgendein Sauhirt im Gehege hier seinen Mantel zum Schirme gegen den Nachtfrost leihen. Jetzt kümmert sich freilich kein Mensch in meinen Lumpen um mich!"

„Das ist ein schönes Gleichnis", sagte Eumaios lachend, „das du uns da erzählt hast, Fremdling, drum soll es dir auch jetzt weder an Kleidung noch an irgend etwas anderem mangeln. Morgen mußt du freilich wieder mit deinen Lumpen fürliebnehmen, denn wir selbst haben nichts übriges zum Anlegen; wenn aber der Sohn des Odysseus glücklich heimkehren sollte, so wird er dich ganz gewiß mit Mantel und Leibrock beschenken und dich geleiten lassen, wohin du wünschest." So sprechend, erhob sich Eumaios und bereitete seinem Gaste nicht weit vom Feuerherd ein Bett, das er ihm aus Schafpelzen und Ziegenhäuten zurechtmachte, und nachdem sich Odysseus darauf niedergelegt, deckte er ihn mit einem dichten großen Mantel zu, den er selbst bei den heftigen Winterstürmen anzuziehen pflegte.

So lag denn der Held warm gebettet und schickte sich zum Schlummer an; neben ihm legten sich auch die Knechte zum Schlafe nieder; aber Eumaios wählte sein Nachtlager nicht in der Hütte, denn er mochte nicht entfernt von seinen Schweinen schlafen; er nahm vielmehr die Waffen zur Hand und begab sich hinaus zu den Ställen, das Schwert um die Schulter gegürtet und in einen dichten Mantel gehüllt. Auch ein zottiges Ziegenfell nahm er mit zur Unterlage, und in der Hand trug er einen scharfen Spieß, Hunde und Männer, die etwa herannahen könnten, damit zu schrecken. So legte er sich, vor dem schneidenden Nordwinde geschirmt, vor die Kofen seiner Schweine. Odysseus war noch nicht eingeschlafen, als der Sauhirt in diesem Aufzuge die Hütte verließ. Er blickte ihm teilnehmend nach und freute sich innerlich im Herzen, einen so ehrlichen und getreuen Knecht zu besitzen, der das Gut seines Herrn, den er längst für verloren hielt, mit so gewissenhafter Sorgfalt verwaltete. In diesem Gefühl überließ sich der Held dem erquickenden Schlummer.

Telemach verläßt Sparta

Pallas Athene, die Göttin, wandelte inzwischen nach Sparta und fand dort die beiden Jüngling aus Pylos und aus Ithaka bei dem Fürsten Menelaos auf ihr Nachtlager hingestreckt. Peisistratos, der Sohn des Nestor, lag in süßem Schlafe, den Telemach aber labte kein Schlummer. Er wachte die ganze Nacht hindurch aus Bekümmernis über das Schicksal seines Vaters. Da sah er auf einmal die Tochter des Zeus vor seinem Bette stehen, die also zu ihm sprach: „Du tust nicht wohl daran, Telemach, fern von deinem Hause dich in der Irre umherzutreiben, während in deinem Palaste zügellose Männer dein Gut unter sich verteilen. Wohlan, bitte den Fürsten Menelaos unverzüglich um die Heimfahrt, ehe deine Mutter eine Beute der Freier wird! Denn bereits stürmen Vater und Brüder auf sie ein und verlangen, daß sie den Eurymachos zum Gemahl erkiese, der allerdings mit seinen Geschenken alle andern übertroffen hat und sich noch zu reichlicherer Bräutigamsgabe erbietet. Wenn sie aber diesen wählt, dann magst du selbst zusehen, wie es dir ergehen wird! Eile daher zurück, und im schlimmsten Fall übergib deine Güter einer getreuen Dienerin, bis dir die Götter einmal eine würdige Gemahlin bescheren. Aber noch eines vernimm: In der Meerenge zwischen Ithaka und Same liegen die tapfersten Freier in einem Hinterhalte und sind dazu gerüstet, dich umzubringen, ehe du dein Vaterland wieder erreichest. Steure deswegen fern von den andern Inseln und fahre nur in der Nacht; für guten Wind wird ein Gott sorgen. Hast du sodann das nächste Ufer von Ithaka erreicht, so sende deine Genossen alle sogleich nach der Stadt, du selbst aber begib dich vor allen Dingen zu dem treuen Hirten, der deine Schweine bewacht; bei ihm bleibst du bis an den Morgen, und von dort aus meldest du der Mutter Penelope deine glückliche Zurückkunft aus Pylos!"

Nachdem sie also gesprochen, flog die Göttin wieder zum Olymp empor. Telemach aber weckte den Sohn Nestors, indem er ihn mit dem Fuß an die Ferse stieß, und rief. „Wach auf, Peisistratos, schirre die Rosse vor den Wagen und laß uns die Heimfahrt beginnen!" „Wie", antwortete der Sohn Nestors noch im halben Schlummer, „wir werden doch im Dunkel der Nacht nicht auf die Fahrt gehen wollen? Warte doch, bis der Morgen kommt; dann legt uns der König Menelaos schöne Geschenke in den Wagensessel und entläßt uns mit freundlichen Abschiedsworten." Während sie so noch länger miteinander über die Abreise unterhandelten, erschien die Morgenröte, und Menelaos erhub sich noch vor den Jünglingen von dem Lager. Als ihn Telemach in der Ferne durch die Halle wandeln sah, warf er sich schnell in seinen Leibrock, schlug den Mantel um die Schultern, trat zu dem Fürsten und bat ihn um Entlassung in die Heimat. Freundlich entgegnete ihm Menelaos: „Lieber Gast, ich bin weit entfernt, dich länger aufhalten zu wollen, wenn du dich nach Hause sehnest. Ich selbst kann den Wirt nur tadeln, der durch lästige Freundschaft sich gegen seinen Gastfreund als ein Feind beweist. Es ist ebenso unrecht, einen Eilenden aufzuhalten, als einen Zögernden an die Heimkehr zu erinnern. Warte nur so lange, bis ich dir Geschenke in den Wagen gelegt und die Weiber dir einen Schmaus bereitet haben." „Edler Fürst", antwortete Telemach, „ich wünsche nur deswegen heimzukehren, um nicht, während ich nach dem Vater forsche, selbst zugrunde zu gehen; denn es warten allerlei Gefahren auf mich, und im väterlichen Palaste wird mein Erbgut aufgezehrt." Als Menelaos dieses hörte, sorgte er in aller Eile für das Mahl und verfügte sich mit Helena und Megapenthes in die Vorratskammer. Hier suchte er selbst einen goldenen Becher heraus, seinem Sohne Megapenthes gab er einen schönen silbernen Krug zu tragen, und aus dem Kasten suchte Helena das unterste ihrer selbstgewirkten Gewande hervor, welches das schönste und größte von allen war. Mit diesen Gaben kehrten sie zu dem Gastfreunde zurück; Menelaos reichte ihm den Becher, sein Sohn stellte den Krug vor ihm auf, und Helena ging mit ihrem Gewand in den Händen ihm entgegen und sprach: „Nimm dieses Geschenk, lieber Sohn, als ein Andenken aus der Hand Helenas; am Hochzeitstage soll es deine junge Braut tragen; bis dahin mag es im Gemache deiner Mutter liegen. Du aber kehre mit fröhlichem Herzen in das Haus deiner Väter zurück!“

Telemach empfing die Gaben mit ehrerbietigem Danke, und sein Freund Peisistratos legte sie, jedes einzelne bewundernd, im Wagenkorbe nieder. Dann führte Menelaos die Gäste noch einmal in seinen Saal, und der Abschiedsimbiß wurde genossen. Als sie schon auf dem Wagen saßen, trat Menelaos, mit einem vollen Becher in der Rechten, noch einmal vor die Rosse, brachte zu glücklicher Abfahrt den Unsterblichen eine Opferspende dar, trank mit einem Handschlag den Jünglingen zu, sagte ihnen Lebewohl und gab ihnen einen Gruß an seinen greisen Freund Nestor auf. Während Telemach noch dankte und seinen Wunsch aussprach, den Vater Odysseus im Palaste heimgekehrt zu treffen und ihm von des Menelaos Gastfreundschaft Bericht abstatten zu können, siehe, da flog ein Adler, mit einer zahmen Gans aus dem Hofe in den Klauen, von schreienden Männern und Weibern verfolgt, rechts her gerade vor die Rosse der Jünglinge. Alle freuten sich über dieses Zeichen, Helena aber sprach: „Höret meine Weissagung, ihr Freunde! Wie der Adler, aus seinem Nest im Gebirge gekommen, die Gans weggerafft hat, die sich vom Fett unsrer Wohnung mästete, so wird Odysseus nach langer Irrfahrt und Qual als Rächer in die Heimat zurückkehren oder ist schon zurückgekehrt, den gemästeten Freiern zum Verderben!“ „Geb es Zeus so“, antwortete Telemach, „dann, edle Fürstin, will ich dich zu Hause stets wie eine Göttin anflehen.“

Und nun eilten die beiden Gäste mit dem Wagen davon. Am Abend übernachteten sie, gastreich gepflegt, wieder in der Burg bei dem gütigen Helden Diokles zu Pherai, und am zweiten Tage erreichten sie glücklich die Stadt Pylos. Aber ehe sie hineinfuhren, wandte sich Telemach bittend an seinen jungen Freund: „Lieber Peisistratos“, sprach er, „so befreundet unsere Väter sind, so innig diese Fahrt uns beide vereinigt hat: verarge mir's nicht, wenn ich die Stadt nicht betreten will, daß dein greiser Vater mich nicht aus lauter Liebe mit Zwang in seiner Wohnung zurückhalte, denn du weißt ja selbst, wie sehr ich meine Heimkehr beschleunigen muß. „Peisistratos fand sein Gesuch natürlich, lenkte mit seinen Rossen an der Stadt vorüber und brachte den Jüngling geradenwegs an den Strand zu seinem Schiffe. Hier nahm er recht herzlichen Abschied von seinem Freunde und sprach: „Besteige nur rasch dein Schiff und fahre davon; denn erführe mein Vater, daß du da bist, er würde gewiß selbst kommen und dich nötigen, in seinem Palast einzukehren.“ Telemach gehorchte seinen Worten; die Genossen bestiegen das Schiff und setzten sich auf die Ruderbänke, er selbst aber stellte sich noch auf dem Strande hinten an das Steuerruder des Schiffes und brachte seiner Beschützerin Athene unter Gebet ein Opfer dar.

Während er dies tat, näherte sich ein Mann mit hastigen Schritten dem äußersten Ufer, streckte seine Hände nach Telemach aus und rief: „Bei deinem Opfer, Jüngling, bei den Göttern und bei der Wohlfahrt deines Hauptes und der Deinigen flehe ich zu dir: sage mir, wer du bist und wo du wohnest.“ Als Telemach ihm alles der Wahrheit nach kurz zugerufen, fuhr er fort zu bitten: „Auch ich bin auf der Wanderschaft begriffen. Ich bin der Seher Theoklymenos, mein Geschlecht stammt aus Pylos, ich selbst aber hausete zu Argos. Dort hab ich im Streit und Jähzorn einen Mann aus mächtigem Geschlecht erschlagen und bin seinen Brüdern und Verwandten, die mir den Tod geschworen haben, entronnen. Hinfort bleibt mir nichts übrig, als wie ein Verbannter durch die Welt zu irren. Du aber, guter Jüngling, betrachte mich als einen Schutzflehenden und laß mich zu dir ins Schiff, denn meine Verfolger sind mir auf den Fersen!“

Telemach, der einen milden Sinn hatte, nahm den Fremdling gern in sein Schiff auf und versprach ihm, auch in Ithaka für seinen Lebensunterhalt zu sorgen. Er empfing den Speer aus den Händen des Fremden und legte ihn aufs Verdeck nieder; dann bestieg er selbst mit dem Seher das Schiff und setzte sich mit ihm an das Steuerende; die Seile, mit welchen das Fahrzeug am Gestade angebunden war, wurden abgelöst, der Mast aus Fichtenholz in die mittlere Vertiefung des Schiffsbodens gestellt und hoch aufgerichtet, die weißen Segel mit Riemen an den Stangen aufgespannt, und unter dem Sausen des günstigen Windes flog das Schiff davon.

Gespräche beim Sauhirten

In der Hütte des Sauhirten zu Ithaka saß Odysseus mit Eumaios und den andern Hirten am Abende dieses Tages vergnüglich bei der Nachtkost, und um ihn zu versuchen, wie lang er ihm wohl Herberge gönnen werde, sprach er nach dem Essen zu seinem Wirt: „Morgen, mein Freund, will ich an meinem Bettelstab in die Stadt gehen, um euch nicht länger beschwerlich zu fallen. Da rate mir denn und gib mir einen Begleiter mit, der mir den Weg zeige, denn ich will in der Götter Namen die Stadt durchirren und sehen, wo ich ein wenig Wein und Brot erhalte. Auch möchte ich gern in den Palast des Königs Odysseus gehen und dort seiner Gemahlin Penelope sagen, was ich von ihm weiß. Am Ende würde ich auch den Freiern gegen Unterkunft und Speise meine Dienste anbieten; verstehe ich mich doch trefflich aufs Holzspalten, Feueranmachen, Bratspießwenden, Speisevorlegen und Weinverteilen und auf andere derlei Geschäfte, wie sie Vornehme von den Geringern zu fordern pflegen." Aber der Sauhirt runzelte die Stirn und erwiderte: „Gast, was kommt dir für ein Gedanke in den Sinn, willst du dich ganz ins Verderben stürzen? Meinst du, die trotzigen Freier werden nach deinen Diensten lüstern sein? Die haben ganz andere Diener, als du einer wärst! Jünglinge in den zierlichsten Kleidern, mit blühendem Antlitze, das Haupt von Salben duftend, stehen ihnen zu Gebot und bedienen die prächtigen Tische, welche stets mit Fleisch, Brot und Wein belastet sind. Bleib du bei uns, wo deine Gesellschaft weder mir noch den Meinigen beschwerlich ist, und warte auf den guten Sohn des Odysseus, der dich mit aller Notdurft wohl versorgen wird!"

Odysseus nahm das Anerbieten dankbar an und bat darauf den Hirten, ihm auch zu erzählen, wie es den Eltern seines Herrn gehe, ob sie noch leben oder schon in den Hades hinabgestiegen seien. „Laërtes, der Vater, lebt noch", antwortete ihm Eumaios, „aber er beweint untröstlich den entfernten Sohn und die Gattin, die der Gram um den Verlorenen getötet hat. Auch ich muß diese gute Frau beweinen; ist doch sie es, die mich mit ihrer Tochter Ktimene fast wie einen Sohn aufgezogen hat. Als später die Tochter nach Same vermählt wurde, stattete mich die Mutter reichlich aus und schickte mich hierher aufs Land. Jetzt muß ich freilich vieles entbehren und nähre mich, so gut ich kann, von meinem Amte hier. Penelope, die jetzige Königin, kann nichts für mich tun; sie ist von den Freiern umgeben und bewacht, und ein ehrlicher Diener kann gar nicht bis zu ihr durchdringen." „Guter Sauhirt", fragte Odysseus weiter, „woher stammest du denn, und wie bist du in den Dienst dieses Hauses gekommen?" Der Hirt schenkte seinem Gaste den Becher wieder voll und erwiderte: „Trink, mein guter Alter, und laß dich die lange Geschichte nicht verdrießen; hier zwingt uns ja niemand, früh zu Bette zu gehen, und wir können die ganze Nacht durchschwatzen. Dort über Ortygia hin liegt eine nicht sonderlich bevölkerte, aber fruchtbare und gesunde Insel mit Namen Syria, mit zwei Städten. Über beide herrschte als mächtiger Fürst mein Vater Ktesios, der Sohn des Ormenos. Als ich noch ein kleiner Knabe war, landeten dort trügerische Seefahrer aus Phönizien, die allerlei niedliche Waren auf ihrem Schiffe zum Verkauf mitbrachten und lang an unsrer Küste blieben. Nun hatten wir damals ein phönizisches Weib, schön und schlank von Gestalt, die mein Vater als Sklavin erstanden hatte und die wegen ihrer kunstreichen Arbeiten sehr beliebt war, in unserer Wohnung. Diese wurde mit einem der phönizischen Krämer ihrer Landsleute vertraut und hängte ihr Herz an ihn. Der Schiffer versprach ihr, sie mit sich als seine Gattin in seine und ihre Heimat nach Sidon zu führen, und die treulose Sklavin gelobte ihm dagegen, aus meines Vaters Hause nicht nur die Hände voll Gold als Fährlohn mitzubringen, sondern auch noch etwas Besseres: „Ich erziehe nämlich“, sagte sie, „den kleinen Sohn des Fürsten; er ist schon recht gescheit für sein Alter und läuft so mit, wenn ich Gänge außer dem Hause zu machen habe. Diesen schaffe ich euch auf das Schiff, und ihr werdet keinen kleinen Gewinn von ihm machen.“

So sprach das falsche Weib und ging nach dem Palaste zurück, als wenn nichts geschehen wäre; denn die Kaufleute verweilten noch ein ganzes Jahr auf der Insel. Als sie sich endlich mit dem schwerbeladenen Schiffe zur Heimfahrt rüsteten, erschien ein listiger Mann mit einem goldenen Halsbande im Palaste meines Vaters und bot es zum Verkauf an. Mutter und Mägde umstanden ihn im Saal, faßten es eine um die andere mit der Hand, musterten es mit den Augen und feilschten um den Preis. Währenddessen gab der Mann – denn es war ein Bote der Phönizier – dem Weib einen heimlichen Wink. Kaum hatte er das Haus verlassen, so nahm diese mich an der Hand und entführte mich aus dem Palast. Im Vorsaale fand sie Tische und Becher für Gäste des Vaters aus der Ratsversammlung gerüstet. Da sah ich, wie sie schnell drei goldene Gefäße hinwegnahm und im Wurf ihres Gewandes verbarg; in meiner Einfalt besann ich mich nicht darüber, sondern folgte ihr. Die Sonne war eben am Untergehen, als wir im Hafen anlegten und mit der übrigen Mannschaft das Schiff bestiegen.

Wir fuhren mit günstigem Winde ab und mochten etwa sechs Tage lang gesteuert sein, als das verräterische Weib, vom Pfeile der Artemis, wie man sagt, getroffen, plötzlich im Schiffsraume tot zu Boden fiel, wie ein Seehuhn, das der Jäger geschossen. Man warf sie über Bord, den Fischen zur Beute, und ich kleines Kind blieb allein, ohne einen Menschen, der sich meiner angenommen hätte, auf dem Schiffe. Die Phönizier aber landeten endlich in Ithaka, wo mich der alte Laërtes von den Kaufleuten erhandelte. Auf diese Weise habe ich zuerst unsre Insel mit Augen gesehen.“

„Nun“, sprach Odysseus, „du darfst doch nicht ganz unzufrieden mit deinem Schicksale sein, denn Zeus hat dir zu dem Bösen doch auch Gutes beschert und einem freundlichen Mann in die Hand gegeben, der es dir an nichts fehlen ließ und auf dessen Gute du noch immer in Gemächlichkeit lebst. Ich Armer dagegen irre in beständiger Verbannung umher."

Unter solchen Gesprächen war ihnen die Nacht fast ganz dahingeschwunden, und sie schliefen nur noch weniges, bis die anbrechende Morgenröte sie weckte.

Telemach kommt heim

An demselben Morgen landete Telemach mit seinen Begleitern an Ithakas Gestade. Dem Rate Athenes gehorchend, hieß er diese ohne Verzug nach der Stadt fortrudern, versprach ihnen, am andern Tage durch ein fröhliches Mahl den Dank für die Reise zu bezahlen, und schickte sich zum Wege nach dem Hirten an. „Aber wo soll ich hingehen, mein Sohn", fragte den Scheidenden Theoklymenos, „wer in der Stadt wird mich aufnehmen? Soll ich etwa geradenwegs auf den Palast deiner Mutter zugehen?" „Hätte unser Haus", antwortete Telemach, „ein anderes Ansehen, als es gegenwärtig hat, so würde ich dir unbedenklich dazu raten; so aber würdest du von den Freiern doch nicht vorgelassen, und meine Mutter webt im einsamsten Gemache des Hauses an einem Gewande. Da wäre es noch klüger, dich in das Haus des Eurymachos zu begeben, der ein Sohn des in Ithaka hoch angesehenen Mannes, des Polybos, und der Erste unter denen ist, die sich um meine Mutter bewerben." Während er noch redete, flog ein Habicht mit einer Taube vorüber, deren Gefieder er berupfte. Da führte der Seher den Jüngling bei der Hand auf die Seite und sagte ihm ins Ohr: „Sohn, wenn meine Kunst mich nicht ganz täuscht, so gilt dieses Zeichen deinem Hause. Nie wird ein anderes Geschlecht auf Ithaka walten: ihr seid die ewigen Beherrscher dieses Landes!"

Ehe nun Telemach von Theoklymenos Abschied nahm, empfahl er diesen noch seinem vertrautesten Freunde, dem Peiraios, dem Sohne des Klytios, daß er den Fremdling in seine eigene Wohnung aufnehmen und liebreich pflegen möchte, bis Telemach in die Stadt käme. Dann schied er, und die Genossen fuhren weiter.

Inzwischen rüsteten Odysseus und der Sauhirte in der Hütte das Frühstück, und die Knechte trieben die Schweine hinaus. Als sie behaglich beim Mahle saßen, ließen sich draußen Fußtritte hören, und die Hunde wurden laut, doch ohne zu bellen; sie schienen vielmehr einem Herankommenden zu schmeicheln. „Gewiß", sagte Odysseus zu dem Hirten, „besucht dich ein Freund oder

Bekannter; denn gegen Fremde gebärden sich deine Hunde ganz anders, das hab ich erfahren!“

Das Wort war noch nicht ganz ausgeredet, als sein lieber Sohn Telemach unter der Hüttentür stand. Der Sauhirt ließ das Trinkgeschirr vor freudiger Bestürzung aus der Hand sinken, eilte seinem jungen Herrn entgegen, umschlang ihn und bedeckte ihm weinend Antlitz, Augen und Hände mit seinen Küssen, als wäre er vom Tode erstanden. Ein alter Vater kann seinen einzigen spätgeborenen Sohn, wenn dieser nach zehn Jahren aus der Fremde kommt, nicht herzlicher bewillkommnen. Jener trat erst über die Schwelle, als er von seinem Diener vernommen, daß in der Mutter Hause nichts Neues vorgefallen sei. Dann übergab er dem Hirten seine Lanze und ging in die Hütte. Sein Vater Odysseus wollte dem Hereintretenden auf seinem Sitze Platz machen, Telemach aber hielt ihn und sagte freundlich: „Bleib nur sitzen, Fremdling; der Mann da wird mir schon meinen Platz anweisen.“ Inzwischen bereitete Eumaios seinem jungen Herrn ein weiches Polster aus grünem Laube, darüber er einen Schafpelz deckte. Nun setzte sich Telemach zu den beiden, und der Sauhirt tischte eine Schüssel mit gebratenem Fleische auf, stellte den Brotkorb dazu und mischte in der hölzernen Kanne den Wein. So schmausten sie alle drei zusammen. Da fragte denn Telemach den Diener nach dem Fremdlinge, und dieser brachte kürzlich vor, was Odysseus an ihn hingefabelt. „Er hat sich jetzt“, beschloß er seine Antwort, „aus einem thesprotischen Schiffe geflüchtet und kam in mein Gehege; ich gebe ihn dir in die Hände, tue mit ihm, wie du willst.“ „Dein Wort ängstet mich“, erwiderte Telemach; „wie kann ich den Mann in meinem Hause, so wie es dort aussieht, beschirmen? Behalte du ihn lieber hier; ich will ihm Rock und Mantel auf den Leib, Beschuhung an die Füße und um die Lenden ein zweischneidiges Schwert schicken, auch Speise genug, damit er dir und deinen Knechten nicht beschwerlich falle. Nur kann ich nicht darein willigen, daß er sich unter die Freier begebe; denn diese schalten und walten gar zu frech im Hause, selbst ein gewaltiger Mann vermöchte nichts gegen sie.“

Odysseus, der Bettler, drückte seine Verwunderung darüber aus, daß die Freier, dem Sohne des Hauses zum Trotze, sich so viele Unarten herausnehmen dürften. „Haßt dich denn etwa“, fragte er den Telemach, „das Volk, oder liegst du mit Brüdern im Streite, oder gibst du dich von freien Stücken so tief herunter? Wäre ich so jung wie du und der Sohn des Odysseus oder gar er selber käme zurück – denn noch ist ja die Hoffnung dazu nicht ganz verloren! –, eher sollte mir ein Fremder den Kopf von der Schulter hauen, ja lieber wollte ich in meinem eigenen Hause sterben, als daß ich so schändliche Taten länger mit anschaute!"

Darauf antwortete Telemach: „Nein, lieber Gast, das Volk haßt mich nicht; auch habe ich keine Brüder, die mich anfeindeten, ich bin das einzige Kind im Hause; aber feindselig gesinnte Männer von allen Inseln umher und von Ithaka selbst werben in Unzahl um meine Mutter. Sie weicht ihnen aus, ohne ihnen wehren zu können, und in kurzem wird mein Haus und Gut verwüstet sein." Dann wandte er sich zu dem Sauhirten und sprach: „Du aber, Väterchen, tu mir den Gefallen und eile hinein in die Stadt zu Penelope, meiner Mutter, und sag ihr, daß ich da bin, doch so, daß es ja kein Freier vernimmt." „Soll ich", fragte Eumaios, „nicht den Umweg über den Aufenthalt deines Großvaters Laërtes machen und ihm deine Heimkehr auch zu wissen tun? Seitdem du nach Pylos gefahren bist, erzählen sie, habe er keine Speise und keinen Trank mehr genossen und nicht mehr nach den Feldarbeiten gesehen; in beständiger Betrübnis sitze er da, von den Gliedern schwinde ihm das Fleisch." „So betrübt es ist", antwortete Telemach, „so kann ich dich doch den Umweg nicht machen lassen. Nicht bald genug kann mir die Mutter wissen, daß ich wiedergekommen bin!" So sprach er und trieb den Diener an. Der Sauhirt langte sich seine Sohlen hervor, band sie sich unter die Füße, griff zu seiner Lanze und eilte fort.

Odysseus gibt sich dem Sohne zu erkennen

Pallas Athene, die Göttin, hatte nur den Augenblick abgewartet, wo Eumaios die Hütte verlassen haben würde. Da erschien sie unter der Türe in Gestalt einer schönen Jungfrau, doch nicht dem Telemach sichtbar, sondern nur seinem Vater und den Hunden; diese aber bellten nicht, sondern verkrochen sich winselnd nach der andern Seite des Hofes. Dem Odysseus winkte die Göttin; er verstand ihr Gebot und verließ auf der Stelle die Hütte. An der Hofmauer fand er seine Beschützerin stehen, die zu ihm sprach: „Jetzt, Odysseus, brauchst du dich nicht länger vor dem Sohne zu verbergen. Beide miteinander möget ihr zum Verderben der Freier in die Stadt eingehen. Ich selbst werde euch auch nicht lange fehlen; denn ich brenne vor Begierde, diese Frevler zu bekämpfen!" So sprach die Göttin und berührte den Bettler mit ihrem goldenen Stab. Da war ein Wunder zu sehen. Mantel und Leibrock wie früher umgab des Helden sich verjüngende Gestalt wieder; sein Wuchs strebte empor, sein Antlitz bräunte sich, die Wangen wurden voller, die Haare dicht, und um das Kinn sproßte wieder das gekräuselte schwarze Barthaar. Nachdem sie solches vollbracht hatte, verschwand Athene.

Als Odysseus wieder in die Hütte eintrat, sah ihn der Sohn mit Staunen an, glaubte einen Gott zu erblicken, und mit abgewandten Augen sprach er: „Fremdling, du siehst ganz anders aus als vorhin: andre Kleider hast du an, deine ganze Gestalt ist verwandelt; du bist fürwahr einer der Himmlischen! Laß dir opfern und schone unser!“ „Nein, ich bin kein Gott“, rief Odysseus; „erkenne mich doch, Kind, ich bin ja dein Vater, um den du dich soviel gegrämt hast!“ Die so lange gewaltsam gehemmten Tränen stürzten ihm bei diesen Worten aus den Augen; er eilte auf den Sohn zu und umfing ihn unter Küssen. Aber Telemach konnte es noch immer nicht glauben. „Nein, nein“, rief er, „du bist nicht mein Vater Odysseus, ein böser Dämon täuscht mich, damit ich nur noch tiefer ins Leid versinke. Wie vermochte sich auch ein Mensch aus eigener Kraft so zu verwandeln!“ „Staune doch den heimkehrenden Vater nicht so grenzenlos an, lieber Sohn!“ erwiderte Odysseus; „ich bin es, der nach zwanzig Jahren in die Heimat zurückkommt, und kein anderer. Das Wunder ist ein Werk der Göttin Athene; sie hat mich so umgeschaffen, daß ich bald als ein Bettler einhergehe, bald als ein Jüngling; denn den Göttern wird es leicht, einen Sterblichen bald zu erniedrigen, bald zu erhöhen.“

So sprach Odysseus und setzte sich. Jetzt erst wagte es der Jüngling, unter heißen Tränen seinen Vater zu umschlingen; in beiden regte sich der lange Gram, sie fingen an, laut zu weinen, und ihre Klage tönte so herzzerreißend wie der Ruf der Vögel, denen man ihre Jungen geraubt hat, ehe sie flügge geworden sind. Als sie sich genug ausgeweint, fragte endlich Telemach den Vater, auf welchem Wege er in die Heimat gekommen sei, und nachdem ihm Bescheid geworden, fuhr Odysseus fort: „Und jetzt bin ich da, mein Sohn, auf Athenes Befehl, daß wir uns über den Mord unserer Feinde beraten. Nenne mir die Freier der Reihe nach, daß ich wisse, wieviel ihrer sind und ob wir beide allein zu ihrer Bekämpfung hinreichen oder ob wir uns nach Bundesgenossen umsehen sollen.“ „Ich habe zwar immer von deinem Ruhme gehört, mein Vater“, erwiderte Telemach, „und daß dein Arm so stark sei wie dein Rat verständig. Das aber war ein stolzes Wort, und nimmermehr vermöchten wir zwei etwas gegen so viele. Es sind ihrer nicht nur zehn oder zwanzig, es sind viel, viel mehr: aus Dulichion allein zweiundfünfzig der mutigsten Jünglinge, mit sechs Dienern; aus Same vierundzwanzig, aus Zakynth zwanzig, aus Ithaka selbst zwölf. Mit ihnen sind der Herold Medon, ein Sänger und zwei Köche. Darum, wenn es möglich ist, laß uns auf weitere Verteidiger sinnen." „Bedenke" , sprach Odysseus darauf, „daß Athene und Zeus unsere Bundesgenossen sind, die, wenn sich einmal in meinem Palaste der Krieg erhoben hat, uns nicht lange werden auf ihre Hilfe warten lassen. Du selbst nun, lieber Sohn, geh mit dem nächsten Morgen in die Stadt zurück und setze dich unter die Freier, als wäre nichts geschehen. Mich wird der Sauhirt, nachdem ich wieder zum greisen Bettler umgestaltet worden bin, dir nachführen. Welchen Schimpf sie alsdann mir auch im Saale antun mögen, und wenn sie nach mir werfen und mich an den Füßen über die Schwelle ziehen, du mußt dein Herz bezähmen und es ertragen. Mit Worten magst du sie zu besänftigen suchen; aber sie werden dir nicht folgen, denn ihr Verderben ist beschlossen. Auf einen Wink von mir wirst du sodann die Rüstungen, die wir im Saale umherhängen haben, in einer der obern Kammern des Hauses verbergen. Vermissen sie die Freier und fragen darnach, so sagst du nur, du habest sie wegschaffen lassen, weil sie, vom Rauche des Kamines geschwärzt, den Glanz, mit dem sie unter Odysseus geschimmert, verloren haben. Für uns beide lässest du nur zwei Schwerter, zwei Speere und zwei stierlederne Schilde zurück, damit wir sie zum Kampf ergreifen können, wenn jene in der Verblendung, die ihnen die Götter senden werden, sich an uns wagen. Übrigens darf kein Mensch vernehmen, daß Odysseus zurückgekehrt ist, selbst Laërtes, selbst der Sauhirt nicht, ja nicht einmal Penelope, deine Mutter. Unterdessen wollen wir unsere Dienstmannen und das Gesinde prüfen, wer davon uns noch ehrt und fürchtet und wer unser vergessen hat und dich verachtet." „Lieber Vater", erwiderte Telemach, „du sollst mich gewiß nicht nachlässig finden; aber ich glaube nicht, daß die Prüfung viel helfen wird. Es währt gar zu lange, bis du im Lande umhergehst, um jeden einzelnen auszuforschen, indessen jene dir im Palaste gemächlich dein Gut verprassen. Zwar die Weiber im Hause auszukundschaften, das will ich selbst übernehmen; aber die Männer in den einzelnen Höfen – das versparen wir lieber für die Zukunft, wenn wir einmal im Palaste Meister sind." Odysseus gab seinem Sohne recht und freute sich über seine Besonnenheit.

Vorgänge in der Stadt und im Palast

Das Schiff, das den Telemach und seine Genossen von Pylos nach Ithaka gebracht hatte, war inzwischen im Hafen der Stadt angekommen, und die Begleiter des Königssohnes hatten einen Herold zu seiner Mutter Penelope gesendet, um ihr die Botschaft von der Heimkehr des Sohnes zu überbringen.

Mit derselben Nachricht kam gleichzeitig der Sauhirt vom Lande her, und beide trafen sich im Hause des Königes. Da sprach der Herold zu Penelope laut vor allen Dienerinnen: „Dein Sohn, o Königin, ist wiedergekommen.“ Eumaios aber sagte ihr im geheim und ohne Zeugen, was ihm sein junger Herr aufgetragen hatte, insbesondere, daß sie durch eine Schaffnerin seinem Großvater Laërtes die fröhliche Botschaft auch zukommen lassen möchte. Als der Sauhirt alles ausgerichtet, eilte er wieder heim zu seinen Schweinen. Die Freier aber erfuhren die kurze Nachricht von der Heimkehr Telemachs, die der Herold gebracht hatte, durch die treulosen Dienerinnen. Unmutig setzten sie sich zusammen auf die Bänke vor dem Tor, und Eurymachos sprach hier in der Versammlung: „Das hätten wir doch nimmermehr gedacht, daß der Knabe diese Fahrt so trotzig vollenden würde! Laßt uns nur geschwind ein Schiff ausrüsten, einen Schnellsegler, unsern Freunden im Seehinterhalte die Botschaft zu bringen, daß sie vergebens auf ihn warten und nur wieder umkehren dürfen.“

Während Eurymachos sprach, hatte ein anderer Freier, Amphinomos, das Gesicht umgewandt und einen Blick auf den Hafen der Stadt geworfen, den man von dem Vorhofe des Palastes aus mit den Augen erreichen konnte. Er sah das Schiff, in welchem sich diejenigen der Freier befanden, die auf den Hinterhalt ausgefahren waren, wie es eben mit vollen Segeln in den Hafen einlief. „Es bedarf keiner Botschaft an unsere Freunde“, rief er, „hier sind sie ja schon; sei es, daß ein Gott sie von Telemachs Heimkehr benachrichtiget hat, sei es, daß er ihnen entkommen ist und sie ihn nicht einzuholen vermochten.“ Die Freier erhoben sich und eilten nach dem Meeresstrande. Dann begaben sie sich mit den Neuangekommenen auf den Markt, wo sie niemand sonst aus dem Volke zuließen, sondern ihre abgesonderte Versammlung veranstalteten. Hier trat der Anführer der Ausrüstung, der Freier Antinoos, unter den Anwesenden auf und sprach: „Wir sind nicht schuld, daß der Mann uns entronnen ist, ihr Freunde! Späher um Späher hatten wir den Tag über auf den Höhen des Gestades aufgestellt, und wenn die Sonne untergegangen war, blieben wir nie die Nacht über auf dem Lande, sondern wir kreuzten beständig auf der Meerenge und waren nur darauf bedacht, den Telemachos zu erhaschen und in aller Stille umzubringen. Ihn aber muß einer der Unsterblichen heimgeleitet haben; denn nicht einmal sein Schiff ist uns zu Gesichte gekommen! Dafür wollen wir ihm hier in der Stadt selbst den Untergang bereiten. Denn der Jüngling wird klug und wächst uns allmählich über den Kopf. Auch das Volk wird uns am Ende aufsässig; bringt er es unter die Leute, daß wir ihm auflauerten, ihn zu morden, so fallen sie am Ende über uns her und jagen uns aus dem Lande. Ehe dies geschieht, laßt uns ihn aus dem Wege räumen; in seine Besitzungen teilen wir uns; den Palast lassen wir der Mutter und ihrem künftigen Gemahl. Gefällt euch aber mein Gedanke nicht, wollt ihr ihn leben und im Besitze seiner Güter lassen, nun, dann wollen wir ihm auch die Habe nicht länger verzehren, dann laßt einen jeden von seiner eigenen Heimat aus um die Fürstin sich mit Brautgeschenken bewerben, und sie wähle den, der ihr am meisten gibt und vom Schicksale begünstigt wird." Als er seine Rede geendigt hatte, entstand ein langes Schweigen unter den Freiern. Endlich erhob sich Amphinomos, der Sohn des Nisos, aus Dulichion, der Edelste und Bestgesinnte unter den Freiern, der sich durch seine klugen Reden auch der Königin Penelope am meisten zu empfehlen wußte, und sagte seine Meinung in der Versammlung. „Freunde", sprach er, „ich möchte nicht, daß wir den Telemach heimlich ums Leben brächten! Es ist doch etwas Gräßliches, ein ganzes Königsgeschlecht im letzten Sprößling zu morden. Laßt uns lieber vorher die Götter befragen: erfolgt ein günstiger Ausspruch des Zeus, so bin ich selbst bereit, ihn zu töten; verwehren es uns die Götter, so rate ich euch, von dem Gedanken abzustehen."

Solche Rede gefiel den Freiern wohl; sie schoben ihren Plan auf und kehrten in den Palast zurück. Auch diesmal hatte sie ihr Herold Medon, der heimliche Anhänger Penelopes, belauscht und der Königin von allem Nachricht gegeben. Diese eilte, jedoch dicht verschleiert, mit ihren Dienerinnen in den Saal zu den Freiern hinab und redete in heftiger Gemütsbewegung den Urheber des tückischen Vorschlages also an: Antinoos, du frecher Unheilstifter, mit Unrecht rühmt dich Ithakas Volk als den Verständigsten unter deinen Genossen; nie bist du das gewesen. Du verachtest die Stimme der Unglücklichen, auf welche doch Zeus selbst horcht, und bist verwegen genug, auf den Tod meines Sohnes Telemach zu sinnen. Erinnerst du dich nicht mehr, wie dein Vater Eupeithes, von seinen Feinden verfolgt, weil er Seeräuberei gegen unsere Verbündeten getrieben, schutzflehend in unser Haus geflohen kam? Seine Verfolger wollten ihn töten und ihm das Herz aus dem Leibe reißen; Odysseus aber war es, der die Tobenden abhielt und besänftigte. Und du, sein Sohn willst zum Danke das Gut des Odysseus verschwenden, wirbst um seine Gattin und willst sein einziges Kind ermorden? Du tätest besser daran, auch die andern von solchem Frevel abzuhalten!"

Statt seiner antwortete Eurymachos: „Edle Penelope, sei nicht bekümmert um das Leben deines Sohnes. Nie, solange ich lebe, wird es ein Mann wagen, Hand an ihn zu legen. Hat doch auch mich Odysseus manchmal als Kind auf den Knien gewiegt und mir einen guten Bissen in den Mund gegeben! Deswegen ist mir auch sein Sohn der Geliebteste unter allen Menschen; den Tod soll er nicht zu fürchten haben, wenigstens nicht von den Freiern: kommt er von Gott, dann kann ihm freilich niemand ausweichen!" So sprach der Falsche mit der freundlichsten Miene, im Herzen aber sann er auf nichts als Verderben.

Penelope kehrte wieder in ihr Frauengemach zurück, warf sich aufs Lager und weinte um ihren Gemahl, bis ihr der Schlummer die Augen zudrückte.

Telemach, Odysseus und Eumaios kommen in die Stadt

An demselben Abende kam der Sauhirt in seine Hütte zurück, während Odysseus und sein Sohn Telemach gerade damit beschäftigt waren, ein geschlachtetes Schwein zur Nachtkost zuzubereiten. Der erstere, vom Stab Athenes berührt, war bereits wieder zum zerlumpten Bettler eingeschrumpft, daß Eumaios ihn nicht zu erkennen vermochte. „Kommst du endlich Sauhirt", rief dem Eintretenden Telemach zuerst entgegen, „und was bringst du Neues aus Ithaka? Lauern die Freier noch immer auf mich, oder sind sie von ihrem Hinterhalte zurück?" Eumaios meldete ihm, was er von den beiden Schiffen gesehen, und Telemach winkte vergnügt lächelnd seinem Vater, doch so, daß es der Sauhirt nicht bemerkte. Nun schmausten sie traulich miteinander alle drei und legten sich dann zur Ruhe.

Am andern Morgen frühe gürtete sich Telemach, nach der Stadt zu gehen, und sprach zu Eumaios: „Alter, ich muß jetzt nach der Mutter sehen. Du selbst komm nach mit diesem armen Fremdling, daß er sich in den Häusern umher seine Brosamen und seinen Wein erflehe; ich kann unmöglich aller Welt Last auf mich laden und habe genug an meinem eigenen Kummer zu tragen. Hält sich der Greis dadurch für beleidigt, desto schlimmer für ihn!" Odysseus, der sich über die geschickte Verstellung seines Sohnes im Herzen nicht genug wundern konnte, sagte nun auch seinerseits: „Lieber Jüngling, ich selbst begehre nicht länger hierzubleiben; ein Bettler bringt sich in der Stadt immer besser fort als auf dem Lande. Geh du denn immerhin, und wenn ich mich in meinen Lumpen noch ein wenig am Feuer gewärmt habe und die Luft milder geworden ist – denn die Stadt ist, wie man mir sagt, weit von hier entfernt –, so mag dein Diener da mich begleiten."

Nun eilte Telemach in die Stadt. Es war noch ziemlich früh am Tage, als er vor seinem Palaste ankam, und die Freier hatten sich noch nicht eingefunden. Er lehnte seine Lanze an eine Säule des Eingangs und schritt über die steinerne Schwelle in den Saal. Hier war die Schaffnerin Eurykleia damit beschäftigt, die stattlichen Thronsessel mit schönen Vliesen zu bedecken. Als sie den Jüngling ansichtig ward, eilte sie mit Freudentränen auf ihn zu und hieß ihn willkommen; auch die andern Mägde umringten ihn und küßten ihm Hände und Schultern. Jetzt trat auch seine Mutter Penelope aus der Kammer, schlank wie Artemis und schön wie Aphrodite. Weinend schloß sie ihren Sohn in die Arme und küßte ihm Antlitz und Augen. „Kommst du, kommst du, mein süßes Leben“, rief sie schluchzend; „nimmermehr hoffte ich, dich wiederzusehen, seit du heimlich und ohne meinen Willen nach Pylos geschifft warst, um Erkundigung vom lieben Vater einzuziehen! Nun sage mir doch, was bringst du für Nachrichten, liebes Kind?“ „Ach Mutter“, antwortete Telemach, der seine wahren Gefühle mit Gewalt in den Busen zurückdrängen mußte, „rege mir, der ich selbst eben erst dem Verderben entflohen bin, den Gram um den Vater nicht wieder auf. Bade du dich jetzt, lege reine Gewande an, und gelobe droben in dem Söller mit deinen Jungfrauen den Göttern köstliche Dankopfer, wenn sie einst uns die Vergeltung gönnen. Ich selbst will zum Markte hingehen, um einen Fremdling ins Haus zu führen, der mich auf der Fahrt begleitet hat und dessen Pflege ich bis zur eigenen Wiederkehr einem Freunde anempfohlen habe.“ Penelope folgte seinem Rat, und Telemach eilte, den Speer in der Hand, von seinen Hunden begleitet, auf den Markt. Athene hatte ihm besondere Anmut verliehen, daß den Kommenden alle Bürger anstaunten, und auch die Freier versammelten sich sogleich um ihn und sagten ihm viel Schönes ins Angesicht, während sie im Herzen über ihren bösen Entwürfen brüteten. Telemach verweilte jedoch nicht in ihrem Gedränge. Er setzte sich zu drei alten Freunden seines Vaters, Mentor, Antiphos und Halitherses, und erzählte ihnen, was er durfte. Jetzt führte auch Peiraios seinen Gastfreund Theoklymenos an der Hand daher, und Telemach begrüßte beide; Peiraios aber wandte sich an seinen Freund und sprach: „Lieber Telemach, schicke doch auf der Stelle Dienerinnen in mein Haus, daß sie die Geschenke in Empfang nehmen, die dir Menelaos mitgegeben hat.“ „Freund“, erwiderte Telemach, „die Gaben liegen besser bei dir. Wissen wir doch noch nicht, welche Wendung die Sache nimmt. Fall ich von dem Meuchelmorde der Freier und teilen sie mein Erbgut, so gönne ich jene köstlichen Dinge dir besser als ihnen; strafe dagegen ich sie mit dem Untergange, dann komm du und bringe fröhlich dem Fröhlichen jene Schätze!“

So sprach Telemach, faßte den landesflüchtigen Seher Theoklymenos bei der Hand und führte ihn vom Markte weg in seinen Palast. Dort nahmen beide ein erquickendes Bad und genossen in Penelopes Gesellschaft, welche ihnen gegenüber an der zierlichen Spindel saß, das Frühstück im Saal. Da sprach denn die Mutter Telemachs traurig zu ihrem Sohne: „Eigentlich tu ich besser daran, Telemach, zum Söller hinaufzusteigen und dort einsam das Lager zu benetzen wie bisher; denn dir gefällt es ja doch nicht, mir zu erzählen, was du vom heimfahrenden Vater gehört hast." „Liebe Mutter", antwortete Telemach, „gerne will ich dir alles der Wahrheit nach verkündigen, was ich vernommen habe, wenn es nur Tröstlicheres wäre! So liebreich mich der greise Nestor zu Pylos aufnahm, so wußte er mir doch gar nichts vom Vater zu melden; aber er sendete mich mit seinem eigenen Sohne zu Wagen gen Sparta. Dort ward ich von dem großen Helden Menelaos gastlich aufgenommen und sah auch die Königin Helena, um welche Trojaner und Griechen so vieles erduldet haben. Hier erfuhr ich endlich weniges vom geliebten Vater, was dem Fürsten Menelaos der Meergott Proteus in Ägypten mitgeteilt hatte. Dieser hatte ihn auf der Insel Ogygia in Kummer versunken gesehen. Dort hält den Odysseus die Nymphe Kalypso wider Willen in ihrer Grotte zurück, und es fehlt ihm an Schiffen und Ruderern, um die Heimat zu erreichen."

Als der Seher Theoklymenos die Fürstin bei dieser Nachricht sehr bewegt sah, unterbrach er seinen Gastfreund und sagte: „Königin, dieser weiß nicht alles. Vernimm du meine Weissagung: Fürwahr, Odysseus sitzt bereits irgendwo im Gefilde seiner Heimat, oder er schleicht heimlich umher, auf das Verderben der Freier sinnend! Dies hat mir ein Vogelzeichen gesagt, das ich deinem Sohn auf der Stelle so gedeutet habe." „Möchte sich dein Wort erfüllen, edler Gast!" antwortete Penelope mit einem Seufzer, „mein Dank dafür sollte nicht ausbleiben."

Während diese drei sich so im Wechselgespräch unterhielten, erfreuten sich die Freier vor dem Palaste auf dem Pflaster des Hofes wie gewöhnlich mit Diskuswerfen und Speerschleudern und brachen endlich auf die Erinnerung des Herolds zum Mittagsmahl ins Innere des Palastes auf. Unterdessen hatten sich in der Hütte des Eumaios auch dieser und sein Gast zum Weg in die Stadt angeschickt; Odysseus der Bettler hatte den häßlichen geflickten Ranzen umgeworfen und der Sauhirt ihm den Stab in die Hand gegeben. So wanderten beide dahin und überließen das Gehöft den Knechten und Hunden zur Bewachung. Sie waren schon an dem Stadtbrunnen angekommen, der von den

Vorfahren des Odysseus schön in den Felsen gefaßt worden war; ein Pappelhain war in die Runde gepflanzt, und aus den Steinen sprang der hohe, helle Wasserstrahl. Hier erreichte sie Melanthios der Hirte mit zwei Knechten, der den Freiern die besten Ziegen aus der Herde zum Schmaus in die Stadt hineintrieb. Als dieser das wandernde Paar erblickte, fing er laut an zu schimpfen. „Wahrhaftig, da heißt es recht, ein Taugenichts führt den andern, und gleich zu gleich gesellt sich gern. Wohin führst du den heißhungrigen Bettler, verdammter Sauhirt, daß er an den Türpfosten müßig stehe und um Brocken bettle? Gäbest du ihn mir zum Hüter meines Geheges, daß er die Ställe ausfege und den Zicklein Laub vorwerfe, so könnte er, mit Ziegenkäse gefüttert, noch Fleisch um seine dürren Lenden sich wachsen sehen! Aber freilich, er hat nichts gelernt, er kann nichts als sich den gefräßigen Bauch füllen." So rief jener und gab ihm in der Bosheit einen Fersentritt in die Hüfte; aber Odysseus wich nicht aus dem Fußsteige. Im Innern besann er sich freilich, ob er ihm nicht mit seinem Stab einen Streich über das Haupt versetzen sollte, daß er nicht mehr aufstände; aber er bezwang sein Herz und duldete die Schmach. Eumaios hingegen schalt den Unverschämten ins Gesicht und sprach, nach dem Brunnen gewendet: „Ihr heiligen Quellnymphen, Zeus' Töchter! Hat euch jemals mein Herr köstliche Opfer dargebracht, so gewährt mir meine Bitte, daß endlich einmal der Held Odysseus heimkehre! Er würde diesem trotzigen Müßiggänger den Übermut bald vertreiben; ist ein solcher doch der unbrauchbarste Hirte von der Welt und versteht nichts, als den ganzen Tag in der Stadt herumzulungern!" „Du Hund", erwiderte Melanthios schimpfend, „du wärest wert, daß man dich auf den Inseln drüben als Sklave verkaufte und ein gutes Stück Geld aus dir löste. Möchte doch der Bogen Apollos oder der Dolch der Freier deinen Telemach treffen, auf welchen du pochest, daß er zugrunde ginge wie sein Vater!" Mit solchen Scheltworten ging er an ihnen vorüber und setzte sich im Palaste mitten unter die Freier, gerade dem Eurymachos gegenüber an die Tafel; denn diese hatten ihn gern und teilten ihm stets von ihrem Schmause mit.

Jetzt waren auch Odysseus und der Sauhirt vor dem Königspalast angekommen. Als jener sein Haus nach so langer, langer Zeit wieder erblickte, bewegte sich ihm das Herz im Leibe; er faßte seinen Begleiter an der Hand und sprach: „Fürwahr, Eumaios, das muß die Wohnung des Odysseus sein! Welch ein Palast, welch eine Reihe von Gemächern! Wie wohl umschlossen ist der Vorhof mit Mauern und mit Zinnen; welch mächtige Torflügel bilden den Eingang; wahrlich, diese Burg ist unbezwinglich! Auch merke ich wohl, daß viele

Menschen da drinnen ein Gastmahl begehen; duftet es doch bis zu uns heraus von Speisen, und die Harfe des Sängers, der den Schmaus mit seinen Liedern würzt, schallt aus dem Saale hervor!"

Sie beratschlagten nun miteinander und beschlossen, daß der Sauhirt vorangehen und sich für den Odysseus im Saal umsehen, dieser aber solange vor dem Tor warten sollte. Während sie noch miteinander sprachen, erhub ein alter Haushund an der Türe Haupt und Ohren von seinem Lager. Er hieß Argos; Odysseus selbst hatte ihn noch aufgezogen, ehe er gen Troja schiffte. Er begleitete sonst die Männer auf die Jagd, jetzt aber lag er, im Alter verachtet, vor der Türe auf einem Düngerhaufen, mit Ungeziefer bedeckt. Als dieser den Odysseus bemerkte, schien er ihn trotz der Verkleidung zu kennen, er senkte die Ohren und wedelte mit dem Schwanz; aber näher herangehen konnte er vor Schwäche nicht mehr. Odysseus wischte sich heimlich eine Träne aus dem Auge, als er es bemerkte; dann sprach er, seinen Schmerz verhehlend, zu dem Sauhirten: „Der Hund, der hier auf dem Miste liegt, scheint einmal so übel nicht gewesen zu sein, man sieht es seinem Wuchse noch an!" „Freilich", erwiderte Eumaios, „er war der liebste Jagdhund meines unglücklichen Herrn; da hättest du ihn in den waldigen Tälern sehen sollen, wie weidlich er durchs Gestrüppe dem Wild nachspürte! Jetzt aber, seit sein Herr dahin ist, liegt er hier verachtet, und die Mägde geben ihm nicht einmal das nötige Futter!"

Mit diesen Worten ging der Sauhirt in den Palast; der Hund aber, nachdem er im zwanzigsten Jahre seinen Herrn wiedergesehen, senkte seinen Kopf und starb.

Odysseus als Bettler im Saal

Im Innern des Hauses wurde Telemach zuerst den Sauhirten gewahr und rief ihn heran. Eumaios schaute sich vorsichtig um, ergriff den leeren Stuhl, auf welchem der Fleischzerleger vor dem Mahle zu sitzen pflegte, und setzte sich auf einen Wink an den Tisch seines Herrn, diesem gegenüber, wo ihm sofort der Herold Fleisch und Brot reichte. Bald nach ihm wankte auch Odysseus der Bettler am Stabe herein und setzte sich innerhalb der Pforte auf die Schwelle von Eschenholz nieder, an den einen der schön geschnitzten Türpfosten aus Zypressenholz gelehnt. Sobald Telemach ihn erblickte, langte er aus dem vor ihm stehenden Korb ein ganzes Brot, nahm dazu eine Handvoll Fleisch und gab beides dem Sauhirten mit den Worten: „Hier, mein Freund, reiche diese Gaben dem Fremdling, und sag ihm, er soll sich der Scham entschlagen und bei den Freiern herumbetteln!" Odysseus empfing die Gabe segnend mit beiden Händen, legte sie sich vor die Füße auf seinen Ranzen und fing an zu essen. Das ganze Mahl über hatte der Sänger Phemios die Gäste mit seinem Lied ergötzt; jetzt schwieg er, und man hörte nur noch den wilden Lärm der Schmausenden durch den Saal. In diesem Augenblicke näherte sich die Göttin Athene unsichtbar dem Odysseus und trieb ihn an, Brocken von den Freiern einzusammeln, um die billiger denkenden von den rohen unterscheiden zu lernen. Aber dennoch war ihnen allen miteinander das Verderben von der Göttin zugedacht: es sollte nur einer milderen Todes sterben als der andere. Odysseus befolgte das Geheiß der Göttin, er ging flehend von Mann zu Mann und streckte seine Hand hin, so geläufig, als wäre er seit lange den Bettel gewohnt. Manche zeigten sich mitleidig und gaben ihm, und es entstand ein Fragen unter den Freiern, woher der Mann wohl kommen möge. Da sagte zu ihnen der Ziegenhirt Melanthios: „Ich habe den Burschen zuvor schon gesehen, der Sauhirt hat ihn hereingebracht." Diesen fuhr jetzt der Freier Antinoos zornig an: „Du berüchtigter Sauhirt, sag uns, warum hast du diesen Menschen in die Stadt geführt? Haben wir nicht Landstreicher genug, daß du uns auch noch diesen Fresser in den Saal schleppst?" „Harter Mann", antwortete Eumaios gelassen, „den Seher, den Arzt, den Baumeister, den Sänger, der uns durch seine Lieder erfreut, sie alle beruft man wetteifernd in die Paläste der Großen; den Bettler hat niemand berufen: er kommt von selber; aber man stößt ihn auch nicht hinaus! Und das soll auch diesem nicht geschehen, solange Penelope und Telemach dies Haus bewohnen." Aber Telemach hieß ihn schweigen und sagte: „Bemühe dich mit keiner Antwort, Eumaios; du kennst ja die böse Gewohnheit dieses Mannes, andere zu beleidigen. Dir aber, Antinoos, sage ich: Du bist nicht mein Vormund, daß du mir gebieten dürftest, diesen Fremdling aus dem Hause zu treiben. Gib ihm vielmehr und schone meines Gutes nicht! Aber freilich, du willst lieber selbst verzehren als andern geben!" „Siehe da, wie der trotzige Knabe mich schmäht!" rief Antinoos dagegen; „wollte jeder Freier diesem Bettler eine Gabe reichen, er brauchte drei Monate lang das Haus nicht wieder zu betreten!" Damit ergriff er seinen Fußschemel, und als Odysseus auf seinem Rückwege zu der Schwelle eben an ihm vorüberging und auch ihn noch um eine Gabe anflehte, wobei er von langen Bettlerfahrten durch Ägypten und Zypern ihm vorjammerte, rief dieser unwillig: „Welch ein Dämon hat uns diesen zudringlichen Schmarotzer gesandt! Weiche von meinem Tisch, daß ich dir dein Ägypten und Zypern nicht gesegne!“ Und als Odysseus murrend sich zurückzog, warf ihm Antinoos den Fußschemel nach, daß dieser ihm rechts auf die Schulter flog, dicht ans Halsgelenk. Odysseus stand unverrückt wie ein Fels und schüttelte schweigend sein Haupt, voll von Entwürfen. Dann kehrte er zur Schwelle zurück, legte den mit Gaben gefüllten Ranzen zu Boden und klagte niedersitzend den Freiern die Kränkung, die ihm Antinoos angetan. Dieser aber rief dem Bettler zu: „Schweige und friß, du Fremdling, oder packe dich, sonst zieht man dich an Hand und Fuß über die Schwelle, daß dir die Glieder bluten!“

Diese Roheit empörte selbst die Freier; einer aus ihnen erhub sich und sprach: „Antinoos, du hast nicht wohl daran getan, den Unglücklichen zu werfen. Wie nun, wenn es ein Himmelsbote wäre, der Menschengestalt angenommen? Denn solches geschieht ja manchmal!“ Aber Antinoos achtete nicht auf diese Warnung. Telemach selbst sah schweigend die Mißhandlung seines Vaters und drängte seinen Ingrimm in den Busen zurück.

In ihrem Frauengemache konnte Penelope durch die offenen Fenster alles vernehmen, was im Saale geschah. So hörte sie auch, wie es dem Bettler dort erging, und empfand Mitleiden mit ihm. Sie ließ in der Stille den Sauhirten zu sich hereinrufen und befahl ihm, jenen kommen zu heißen. „Vielleicht“, setzte sie hinzu, „weiß er mir etwas von meinem Gemahl zu berichten oder hat ihn gar selbst gesehen, denn er scheint weit in der Welt umhergewandert zu sein.“ „Ja“, antwortete Eumaios, „wenn die Freier schweigen und hören möchten, er könnte vieles erzählen. Drei Tage schon beherberge ich ihn, und seine Berichte entzückten mein Herz, als wären sie das Lied eines Sängers. Er ist von Kreta und mit deinem Gemahl, wie er behauptet, durch väterliches Gastrecht verbunden. Und so will er denn auch wissen, daß Odysseus gegenwärtig im Lande der Thesproter lebe und nächstens mit vielem Gute heimkehren werde.“ „Geh“, sagte Penelope bewegt, „rufe den Fremdling herbei, daß er mir erzähle! Diese üppigen Freier! Es fehlt uns nur ein Mann, wie Odysseus war; käme dieser, so würden er und Telemach den Trotzigen bald vergelten!“ Als sie so sprach, nieste eben Telemach im Saale so laut, daß das Gewölbe widerhallte. Penelope mußte lächeln und sprach zum Sauhirten: „Hörst du, wie mein Sohn mir zuniest, ist das nicht eine gute Vorbedeutung? Rufe mir geschwind den Fremdling herbei!“

Eumaios meldete dem Bettler den Befehl Penelopes, dieser aber erwiderte: „Wie gerne möchte ich der Königin erzählen, was ich von Odysseus weiß; und ich weiß viel von ihm; aber das Betragen der Freier flößt mir Besorgnis ein. Eben jetzt, wo ich durch den Wurf des bösen Mannes dort so schwer gekränkt worden bin, hat sich weder Telemach noch ein anderer meiner angenommen. Darum soll Penelope für jetzt ihr Verlangen bewältigen, bis die Sonne untergegangen ist, dann soll sie mich an ihren Herd sitzen lassen, denn mich friert in meinen Lumpen: so will ich ihr alles mögliche erzählen." So begierig Penelope auf den Fremdling war, so konnte sie seinen Gründen doch nicht unrecht geben und beschloß, sich zu gedulden.

Eumaios kehrte unter das Gewühl der Freier zurück und flüsterte seinem jungen Herrn ins Ohr: „Ich will mich jetzt wieder nach meinem Gehege aufmachen, Herr; sorge du hier für das Nötige, zumal aber für dich selbst, und sei vor jeder Gefahr auf der Hut, welche von seiten der arglistigen Freier dich bedrohen könnte." Auf die Bitte Telemachs verweilte jedoch der Sauhirt noch bei Tische, bis es Abend geworden war; dann brach er auf und versprach, am frühen Morgen mit auserlesenen Schweinen wiederzukommen.

Odysseus und der Bettler Iros

Die Freier waren noch immer beisammen, als ein berüchtigter Bettler aus der Stadt in den Saal trat, ein ungeheurer Vielfraß, groß von Gestalt, aber ohne alle Leibeskraft; von Haus aus hieß er Arnaios, aber die Jugend der Stadt nannte ihn mit einem Unnamen, Iros, was einen Boten bezeichnete, denn er pflegte um Lohn Botendienste zu tun. Die Eifersucht führte ihn herbei, denn er hatte von einem Nebenbuhler gehört, und so kam er heran, den Odysseus aus seinem eigenen Hause zu vertreiben. „Weiche von der Türe, Greis", rief er beim Eintreten; „siehst du nicht, wie mir alles mit den Augen zuwinkt, dich am Fuß hinauszuschleppen? Geh freiwillig und zwinge mich nicht dazu!" Finster blickte ihn Odysseus an und sprach: „Die Schwelle hat Raum für uns beide. Du scheinst mir arm zu sein wie ich. Beneide mich nicht, wie ich selbst dir deinen Anteil gönne. Reize meinen Zorn nicht, und fordere mich nicht zum Faustkampf heraus: so alt ich bin, so möchten dir doch bald Brust und Lippen bluten, und das Haus dürfte morgen Ruhe vor dir haben." Jetzt fing Iros nur noch ärger zu poltern an: „Was schwatzest du da, Fresser", sprach er, „was plauderst du wie ein Hökerweib? Ein paar Streiche von mir rechts und links sollen dir Backen und Maul zerschmettern, daß dir die Zähne auf den Boden fallen wie aus einem Schweinsrüssel. Hast du Lust, es mit einem Jüngling aufzunehmen, wie ich einer bin?"

Mit lautem Lachen kehrten sich die Freier dem hadernden Paare zu, und Antinoos sprach: „Wisset ihr was, Freunde, sehet ihr dort die Ziegenmagen, mit Blut und Fett gefüllt, auf den Kohlen braten? Diese laßt uns den beiden edlen Streitern als Kampfpreis aussetzen: wer von beiden Sieger ist, nehme sich davon, soviel er mag, und kein anderer Bettler außer ihm soll inskünftige diesen Saal betreten!"

Allen Freiern gefiel diese Rede. Odysseus indessen stellte sich zaghaft, als ein vom Elend entkräfteter Greis; er verlangte zum voraus das Versprechen von den Freiern, daß sie sich mit ihren jugendlichen Händen nicht zugunsten des Iros in den Kampf einlassen wollten. Sie gelobten ihm dieses willig, und auch Telemach stand auf und sprach: „Fremdling, wenn du es vermagst, so bemeistere jenen immerhin. Ich bin der Wirt, und wer dich verletzt, der hat es mit mir zu tun." Die Freier alle nickten diesen Worten Beifall zu. Odysseus gürtete sein Gewand und stülpte die Ärmel auf. Da erschienen – denn unvermerkt verherrlichte Athene seinen Wuchs – nervige Schenkel und Arme, mächtige Schultern und Brust, so daß die Freier staunen mußten und Nachbar zum Nachbar sprach: „Welche Lenden der Greis aus seinen Lumpen hervorstreckt! Wahrlich, dem armen Iros wird es übel gehen." Dieser fing auch an zu zagen; die Diener mußten ihn mit Gewalt umgürten, und seine Gelenke schlotterten. Antinoos, der ganz anderes von diesem Wettkampf erwartet hatte, wurde voll Ärgers und sprach: „Großsprecher, wärest du nie geboren, daß du vor dem kraftlosen Greis erbebest! Ich sage dir, wenn du besiegt wirst, so wanderst du mir zu Schiffe nach Epiros zum König Echetos, dem Schrecken aller Menschen: der wird dir Nase und Ohren abschneiden und sie den Hunden vorwerfen!" So schrie Antinoos; jenem aber zitterten die Glieder nur noch mehr. Dennoch führte man ihn hervor, und beide erhuben ihre Hände zum Kampf. Odysseus besann sich einen Augenblick, ob er den Elenden mit einem einzigen Streiche töten sollte oder ihm nur einen sanften Schlag versetzen, um keinen Argwohn bei den Freiern zu erwecken. Das letztere schien ihm klüger, und so gab er ihm denn, als beide hintereinandergekommen waren und Iros ihn mit der Faust rechts auf die Schulter getroffen hatte, nur eine leichte Schlappe hinter das Ohr. Dennoch zerbrach er ihm den Knochen, daß das Blut aus dem Munde schoß und Iros sich zähneklappernd und zappelnd auf dem Boden wand. Unter unbändigem Lachen und Klatschen der Freier zog ihn Odysseus weg von der Pforte, zum Vorhof und zum Haupttore hinaus, lehnte ihn an die Hofmauer, und indem er ihm den Stab in die Hände gab, sprach er spottend: „Da bleib du sitzen auf der Stelle und verscheuche Hunde und Schweine!“ Dann kehrte er in den Saal zurück und setzte sich mit seinem Ranzen wieder auf die Schwelle.

Sein Sieg hatte den Freiern Achtung eingeflößt, sie kamen lachend zu ihm her, reichten ihm die Hände und sprachen: „Mögen dir Zeus und die Götter geben, was du begehrest, Fremdling, daß du uns den überlästigen Burschen zur Ruhe gebracht hast, der nun zum König Echetos wandern mag!“ Odysseus ließ sich den Wunsch als ein gutes Vorzeichen gefallen. Antinoos selbst legte ihm einen mächtigen Ziegenmagen vor, der mit Fett und Blut gefüllt war, Amphinomos aber brachte zwei Brote aus dem Korb herbei, füllte einen Becher mit Wein und trank ihn unter Handschlag dem Sieger zu, indem er sagte: „Auf dein Wohlergehen, fremder Vater, mögest du künftig von aller Trübsal frei sein!“ Odysseus blickte ihm ernsthaft ins Auge und erwiderte: „Amphinomos, du scheinst mir ein recht verständiger Jüngling zu sein und bist eines angesehenen Mannes Kind. Nimm dir mein Wort zu Herzen! Es gibt nichts Eitleres und Unbeständigeres auf Erden, als der Mensch ist; solang ihn die Götter begünstigen, meint er, die Zukunft könne ihm nichts Böses bringen; und wenn nun das Traurige kommt, so findet er keinen Mut in sich, es zu ertragen. Ich selbst habe das erfahren und habe, im Vertrauen auf meine Jugendstärke, in glücklichen Tagen auch manches getan, was ich nicht hätte sollen. Drum warne ich einen jeden, im Übermute nicht zu freveln, und rate ihm, die Gaben der Götter in Demut zu empfangen. So ist es auch nicht klug, daß die Freier sich jetzt so trotzig gebärden und der Gattin des Mannes so viel Schmach antun, der schwerlich lange mehr von seiner Heimat entfernt, der vielleicht so nahe ist! Möge dich, Amphinomos, ein guter Dämon aus dem Haus hinwegführen, ehe du jenem begegnest!“ So sprach Odysseus, goß eine Spende aus, trank und gab dann den Becher dem Jüngling zurück. Der Freier senkte nachdenklich sein Haupt und schritt betrübt durch den Saal, als ahnete ihm etwas Schlimmes. Dennoch entrann er dem Verhängnis nicht, das ihm Athene bestimmt hatte.

Penelope vor den Freiern

Jetzt legte es Pallas Athene der Königin in die Seele, vor den Freiern zu erscheinen, einem jeden von ihnen sein Herz recht mit Sehnsucht zu erfüllen und sich durch ihr Betragen vor dem Gemahl, dessen Gegenwart sie freilich noch nicht ahnte, und vor ihrem Sohne Telemach im vollen Glanz ihrer Seelenhoheit und ihrer Treue zu zeigen. Die alte vertraute Schaffnerin billigte ihren

Entschluß: „Geh nur, Tochter“, sprach sie, „und berate deinen Sohn mit einem Worte zur rechten Zeit: aber nicht so, wie du jetzt bist, deine schönen Wangen von Tränen entstellt, mußt du hinuntergehen; sondern bade und salbe dich zuvor, und alsdann zeige dich den Freiern.“ Aber Penelope antwortete kopfschüttelnd: „Mute mir das nicht zu, gute Alte; alle Lust, mich zu schmücken, ist mir vergangen, seit mein Gemahl mit seinen Schiffen gen Troja fuhr. Aber rufe mir meine Dienerinnen Autonoe und Hippodameia, daß sie im Saale mir zur Seite stehen; denn unbegleitet zu den Männern hinabzugehen, verbietet mir ja die Scham.“

Während Eurynome die Schaffnerin mit diesem Auftrage sich entfernte, versenkte Athene die Gattin des Odysseus auf Augenblicke in einen süßen Schlummer, daß sie sich sanft in ihrem Sessel streckte, und verlieh ihr die Gaben überirdischer Schönheit; das Gesicht wusch sie ihr mit Ambrosia, womit sich Aphrodite zu salben pflegt, wenn sie mit den Charitinnen den Reigen führen will; ihren Wuchs machte sie höher und voller; ihre Haut ließ sie wie Elfenbein schimmern. Dann verschwand die Göttin wieder; die beiden Mägde kamen mit Geräusch hereingeeilt, Penelope erwachte aus ihrem Schlummer, rieb sich die Augen und sprach: „Ei wie sanft habe ich geschlafen, möchten mir die Götter nur auf der Stelle einen so sanften Tod senden, daß ich mich nicht länger um meinen Gemahl härmen und im Hause Kummer ausstehen müßte!“ Mit diesen Worten erhub sie sich aus dem Sessel und stieg aus den obern Gemächern des Palastes zu den Freiern hinab. Dort stand sie in der Pforte des gewölbten Saales still, die Wangen mit dem Schleier umhüllt, in jugendlicher Schönheit; zu beiden Seiten stand sittsamlich eine Dienerin. Als die Freier sie sahen, schlug ihnen allen das Herz im Leibe, und jeder wünschte und gelobte sich, sie als Gattin heimzuführen. Die Königin aber wandte sich an ihren Sohn und sprach: „Telemach, ich erkenne dich nicht; fürwahr, schon als Knabe zeigtest du mehr Verstand denn jetzt, wo du groß und schön, wie der Sohn des edelsten Mannes vor mir stehst! Welche Tat hast du soeben im Saale begehen lassen? Hast geduldet, daß ein armer Fremdling, der in unserer Behausung Ruhe suchte, aufs unwürdigste gekränkt worden ist? Das muß uns ja vor allen Menschen Schande bringen!“

„Ich verarge dir deinen Eifer nicht, gute Mutter“, erwiderte hierauf Telemach; „auch fehlt es mir nicht an der Erkenntnis des Rechten; aber diese feindseligen Männer, die um mich her sitzen, betäuben mich ganz, und nirgends finde ich einen, der mich unterstützte. Doch ist der Kampf des Fremden mit Iros gar nicht ausgegangen, wie es die Freier wünschten; möchten diese doch ebenso gezwungen ihr Haupt hängen lassen, wie jener Elende draußen an der Schwelle des Hofes dasitzt!" Telemach hatte dieses so gesprochen, daß die Freier es nicht hören konnten, Eurymachos aber rief ganz trunken von dem Anblicke der reizenden Königin: „Ikarios' Tochter, wenn dich alle Achaier in ganz Griechenland sehen könnten, wahrhaftig, es erschienen morgen noch viel mehr Freier zum Schmause: so weit übertriffst du alle Weiber an Gestalt und Geist!" „Ach, Eurymachos", antwortete Penelope, „meine Schönheit ist dahin, seit mein Gemahl mit den Griechen gen Troja fuhr! Käme er wieder zurück und beschirmte mein Leben, ja dann möchte ich wieder aufblühen; jetzt aber traure ich. Ach, als Odysseus das Ufer verließ und mir zuletzt die Hand reichte, da sprach er: „Liebes Weib, die Griechen werden, denk ich, wohl nicht alle gesund von Troja heimkehren: die Trojaner sollen des Streites kundige Männer sein, treffliche Speerschleuderer, Bogenschützen, Wagenlenker. So weiß denn auch ich nicht, ob mein Dämon mich zurückführen oder dort wegraffen wird. Beschicke du alles im Hause, und sorge mir für Vater und Mutter womöglich noch zärtlicher, als du bisher getan hast. Und wenn dein Sohn herangewachsen ist und ich nicht mehr heimkehre, dann magst du dich vermählen, wenn du willst, und unsere Wohnung verlassen." So sprach er, und nun wird alles wahr! Weh mir, der entsetzliche Tag der Hochzeit naht heran, und unter welchem Kummer gehe ich ihm entgegen! Denn diese Freier da haben ganz andere Sitte, als man sonst bei Brautwerbern findet. Wenn andere eines ansehnlichen Mannes Tochter zum Weibe begehren, so bringen sie Rinder und Schafe zum Schmause mit und Geschenke für die Braut und verprassen nicht fremdes Gut ohne alle Entschädigung!"

Mit inniger Lust hörte Odysseus diese klugen Worte. Für die Freier übernahm Antinoos die Antwort und erwiderte: „Edle Königin, gern wird dir jeder von uns die köstlichsten Gaben darbringen, und wir bitten dich, entziehe dich unsern Geschenken nicht. Aber in unsere Heimat kehren wir nicht zurück, bis du dir den Bräutigam aus unserer Mitte auserkoren hast." Alle Freier stimmten in diese Rede ein. Diener wurden abgeschickt, und bald kamen die Geschenke heran. Antinoos ließ ein gewirktes buntes Gewand, an dem zwölf goldene Spangen hinabliefen, die mit schön gebogenen Haken in die Schlußringe eingriffen, herbeibringen; Eurymachos ein kunstvolles goldenes Brustgeschmeide, mit anderem edlen Metall eingelegt, das wie die Sonne strahlte; Eurydamas ein Paar Ohrringe, jeder in drei Diamanten spielend; aus Peisanders Palast wurde ein

Halsband voll der köstlichsten Kleinode dahergetragen, und so reichte ihr auch jeder der andern Freier ein besonderes Geschenk dar. Dienerinnen des Hauses kamen, nahmen die Geschenke in Empfang, und Penelope stieg mit denselben wieder in den Söller empor.

Odysseus abermals verhöhnt

Die Freier vergnügten sich jetzt, bis der Abend hereinbrach, im Reihentanze und schwärmten ganz ausgelassen. Als es dunkel wurde, stellten die Mägde drei Feuerlampen zur Beleuchtung im Saale umher und legten getrocknete Scheiter, mit Kienspänen gemischt, hinein. Während sie nun in die Wette die Glut anfachten, gesellte sich Odysseus zu ihnen und sagte: „Ihr Mägde des Odysseus, des allzulange abwesenden Herrn, höret, euch ziemte besser, droben bei eurer ehrwürdigen Fürstin zu sitzen, die Spindel zu drehen und Wolle zu kämmen. Für das Feuer im Saale lasset mich sorgen! Und blieben die Freier bis zum hellen Morgen da, ich will nicht müde werden; ich bin ans Dulden gewöhnt!"

Die Mägde sahen einander an und schlugen ein Gelächter auf. Endlich sprach eine junge, schöne Dienerin, Melantho, welche von Penelope wie ein Kind aufgezogen worden, die aber jetzt mit dem Freier Eurymachos in schändlichem Einverständnisse lebte, die frechen Schmähworte: „Du elender Bettler, du bist ein rechter Narr, daß du nicht in eine Schmiedeesse oder andere Herberge schlafen gehest und hier, wo soviel edlere Männer sind als du, uns Gesetze vorschreiben willst. Sprichst du im Rausche, oder bis du beständig ein solcher Tor? Oder schwindelt dir, weil du den Iros besiegt hast? Nimm dich in acht, daß nicht ein Besserer sich erhebt, dir rechts und links mit derber Hand das Haupt zerschlägt und dich vom Blute triefend aus dem Palaste verstößt!"„Hündin", antwortete Odysseus finster,"ich gehe, deine frechen Worte dem Telemach zu melden, daß er dich in Stücke zerhaue!" Die Mägde meinten, er habe im Ernste geredet, und sein Wort scheuchte sie auseinander, daß sie mit bebenden Knien aus dem Saale flohen. Nun stellte sich Odysseus selbst an die Feuerschalen, fachte die Flamme an und hing seinen Rachegedanken nach. Athene aber spornte das Herz der üppigen Freier zum kränkenden Spott, und Eurymachos sagte zu seinen Gesellen, daß ein lautes Gelächter entstand: „Der Mann ist wahrhaftig als eine lebendige Leuchte von einem Gott in diesen Saal geschickt worden: schimmert nicht sein Kahlkopf, auf dem auch kein einziges Härchen mehr zu erblicken ist, gerade wie eine Fackel?" Und zu Odysseus gewendet, sprach er: „Hör, Bursche, hättest du nicht Lust, dich mir zum Knechte zu verdingen, mir auf meinen Gütern die Dornen einzusammeln und Bäume zu pflanzen? An Kost und Nahrung sollte dir's nicht gebrechen. Aber ich merke wohl, du bettelst lieber und füllst dir deinen Bauch mit Almosen, was keinen Schweiß kostet." „Eurymachos", antwortete Odysseus mit fester Stimme, „ich wollte, es wäre Frühling und wir mähten miteinander in die Wette Gras auf der Wiese; du hieltest die Sense und ich hielte sie und beide müßten wir nüchtern bis spät in die Nacht arbeiten: es sollte sich zeigen, wer es länger aushielte! Oder ich wollte, wir ständen beide an der Pflugschar: du solltest sehen, wie ich die Furche in *einem* Zuge durchschnitte! Oder es wäre Krieg und ich trüge Schild und Helm, dazu zwei Lanzen; du solltest sehen, ob ich nicht in den vordersten Reihen kämpfte, und gewiß, es fiele dir nicht ein, mich höhnend an meinen Magen zu erinnern! Trotziger Mensch, du dünkest dich groß und gewaltig zu sein, weil du dich nur erst mit wenigen und dazu nicht mit den Edelsten gemessen hast; aber wenn einmal Odysseus in die Heimat zurückkäme, da möchten dir bald diese Hallen, so weit sie der Werkmeister gebaut hat, zu eng werden für die Flucht!"

Jetzt wurde Eurymachos erst recht grimmig. „Elender", schrie er, „empfang auf der Stelle den Lohn für deine trunkenen Reden!" Mit diesem Zuruf schleuderte er einen Fußschemel nach Odysseus, dieser aber warf sich zu den Knien des Amphinomos nieder, daß der Schemel über ihm hin und dem Mundschenken an die rechte Hand fuhr, so daß diesem die Weinkanne mit hellem Klang auf den Boden rollte, er selbst aber mit einem Schrei rückwärts zu Boden fiel.

Die Freier lärmten indessen fort und fluchten dem Fremdlinge, daß er eine solche Störung in ihre Freuden bringe, bis Telemach höflich, aber bestimmt seine Gäste einlud, sich zur Nachtruhe zu begeben. Da erhub sich Amphinomos in der Versammlung und sprach: „Ihr habt billige Worte vernommen, meine Freunde, widersetzet euch ihnen nicht; auch den Fremdling soll niemand hinfort, weder ihr noch ein Diener im Palaste, mit Wort oder Werken kränken! Füllet die Becher noch einmal zur Opferspende, und dann laßt uns nach Hause wandeln. Der Fremdling aber bleibe hier unter dem Schutze des Telemach, an dessen Herd er sich geflüchtet hat." Es geschah, wie Amphinomos geraten hatte, und bald verließen die Freier den Saal.

Odysseus mit Telemach und Penelope allein

Im Saale standen jetzt nur noch Odysseus und sein Sohn. „Geschwinde laß uns jetzt die Rüstungen verwahren!“ sagte jener zu diesem. Telemach aber rief seine Pflegerin Eurykleia heraus und sagte: „Mütterchen, halte mir die Mägde drin zurück, bis ich des Vaters Waffen aus dem beständigen Dampf in die Kammer getragen.“ „Schon recht“, antwortete Eurykleia, „daß du endlich auch einmal darauf denkst, des Hauses zu warten und dein Gut zu beschirmen, Sohn! Aber wer soll dir die Fackel vortragen, wenn ich keine Dienerin mit dir gehen lassen darf?“ „Der Fremdling dort!“ erwiderte Telemach lächelnd, „wer aus meinem Brotkorb ißt, darf mir nicht müßig stehen!“ Nun trugen Vater und Sohn die Helme, die Schilde, die Lanzen, alles miteinander in die Kammer, und vor ihnen her schritt mit goldener Feuerschale Pallas Athene und verbreitete Licht überall. „Welch ein Wunder“, sagte Telemach leise zum Vater, „wie schimmern die Wände des Hauses! wie deutlich sehe ich jede Vertiefung, jeden Fichtenbalken, jede Säule, und alles leuchtet wie Feuer! Fürwahr, es muß ein Gott bei uns sein, ein Himmelsbewohner!“ „Sei stille, Sohn“, antwortete ihm Odysseus, „und forsche nicht; das ist so der Brauch der Unsterblichen. Lege dich jetzt schlafen; ich selbst will noch ein weniges aufbleiben und Mutter und Dienerinnen auf die Probe stellen.“

Telemach entfernte sich, und Penelope trat jetzt aus ihrer Kammer, schön wie Artemis und Aphrodite. Sie stellte sich ihren eigenen, köstlich mit Silber und Elfenbein ausgelegten Sessel zum Feuer und setzte sich auf den Schafspelz, der ihn bedeckte. Dann kam eine Schar von Mägden, die räumten Brot und Becher von den Tischen, stellten diese selbst beiseite und sorgten aufs neue für Beleuchtung und Heizung des Saales in den Geschirren. Hier geschah es, daß Melantho den Odysseus zum zweiten Male höhnte. „Fremdling“, sagte sie, „du wirst doch nicht die Nacht über dableiben und im Palaste herumlungern wollen? Begnüge dich mit dem Genossen und geh auf der Stelle aus der Türe hinaus, wenn nicht dieser Feuerbrand dir nachfliegen soll!“ Odysseus schaute sie finster an und entgegnete: „Unbegreifliche, warum bist du so erbittert auf mich, weil ich in Lumpen gehe und bettle? Ist das nicht das gemeinsame Schicksal aller Umherirrenden? Einst war auch ich glücklich, wohnte im reichen Hause, gab dem wandernden Fremdling, wie auch sein Aussehen sein mochte, was er bedurfte. Auch Diener und Dienerinnen hatte ich genug; doch das alles hat mir Zeus genommen. Bedenke, Weib, daß es dir auch so gehen könnte; wie, wenn die Fürstin einmal dir ernstlich zürnete? wenn gar Odysseus heimkäme? Noch ist die Hoffnung dazu nicht ganz verschwunden! Oder wenn Telemach, der kein Kind mehr ist, an seiner Stelle handelte?“

Penelope hörte, was der Bettler sprach, und schalt die übermütige Dienerin: „Schamloses Weib, ich kenne deine schlechte Seele wohl und weiß, was du tust; du sollst es mir mit deinem Kopfe büßen! Hast du doch selbst von mir gehört, daß ich den Fremdling ehre und ihn in meinen eigenen Gemächern über den Gemahl befragen will, und dennoch wagst du's, denselben zu verhöhnen!“ Melantho schlich eingeschüchtert davon, die Schaffnerin mußte dem Bettler einen Stuhl hinstellen, und nun begann Penelope das Gespräch: „Vor allen Dingen, Fremdling“, sagte sie, „nenne mir dein Haus und Geschlecht.“ „Königin“, antwortete Odysseus, „du bist eine untadelhafte Frau, auch deines Gatten Ruhm ist groß; dein Volk, dein Land hat ein gutes Lob. Du aber frage mich nach allem, nur nicht nach meinem Geschlecht und nach meiner Heimat, ich habe zu viel Weh erduldet, als daß ich daran erinnert werden dürfte. Wenn ich es aufzählen sollte, so müßte ich trostlos klagen und würde von den Dienerinnen oder gar von dir selber mit Recht gescholten.“ Hierauf fuhr Penelope fort: „Du siehest, Fremdling, daß es auch mir nicht besser ergangen ist, seit mein geliebter Gemahl mich verlassen hat. Du kannst die Männer selbst zählen, die um mich werben und mich bedrängen und denen ich seit drei Jahren durch eine List entgangen bin, die ich jetzt nicht mehr fortsetzen kann.“ Damit erzählte sie ihm von ihrem Gewebe und wie der Betrug durch die Mägde entdeckt worden war. „Hinfort kann ich“, endete sie, „der Vermählung nicht mehr ausweichen; meine Eltern drängen mich, mein Sohn zürnt über die Verschwendung seines Erbguts. So siehst du, wie es mir ergeht. Nun wohlan, verschweige mir auch dein Geschlecht nicht, Mann; du bist doch nicht der fabelhaften Eiche oder dem Felsen entsprossen!“

„Wenn du mich nötigest“, erwiderte Odysseus, „so will ich es dir wohl sagen.“ Und nun fing der Schalk an, sein altes Lügenmärchen von Kreta zu erzählen. Dieses sah der Wahrheit so ähnlich, daß Penelope in Tränen zerfloß und es den Odysseus im innersten Herzen erbarmte. Dennoch standen ihm die Augensterne wie Horn oder Eisen unbeweglich unter den Augenlidern, und er war besonnen genug, die Tränen zurückzuhalten. Als die Königin lange genug geweint, begann sie von neuem: „Jetzt muß ich doch auch ein wenig prüfen, Fremdling, ob es wirklich wahr ist, wie du erzählest, daß du meinen Gemahl in deinem Hause bewirtet hast. Sage mir doch, welches Gewand er trug, wie er aussah, wie sein Gefolge war.“ „Du verlangst etwas Schweres nach so langer Trennung“, erwiderte

Odysseus, „denn es geht nun ins zwanzigste Jahr, daß der Held bei uns auf Kreta landete. Doch soviel ich mich erinnere, war sein Kleid zwiefach, purpurn, von langer Wolle, eine goldene Spange daran, die mit doppelten Röhren schloß, vom war ein prächtiges Stickwerk angebracht, ein Rehlein, das zwischen den Vorderklauen eines Hundes zappelte; unter dem Purpurmantel schaute der feinste schneeweiße Leibrock hervor. Ein bucklichter Herold mit Lockenhaar und braunem Gesichte, namens Eurybates, folgte ihm.“ Von neuem mußte die Königin weinen, denn alle Zeichen trafen genau ein. Odysseus tröstete sie mit einem neuen Märchen, in das er jedoch manche Wahrheit einmischte, von seiner Landung auf Thrinakia und seinem Aufenthalt im Lande der Phäaken. Das alles wollte der Bettler vom Könige der Thesproten wissen, wo Odysseus vor seiner Reise zum Orakel nach Dodona sich zuletzt aufgehalten und große Schätze hinterlegt habe, die der Bettler selbst gesehen zu haben vorgab. Somit sei seine Rückkunft so gut als gewiß.

Aber seine Worte vermochten Penelope nicht zu überzeugen. „Mir ahnet im Geiste“, sprach sie mit gesenktem Haupte, „daß das niemals geschehen wird.“ Sie wollte nun den Mägden befehlen, dem Fremdling die Füße zu waschen und ihm ein gutes, warmes Lager zu bereiten. Odysseus schlug jedoch den Dienst von den verhaßten Dienerinnen aus und wollte nicht anders denn wie bisher auf schlechtem Stroh liegen. „Nur wenn du ein altes, redliches Mütterchen hast, Königin“, sprach er, „das soviel im Leben duldete wie ich selbst, das mag mir die Füße waschen.“ „Nun, so erhebe dich, ehrliche Eurykleia“, rief Penelope; „hast du doch einst den Odysseus großgezogen; wasche nun diesem da die Füße, der gerade so alt ist wie dein Herr. Ach“, sagte sie mit einem Blick auf den Bettler, „solche Füße, solche Hände hat vielleicht jetzt auch Odysseus; pflegen doch die Menschen im Unglück frühe zu altern!“ Die greise Pflegerin weinte bei diesen Worten, und als sie sich anschickte, dem Fremdlinge die Füße zu waschen und ihn nun schärfer ins Auge faßte, da sprach sie: „Es haben uns schon viele Fremdlinge besucht, aber dem Odysseus so ähnlich an Stimme, Gestalt und Füßen wie du ist mir noch nie ein Mensch erschienen!“ „Ja, das haben alle gesagt, die uns beide gesehen“, antwortete Odysseus gleichgültig, während er am Feuerherde saß und sie die zum Fußwaschen bestimmte Wanne mit kaltem und kochendem Wasser mischend füllte. Als sie sich an die Arbeit machte, rückte Odysseus vorsichtig ins Dunkel, denn er hatte von seiner frühen Jugend her über dem rechten Knie eine tiefe Narbe, wo ihm einmal auf der Jagd ein Eber mit dem Zahne seitwärts ins Fleisch gefahren war. An diesem Mal fürchtete Odysseus von der Alten erkannt zu werden und rückte deswegen mit den Füßen aus dem Licht. Aber es war vergebens. Sowie die Schaffnerin mit den flachen Händen über die Stelle fuhr, erkannte sie die Narbe unter dem Druck und ließ vor Freude und Schrecken das Bein in die Wanne gleiten, daß das Erz klang und das Wasser überspritzte. Atem und Stimme stockten ihr, und ihr Auge fällte sich mit Tränen. Endlich faßte sie den Helden beim Knie: „Odysseus, mein Sohn, wahrlich, du bist es", rief sie; „ich habe es mit Händen gegriffen!" Aber Odysseus drückte ihr mit seiner Rechten die Kehle zu, mit der Linken zog er sie an sich und flüsterte: „Mütterchen, willst du mich verderben? Du redest freilich wahr, aber noch darf es kein Mensch im Palaste wissen! Schweigst du nicht und es gelingt mir, die Freier zu bezwingen, so erwartet dich dasselbe Schicksal wie die gottlosen Mägde!" „Welch ein Wort sprichts du da!" antwortete die Schaffnerin ruhig, als er ihr die Kehle wieder losgelassen, „weißt du nicht, daß mein Herz fest ist wie Fels und Eisen? Hüte dich nur vor den andern Mägden im Palaste! Ich will dir alle nennen, die dich verachten." „Es braucht das nicht", sprach Odysseus; „ich kenne sie schon, und du darfst ruhig sein!" Inzwischen hatte Eurykleia ein zweites Fußbad geholt, denn das erste war ganz verschüttet. Nachdem er nun wohl gebadet und gesalbt war, besprach sich Penelope noch eine Weile mit ihm. „Mein Geist schwankt hin und her", sagte sie, „guter Fremdling, ob ich bei meinem Sohne bleiben soll, aus Scheu vor meinem Gemahl, der ja doch vielleicht noch lebt, und für jenen unser Gut verwalten, oder ob mich der Edelste unter den Freiern, der die herrlichste Brautgabe bietet, heimführen soll. Solange Telemach noch ein Kind war, ließ mich seine Jugend nicht heiraten; nun er aber das Jünglingsalter erreicht hat, wünscht er selbst, daß ich aus dem Hause gehe, weil sein Erbgut sonst doch nur vollends verschwelgt wird. – Aber jetzt erkläre mir auch noch einen Traum, lieber Mann, da du doch so klug zu sein scheinst: Ich habe zwanzig Gänse im Hause und sehe ihnen immer mit Lust zu, wie sie ihren Weizen, mit Wasser gemischt, fressen. Da träumt mir nun, ein Adler komme vom Gebirge her und breche meinen Gänsen die Hälse; alle lagen gemordet, wild durcheinander im Palast, der Raubvogel aber schwang sich in die Lüfte. Ich fing laut an zu schluchzen und träumte weiter. Mir war, als kämen die Frauen aus der Nachbarschaft, mich in meinem Grame zu trösten. Auf einmal kehrte auch der Adler zurück, setzte sich auf das Gesimse und fing an mit Menschenstimme zu reden: „Sei getrost", sprach er, „Ikarios' Tochter, das ist ein Gesicht und kein Traum: die Freier sind die Gänse; ich selbst, der ich ein Adler war, bin Odysseus, ich bin zurückgekommen, alle Freier umzubringen." So sprach der Vogel, und ich wachte auf. Sogleich ging ich, nach meinen Gänsen zu schauen, aber diese standen ganz ruhig am Trog und fraßen." „Fürstin", erwiderte der versteckte Bettler, „es ist gewiß so, wie dir Odysseus im Traume sagte, das Gesicht kann gar keine andere Bedeutung haben; er wird kommen, und kein Freier wird am Leben bleiben."

Aber Penelope seufzte und sprach: „Träume sind doch nur Schäume, und morgen kommt der entsetzliche Tag, der mich vom Hause des Odysseus scheiden wird. Da will ich den Wettkampf bestimmen; mein Gemahl pflegte manchmal zwölf Äxte hintereinander aufzustellen; dann trat er in die Ferne zurück und schnellte den Pfeil vom Bogen durch alle zwölf hindurch. Wer nun von den Freiern dieses Kunststück mit des Odysseus Bogen, den ich immer noch aufbewahre, vollbringt, dem will ich folgen." „Tue das, ehrwürdige Königin", sprach Odysseus entschlossen; „bestimme morgen auf der Stelle den Wettkampf, denn eher kommt dir Odysseus, als daß jene seinen Bogen spannen und durch die zwölf Löcher der Äxte den Pfeil schnellen."

Die Nacht und der Morgen im Palaste

Die Königin sagte dem Fremdling gute Nacht, Odysseus begab sich in den Vorsaal, wo ihm Eurykleia ein Bett bereitet hatte, das er sich gefallen ließ. Über eine ungegerbte Stierhaut waren Schafspelze zum Lager gebreitet, und den Liegenden deckte ein Mantel zu. Lang wälzte er sich schlaflos auf seinem Lager; die schändlichen Mägde, die mit den Freiern zuhielten, stürmten unter Scherz und Gelächter an ihm vorüber, daß sie ihm das Herz im Innersten empörten. Aber der Held schlug an seine Brust, strafte sich selbst und sprach im Geiste: „Duld es, mein Herz, hast du doch schon Härteres ertragen! Weißt du nicht mehr, wie du beim Zyklopen saßest und ihm zusehen mußtest, wie das Ungeheuer deine Genossen fraß? Dulde!" So bezwang er sein Herz; doch warf er sich noch lange hin und her und sann auf Rache gegen die Freier, als sich auf einmal Athene in Jungfrauengestalt über sein Haupt neigte und seinen bangen Gedanken, wie er über so viele Meister werden sollte, mit den Worten ein Ziel setzte: „Kleinmütiger, verläßt man sich doch schon auf einen geringeren Freund, auf einen Sterblichen, der nicht so reich an Ratschluß und an Kraft ist; ich aber bin eine Göttin und beschirme dich in jeder Gefahr; und wenn dich fünfzig Scharen voll Mordlust umringten, dennoch würdest du es hinausführen! Überlaß dich immerhin dem Schlummer, denn endlich tauchst du aus der Trübsal auf." So sprach sie und bedeckte ihm die Augenlider mit süßem Schlaf.

Penelope ihrerseits erwachte nach einem kurzen Schlummer, setzte sich aufrecht in ihrem Bette hin und fing laut an zu weinen. Unter Tränen richtete sie ihr Gebet an die Göttin Artemis: „Zeus' heilige Tochter“, rief sie flehend, „träfe doch auf der Stelle dein Pfeil mein Herz oder raffte mich ein Sturmwind hinweg und würfe mich ans fernste Ufer des Ozeans, ehe ich meinem Gemahl Odysseus untreu werden und mich dem schlechteren Manne vermählen muß! Erträglich ist das Leiden, wenn man den Tag durchweint und doch die Nacht über Ruhe hat; mich aber peinigt ein Dämon selbst im Schlafe mit den schmerzlichsten Träumen! So war mir im Augenblicke noch, als stände mein Gatte mir zur Seite, herrlich von Gestalt, ganz wie er mit dem Kriegsheere von dannen zog, und mein Herz war voll Freude, denn ich meinte zuversichtlich, daß es Wahrheit sei!“ So schluchzte Penelope, und Odysseus vernahm die Stimme der Weinenden. Es war ihm ganz bange, vor der Zeit erkannt zu werden. Eilig raffte er sich auf, verließ den Palast, und unter freiem Himmel betete er zu Zeus um ein günstiges Zeichen für seine Pläne. Da erschien ein gewaltiges Licht am Himmel, und ein plötzlicher Donner rollte über dem Palaste hin. In der nahen Mühle des Palastes hielt eine Müllerin still, die die ganze Nacht durch gemahlen, blickte zum Himmel empor und rief. „Wie doch Zeus donnert, und ist weit und breit kein Gewölk zu sehen! Er hat wohl irgendeinem Sterblichen ein Zeichen gewährt! O Vater der Götter und Menschen, möchtest du auch meinen Wunsch erfüllen und die verfluchten Freier vertilgen, die mich Tag und Nacht in der Mühle das Mehl zu ihren Schmäusen bereiten lassen!“ Odysseus freute sich der guten Vorbedeutung und kehrte in den Palast zurück.

Hier wurde es allmählich laut, die Mägde kamen und zündeten das Feuer auf dem Herd an; Telemach warf sich in die Kleider, trat an die Schwelle der Frauengemächer und rief der Pflegerin mit verstellten Worten: „Mütterchen, habt ihr den Gast auch mit Speise und Lager geehrt, oder liegt er unbeachtet da? Die Mutter scheint mir ganz die Besinnung verloren zu haben, daß sie den schlechten Freiern soviel Ehre erweist und den besseren Mann ungeehrt läßt!“ „Du tust meiner Herrin unrecht“, antwortete Eurykleia, „der Fremdling trank so lange und so viel Wein, als ihm beliebte, und Speise verlangte er auch keine mehr. Man bot ihm ein köstliches Lager an, aber er verschmähte es; mit Mühe ließ er sich ein schlechteres gefallen.“

Nun eilte Telemach, von seinen Hunden begleitet, auf den Markt in die Volksversammlung. Die Schaffnerin aber befahl den Mägden, alles zu dem bevorstehenden Schmause des Neumondfestes zuzubereiten; und nun legten die einen purpurne Teppiche auf die schmucken Sessel, andere scheuerten die Tische mit Schwämmen, wieder andere reinigten die Mischkrüge und die Becher, und ihrer zwanzig eilten an den Quellbrunnen, Wasser zu schöpfen. Auch die Diener der Freier kamen heran und spalteten Holz in der Vorhalle. Der Sauhirt kam mit den fettesten Schweinen herbei und grüßte seinen alten Gast aufs freundlichste. Melanthios mit zwei Geißhirten brachte die auserlesensten Ziegen, die von den Knechten in der Halle angebunden wurden. Dieser sprach im Vorübergehen zu Odysseus mit höhnischem Ton: „Alter Bettler, bist du immer noch da und weichst nicht von der Türe? Wir nehmen wahrscheinlich nicht Abschied voneinander, bevor du meine Fäuste gekostet! Gibt es denn gar keine anderen Schmäuse, denen du nachzuziehen hast?" Odysseus erwiderte auf diese Schmähworte nichts, sondern schüttelte nur das Haupt.

Nun betrat ein ehrlicher Mann der Palast; es war Philötios, der den Freiern ein Rind und gemästete Ziegen zu Schiffe herbeigebracht hatte. Dieser sprach im Vorübergehen zu dem Sauhirten: „Eumaios, wer ist doch der Fremdling, der jüngst in dieses Haus kam? Er gleicht an Gestalt ganz und gar unserm Könige Odysseus. Geschieht es doch wohl, daß das Elend auch einmal Könige zu Bettlern umgestaltet!" Dann nahte er sich dem verkleideten Helden mit einem Handschlage und sprach: „Fremder Vater, so unglücklich du scheinest, so möge es dir wenigstens in Zukunft wohlergehen! Mich überlief der Schweiß, als ich dich sah, und Tränen traten mir in die Augen, denn ich mußte an Odysseus gedenken, der jetzt wohl auch, in Lumpen gehüllt, in der Welt umherirrt, wenn er anders noch lebt! Schon als Jüngling hat er mich zum Hüter seiner Rinder gemacht, deren Zucht vortrefflich gedeiht, leider aber muß ich sie andern zum Schmause daherführen! Auch wäre ich längst vor Ärger aus diesem Lande geflohen, wenn ich nicht immer noch hoffte, Odysseus kehre dereinst zurück und jage diesen Schwarm auseinander." „Kuhhirt", erwiderte ihm Odysseus, „du scheinst kein schlechter Mann zu sein; ja beim Zeus schwöre ich dir, heute noch, und solange du im Palaste bist, kehrt Odysseus heim, und deine Augen werden es schauen, wie er die Freier abschlachtet!" „Möchte Zeus es wahr machen", sagte der Rinderhirt; „meine Hände sollten auch dabei nicht feiern!"

Der Festschmaus

Die Freier, nachdem sie in ihrer Versammlung sich über Telemachs Ermordung besprochen, kamen allmählich auch im Palaste an. Sie legten ihre

Mäntel ab, die Tiere wurde geschlachtet, gebraten und verteilt; Diener mischten den Wein in Krügen, der Sauhirt reicht die Becher umher, Philötios in zierlichen Körben die Brote, den Wein schenkte Melanthios, und das allgemeine Mahl begann.

Den Odysseus setzte Telemach absichtlich an die Schwelle des Saales auf einen schlechteren Stuhl und stellte einen armseligen Tisch davor. Hier ließ er ihm gebratenes Eingeweide auftragen, füllte seinen Becher mit Wein und sprach: „Hier schmause ruhig, und ich rate niemandem, dich zu schmähen!" Antinoos selbst ermahnte seine Freunde, den Fremdling gewähren zu lassen, denn er merkte wohl, daß derselbe unter Zeus' Schutz stehe; aber Athene stachelte die Freier heimlich zum Spott. Es war unter ihnen ein schlechtgesinnter Mann, mit Namen Ktesippos, von der Insel Same. „Ihr Freier, höret", sprach dieser mit höhnischem Lächeln: „Zwar hat der Fremdling längst seinen Anteil, so gut wie wir selber, und es wäre auch nicht recht, wenn Telemach einen so vornehmen Gast überginge! Doch will ich ihm noch ein besonderes Gastgeschenk verehren; er mag die Schaffnerin damit bezahlen, die ihm den Schmutz vom Leibe gewaschen hat!" So höhnend zog er einen Kuhfuß aus dem Korbe und schleuderte ihn mit seiner nervichten Hand nach dem Bettler. Aber Odysseus bog mit dem Haupte aus und drängte den Zorn mit einem gräßlichen Lächeln in die Brust zurück; der Knochen fuhr an die Mauer.

Jetzt stand Telemach auf und rief. „Schätze dich glücklich, Ktesippos, daß du den Fremdling nicht getroffen hast; wäre es geschehen, ich hätte dir die Lanze durch den Leib gestoßen, und dein Vater hätte dir eine Leichenfeier statt der Hochzeit rüsten können! Drum erlaube sich keiner mehr eine Ungebühr in meiner Wohnung! Lieber bringet mich selbst um, als daß ihr die Fremdlinge beleidiget; es wäre mir auch besser, zu sterben, als immer so schändliche Taten mit anzusehen!" Alle verstummten, als sie so ernstliche Worte hörten; endlich stand Agelaos, der Sohn des Damastor, unter ihnen auf und sprach: „Telemach hat recht! Aber er und seine Mutter sollen jetzt ein Wort in Güte mit sich reden lassen. Solange noch irgendeine Hoffnung vorhanden war, daß Odysseus jemals in seine Heimat zurückkehren könne, so war es begreiflich, wenn man die Freier hinhielt. Jetzt aber ist es keinem Zweifel unterworfen, daß jener niemals zurückkommt. Wohlan denn, Telemach, tritt zu deiner Mutter, bestimme sie, den Edelsten unter uns Freiern und der die meisten Gaben bietet, zu wählen, damit du selbst hinfort ungeschmälert dein väterliches Erbe genießen kannst!"

Telemach erhob sich von seinem Sitz und sprach: „Beim Zeus, auch ich verzögere die Wahl nicht länger; vielmehr spreche ich schon lange der Mutter zu, sich für einen von ihren Bewerbern zu entscheiden. Nur, mit Gewalt werde ich sie nie aus dem Hause treiben!" Diese Worte Telemachs wurden mit einem unbändigen Gelächter von den Freiern aufgenommen, denn schon verwirrte Pallas Athene ihren Geist, daß sie grinsend ihre Gesichter verzerrten; auch aßen sie das Fleisch halb roh und blutig hinein: plötzlich füllten sich ihre Augen mit Tränen, und sie gingen von der größten Ausgelassenheit zur tiefsten Schwermut über. Dies alles bemerkte der Seher Theoklymenos wohl. „Was ist euch", sprach er, „ihr Armen? Eure Häupter sind ja wie in Nacht gehüllt, eure Augen sind voll Wassers, und aus eurem Munde tönen Wehklagen! Und was schaue ich, an allen Wänden trieft Blut, Halle und Vorhof wimmeln von Gestalten des Hades, und die Sonne am Himmel ist ausgelöscht!" Die Freier aber verfielen wieder in ihre vorige Lustigkeit und fingen aus Leibeskräften zu lachen an. Endlich sprach Eurymachos zu den andern: „Dieser Fremdling, der sich erst seit kurzem in unserer Mitte befindet, ist wahrhaftig ein rechter Narr. Schnell, ihr Diener, wenn er hier im Saale nichts als Nacht sieht, so führt ihn hinaus auf Straße und Markt!" „Ich brauche deine Begleiter nicht, Eurymachos", antwortete Theoklymenos entrüstet, indem er aufstand. „Augen, Ohren und Füße sind gesund, auch ist bei mir der Verstand noch am rechten Ort; ich gehe von selbst, denn der Geist weissagt mir das Unheil, das euch naht und dem keiner von euch entflieht." So sprach er und verließ eilig den Palast, ging zu Peiraios, seinem vorigen Gastfreund, und fand bei diesem die freundlichste Aufnahme.

Die Freier aber fuhren fort, den Telemach zu verhöhnen. „Schlechtere Gäste als du, Telemach", sprach einer von ihnen, „hat doch kein Mensch in der Welt beherbergt: einen ausgehungerten Bettler und einen Narren, der wahrsagt! Wahrhaftig, du solltest mit ihnen durch Griechenland reisen und sie für Geld auf den Märkten sehen lassen!" Telemach schwieg und schickte seinem Vater einen Blick zu, denn er erwartete nur das Zeichen, um loszubrechen.

Der Wettkampf mit dem Bogen

Jetzt war auch Penelopes Zeit gekommen. Sie nahm einen schönen Schlüssel aus Erz mit elfenbeinernem Griffe zur Hand und eilte damit, von Dienerinnen begleitet, in eine ferne Hinterkammer, wo allerlei kostbare Geräte des Königs Odysseus aus Erz, Gold und Eisen aufbewahrt waren. Unter andern lag hier auch sein Bogen und der Köcher voller Pfeile, beides Geschenke eines lakedaimonischen Gastfreundes. Als Penelope die Pforte aufgeschlossen, schob sie die Riegel zurück. Diese krachten, wie ein Stier im Felde brüllt, die Türflügel öffneten sich, und Penelope trat ein und musterte die Kästen, wo Kleider und Geräte verwahrt lagen. Da fand sie auch Bogen und Köcher an einem Nagel hängen, streckte sich und nahm beide herab. Der Schmerz überwältigte sie, sie warf sich auf einen Stuhl, und Bogen und Köcher auf dem Schoße, saß sie lang in Tränen da. Endlich erhob sie sich; die Waffen wurden in eine Lade gelegt, mit welcher ihr die Dienerinnen folgten. So trat sie mitten unter die Freier in den Saal, ließ Stille gebieten und sprach: „Wohlan, ihr Freier, wer mich erwerben will, der gürte sich, es gilt jetzt einen Wettkampf! Hier ist der große Bogen meines erhabenen Gemahls: Wer ihn am leichtesten spannt und durch die Löcher von zwölf hintereinander aufgestellten Äxten hinschnellt, dem will ich folgen als sein Gemahlin, will diesen Palast meines ersten Gatten mit ihm verlassen."

Hierauf befahl sie dem Sauhirten, den Freiern Bogen und Pfeile vorzulegen. Weinend empfing Eumaios die Waffen aus der Lade und breitete sie vor den Kämpfern aus; und auch der Rinderhirt weinte. Das ärgerte den Antinoos. „Dumme Bauern", schalt er, „was macht ihr mit euren Tränen unserer Königin das Herz schwer! Sättigt euch beim Mahle, oder weinet vor der Türe draußen! Wir aber, ihr Freier, wollen uns an den schweren Wettstreit machen; denn diesen Bogen da zu spannen dünkt mich gar nichts Leichtes. Unter uns allen ist kein Mann wie Odysseus; ich erinnere mich seiner noch wohl, obgleich ich damals noch ein kleiner Knabe war und kaum reden konnte." So sprach Antinoos, im Herzen aber dachte er sich die Bogensehne schon gespannt und den Pfeil durch die Äxte hindurchgeflogen. Ihm aber war der erste Pfeil aus der Hand des Odysseus beschieden.

Jetzo stand Telemach auf und sprach: „Fürwahr, Zeus hat mir meinen Verstand genommen! Meine Mutter erklärt sich bereit, dieses Haus zu verlassen und einem Freier zu folgen, und ich lache dazu. Wohlan, ihr Freier, ihr waget den Wettkampf um ein Weib, wie in ganz Griechenland keines mehr ist. Doch das wisset ihr selbst, und ich brauche meine Mutter euch nicht zu loben. Drum ohne Zögern den Bogen gespannt! Hätte ich doch selbst Lust, mich im Wettkampf zu versuchen; dann, wenn ich euch besiegte, würde mir die Mutter das Haus nicht verlassen!" So sprach er, warf Purpurmantel und Schwert von der Schulter, zog eine Furche durch den Estrich des Saales, bohrte die Äxte, eine um die andere, in den Boden und stampfte die Erde wieder fest. Alle Zuschauer bewunderten seine Kraft und sichere Genauigkeit. Dann griff er selbst nach dem Bogen und stellte sich damit auf die Schwelle. Dreimal versuchte er den Bogen zu spannen, dreimal versagte ihm die Kraft. Nun zog er die Sehne zum viertenmal an, und jetzt wäre es ihm gelungen; aber ein Wink des Vaters hielt ihn mitten in der Anstrengung zurück. „Ihr Götter", rief er, „entweder bin ich ein Schwächling oder noch zu jung und nicht imstande einen Beleidiger von mir abzuwehren! So versucht es denn ihr andern, die ihr kräftiger seid als ich!" Also sprechend, lehnte er Bogen und Pfeil an den Türpfosten und setzte sich wieder nieder auf den Thronsessel, von dem er aufgestanden war.

Mit triumphierender Miene erhob sich jetzt Antinoos und sprach: „Auf denn, ihr Freunde, fangt an dort hinten, von der Linken zur Rechten, wie der Weinschenke den Umgang hält!" Da stand zuerst Leiodes auf, der ihr Opferer war und immer zuhinterst im Winkel am großen Mischkruge saß; er war der einzige, dem der Unfug der Freier zuwider war und der die ganze Rotte haßte. Dieser trat in die Schwelle und bemühte sich vergebens, den Bogen zu spannen. „Tu es ein anderer", rief er, indem er die Hände schlaff herabsinken ließ, „ich bin der Rechte nicht! und vielleicht ist keiner in der Runde, der es vermag." Mit diesen Worten lehnte er Bogen und Köcher an den Pfosten. Aber Antinoos schalt ihn und sprach: „Das ist eine ärgerliche Rede, Leiodes; weil du ihn nicht spannen kannst, soll es auch kein anderer vermögen? Auf, Melanthios", sagte er dann zum Ziegenhirten, „Zünd ein Feuer an, stell uns den Sessel davor und bring uns eine tüchtige Scheibe Speck aus der Kammer, da wollen wir den ausgedörrten Bogen wärmen und salben, dann soll es besser gehen!" Es geschah, wie er befohlen, aber es war vergebens. Umsonst bemühte sich ein Freier nach dem andern, den Bogen zu spannen. Zuletzt waren nur noch die beiden tapfersten, Antinoos und Eurymachos, übrig.

Odysseus entdeckt sich den guten Hirten

Nun geschah es, daß sich beim Hinausgehen aus dem Palaste der Rinderhirt und der Sauhirt begegneten, und ihnen folgte auf dem Fuße der Held Odysseus. Als sie Pforte und Vorhof hinter sich hatten, holte er jene ein und sprach zu ihnen leise und vertraulich: „Ihr Freunde, ich möchte wohl ein Wort mit euch reden, wenn ich mich auf euch verlassen kann; sonst schwiege ich lieber. Wie wär es, wenn den Odysseus jetzt plötzlich ein Gott aus der Fremde zurückführte?

Würdet ihr die Freier verteidigen oder ihn? Redet unverhohlen, ganz wie es euch ums Herz ist." „O Zeus im Olymp", rief der Rinderhirt zuerst, „wenn mir dieser Wunsch gewährt würde, wenn der Held käme! du solltest sehen, wie sich meine Arme regen würden!" Ebenso flehte Eumaios zu allen Göttern, daß sie dem Odysseus Heimkehr verleihen möchten.

Als nun dieser ihres Herzens Gesinnung erkannt hatte, da sprach er: „Nun denn, ihr Kinder, so vernehmt's: ich selber bin Odysseus! Nach unsäglichen Leiden komme ich im zwanzigsten Jahr zurück in meine Heimat, und ich sehe, daß ich euch beiden willkommen bin, euch allein unter allem Gesinde; denn keinen unter allen hörte ich jemals um meine Wiederkehr zu den Göttern flehen. Dafür will ich auch jedem von euch, wenn ich die Freier bezwungen habe, ein Weib geben, Äcker schenken, Häuser bauen, ganz nahe bei meinem Hause, und Telemach soll euch behandeln wie seine leiblichen Brüder. Damit ihr aber an der Wahrheit meiner Aussage nicht zweifelt, so erkennet hier die Narbe von jener Wunde, die der Eber dem Knaben auf der Jagd beigebracht hat." Damit schob er die Lumpen seines Kleides auseinander und entblößte die große Narbe. Jetzt fingen die beiden Hirten zu weinen an, umschlangen ihren Gebieter und küßten ihm Gesicht und Schultern. Auch Odysseus küßte die treuen Knechte, dann aber sprach er: „Hänget eurem Grame nicht nach, lieben Freunde, daß uns keiner im Palaste verrate. Auch wollen wir alle nur einzeln, einer nach dem andern, hineingehen. Dann werden es die Freier nicht gestatten wollen, daß auch mir Bogen und Köcher gereicht werde; du aber, Eumaios, wandle nur keck mit dem Bogen durch den Saal und reiche mir ihn. Zugleich befiehlst du den Weibern, die Pforten des Hintergemachs fest zu verriegeln; und wenn man auch inwendig im Saale Lärmen von Männerstimmen und Stöhnen hört, so soll sich keine aus der Türe wagen, sondern ruhig bei der Arbeit verharren. Dir aber, treuer Philötios, sei das Hoftor anvertraut: riegle es fest zu und binde das Seil ums Schloß." Nach dieser Weisung begab sich Odysseus in den Saal zurück, und die Hirten folgten ihm, einer um den andern. Eurymachos drehte jetzt eben den Bogen unermüdet über dem Feuer, ihn wärmend, aber es gelang ihm nicht, die Sehne zu spannen, und unmutig seufzend sprach er: „Ei wie kränkt es mich! Nicht so sehr um Penelopes Hand gräme ich mich, denn es gibt der Griechinnen noch genug in Ithaka und anderwärts; sondern daß wir gegen den Helden Odysseus so ganz kraftlos erscheinen sollen; darüber werden uns die Enkel noch verspotten!" Antinoos aber wies den Freund zurecht und sagte: „Rede nicht so, Eurymachos, es feiert heute das Volk ein großes Fest; da ziemt es sich eigentlich gar nicht, den Bogen zu spannen. Laßt uns das Geschoß hinweglegen und wieder eins trinken; die Äxte mögen immerhin im Saale stehenbleiben, dann opfern wir morgen dem Apollo und vollbringen den Bogenkampf!“

Jetzt wandte sich Odysseus an die Freier und sprach: „Ihr tut wohl daran, heute zu rasten; morgen wir euch hoffentlich Apollo der Fernhintreffer Sieg verleihen. Einstweilen gestattet mir es, den Bogen zu erproben und zu versuchen, ob in den elenden Gliedern noch etwas von der alten Kraft geblieben ist.“ „Fremdling“, fuhr Antinoos bei diesen Worten des Helden auf, „bist du ganz von Sinnen? Betört dich der Wein? Willst du Hader beginnen wie der Zentaur Eurytion auf der Hochzeit des Peirithoos? Bedenke, daß dieser zuerst das Verderben selbst fand, so soll auch dich das Unheil treffen, sobald du den Bogen spannst, und du wirst keinen Fürsprecher mehr unter uns finden!“ Nun mischte sich auch Penelope in den Streit. „Antinoos“, sprach sie mit sanfter Stimme, „wie unziemlich wäre es, den Fremdling vom Wettkampf ausschließen zu wollen! Fürchtest du etwa, wenn es dem Bettler gelänge, den Bogen zu spannen, er würde mich als Gattin heimführen? Schwerlich macht er sich selbst diese Hoffnung. Bekümmere sich nur deswegen keiner von euch in seinem Herzen! Das wäre ja unmöglich, unmöglich!“ „Nicht das fürchten wir, o Königin“, antwortete ihr Eurymachos hierauf, „nein! sondern wir fürchten nur die Nachrede bei den Griechen, daß nur schlechte Männer, von denen keiner vermocht hat, den Bogen des unsterblichen Helden zu spannen, um seine Gattin geworben haben; zuletzt aber sei ein Bettler aus der Fremde gekommen, der habe den Bogen ohne Anstrengung gespannt und durch die Äxte geschossen!“ „Der Fremdling ist nicht so schlecht, als ihr wähnet“, sprach darauf Penelope; „sehet ihn nur recht an, wie groß und gedrungen sein Gliederbau ist! Auch er rühmt sich eines edlen Mannes als Erzeuger. So gebet ihm denn den Bogen! Spannt er ihn, so soll er nichts weiter von mir haben als Mantel und Leibrock, Speer und Schwert und Sohlen unter die Füße. Damit mag er hinziehen, wohin sein Herz begehrt.“ Nun fiel Telemach ein und sagte: „Mutter, über den Bogen hat kein Achaier zu gebieten als ich, und keiner soll mich mit Gewalt davon abhalten, und wollte ich ihn dem Fremdling auf der Stelle schenken, damit in die weite Welt zu gehen. Du aber, Mutter, geh in dein Frauengemach zu Webstuhl und Spindel, das Geschoß gebührt den Männern.“ Staunend fügte sich Penelope der entschlossenen Rede des verständigen Sohnes.

Und nun brachte der Sauhirt den Bogen, während die Freier ein wütendes Geschrei erhoben: „Wohin mit dem Geschoß, du Rasender? Juckt es dich, von deinen eigenen Hunden bei den Schweineställen zerrissen zu werden?" Erschrocken legte jener den Bogen von sich; aber Telemach rief mit drohender Stimme: „Hierher mit dem Bogen, Alter! Du hast nur einem zu gehorchen, sonst jage ich dich mit Steinen hinaus, obgleich ich der Jüngere bin. Wäre ich nur den Freiern überlegen, wie ich dir es bin!" Die Freier lachten und ließen von ihrem Zorne nach. Der Sauhirt reichte dem Bettler den Bogen, dann befahl er der Schaffnerin, die Pforten des Hintergemachs zu verriegeln, und Philötios eilte aus dem Palaste und verschloß sorgfältig die Türe des Vorhofs.

Odysseus aber beschaute sich den Bogen von allen Seiten, ob in der langen Zeit die Würmer nicht das Holz zernagt hätten und sonst etwas an ihm gebräche; und unter den Freiern sprach wohl ein Nachbar zu dem andern: „Der Mann scheint sich auf den Bogen nicht übel zu verstehen! Hat er wohl selbst einen ähnlichen zu Hause, oder will er sich einen darnach bilden? Seht doch, wie ihn der Landstreicher in den Händen hin und her dreht!"

Nachdem Odysseus den gewaltigen Bogen von allen Seiten geprüft, spannte er ihn nur leichthin, wie der Sänger die Saiten eines Lautenspiels, griff mit der rechten Hand in die Sehne und versuchte ihre Spannkraft. Diese gab einen hellen Ton von sich, wie das Zwitschern der Schwalbe. Die Freier alle durchzuckte ein Schmerz, und sie erblaßten. Zeus aber donnerte vom Himmel mit heilvoller Vorbedeutung. Da faßte Odysseus mutig den Pfeil, der auf dem Tische, aus dem Köcher geschüttet, vor ihm lag, faßte den Bogen, zog die Sehne und die Kerbe und schnellte, mit sicheren Augen zielend, den aufgelegten Pfeil ab. Keine Axt verfehlte der Schuß: der Pfeil flog vom vordersten Öhr hindurch bis aus dem letzten. Dann sprach der Held: „Nun, der Fremdling in deinem Palaste hat dir keine Schande gebracht, Telemach! Meine Kraft ist noch ungeschwächt, sosehr mich die Freier verhöhnt haben. Jetzt aber ist es Zeit, daß wir den Achaiern den Abendschmaus geben, noch eh es Nacht wird, dann folge Lautenspiel und Gesang und was sonst noch das festliche Mahl erfreuen mag."

Mit diesem Worte gab Odysseus seinem Sohne den heimlichen Wink. Schnell warf sich dieser sein Schwert um, griff zum Speer und stellte sich gewappnet neben den Stuhl seines Vaters.

Die Rache

Da streifte sich Odysseus die Lumpen rückwärts von den Armen, und Bogen und Köcher voll Geschossen in der Hand, sprang er auf die hohe Schwelle; hier schüttete er sich die Pfeile vor seinen Füßen aus und rief in die Versammlung hinab: „Der erste Wettkampf wäre nun vollbracht, ihr Freier! Nun folgt der zweite; und jetzt wähle ich mir ein Ziel, wie es noch kein Schütze getroffen hat; und doch gedenke ich es nicht zu verfehlen." So sprach er und zielte mit dem Bogen auf Antinoos. Dieser hob eben den gehenkelten goldenen Pokal und führte ihn ahnungslos zum Munde. Da fuhr ihm der Pfeil des Odysseus in die Gurgel, daß die Spitze aus dem Genick hervordrang. Der Becher entstürzte seiner Hand; dem Erschossenen fuhr ein dicker Blutstrahl aus der Nase, und während er zur Seite sank, stieß er den Tisch samt den Speisen mit dem Fuße um, daß diese auf den Boden rollten. Als die Freier den Fallenden gewahrten, sprangen sie tobend von ihren Thronsesseln auf; rings durchforschten sie die Wände des Saales nach Waffen: aber da war kein Speer und kein Schild zu sehen. Nun machten sie sich mit grimmigen Scheltworten Luft: „Was schießest du auf Männer, verfluchter Fremdling? Unsern edelsten Genossen hast du getötet. Aber es ist dein letzter Schuß gewesen, und bald werden dich die Geier fressen!" Sie meinten nämlich, er habe ihn, ohne es zu wollen, getroffen, und ahneten nicht, daß sie alle das gleiche Schicksal bedrohe. Odysseus aber rief mit donnernder Stimme zu ihnen herunter: „Ihr Hunde, ihr meinet, ich komme nimmermehr von Troja zurück; deswegen verschwelgtet ihr mein Gut, verführtet mein Gesinde, warbet bei meinem Leben um mein eigenes Weib, scheutet Götter und Menschen nicht! Jetzt aber ist die Stunde eueres Verderbens gekommen!"

Wie sie solches hörten, wurden die Freier bleich, und Entsetzen ergriff sie. Jeder sah sich schweigend um, wie er entfliehen möchte; nur Eurymachos faßte sich und sprach: „Wenn du wirklich Odysseus der Ithaker bist, so hast du ein Recht, uns zu schelten, denn es ist viel Unziemliches im Palast und auf dem Lande geschehen. Aber der, der an allem schuldig war, liegt ja bereits von deinem Pfeil erschossen. Denn Antinoos ist's, der das alles angestiftet hat, und zwar warb er nicht einmal ernstlich um deine Gemahlin, sondern er selbst wollte König in Ithaka werden und gedachte deinen Sohn heimlich zu ermorden. Doch der hat ja nun sein Teil. Du aber schone deiner Stammesgenossen; laß dich versöhnen! Jeder von uns soll dir zwanzig Rinder zum Ersatz für das Verzehrte bringen, auch Erz und Gold, soviel dein Herz verlangt, bis wir dich wieder günstig gemacht haben!" „Nein, Eurymachos", antwortete Odysseus finster, „und wenn ihr mir all euer Erbgut bötet und noch mehr, ich werde nicht ruhen, bis ihr mir alle mit dem Tod eure Missetaten gebüßt habt. Tut, was ihr wollt, kämpfet oder fliehet, keiner wird mir entrinnen!“

Herz und Knie zitterten den Freiern. Noch einmal sprach Eurymachos, und zwar jetzt zu seinen Freunden: „Lieben Männer, dieses Mannes Hände wird niemand mehr aufhalten; ziehet die Schwerter, wehrt sein Geschoß mit den Tischen ab; alsdann werfen wir uns auf ihn selber, suchen ihn von der Schwelle zu verdrängen, dann zerstreuen wir uns durch die Stadt und rufen unsere Freunde auf“ So sprach er, zog sein Schwert aus der Scheide und sprang mit gräßlichem Geschrei empor. Da durchbohrte ihm der Pfeil des Helden die Leber; das Schwert sank ihm aus der Hand, er wälzte sich mitsamt dem Tische zu Boden, warf Speisen und Becher zur Erde und schlug mit der Stirne auf den Estrich. Den Sessel stampfte er mit den Füßen hinweg; es waren die letzten Zuckungen, und er lag tot auf dem Boden. Nun stürmte Amphinomos gegen Odysseus hinan, um sich mit dem Schwerte Bahn durch den Eingang zu machen. Aber diesen erreichte Telemachs Speer im Rücken zwischen den Schultern, so daß er vorn aus der Brust hervordrang und der Getroffene auf das Angesicht zu Boden fiel. Telemach entzog sich nach dieser Tat dem Gewühle der Freier durch einen Sprung, und stellte sich zu seinem Vater auf die Schwelle, dem er einen Schild, zwei Lanzen und einen ehernen Helm zubrachte. Dann eilte er selbst zur Türe hinaus und in die Rüstkammer. Hier suchte er für sich und die Freunde noch weitere vier Schilde, acht Lanzen und vier Helme mit wallendem Roßschweif aus. Damit waffneten sie sich, er und die beiden treuen Hirten. Die vierte Rüstung brachte er dem Vater, und so standen nun alle vier nebeneinander.

Solange Odysseus noch Pfeile hatte, streckte er mit jedem Schuß einen Freier darnieder, daß sie übereinandertaumelten. Dann lehnte er den Bogen an den Türpfosten, warf sich eilig den vierfachen Schild über die Schultern, setzte sich den Helm aufs Haupt, dessen Busch fürchterlich nickte, und faßte zwei mächtige Lanzen. In dem Saale war noch eine Seitenpforte angebracht, die in einen Gang führte, der in den Hausflur auslief. Die Öffnung der Pforte war aber eng und faßte nur einen einzigen Mann. Dieses Pförtchen hatte Odysseus dem Eumaios zur Hut anvertraut; nun aber, da jener seine Stelle verlassen, sich zu waffnen, blieb es unbewacht. Einer von den Freiern, Agelaos, bemerkte dieses. „Wie wäre es“, rief er, „Freunde, wenn wir uns durch die Seitenpforte flüchteten und so in die Stadt gelangten, um das Volk aufzuwiegeln, dann hätte der Mann bald ausgewütet!" „Sei kein Tor", sagte Melanthios zu ihm, der Ziegenhirt, der in der Nähe stand und auf der Seite der Freier war, „Pforte und Gang sind so enge, daß nur ein einzelner Mann hindurchkann, und wenn sich von jenen vieren nur einer darvorstellt, so wehrt er uns allen. Laß lieber mich unbemerkt hinausschlüpfen, so hol ich euch Waffen genug vom Söller." Dies tat der Ziegenhirt und kam auf wiederholten Gängen mit zwölf Schilden und ebenso vielen Helmen und Lanzen zurück. Unerwartet sah Odysseus seine Feinde mit Rüstungen umhüllt und lange Speere in den Händen bewegend. Er erschrak und sprach zu seinem Sohne Telemach: „Das hat uns eine der falschen Mägde oder der arge Geißhirt zugerichtet!" „Ach, Vater, ich bin selbst schuldig", erwiderte Telemach; „ich habe vorhin, als ich die Waffen holte, die Türe der Rüstkammer in der Eile nur angelehnt." Der Sauhirt eilte nun hinauf zur Kammer, um sie zu verschließen. Durch die offene Türe sah er, wie drin schon wieder der Geißhirt stand, weitere Waffen zu holen. Er eilte mit dieser Nachricht nach der Schwelle zurück. „Soll ich mich des Schalks bemächtigen?" fragte er seinen Herrn. „Ja", erwiderte dieser, „nimm den Rinderhirten mit, überfallet ihn in der Kammer, drehet ihm die Hände und Füße auf den Rücken und hänget ihn mit einem starken Seil an die Mittelsäule der Kammer, daß er in Qualen harre. Dann schließet die Türe zu und kehret zurück." Die Hirten gehorchten. Sie beschlichen den Falschen, wie er eben im Winkel der Kammer nach Waffen umherspähte. Als er wieder zu der Schwelle kam, in der einen Hand einen Helm, in der andern einen alten verschimmelten Schild, packten sie ihn, warfen den Schreienden zu Boden, fesselten ihm Hände und Füße auf dem Rücken, knüpften an einen Haken der Decke ein langes Seil, schlangen es um seinen Leib und zogen ihn an der Säule bis dicht an die Balken empor. „Wir haben dich sanft gebettet", sprach der Sauhirt, „schlaf wohl!" Nun verschlossen sie die Pforte und kehrten auf ihre Posten zu den Helden zurück. Unverhofft gesellte sich zu den vieren ein fünfter Streiter: es war Athene in Mentors Gestalt, und Odysseus erkannte die Göttin freudig. Als die Freier den neuen Kämpfer bemerkten, rief Agelaos zornig hinauf. „Mentor, ich sage dir, laß dich durch Odysseus nicht verleiten, die Freier zu bekriegen, sonst ermorden wir mit Vater und Sohn auch dich und dein ganzes Haus!" Athene entbrannte bei diesen Worten, sie spornte den Odysseus an und sprach: „Dein Mut scheint mir nicht mehr derselbe zu sein, Freund, wie du ihn zehn Jahre lang vor Troja bewiesest. Durch deinen Rat sank diese Stadt; und nun, wo es gilt, in deiner eigenen Heimat Palast und Gut zu verteidigen, zagest du den Freiern gegenüber?" So sprach sie, seinen Mut anzufeuern, für ihn zu streiten gedachte sie nicht. Denn plötzlich schwang sie sich in Vogelgestalt empor und saß einer Schwalbe gleich, auf dem rußigen Gebälk der Decke. „Mentor ist wieder hinweggegangen, der Prahler", rief Agelaos seinen Freunden zu, „die viere sind wieder allein. Laßt uns nun den Kampf wohl überlegen; nicht alle zugleich werfet eure Lanzen, sondern ihr sechse da zuerst; und zielet mir fein alle nur auf Odysseus: liegt er nur einmal, so kümmern uns die andern wenig." Aber Athene vereitelte ihnen den gewaltigen Wurf: des einen Lanze durchbohrte den Pfosten, des andern fuhr in die Tür; andern blieb sie in der Wand stecken. Jetzt rief Odysseus seinen Freunden zu: „Wohl gezielt und geschossen!" und alle vier schickten ihre Lanzen ab, und keiner fehlte: Odysseus traf den Demoptolemos, Telemach den Euryades, den Elatos der Sauhirt, der Rinderhirt den Peisander, welche miteinander in den Staub sanken. Einen Augenblick flüchteten sich die noch übrigen Freier in den äußersten Winkel des Saals: bald aber wagten sie sich wieder hervor und zogen die Speere aus den Leichnamen. Dann schossen sie neue Lanzen ab; die meisten fehlten wieder, nur der Speer des Amphimedon streifte dem Telemach die Knöchelhaut an der einen Hand, und des Ktesippos Lanze ritzte dem Sauhirt die Schulter über dem Schild. Beide wurden zum Lohne von den Verletzten durch Lanzenwürfe getötet, und der Sauhirt begleitete seinen Wurf mit den Worten: „Nimm dies, du Lästerer, für den Kuhfuß, mit dem du meinen Herrn beschenktest, als er noch im Saale bettelte!"

Den Eurydamas hatte der Wurf des Odysseus niedergestreckt. Jetzt erstach er mit der Lanze Agelaos, den Sohn des Damastor; Telemach jagte dem Leiokritos, den Speer durch den Bauch; Athene schüttelte ihren verderblichen Ägisschild von der Decke herab und jagte den Freiern Entsetzen ein, daß sie wie Kinder, von der Bremse gestochen, oder wie kleine Vögel vor den Klauen des Habichts im Saale hin und her irrten. Odysseus und seine Freunde waren von der Schwelle herabgesprungen und durchwüteten mit Morden den Saal, daß überall Schädel krachten, Röcheln sich erhob und der Boden von Blute floß.

Einer der Freier, Leiodes, warf sich dem Odysseus zu Füßen, umklammerte seine Knie und rief: „Erbarme dich! Nie habe ich Mutwillen in deinem Hause getrieben, habe die andern gezähmt, aber sie folgten mir nicht! Ich bin ihr Opferer und habe nichts getan, soll ich denn auch fallen?" „Wenn du ihr Opferer bist", erwiderte Odysseus finster, „so hast du wenigstens für sie gebetet!" und nun raffte er das Schwert des Agelaos, das dieser im Tode sinken lassen, vom Boden auf und hieb dem Leiodes, während er noch flehte, das Haupt vom Nacken, daß es in den Staub rollte.

Nahe an der Seitenpforte stand der Sänger Phemios, die Harfe in den Händen. Er überlegte in der Todesangst, ob er sich durch das Pförtchen in den Hof zu retten suchen oder die Knie des Odysseus umfassen sollte. Endlich entschloß er sich zum letztern, legte die Harfe zwischen dem Mischkrug und Sessel zu Boden und warf sich vor Odysseus nieder. „Erbarme dich meiner!" rief er, seine Knie umschlingend; „du selbst bereutest es, wenn du den Sänger erschlagen hättest, der Götter und Menschen mit seinem Lied erfreut. Ich bin der Lehrling eines Gottes, und wie einen Gott will ich dich im Gesange feiern! Dein Sohn kann es mir bezeugen, daß ich nicht freiwillig hierherkam, daß sie mich gezwungen haben, zu singen!" Odysseus hob das Schwert, doch zögerte er; da sprang Telemach herzu und rief. „Halt, Vater, verwunde mir diesen nicht, er ist unschuldig; auch den Herold Medon, wenn er nicht schon von den Hirten oder dir ermordet ist, laß uns verschonen; er hat mich schon als Kind im Hause so sorglich gepflegt und wollte uns immer wohl." Medon, der, in eine frische Rinderhaut gehüllt, unter seinem Sessel verborgen lag, hörte die Fürbitte, wickelte sich los und lag bald dem Telemach flehend zu Füßen. Da mußte der finstere Held Odysseus lächeln und sprach: „Seid getrost, ihr beide, Sänger und Herold, Telemachs Bitte schützt euch. Gehet hinaus und verkündiget den Menschen, wieviel besser es sei, gerecht als treulos zu handeln." Die zwei eilten aus dem Saale und setzten sich, noch immer vor Todesangst zitternd, im Vorhofe nieder.

Bestrafung der Mägde

Odysseus blickte umher und sah keinen lebenden Feind mehr. Sie lagen hingestreckt in Menge wie Fische, die der Fischer aus dem Netz geschüttet. Da ließ Odysseus durch seinen Sohn die Pflegerin berufen. Sie fand ihren Herrn unter den Leichen wie einen Löwen stehen, der Stiere zerrissen hat, dem der Rachen und die Brust von schwarzem Blute triefen und dessen Auge funkelt. So stand Odysseus, an Händen und Füßen mit Blut befleckt. Frohlockend jauchzte die Schaffnerin, denn der Anblick war groß und fürchterlich. „Freue dich, Mutter", rief ihr der Held ernsthaft entgegen, „aber jauchze nicht: kein Sterblicher soll über Erschlagene jubeln! Diese hier hat das Gericht der Götter gefället, nicht ich. Jetzt aber nenne mir die Weiber des Palasts: welche mich verachtet haben, welche treu geblieben sind." „Es sind fünfzig Dienerinnen im Hause", antwortete Eurykleia, „die wir Kleider wirken, Wolle kämmen, das

Hauswesen bestellen gelehrt haben. Von diesen haben sich zwölfe von euch abgewendet und weder mir noch Penelope gehorcht, denn dem Sohn überließ die Mutter das Regiment über die Mägde nicht. – Nun aber laß mich meine schlummernde Herrin erwecken, o König, und ihr die Freudenbotschaft verkünden." „Wecke jene noch nicht", antwortete Odysseus, „sondern schicke mir die zwölf treulosen Mägde herunter." Eurykleia gehorchte, und zitternd erschienen die Dienerinnen. Da rief Odysseus seinen Sohn und die treuen Hirten zu sich heran und sprach: „Traget nun die Leichname hinaus und heißet die Weiber Hand anlegen. Dann lasset sie die Sessel und Tische mit Schwämmen säubern und den ganzen Saal reinigen. Wenn dies geschehen ist, führt mir die Mägde hinaus zwischen Küche und Hofmauer und machet sie alle mit dem Schwerte nieder, daß ihnen der Mutwill ausgetrieben wird, dem sie sich mit den Freiern überlassen haben!" Wehklagend und weinend sammelten sich die Weiber auf einen Haufen, aber Odysseus trieb sie zum Werke und herrschte sie an, bis sie die Toten hinausgetragen, Sessel und Tische gesäubert, den Estrich reingeschaufelt und den Unrat vor die Türe geschleppt hatten. Dann wurden sie von den Hirten zum Palaste hinaus, zwischen Küche und Hofmauer gedrängt, wo kein Ausweg war. Und nun sprach Telemach: „Diese schändlichen Weiber, die mein und meiner Mutter Haupt verunehrt haben, sollen keines ehrlichen Todes sterben!" Mit diesen Worten knüpfte er von Pfeiler zu Pfeiler, das Küchengewölbe entlang, ein ausgespanntes Seil, und bald hingen die Mägde, mit der Schlinge um den Hals, alle zwölf nebeneinander, wie ein Zug Drosseln im Netze und zuckten nur noch eine kurze Weile mit den Füßen in der Luft.

Jetzt wurde auch der boshafte Ziegenhirt Melanthios über den Vorhof herbeigeschleppt und in Stücke gehauen. Als Telemach und die Hirten dies vollbracht hatten, war das Werk der Rache beendigt, und sie kehrten zu Odysseus in den Saal zurück.

Hierauf befahl Odysseus der Schaffnerin Eurykleia, Glut und Schwefel auf einer Pfanne zu bringen und Saal, Haus und Vorhof zu durchräuchern. Noch ehe sie aber dieses Geschäft vornahm, brachte sie ihrem königlichen Herrn Mantel und Leibrock. „Du sollst mir", sprach sie, „lieber Sohn und unser aller Herr, nicht mehr so mit Lumpen bedeckt im Saale dastehen, du, die herrliche Heldengestalt! Das wäre ja ganz unziemlich." Odysseus aber ließ die Kleider noch liegen und hieß die Alte an ihr Geschäft gehen. Während diese nun den Saal und das ganze Haus durchräucherte, rief sie auch die treu gebliebenen Dienerinnen herbei. Diese drängten sich bald um ihren geliebten Herrn, hießen ihn mit

Freudentränen willkommen, drückten ihr Angesicht auf seine Hände und konnten sich mit Küssen nicht ersättigen. Odysseus aber weinte und schluchzte vor Freuden; denn jetzt erkannte er, wer ihm treu geblieben war.

Odysseus und Penelope

Als das Mütterchen mit der Räucherung fertig war, stieg es empor zum Söller, um jetzt endlich der geliebten Herrin zu verkündigen, daß ihr Gemahl Odysseus es sei und kein anderer, der in die Heimat zurückgekommen. Die Füße der Alten trippelten hurtig, aber die Knie versagten ihr beinahe. So trat sie vor das Lager Penelopes, und die Schlummernde weckend, sprach sie: „Liebe Tochter, erwache, du sollst mit deinen eigenen Augen dasjenige sehen, worauf du von Tag zu Tag gewartet hast: Odysseus ist daheim; Odysseus ist endlich im Palaste! Er hat die trotzigen Freier, die dich so sehr geängstigt, die seine Habe verzehrten, die seinen Sohn beschimpften – er hat sie erschlagen!"

Penelope rieb sich den Schlummer aus den Augen und sagte: „Mütterchen, du bist eine Törin; die Götter haben dich mit Irrsinn geschlagen. Was weckst du mich mit deiner lügenhaften Botschaft aus dem sanftesten Schlummer? Seit Odysseus ausgefahren ist, habe ich nicht mehr so fest geschlafen! Hätte mich eine andere mit diesem Märchen getäuscht, ich würde sie nicht nur mit scheltenden Worten fortschicken; und auch dich schützt nur dein Alter; aber auf der Stelle geh mir hinunter in den Saal."

„Tochter, zürne nicht", entgegnete die Schaffnerin", der Fremdling ist's, der Bettler, dessen alle im Saale spotteten. Dein Sohn Telemach wußte es längst, aber er sollte das Geheimnis verbergen, bis Rache an den Freiern genommen war."

Als sie solches hörte, sprang die Fürstin vom Lager und schmiegte sich an die Alte, und unter einem Strome von Tränen sprach sie: „Mütterchen, wenn du wirklich die Wahrheit redest, wenn Odysseus wirklich im Palast ist: sage mir, wie bewältigte er die Freier, die zahllos versammelten?" „Ich selber habe es weder gesehen noch gehört", antwortete Eurykleia, „denn wir Frauen saßen voll Angst in den festverschlossenen Gemächern; aber das Ächzen hörte ich wohl; und als mich endlich dein Sohn herbeirief, da fand ich deinen Gemahl dastehen, von Leichen umringt; denn die Freier alle lagen auf dem Boden übereinandergestreckt. So blutig er anzuschauen war, er hätte dir doch gefallen,

Tochter; jetzt aber liegen die Leichname alle weit draußen vor der Hofpforte; das ganze Haus ist von mir mit reinigendem Schwefel durchräuchert worden: du kannst ohne alles Grauen hinabsteigen." „Alte, ich kann es immer noch nicht glauben", sprach Penelope, „es ist ein Unsterblicher, der die Freier erschlagen hat. Aber Odysseus – ach nein, der ist ferne, der ist nicht mehr am Leben!" „Ungläubiges Herz", entgegnete kopfschüttelnd die Schaffnerin, „so will ich dir noch ein untrüglicheres Zeichen angeben. Du kennst ja die Narbe, die von des Ebers Zahne herrührt; damals nun, als ich auf deinen Befehl dem Bettler die Füße wusch, da erkannte ich sie und wollte dir's auf der Stelle verkündigen, aber er schnürte mir die Gurgel zu und litt es nicht." „So laß uns denn hinabgehen", sagte Penelope, vor Furcht und Hoffnung zitternd; und so stiegen sie beide miteinander hinab in den Saal und schritten über die Schwelle. Hier setzte sich Penelope, ohne ein Wort zu reden, im Glanze des Herdfeuers dem Odysseus gegenüber. Er selbst saß an der Säule mit gesenkten Augen und wartete auf ihr Wort. Aber Staunen und Zweifel machte die Königin stumm: bald glaubte sie sein Angesicht zu erkennen, bald deuchte es ihr wieder fremd, und ihre Augen ruhten nur auf den Lumpen des Bettlers. Endlich trat Telemach zur Mutter und sprach halb lächelnd, halb scheltend: „Böse Mutter, wie kannst du so unempfindlich bleiben? Setze dich doch zum Vater, forsche, frage! Welches andere Weib, wenn ihr Gatte nach so viel Jammer im zwanzigsten Jahre heimkehrt, würde sich so gebärden! Hast du denn allein statt des Herzens einen Stein im Busen?"

„Ach lieber Sohn", erwiderte Penelope, „ich bin in Staunen verloren; ich kann ihn nicht anreden, ich kann ihn nicht fragen, ich kann ihm nicht gerade ins Angesicht schauen! Und doch ist er es wirklich, er ist's mein Odysseus, er ist zurückgekommen in sein Haus! Doch werden wir einander schon erkennen, und viel sicherer, denn wir haben geheime Zeichen, die niemand sonst bekannt sind." Da wandte sich Odysseus mit sanftem Lächeln an seinen Sohn und sprach: „Laß die Mutter immerhin mich versuchen; sie verachtet mich, weil ich in so gar häßliche Lumpen gehüllt bin. Nun, wir wollen sehen, wie wir sie überzeugen. Jetzt aber tut anderes not. Wer auch nur einen einzigen Mann aus dem Volke getötet hat, der flieht Haus und Heimat, auch wenn jener nur wenige Rächer hinterläßt. Wir aber haben die Stützen des Landes, die edelsten Jünglinge der Insel und der Nachbarschaft erschlagen, was tun wir?" „Vater", sagte Telemach, „da mußt du allein sorgen. Du giltst in aller Welt für den klügsten Ratgeber." „So will ich euch denn sagen", erwiderte Odysseus, „was ich für das Klügste halte:

Du, die Hirten, alles, was im Hause ist, ihr nehmet vor allen Dingen ein Bad und schmücket euch aufs allerbeste; auch die Mägde kleiden sich in ihre besten Gewande; der Sänger aber nimmt die Harfe zur Hand und spielt uns allen einen Reihentanz auf. Wer dann über die Straße geht, wer in der Nähe wohnt, meint nicht anders, als das Fest dauere noch fort im Hause; und so verbreitet sich wohl das Gerücht von der Ermordung der Freier nicht eher in der Stadt, als bis wir unsere Besitzungen auf dem Lande erreicht haben; dann wird uns ein Gott eingeben, was weiter zu tun ist."

Bald ertönte das ganze Haus von Harfenspiel, Gesang und Tanz. Auf der Straße sammelten sich die Einwohner und sprachen zueinander: „Nun ist kein Zweifel! Penelope hat sich wieder verheiratet, und im Palaste wird das Vermählungsfest gefeiert. Die böse Frau, konnte sie nicht erwarten, bis der Gemahl ihrer Jugend zurückgekehrt wäre?" Endlich gegen Abend verlief sich das Volk. Odysseus hatte sich in dieser Zeit gebadet und gesalbt. Athene aber goß ihm jetzt wieder Anmut um das Haupt; sein dunkles Haar umringelte in vollem Wuchse den Scheitel, und einem Unsterblichen gleich stieg er aus der Badwanne. So trat er in den Saal und setzte sich wieder in seinen Thronsessel, der Gemahlin gegenüber. „Seltsame Frau", sprach er, „die Götter haben dir doch ein fühlloses Herz verliehen; kein anderes Weib wird so hartnäckig ihren Gatten verleugnen, wenn er im zwanzigsten Jahre nach so viel Trübsal heimkehrt. So wende ich mich denn an dich, Eurykleia, Mütterchen, daß du mir irgendwo mein Lager bereitest; denn diese hier hat ein eisernes Herz in der Brust!"

„Unbegreiflicher Mann", sprach jetzt Penelope, „nicht Stolz nicht Verachtung, kein ähnliches Gefühl hält mich von dir zurück; ich weiß noch recht gut, wie du aussahest, als du Ithaka zu Schiffe verließest. Wohl denn, Eurykleia, bereite ihm das Lager außerhalb des Schlafgemachs, richte es wohl zu mit Vliesen, Mänteln und Teppichen."

So versuchte Penelope ihren Gemahl, Odysseus aber blickte unwillig auf und sprach: „Das war ein kränkendes Wort, Frau; meine Bettstelle vermag kein Sterblicher zu verrücken, und wenn er alle Jugendkräfte anstrengte. Ich selbst habe mir die Lade gezimmert, und es ist ein großes Geheimnis daran. Mitten auf dem Platze, wo wir den Palast anlegten, stand im blühendsten Saft ein schattiger Olivenbaum und war wie eine Säule gewachsen. Da ließ ich die Wohnung so anlegen, daß derselbe innerhalb des Schlafgemaches zu stehen kam. Als nun die Kammer schön aus Steinen erbaut und die Decke von Holz zierlich gebohnt war, kappte ich die Krone des Ölbaumes ab, den Stamm fing ich an von der Wurzel aus zu behauen und zu glätten. So bildete ich scharf nach der Richtschnur den Fuß des Bettes und meißelte dieses selbst bis zur Vollendung aus; dann wurde die Lagerstatt von mir künstlich mit Gold, Silber und Elfenbein durchwirkt und von starker Stierhaut Riemen darin für die Betten ausgespannt. Dies ist unser Lager, Penelope! Ob es noch steht, weiß ich nicht, wer es aber anders gestellt hat, der mußte den Ölbaum von seiner Wurzel trennen."

Die Knie zitterten der Königin, als sie das Zeichen erkannte. Weinend erhob sie sich vom Stuhle, lief auf ihren Gatten zu, umschlang ihm den Hals mit offenen Armen, küßte sein Haupt und küßte es wieder und begann: „Odysseus, du bist ja immer so gut, so voll Verstandes gewesen; zürne mir nicht! Die ewigen Götter haben Leid über uns verhängt, weil es ihnen zu selig deuchte, wenn wir unser junges Leben in Eintracht miteinander verbringen und auf sanftem Wege dem Alter nahen sollten. Du mußt mir nicht gram sein, daß ich dich nicht auf der Stelle zärtlich willkommen geheißen habe. Mein armes Herz war in beständiger Angst, es möchte mich irgendein schlauer Betrüger täuschen. Jetzt, nachdem du mir genannt hast, was kein Sterblicher außer dir und mir und unserer alten Pförtnerin Aktoris, die mir aus dem väterlichen Hause hierher gefolgt ist, wußte: jetzt ist mein hartes Herz besiegt und überzeugt!"

Die halbe Nacht verging den Gatten unter gegenseitiger Erzählung des unendlichen Elendes, das sie beide in den zwanzig verflossenen Jahren erduldet, und der Königin kam kein Schlaf in die Augenlider, bis ihr Gemahl von allen seinen Irrfahrten ihr den ausführlichsten Bericht abgestattet hatte. Endlich begab sich alles im Palaste zur erwünschten Ruhe und suchte Erholung von den erschütternden Begebenheiten des Tages.

Odysseus und Laërtes

Am andern Morgen hatte sich Odysseus in aller Frühe reisefertig gemacht. „Liebes Weib", sprach er zu Penelope, „wir beide haben bisher den Becher des Leidens bis zur Neige geleert: du mein Ausbleiben beweinend, ich durch Zeus und andere Götter von der Heimkehr ins Vaterland abgehalten. Jetzt, nachdem wir beide wieder vereinigt sind, unsere Herrschaft, unser Besitz uns wieder gesichert ist, sorge du für alles Gut, das mir im Palaste noch geblieben ist. Was die Freier in ihrer Üppigkeit uns verpraßt haben, das werden uns teils die Geschenke, mit welchen sie zuletzt ihre Bewerbung unterstützt haben, teils

Raub und Gaben, die ich aus der Fremde mitbringe, reichlich ersetzen, so daß unsere Meierhöfe bald wieder gefüllt sein werden. Ich selbst aber will mich jetzt auf das Landgut hinausbegeben, wo mein guter alter Vater mich schon so lange betrauert. Ich rate dir aber, da das Gerücht von der Ermordung der Freier sich doch allmählich in der Stadt verbreiten muß, daß du mit deinen Dienerinnen dich in die Frauengemächer zurückziehest und niemand Gelegenheit gebest, dich zu schauen und zu befragen."

So sprach Odysseus, warf sich sein Schwert um die Schulter und weckte nun auch seinen Sohn Telemach und die beiden Hirten, die sofort alle drei auf seinen Befehl gleichfalls die Waffen ergriffen und mit dem ersten Frühlichte, den Helden an der Spitze, durch die Stadt eilten. Ihre Beschirmerin aber, Pallas Athene, hüllte die Wandelnden in einen dichten Nebel, so daß kein einziger Bewohner der Stadt sie erkannte.

Es dauerte nicht allzu lange, so hatten die vier Wanderer den lieblich gelegenen wohlgeordneten Meierhof des greisen Laërtes erreicht. Es war eines der ersten Güter, das der Vater des Odysseus zum Ererbten an sich gebracht hatte. In der Mitte des Hofes lag, von Wirtschaftsgebäuden umringt, das Wohnhaus. Hier aßen und schliefen die Knechte, die ihm das Feld bestellten. Ebendaselbst wohnte auch eine alte Sizilierin, die auf dem einsamen Landgute den alten Mann mit größter Sorgfalt pflegte. Als sie nun vor der Wohnung standen, sprach er zum Sohn und zu den Hirten: „Betretet ihr einstweilen das Haus und schlachtet ein auserlesenes Mastschwein für unser Mittagsmahl. Ich selbst will aufs Feld hinausgehen, wo der gute Vater ohne Zweifel bei der Arbeit ist, und ihn auf die Probe stellen, ob er mich wohl noch erkennt. Es wird nicht lange währen, so kehre ich mit ihm zurück, und wir feiern dann zusammen das fröhliche Mahl." Odysseus reichte seinen Genossen Schwert und Speer, und diese wandten sich der Wohnung zu.

Er nun schlug den Weg nach den Pflanzungen seines Vaters ein und kam zuerst durch den Wurzgarten. Vergebens sah er sich hier nach dem Oberknechte Dolios, dessen Söhnen und den übrigen Knechten um. Sie waren alle ins Feld hinausgegangen, um Dornsträucher zu suchen und damit die Einfriedigung um die Baumpflanzung herzustellen. Als der König in dieser letzteren angekommen war, fand er endlich den alten Vater selbst, zwischen den schönen Reihengängen seiner Bäume stehend, wie er eben beschäftigt war, ein kleines Bäumchen umzugraben. Der Greis sah einem alten Knechte nicht unähnlich: er hatte einen groben, schmutzigen, an vielen Stellen geflickten Leibrock an; um die Beine trug er ein paar alte Felle von Ochsenleder, um sich damit gegen die Dornen zu schützen, an den Händen Handschuhe, auf dem Kopf eine Mütze von Geißfell. Als Odysseus seinen Vater in diesem elenden Aufzuge erblickte, gebeugt vom Alter, die Spuren des tiefsten Kummers auf dem Gesichte, mußte sich der Held vor Schmerz an den Stamm eines Birnbaums lehnen und weinte bitterlich. Am liebsten hätte er den Vater unter Küssen umarmt und ihm auf einmal gesagt, daß er sein Sohn sei und endlich ins Land der Väter zurückgekehrt. Doch konnte er der Versuchung nicht widerstehen, auch den Vater auszuforschen und mit leisem Tadel sein Herz auf die Probe zu stellen. So trat er denn, während der Greis mit gebücktem Haupte eifrig die Erde um den jungen Baumsproß auflockerte, diesem näher und begann also: „Greis, du scheinst dich recht gut auf den Gartenbau zu verstehen. Reben, Oliven-, Feigen-, Birn- und Apfelbäume, alle sind aufs beste gepflegt; auch den Blumen- und Gemüsebeeten fehlt es nirgends an der nötigen Sorge. Aber an einem fehlt es dir doch, und nimm es mir nicht übel, daß ich dir's ehrlich sage: du selbst scheinst nicht gehörig gepflegt zu werden, Alter, daß du in solchem Schmutz und so häßlicher Kleidung einhergehest! Von deinem Herrn ist das nicht wohlgetan. Auch scheint mir deine eigene Trägheit nicht an dieser Behandlung schuld zu sein. Betrachtet man deine Gestalt und Größe, so findet sich gar nichts Knechtisches an dir, du hast vielmehr ein königliches Ansehen; ein Mann wie du verdiente es, gebadet und wohlgespeist auszuruhen, wie man's den Alten gönnen mag. So sage mir doch, wer ist dein Herr und für wen bestellst du diesen Garten? Und ist dieses Land wirklich Ithaka, wie mir ein Mann, dem ich eben begegnete, gesagt hat? Es war übrigens ein unfreundlicher Mensch; er antwortete mir nicht einmal, als ich ihn fragte, ob der Gastfreund noch lebe, den ich hier besuchen will. In meiner Heimat habe ich nämlich vor langer Zeit einen Mann beherbergt, – es ist noch nie ein lieberer Gast über meine Schwelle gekommen. Dieser stammte von Ithaka und erzählte mir, daß er ein Sohn des Königs Laërtes sei; ich bewirtete den werten Freund aufs allerbeste und reichte ihm ein stattliches Ehrengeschenk, als er von mir schied: sieben Talente des feinsten Goldes, einen silbernen Krug mit den schönsten Blumengewinden vom selben Metall, zwölf Teppiche, ebenso viele Leibröcke und Mäntel und vier schmucke, kunstbegabte Mägde, die er sich selbst auslesen durfte."

So fabelte der erfindungsreiche Odysseus. Sein Vater aber hatte bei dieser Nachricht das Haupt vom Boden aufgerichtet. Tränen waren ihm in die Augen getreten, und er sprach: „Freilich, guter Fremdling, bist du in das Land gekommen, nach welchem du fragst. Aber es wohnen mutwillige, frevelhafte Menschen darin, die du mit allen deinen Geschenken nicht zu ersättigen vermöchtest. Der Mann, welchen du suchst, ist nicht mehr da. Hättest du ihn noch lebend auf Ithaka getroffen, o wie reichlich hätte er deine schönen Geschenke dir vergolten! Aber sage mir, wie lang ist es her, daß dein unglücklicher Gastfreund, mein Sohn, dich besucht hat? Denn er ist es gewesen, mein armer Sohn, der jetzt vielleicht irgendwo im tiefen Meeresgrunde liegt oder dessen Fleisch die wilden Tiere und die Raubvögel verzehrt haben. Nicht die Eltern haben ihm das Totenhemde angezogen; nicht seine edle Gattin Penelope hat schluchzend am Bette des Gatten geweint und ihm die Augen zugedrückt! Aber wer und woher bist denn du, wo ist dein Schiff, wo sind deine Genossen? Oder kamst du auf einem gedungenen Fahrzeug als Reisender und bist allein an unserm Ufer ausgestiegen?"

„Ich will dir nichts vorenthalten, edler Greis", antwortete Odysseus, „ich bin Eperitos, der Sohn des Apheidas aus Alybas; ein Sturm hat mich wider Willen von Sikanien an euer Gestade getrieben, wo mein Schiff nicht ferne von der Stadt vor Anker liegt. Fünf Jahre sind's, daß dein Sohn Odysseus meine Heimat verlassen hat. Er ging fröhlichen Mutes, und Glücksvögel begleiteten ihn. Wir gedachten uns noch oft als Gastfreunde zu sehen und uns gegenseitig schöne Gaben zu verehren."

Dem alten Laërtes wurde es Nacht vor den Augen, mit beiden Händen langte er nach der schwarzen Erde, streute sie sich auf sein schneeweißes Haupt und fing laut zu jammern an. Jetzt wallte dem Sohn das Herz über, der Atem wollte ihm die Brust zersprangen; er stürzte auf seinen Vater zu, umschlang ihn unter Küssen und rief. „Ich selber bin es, Vater, ich selbst, nach welchem du fragst! Im zwanzigsten Jahre bin ich in die Heimat zurückgekommen. Trockne deine Tränen, gib allem Jammer Abschied, denn ich sage dir's kurz: alle Freier habe ich in unserem Palaste erschlagen!"

Staunend blickte ihn Laërtes an und rief endlich laut aus: „Wenn du wirklich Odysseus, wenn du mein heimgekehrter Sohn bist, so gib mir ein unzweifelhaftes Zeichen, auf daß ich glaube!" „Vor allen Dingen", erwiderte Odysseus, „sieh hier die Narbe, lieber Vater, die von der Wunde des Ebers auf jener Jagd herrührt, als ihr mich selbst, du und die Mutter, zu ihrem guten alten Vater Autolykos schicktet, daß ich die Gaben, die er mir einst verheißen hatte, bei ihm abholen sollte. Aber du sollst auch noch ein zweites Zeichen haben: ich will dir die Bäume zeigen, die du mir einst geschenkt hast. Denn als ich noch ein kleines Kind war und dich in den Garten begleitete, da gingen wir zwischen den Reihen umher, und du zeigtest und benanntest mir die verschiedenen Gattungen. Dreizehn Birnbäume hast du mir geschenkt, zehn Äpfelbäume, vierzig kleine Feigenbäume und fünfzig Weinreben dazu, die jeden Herbst voll prächtiger Trauben stehen müssen." Der Greis konnte nicht mehr zweifeln, er sank am Herzen seines Sohnes in Ohnmacht. Dieser hielt ihn aufrecht in den nervigen Armen. Endlich, als sein Bewußtsein zurückgekehrt war, rief er mit lauter Stimme: „Zeus und ihr Götter alle! Ja ihr lebet noch, sonst wären die Freier nicht bestraft worden! Aber jetzt ängstigt mich eine neue Sorge um dich, mein Sohn. Die edelsten Häuser in Ithaka und den Inseln sind durch dich verwaist: die Stadt, die ganze Nachbarschaft wird sich gegen dich erheben." „Sei guten Mutes, lieber Vater", sprach Odysseus, „und laß dich das jetzt nicht bekümmern. Folge mir zu deinem Wohnhause; dort harren schon dein Enkel Telemach, der Rinderhirt und der Sauhirt und haben uns das Morgenessen bereitet."

So gingen sie beide zusammen in das Landhaus, wo sie den Telemach und die Hirten schon mit Zerlegung des Fleisches beschäftigt fanden und der rote Festwein eingeschenkt in den Pokalen perlte. Noch vor dem Schmause wurde Laërtes auf Veranstaltung seiner treuen alten Dienerin gebadet und gesalbt und legte zum ersten Male nach langen Jahren wieder sein schönes fürstliches Gewand an. Während er sich damit bekleidete, nahte sich ihm unsichtbar die Göttin Pallas Athene und verlieh auch dem Greise aufrechten Wuchs und Hoheit der Gestalt. Als er wieder zu den andern eintrat, blickte sein Sohn Odysseus verwundert an ihm empor und sprach: „Vater, sicherlich hat einer der unsterblichen Götter dir Gestalt und Wuchs verherrlicht!" „Ja, bei allen Göttern!" sagte Laërtes, „hätte ich, wie ich mich heute verjüngt und kräftig fühle, gestern bei dir im Saale gestanden und an deiner Seite gekämpft, fürwahr, es wäre mancher Freier sterbend vor mir ins Knie gesunken!"

So wechselten sie miteinander freudige Gespräche und setzten sich endlich alle ums Mahl. Jetzt kam auch der alte Meier Dolios samt seinen Söhnen müde von der Feldarbeit zurück. Über die Schwelle getreten, sahen sie den König Odysseus dasitzen, erkannten ihn und standen staunend, wie in den Boden gewurzelt. Odysseus aber redete ihnen freundlich zu: „Geschwind, Alter, setze dich mit deinen Söhnen zu uns ans Mahl, wir harren schon lang auf euch! Nehmt euch ein andermal Zeit zum Staunen." Da eilte Dolios mit ausgebreiteten Armen auf den Helden zu, ergriff seine Hand und bedeckte sie mit Küssen. „Lieber Herr, Heil dir und Segen", rief er, „nachdem du unser aller Wunsch erfüllt hast und endlich heimgekommen bist! Sage mir, weiß Penelope schon, oder sollen wir ihr Botschaft zukommen lassen?“ „Sie weiß alles“, antwortete Odysseus, „du darfst dich nicht bemühen.“ Da setzte sich Dolios zum Mahle; seine Söhne drängten sich um Odysseus, drückten ihm die Hände und hießen ihn willkommen; dann nahmen auch sie an der Seite ihres Vaters Platz, und alles schmauste fröhlich zusammen.

Aufruhr in der Stadt durch Athene gestillt

In der Stadt Ithaka eilte inzwischen das Gerücht durch alle Straßen und verkündigte das grausame Verhängnis, das die Freier getroffen hatte. Von allen Seiten her drängten sich jetzt die Blutsverwandten der Gefallenen nach dem Palaste des Odysseus, wo sie an einer abgelegenen und abgesonderten Stelle des Hofes die Leichname der Ihrigen aufgeschichtet fanden. Unter lauten Wehklagen, darein sich Drohungen mischten, trugen sie die Toten, ein jeder den Seinigen, hinaus und bestatteten sie; die aber aus andern Städten und Inseln waren, wurden auf schnellen Fischerkähnen in ihre Heimat gesendet. Dann versammelten sich die Väter, Brüder und Anverwandten der Freier insgesamt auf dem Markte, und in der zahlreichen Volksversammlung trat Eupeithes auf. Dies war der Vater des Antinoos, des jugendlichsten und trotzigsten Freiers, des ersten, der von Odysseus' Pfeile gefallen war. Der Vater war ein mächtiger, hochangesehener, noch rüstiger Mann, dem unheilbarer Schmerz um den Tod seines Sohnes an der Seele nagte. Dieser vergoß Tränen vor dem Volke und sprach: „Freunde, gedenket an das mannigfaltige Unglück, das der Mann, den ich vor euch verklage, über Ithaka und die Nachbarstädte gebracht hat! Vor zwanzig Jahren entführte er uns so viele und so tapfere Männer auf seinen Schiffen, verlor die Schiffe, verlor die Genossen. Endlich allein wieder heimgekehrt, hat er die edelsten Jünglinge unseres Volksstamms erschlagen. Auf denn, ehe sich der Verbrecher hinüber auf die Pelopsinsel nach Pylos oder Elis rettet; folget ihm nach, ergreifet ihn! Wir könnten sonst vor Schmach die Augen nicht wieder aufschlagen, ja für unsere spätesten Geschlechter wäre es noch eine Schande, wenn wir, ihre Ahnen, die Mörder unserer leiblichen Söhne und Brüder nicht bestraft hätten. Ich wenigstens könnte nicht mehr mit gutem Gewissen leben: über ein kurzes, so zöge der Schatten des Sohnes mich zu sich hinab! Darum ihnen nach, wenn ihr Männer seid! Greifen wir Vater und Sohn, ehe sie uns übers Meer entrinnen!“

Erbarmen ergriff die ganze Versammlung, als sie den Mann unter Tränen so reden hörten. In diesem Augenblicke kamen aus des Königes Palaste Phemios der Sänger und der Herold Medon gewandelt und traten auf dem Markt in den Kreis der Versammelten. Die Männer staunten nicht wenig, die beiden längst auch verloren Geachteten noch am Leben zu sehen. Hierauf erbat sich Medon der Herold das Wort und sprach zu dem versammelten Volk: „Männer von Ithaka, höret meine Rede! Was Odysseus vollbracht hat, das hat er, ich kann es euch beschwören, nicht ohne den Ratschluß der Unsterblichen vollendet. Ich selbst habe den Gott gesehen, der ihm in Mentors Gestalt immer zur Seite war und bald dem Odysseus das Herz kräftigte, bald umhertobend im Saale die Besinnung der Freier zerrüttete. Das Werk dieses Gottes ist es, daß sie sterbend übereinandertaumelten."

Entsetzen ergriff das versammelte Volk, wie es den Herold so sprechen hörte. Als der erste Eindruck vorüber war, nahm ein ergrauter Held, Halitherses, der Sohn Mastors, der allein unter allen auf die Vergangenheit zurückzublicken und hinüberzuschauen in die Zukunft verstand, in der Versammlung das Wort und sprach: „Höret, ihr Einwohner von Ithaka, was ich euch zu Gemüte führen will. Ihr selbst seid schuld an allem, was geschehen ist. Warum waret ihr so träge, warum habt ihr meinen und Mentors Rat nicht befolgt und habt eure üppigen Söhne nicht im Zaume gehalten, als sie Tag für Tag hingingen, dem abwesenden Manne sein Gut verpraßten und unwürdige Forderungen an seine Gemahlin richteten, als käme er nimmermehr zurück? Ihr selbst habt euch alles dasjenige zuzuschreiben, was jetzt im Palaste vorgefallen ist. Und wenn ihr klug seid, so werdet ihr mitnichten den Mann verfolgen, der sich nur der Feinde seines Hauses erwehrt hat. Tut ihr es, so komme das Unheil über euch, das ihr euch selbst herbeiziehet."

Halitherses trat unter das Volk zurück, und unter der Versammlung entstand Getümmel und Zwiespalt. Die eine Hälfte erhob sich zornig und stürmisch, die andere beharrte bei der Beratung. Die aufgeregte Hälfte hielt es mit den Vorschlägen des Eupeithes; dieser Teil der Bürger warf sich in die Rüstungen, kam auf dem Blachfelde vor der Stadt zusammen, und nun stellte sich Eupeithes an die Spitze der Heerschar und machte sich mit ihr auf, den Tod seines Sohnes und der andern Freier zu rächen.

Sobald Pallas Athene vom Olymp herab den Auszug dieses Haufens gewahr wurde, trat sie vor ihren Vater Zeus und sprach: „Herr der Götter, eröffne mir, mit welchem Rate deine Weisheit sich trägt. Willst du die ruhigen Einwohner

Ithakas durch Krieg und Zwietracht züchtigen, oder gedenkst du den Streit beider Parteien im Frieden beizulegen?" „Was willst du schon Beschlossenes erforschen, Tochter!" antwortete Zeus, „hast du nicht selbst mit meinem Willen den Beschluß gefaßt und vollzogen, daß Odysseus endlich als ein Rächer in seine Heimat zurückkehre? Nachdem dir dieses gewährt worden ist, so tue auch ferner, was dir gefällt; willst du aber mein Gutdünken wissen, so ist es dieses: Nachdem Odysseus die Freier gestraft hat, werde ein heiliger Bund beschworen, und er sei und bleibe ihr König für immer. Uns aber laß dafür sorgen, daß aus dem Geist aller Beteiligten die Ermordung ihrer Söhne und ihrer Brüder vertilgt werde; gegenseitige Liebe soll unter allen herrschen wie zuvor; Einigkeit und Wohlstand sollen unerschüttert bleiben." Diese Entscheidung war der Göttin hochwillkommen. Sie verließ das Felsenhaupt des Olymp, durchflog die Luft und ließ sich auf der Insel Ithaka nieder.

Der Sieg des Odysseus

Auf dem Landgute des Laërtes war das Mahl vorüber. Sie saßen noch um den Tisch gelagert, als der Held nachdenklich zu seinen Freunden sprach: „Mir deucht, unsere Gegner werden in der Stadt auch nicht gefeiert haben und es dürfte nicht überflüssig sein, wenn einer aus dem Hause sich aufmachte, die Straße auszukundschaften." Auf der Stelle stand einer von den Söhnen des Dolios auf und ging dem Worte gehorsam über die Schwelle des Hauses. Er brauchte sich nicht weiter von der Wohnung zu entfernen, denn er sah einen gewaltigen Heerhaufen im vollen Anmarsche begriffen. Erschrocken kehrte er zu den versammelten Freunden in den Saal des Hauses zurück und rief. „Sie kommen, Odysseus, sie kommen, sie sind ganz in der Nähe! Werft euch eilig in die Rüstungen!" Da fuhren die Tafelnden vom Tische auf und hüllten sich augenblicklich in ihre Waffen. Es waren Odysseus, sein Sohn und die Hirten zu vieren; dann sechs Söhne des Dolios; endlich, so grauköpfig sie waren, Dolios und Laërtes selbst. Auch sie hatten sich gerüstet und gegürtet. Odysseus stellte sich an die Spitze, und der kleine Trupp trat aus der Pforte des Hauses hervor.

Kaum waren sie im Freien, als sich in Mentors Gestalt der gewaltigste Bundesgenosse zu ihnen gesellte, die erhabene Göttin Pallas Athene. Dieser Anblick erfüllte den Helden Odysseus, der sie auf der Stelle erkannte, mit der freudigsten Hoffnung. „Telemach", sprach er zu seinem Sohn, „erfülle jetzt die Erwartungen, die dein Vater von dir hegt. Zeige dich in der Schlacht da, wo die tapfersten Männer fechten, und mache deinem Stamm Ehre, der sich von jeher durch Tapferkeit und Mut unter allen Sterblichen ausgezeichnet hat." „Kannst du nach der Schlacht mit den Freiern an meiner Kampflust noch zweifeln, Vater?" erwiderte Telemach."Du wirst sehen, daß ich deinen Stamm nicht schände!" Solcher Worte freute sich Laërtes, der Vater und Großvater. „Welch ein Tag ist dies, ihr Götter", rief er, „wie frohlockt mein Herz! Einen Wettkampf der Tapferkeit beginnen ihrer drei: Vater, Sohn und Enkel!" Da nahte Pallas Athene dem Greis und flüsterte ihm ins Ohr: „Sohn des Akrisios, mir lieb von allen deinen Streitgenossen, richte dein Gebet an Zeus und die Zeustochter, dann wage einen kühnen Lanzenschwung." So sprach Athene und erfüllte die Brust des Alten mit Mut. Er flehte zu Zeus und Athene und sandte die Lanze ab. Der Wurf des Laërtes fehlte nicht; er traf das Helmvisier des feindlichen Anführers Eupeithes, und dieses vermochte den kräftig geschwungenen Speer nicht zu hemmen: er durchbohrte die Wange des Feindes, und der Vater des Antinoos rasselte mit seinen Waffen tot in den Staub. Odysseus aber und Telemach und alle ihre Genossen wüteten im Vorderkampfe mit Schwert und Lanze; und sie hätten alle Feinde vertilgt, und keiner hätte die Heimat wiedergeschaut, wenn nicht plötzlich Pallas Athene ihre Götterstimme hätte ertönen lassen und ihr lauter Zuruf alle Streiter mitten im Kampfe gehemmt hätte. „Laßt ab, ihr Ithaker, laßt ab", rief sie, „vom unseligen Kriege; schonet Menschenblut und trennet euch!"

Entsetzen ergriff die Herangekommenen bei diesem Donnerlaute, die Waffen fielen den Erschrockenen aus der Hand und rollten auf die Erde; wie vom Sturmwind umgewendet drehten sich die Feinde und flohen der Stadt zu, nur darauf bedacht, ihr Leben zu retten. Odysseus und die Seinigen aber waren beim Rufe der Bundesgenossin nicht erschrocken: hoch schwangen sie Lanzen und Schwerter, und Odysseus flog an der Spitze der Verfolgenden fürchterlich schreiend vorwärts, wie ein Adler, der einem Raube zustürzt. Vor ihnen allen her aber zog wie ein Gewitterflug Athene, noch immer in Mentors Gestalt.

Doch des Zeus Befehl sollte erfüllt und der Friede nicht länger gestört werden; sein Blitz schlug vor der Göttin in den Boden, und die Unsterbliche selbst bebte vor dem Strahle zurück. „Sohn des Laërtes", sprach sie, zu Odysseus rückwärtsgewendet, „jetzt laß ab vom Kampfe, bezähme dein Herz, du möchtest dem allmächtigen Donnerer mißfallen!" Mit williger Seele gehorchten Odysseus und seine Schar, und Athene zog mit ihnen allen in die Stadt zurück und auf den Marktplatz von Ithaka. Herolde wurden ausgesendet und alles Volk zur

Versammlung entboten. Und nun erfüllte sich des Zeus Versprechen: aus allen Herzen war der Groll gewichen. An Gestalt und Stimme Mentorn ähnlich, erneuerte Pallas Athene selbst zwischen Odysseus und den Häuptern der Stadt und Gegend den Bund des ewigen Landfriedens, und diese huldigten mit dem gesamten Volke dem Helden als ihrem König und Schutzherrn. Jubelnde Scharen begleiteten ihn nach dem Palaste zurück, aus welchem ihm Penelope, zu welcher der Ruf des Sieges und des Friedens gedrungen war, mit allen ihren Dienerinnen, bekränzt und festlich geschmückt, entgegentrat. Lange glückliche Jahre verlebte das wiedervereinigte Gattenpaar. Erst in später Zeit erfüllte sich an Odysseus, was ihm einst Tiresias in der Unterwelt von seinen letzten Schicksalen geweissagt hatte.

Viertes Buch

-

Äneas – Erster Teil

Äneas verläßt die trojanische Küste

Seinen Vater Anchises auf den Schultern, seinen Sohn Askanius an der Hand, geschützt von seiner Mutter Venus, war der trojanische Held Äneas dem Brande seiner eroberten Vaterstadt entronnen und am Fuße des Idagebirges, wo dieses in das Meer ausläuft, in der kleinen Hafenstadt Antandrus angekommen. Hier sammelten sich um ihn befreundete Flüchtlinge in großer Anzahl, Männer, Frauen und Kinder, lauter unglückliche, des Vaterlands verlustige Menschen, und alle bereit, unter seiner Anführung eine neue Heimat aufzusuchen. Noch ungewiß, wohin sie das Geschick führen, wo es ihnen Ruhe vergönnen würde, fingen sie mit Hilfe der geretteten und zusammengeschossenen Habe sich eine Flotte zu zimmern an, die mit dem ersten Beginne des Frühlings fertig war, unter Segel zu gehen. Der älteste Trojaner, der sich in ihrer Mitte befand, der greise Held Anchises selbst, gab das Zeichen zum Aufbruch und sagte zuerst dem unterjochten Geburtsland ein ewiges Lebewohl. Weinen und Wehklagen ertönte von den Schiffen, als sie sich von der Heimatküste losrissen, und bald war diese aus den Blicken der Flüchtlinge verschwunden.

Nach einer ununterbrochenen Fahrt von mehreren Tagen landete die Flotte an dem Gestade Thrakiens, das vorzeiten der wilde Verächter des Bacchus, der

König Lykurgus, beherrscht hatte, dessen jetzige Bewohner aber, solange der Staat der Trojaner noch bestand, durch gleichen Götterdienst und Gastfreundschaft mit diesen aufs genaueste verbunden waren. Doch hatte dies Verhältnis eine grausame Störung erlitten; denn als das Glück von Troja zu wanken begann und Ajax der Telamonier vom Schiffslager der Griechen aus einen Streifzug zur See gegen die mit Priamus verbündeten Thrakier unternommen hatte, lieferte Polymnestor, der treulose König des Landes, den jungen Sohn des trojanischen Königs, Polydorus, den Griechen aus und erkaufte sich mit dieser Gabe den Frieden. Der Jüngling aber wurde von den Belagerern unter den Mauern Trojas und vor den Augen des Vaters gesteinigt.

Doch Äneas wußte nicht, an welchem Ufer er mit seinen Schiffen vor Anker gegangen war. Voll Freude, eine wirtliche Küste erreicht zu haben, betrat er mit seinen Freunden das Land, und ohne von den Eingeborenen gehindert zu werden, schritten sie zu einer Niederlassung und legten den Grund zu einer neuen Stadt, in deren ruhigem Besitze sie sich von den Schlägen des Schicksals zu erholen gedachten und welcher Äneas, als das Haupt der Auswanderer, seinem eigenen Namen nach den Namen Änus beilegte. Der Bau war schon im Werden, und der fromme Held wollte für sein Werk den Schutz der Unsterblichen erflehen; er brachte Jupiter dem Göttervater und seiner eigenen Mutter Venus einen untadligen Stier am Gestade zum Opfer. In der Nähe befand sich ein heiterer Hügel, auf welchem Kornellen und Myrten in üppigem Wuchse wucherten. Nach diesem Wäldchen hatte sich Äneas begeben, um die frisch errichteten Rasenaltäre mit Laub und Zweigen zu bedecken. Da erfuhr er ein Grausen erregendes Wunder. Sobald er einen Strauch aus den Wurzeln reißen wollte, quollen aus diesen schwarze Blutstropfen und flossen auf den grünen Waldboden, daß dem Helden selbst in den Adern das Blut erstarrte. Angstvoll warf sich Äneas auf die Erde und flehte zu den Nymphen des Waldes und zu Bacchus, dem Schutzgotte der thrakischen Fluren, die Schrecken abzuwenden, mit welchen dieses Wunderzeichen ihm drohte. Dann ergriff er mit erneuter Kraft ein drittes Bäumchen, und mit dem Knie auf den Boden gestemmt, versuchte er, es zu entwurzeln. Da ließ sich ein klägliches Stöhnen aus dem Boden vernehmen, und endlich kam ihm eine Stimme zu Ohren, welche in verlorenen Tönen sprach: „Was quälest du mich, unglücklicher Äneas? Meine Seele wohnt in diesem Boden, in den Wurzeln und Ästen dieses Waldes, in welchem ich als Kind einst ahnungslos spielte. Ich bin dein Stammesgenosse, dein Verwandter, Äneas, bin Polydorus, der Sohn des Priamus, der einst von seinem Pflegevater an die Griechen verraten und vor deinen Augen unter Trojas Mauern zerschmettert ward. Mein Gebein ist von mitleidigen Thrakiern gesammelt und hier im Vaterlande bestattet worden. Verletze meine Freistätte nicht, du selbst aber fliehe dieses Ufer, das dir und allen Trojanern mit Unheil droht; denn noch herrscht das Geschlecht des Verräters in diesem Lande."

Als Äneas sich vom ersten Schrecken erholt hatte, kehrte er zu den Seinigen zurück und meldete das Gesicht zuerst seinem Vater und dann den andern Häuptlingen des ausgezogenen Volkes. Alle vereinigten sich, mit ihm die verruchte Stätte des entweihten Gastrechts zu verlassen. Die begonnenen Arbeiten wurden eingestellt, und nachdem sie dem unglücklichen Polydorus ein Totenfest gefeiert, schoben die Trojaner ihre Schiffe wieder vom Strande, bestiegen sie und verließen mit ihnen den Hafen. Günstiger Wind führte sie bald weit in die offene See hinaus, und nach glücklicher Fahrt erschien ihnen mitten im Meer, unter vielen andern Inseln, ein wunderliebliches kleines Eiland, das sich lachend aus den Fluten emporhob. Sein Name war Delos, es war einst eine schwimmende Insel gewesen; Apollo war hier geboren und hatte sich ihrer, als sie wie unentschlossen um andere Inseln und Küstenländer herumirrte, mitleidig angenommen und sie in der Mitte der Zykladeninseln in dem Meeresgrunde befestigt, daß sie hinfort den Stürmen trotzen und glückliche Bewohner nähren konnte. Die Menschen, die sich dort ansiedelten, hatten dankbar ihre Stadt dem Apollo geweiht und waren gastliche, gute Leute. Dorthin steuerte Äneas mit seiner Flotte, und ein sicherer Hafen nahm die müden Seefahrer auf. Sie landeten und betraten die Stadt, die dem Fernhintreffer Phöbus Apollo gewidmet war, mit tiefer Ehrfurcht. Ihr König Anius, der zugleich Priester des Phöbus war, wandelte, mit der heiligen Binde um die Schläfe und dem Lorbeer in der Hand, den Ankömmlingen entgegen und erkannte in dem greisen Anchises einen alten Gastfreund. Unter Gruß und Handschlag wurden Äneas und seine Genossen in die Mauern aufgenommen und wallfahrteten vor allem andern in den altertümlichen Tempel des Schutzgottes der Insel. Äneas warf sich in tiefer Ehrfurcht vor dem Haus Apollos nieder und betete mit aufgehobenen Händen: „Gib uns, du großer Beschützer des trojanischen Volkes, ein eigenes Haus, gönn uns eine bleibende Statt; laß das Geschlecht deiner Schützlinge nicht aussterben, hilf ihnen, ein zweites Troja zu gründen! Sprich, wer soll unser Führer sein? Wohin schickst du uns? Gib uns ein Zeichen, großer Gott, offenbare dich unsern Seelen!"

Kaum hatte der Held solches gesprochen, als die Schwelle des Gottes, der Lorbeerhain, der den Tempel umgab, und das ganze Gebirge ringsumher sichtlich und fühlbar erbebte, und aus den offenen Hallen des Tempels ertönte vom Dreifuße das Orakel heraus: „Ausdauerndes Volk der Dardaner, ihr kehret in den Schoß eines Landes zurück, das schon den Stamm eurer Ahnherren getragen hat. Eure alte Mutter suchet ihr auf: von dort wird das Haus des Äneas in seinen spätesten Enkeln alle Länder der Erde beherrschen."

Bei der Stimme des Gottes hatten sich alle demütig zur Erde niedergeworfen. Als sie den günstigen Ausspruch vernommen hatten, sprangen sie freudig wieder auf; ein jubelndes Getümmel entstand, und sie befragten sich untereinander, von welchem Lande wohl Apollo spreche und wo den Irrenden eine neue Heimat winke.

Als sie so untereinander beratschlagten, erhob der ehrwürdige Held Anchises, der Vater des Äneas, der in die Kunde der Vorwelt eingeweiht war, seine Stimme: „Laßt mich euch, ihr Häupter des Volkes", sprach er, „eure Hoffnungen deuten. Mitten im inselreichsten Meere liegt eine Insel, aus welcher Jupiter der Göttervater selbst abstammt. Sie heißt Kreta und ist auch die Wiege unseres Volksstammes. Und wie Trojas Hauptgebirg heißt auch die waldige Bergkette, die sich durch dieses Inselland zieht, das Idagebirg. Zu seinen Füßen dehnen sich die fruchtbarsten Fluren, und mit hundert Städten ist das Land geschmückt. Dorther soll unser Stammvater Teucer ins troische Land gekommen sein, dorther all unser Götterdienst stammen, und gewiß, dorthin führt uns auch jetzt Apollos Befehl: lasset uns ihm folgen! Die Reise dorthin ist nicht allzuweit; schickt uns Jupiter Fahrwind, so befindet sich unsere Flotte am dritten Morgen im Angesichte der Insel Kreta."

Den Flüchtlingen wird Italien versprochen

Über diese Deutung waren die Auswanderer hocherfreut. Ehe sie wieder zu Schiffe gingen, schlachteten sie dem Meeresgotte Neptunus und dem Apollo, der sie mit seinem Orakel getröstet hatte, jedem einen Stier und den mächtigsten Winden Lämmer, dem wilden Sturm ein schwarzes, dem sanften Zephyr ein weißes. Dann verließen sie den Hafen von Delos, und ihre Schiffe durchflogen mit dem günstigsten Fahrwinde die Wellen; es war das Inselmeer der Zykladen, das Gewässer schien ganz vor Eilanden zu wimmeln, die da und dort mit ihren schneeweißen Marmorfelsen aus den Fluten stiegen. Der heiterste Himmel begünstigte die Fahrt; in die Wette steuerten die Fahrzeuge dahin, und von allen Seiten ertönte fröhliches Geschrei der Schiffenden. „Auf, ihr Freunde, Kreta gesucht, das teure Heimatland unserer Väter aufgefunden!"

Am dritten Morgen hatte die Flotte wirklich, wie es von Anchises vorausgesagt worden war, den lachenden Strand der Insel Kreta erreicht; und als die Flüchtlinge ausgeschifft waren und sich von den Einwohnern wohl aufgenommen sahen, fing Äneas abermals mit großer Begierde die ersehnten Mauern einer Pflanzstadt zu gründen an. Die Flotte war ans Ufer gezogen, und unter den fleißigen Händen der Pflanzer stiegen bald Mauern und Häuser empor, und sie fingen an, sich wohnlich einzurichten. Nach Pergamus, der Burg von Troja, gab Äneas der neuen Stadt den Namen Pergamus; und auch sie erhielt ihre gesonderte Burg auf einem Hügel. Schon beschäftigte sich die Pflanzung mit den ersten bürgerlichen Einrichtungen; unter dem jungen Volke der Auswanderer wurden Ehen geschlossen, Äcker wurden verteilt, und die Häupter des Volkes traten zusammen und berieten sich über die Gesetze des erneuten Volkes; da bedrohte ein neues Unglück die armen Flüchtlinge mit gänzlichem Verderben. Ein glutheißer Sommer brannte ringsum die Felder aus, ohne Nahrung erkrankte die Saat, Gras und Kräuter verdorrten, auf den Bäumen verwelkten die Blüten ohne Früchte; ein schreckliches Sterben riß unter den Menschen selbst ein, und was der Tod verschonte, das schleppte sieche Leiber umher. Auf einer Versammlung, in welcher der zusammenschmelzende Haufen über seine trostlose Lage beratschlagte, stand Anchises mit bekümmertem Herzen auf und riet seinen Unglückgefährten, die Schiffe wieder zu besteigen, rückwärts nach dem Zykladenmeere zu steuern und wieder auf der Insel Delos das Orakel dieses Gottes um gnädigen Aufschluß anzuflehen, wohin sie die Schiffahrt ferner zu richten hätten und welches Ziel ihrer Not bestimmt sei. Diesem Rate trat das gesamte Volk bei, und sie beschlossen, alles bewegliche Eigentum auf die Schiffe zurückzubringen, sobald dieses geschehen sei, die Anker zu lichten und die fast vollendete Stadt zu verlassen.

Als alle Vorbereitungen getroffen waren und unter fortdauerndem Elende die letzte Nacht herankam, welche sie unter Kretas unglücklichem Himmel zuzubringen gedachten, lag Äneas müde von Sorgen und doch schlaflos auf seinem Bette, und sein Geist brütete in der stillen Finsternis. Jetzt stellte sich ein plötzliches Gesicht seinen Augen dar. Der Vollmond brach eben aus den Wolken und erhellte mit seinen Strahlen die Räume seines Schlafgemachs. Da schienen in voller Beleuchtung hart vor dem Liegenden die heiligen Hausgötter der Trojaner, die er aus dem wütenden Feuer seiner Vaterstadt gerettet hatte, zu stehen. Ihr Mund tat sich auf, ihre nie vernommene Stimme sprach zu ihm, und was sie redeten, waren Worte des Trostes: „Apollo selbst", so lautete ihre Rede, „schickt uns in deine Behausung. Du sollst uns vertrauen: wir, die wir aus dem Brande Trojas dir folgten und auf deiner Flotte mit dir durch die stürmische Meeresflut gefahren sind, wir werden deinem Geschlecht einen Wohnsitz finden, den Ruhm deiner Enkel verherrlichen und ihrer Stadt die Herrschaft der Welt verleihen. Du selbst bist dazu erkoren, deinen großen Nachkommen diesen Sitz vorzubereiten, und darfst deswegen die langen Beschwerden der Flucht nicht scheuen. Freilich, den Ort, wo du dich jetzt angesiedelt, mußt du verlassen, nicht dieses Ufer hat der delische Apollo gemeint, nicht auf Kreta solltest du dich anbauen; nein, weit von hier liegt das Land, auf welches dich der Götterspruch hinweist, die Griechen nennen es Hesperien: es ist ein uraltes Land, mächtig durch die Waffen seiner Bewohner, reich durch den Segen seines Bodens. Seine ersten Bewohner hießen Önotrier, von den jüngern soll es jetzt Italien genannt werden und das Volk Italervolk, nach dem Namen eines einheimischen Königes Italus. Dies ist der Sitz, der euch von euren Ahnen her gehört, dorther stammen eure Väter Dardanus und Jasius, die ältesten Begründer eures Geschlechts. Wohlan, mach dich auf, melde deinem betagten Vater fröhlich dieses unzweifelhafte Wort: Italien soll er aufsuchen; die Gefilde Kretas verweigert euch Jupiter."

Ein kalter Angstschweiß hatte den Helden überlaufen, solange die Götter vor ihm standen und sprachen; doch als sie verschwunden waren, fühlte er sich von ihren Worten wunderbar getröstet, raffte sich vom Lager auf, streckte die flachen Hände betend, wie die Alten pflegten, gen Himmel empor und brachte auf seinem Hausherde den heimischen Göttern ein Trankopfer dar. Nachdem dieses fröhlich vollbracht war, eilte Äneas zu seinem alten Vater und meldete ihm ausführlich das Nachtgesicht. Diesem gingen die Augen des Geistes auf. er erkannte den doppelten Ursprung der Trojaner, den einen von Dardanus, den andern von Teucer und sah nun wohl ein, daß er in der Verwechslung der beiden alten Stammländer sich getäuscht habe. „Lieber Sohn", sprach er, „jetzt erst erinnere ich mich, daß die Seherin Kassandra allein es war, welche mir das Geschick der Zukunft richtig geweissagt hat. Sie verkündigte unserem Geschlecht ein Land, welches sie bald Hesperien, bald Italien benannte. Das geschah aber, als Troja noch lange stand, und wer dachte damals im Ernste daran, daß jemals teukrische Männer ihre Heimat verlassen und nach den fernen Küsten Hesperiens auswandern würden, ja wer achtete damals überhaupt nur auf die Reden Kassandras, die für eine Närrin und keine Seherin galt? Jetzt aber laßt uns dem Wort Apollos nachgeben und auf seine Warnung dem besseren Winke folgen."

So sprach Anchises. Inzwischen hatte sich das Volk zur beschlossenen Abfahrt nach Delos versammelt; als es nun die neue Weisung der Götter vernommen, brach es in einen lauten Jubel aus. Alles rüstete sich; nur wenige Kranke und Genesende blieben in der neugegründeten Pflanzstadt zurück. Durch sie wurde die neue Ansiedelung der Trojaner erhalten; glücklichere Zeiten kamen, die Einwohner vermehrten sich, und in späten Tagen blühte auf der Insel Kreta noch Pergamus, die Troerstadt.

Die andere aber richteten die Segel, und bald steuerte die Flotte wieder durch die hohe See.

Sturm und Irrfahrten. Die Harpyien

Als kein Land mehr sichtbar und ringsherum nur Himmel und Gewässer war, sammelte sich über den Häuptern der Schiffenden ein graues Gewölk, das Nacht und Sturm herbeiführte, und die Woge fing in schwarzer Finsternis zu schauern an. Sofort brachten Orkane das Meer in Aufruhr; Berge von Fluten stiegen auf; die Flotte ward auseinandergeworfen, und die Schiffe trieben zerstreut über den strudelnden Abgrund hin. Die schwarzen Wetterwolken raubten das Tageslicht und hüllten alles in eine dichte Regennacht, welche nur Blitz auf Blitz aus den zerrissenen Wolken erhellte. Dieses fürchterliche Ungewitter dauerte drei Tage und drei sternlose Nächte, und während dieser Zeit wußte selbst der erfahrene Steuermann der Flotte, Palinurus, nicht mehr, wo sich in dem blinden Dunkel die Schiffenden befanden und welcher Himmelsgegend die umhergeworfenen Fahrzeuge zugetrieben wurden. Endlich am vierten Tage legte sich der Sturm allmählich, ein fernes Gebirg zeigte sich am Horizont. Dieser Anblick gab den Verzweifelnden den geschwundenen Mut wieder. Als sie dem Lande näher gekommen waren, zogen sie die Segel ein, warfen sich über die Ruder und wühlten mit aller Anstrengung in dem noch immer empörten Meeresschaum.

Das Land, welches die Verirrten aufnahm, gehörte einer der beiden Strophadeninseln an, die sich im großen Ionischen Meere befinden, der

Pelopsinsel gegenüber. Es war ein unwirtliches, durch schauerliche Bewohner verrufenes Land. Die Harpyien, die gefräßigen Ungeheuer, seitdem sie die Wohnung des Königes Phineus verlassen hatten und von seinem unglücklichen Tische verscheucht worden waren, hatten an diesem Gestade den häßlichen Sitz aufgeschlagen. Diese grausenhaften Scheusale waren, wie bekannt, ein Vogelgezücht mit Jungfrauengesichtern, die aber, beständig vom Hunger gebleicht, entsetzlich anzuschauen waren. An den Händen hatten sie Krallen, mit welchen sie alle Speise ergriffen, deren sie sich bemächtigen konnten; und mit dem ekelhaften Abfluß ihres Leibes besudelten sie jeden Ort, an dem sie erschienen.

Von diesen Bewohnerinnen des ihnen gänzlich unbekannten Ufers hatten Äneas und seine Fluchtgenossen keine Ahnung. Sie liefen in den Hafen ein, der vor ihnen lag, und waren ganz fröhlich, als sie sich wieder auf festem Lande befanden. Der erste Anblick des Gestades zeigte ihnen auch nichts Unheimliches: Herden von Rindern und Ziegen gingen lustig auf der Weide, ohne alle Hüter. Der ausgestandene Hunger hieß die Gelandeten nicht lange zögern, sie fuhren mit dem Schwert unter das Vieh, brachten Jupiter und den Göttern ein Schlachtopfer dar und setzten sich selbst zum leckeren Schmaus am Ufer in die Runde. Sie erfreuten sich aber des Mahles noch nicht lange, als sie von den nahen Hügeln her einen lauten Flügelschlag wie von vielen Vögeln vernahmen. Als wären sie vom Sturmwinde herbeigeführt, erschienen plötzlich die Harpyien, fielen über die Speisen her, zerrten daran herum und besudelten alles mit ihrer abscheulichen Berührung. Allenthalben ertönte ihre gräßliche Stimme und verbreitete sich ihr scheußlicher Pesthauch. Die Tafelnden flüchteten sich mit ihrer Opfermahlzeit an eine abgelegene Stelle, unter einen hohlen Felsen, der rings von schattigen Bäumen eingeschlossen war. Hier zündeten sie Feuer auf neuen Rasenaltären an und stellten auch ihr Mahl wieder auf. Aber aus den heimlichsten Winkeln und von ganz anderer Himmelsgegend her kam wieder derselbe sausende Schwarm, machte sich mit seinen Krallenfüßen an die Beute und befleckte das Mahl auf alle Weise. Äneas und die Seinigen griffen endlich zu dem letzten Mittel: sie verbargen ihre Schwerter und Schilde ringsumher im Gras, und als die häßlichen Vögel sich wieder im Schwarme herniedersenkten und die krummen Ufer umflatterten, brachen seine Genossen auf das Zeichen eines ihrer Freunde, der vom Felsen herab seine Beobachtungen anstellte, los und versuchten es, die Untiere mit ihren Schwertern zu erlegen. Aber keine Gewalt vermochte das Gefieder zu durchdringen, keine Wunde saß auf ihrem Rücken fest; eilige Flucht entzog sie den Streichen, sie ließen ihre Beute angefressen zurück und überall Spuren voll Unflats. Nur eine von den Harpyien, Celäno mit Namen, setzte sich auf den höchsten Felsen und brach in die prophetischen Fluchworte aus: „Ist es nicht genug, uns Rinder und Ziegen gemordet zu haben, ihr trojanischen Fremdlinge? Müßt ihr uns unschuldige Harpyien auch noch aus dem Heimatlande vertreiben? Nun, so höret die Prophezeiung, die mir Phöbus anvertraut hat und die ich euch als Rachegöttin verkündige: Ihr fahret nach Italien, ihr werdet es auch erreichen, sein Hafen wird euch aufnehmen; aber nicht eher umgebet ihr die euch verheißene Stadt mit Mauern, als bis euch ein gräßlicher Hunger, die Strafe für das Unrecht, das ihr an uns beginget, zwingen wird, von euren eigenen Tischen zu nagen und dieselben aufzuzehren." So sprach sie, schwang die Fittiche und floh in die Waldung zurück. Den Trojanern erstarrte das Blut in den Adern vor Schrecken; sie wußten nicht, hatten sie es mit fluchwürdigen Vögeln oder mit mächtigen Göttinnen zu tun. Endlich hub der Vater Anchises seine Hände flehend gen Himmel und betete zu den Göttern um Abwendung alles Unheils. Dann riet er seinem Sohn und den Genossen der Flucht, sich in aller Eile wieder einzuschiffen.

Äneas an der Küste Italiens. Sizilien und der Zyklopenstrand. Tod des Anchises

Nach langen Irrfahrten und mancherlei Abenteuern erschien endlich eine niedrige Küste mit dämmernden Hügeln aus der Ferne. „Italien!" rief zuerst der Held Achates, der das Land vor den andern erblickt hatte. „Italien!" riefen einfallend unter Freudengeschrei die jubelnden Genossen. Der Greis Anchises bekränzte einen geräumigen Becher und füllte ihn bis zum Rande mit Wein. Auf dem Hinterverdecke stehend, flehte er die Meeresgötter um günstigen Wind und leichte Fahrt an. Auch wehte wirklich die erbetene Luft kräftiger, immer näher flogen sie einem sich vor ihren Augen erschließenden Hafen, und von einem Hügel des Landes winkte ihnen ein schöner Minerventempel. Vertrauensvoll rollten sie die Segel zusammen und drängten die Schiffe nach dem Strande. Der Hafen bildete, von der östlichen Brandung des Meeres ausgehöhlt, einen Bogen, an vorgelagerten Klippen spritzte die Meerflut schäumend auf, eine Mauer getürmter Felsen senkte rechts und links ihre Arme ins Meer herab, und der Tempel, in der Mitte der Bucht gelegen, trat in den Hintergrund. Hier erblickten sie am Gestade als erstes Vorzeichen vier schneeweiße Rosse, die hier und dort im tiefen Grase weideten. „Rosse bedeuten Krieg“, rief Anchises aus, „mit Kriege droht uns dieses Land, so gastlich es aussieht. Laßt uns Minerva, die auf uns herniederblickt, anbeten und eilig mit unsern Schiffen umkehren!“

Sie taten nach dem Rate des Alten und flogen zurück in das Meer. Nun schifften sie an mancherlei Küstenländern vorüber, immer dem Süden zu, vorbei am Meerbusen von Tarent, an der Stadt Kroton mit ihrem Junotempel, an dem klippenvollen Skylation. Schon tauchte aus der fernen Flut Sizilien auf mit seinem Ätna, schon von weitem hörten sie jetzt ein gewaltiges Tosen des Meeres, Brandung um die Felsen, am Gestade gebrochenen Laut: aus tiefem Abgrunde sprudelte die Flut empor, und Sand unter Wasserschaum stäubte in die Luft. „Das ist die Charybdis“, rief der länderkundige Anchises, „das gräßliche Felsenriff. Werft euch an die Ruder, Gefährten, reißet uns aus der Todesgefahr!“ Eifrig lenkten alle mit den Schiffen zur Linken um, Palinurus mit dem krachenden Schiffschnabel voran. Bald flogen die Schiffe aus den Wölbungen des Strudels zu den Wolken empor, und wenn die Wogen verrollten, versanken sie wie in die Unterwelt; und dies geschah zu dreien Malen. Als sie der Gefahr glücklich entronnen waren, gerieten sie, aller Bahn unkundig, an den Strand der Zyklopen, wo ein geräumiger Hafen sie aufnahm. In ihrer Nähe hörten sie hier den feuerspeienden Berg Ätna donnern, der bald schwarzes Gewölk, Pechqualm und glühende Asche in die Luft emporwirbelt, bald das Eingeweide des Berges, Steine und geschmolzene Felsen, hinaufschleudert und vom untersten Grunde aus brausend siedet. Der Leib des Giganten Enceladus – andre erzählen, der des Riesen Typhon –, vom Blitze Jupiters versengt, soll hier in den Gründen der Erde liegen, und der mächtige Ätna, über denselben geworfen, sende, sagt man, den Flammenhauch des Riesen aus seinem Schlund empor; sooft jener, unter der drückenden Last ermattet, seine Seite wechselt, bebt die ganze Insel von dumpfer Erschütterung, und ein Rauch hüllt den Himmel in seinen Schleier.

Äneas und seine Genossen waren bei Nacht an die Insel verschlagen worden, und der Berg war ihnen noch dazu von Wäldern verdeckt. Auch umzog den verfinsterten Himmel ein dickes Gewölk, und hinter seinen Schichten verbargen sich der Mond und die Sterne. So hörten sie die ganze Nacht hindurch nur das fürchterliche Tosen, ohne die Ursache desselben erraten zu können. Als der Morgenstern am Himmel stand und Aurora die Schatten vertrieb, sahen die Flüchtlinge, die sich am Strande gelagert, einen fremden seltsamen Mann, ganz in Lumpen gehüllt, ein rechtes Jammerbild des Elendes, plötzlich aus den

Wäldern hervortreten und die Hände flehend nach ihnen zu dem Ufer ausstrecken. Abscheulicher Schmutz entstellte ihn; die Fetzen seines Gewandes waren mit Dornen zusammengeheftet; sein langes verwirrtes Barthaar flog im Winde. Übrigens erkannte man auch in diesem jämmerlichen Aufzuge noch den Griechen, der einst vor Troja gekämpft hatte. Als dieser in der Ferne trojanische Rüstungen sah, stutzte er einen Augenblick und hemmte schüchtern seine Schritte. Bald aber rannte er entschlossen wieder vorwärts zum Ufer und flehte weinend zu den Ankömmlingen hinüber: „Bei den Gestirnen, bei den Göttern, beim Himmelslichte beschwöre ich euch, Trojaner nehmet mich fort mit euch, wohin es auch gehen mag! Ich weiß wohl, ich bin einer vom Danaerheer, ich habe eure Stadt befehdet, habe sie zerstören helfen. Nun, seid ihr unversöhnlich, so reißet mich in Stücke und versenkt mich im tiefsten Wasser, wird mir so doch der Trost zuteil, von Menschenhänden zu sterben!" So sprach der Unglückliche, umfaßte die Knie des Helden Äneas und schmiegte sich fest an ihn an. Da ermahnten ihn alle, sein Geschlecht, seinen Namen, sein Schicksal zu melden, und der ehrwürdige Greis Anchises reichte ihm selbst die Hand und nötigte ihn, vom Boden aufzustehen. Allmählich erholte sich der Arme von der Furcht. „Ich stamme", begann er, „aus Ithaka und war ein Genosse des erfahrungsreichen Helden Odysseus. Achämenides ist mein Name. Weil man Vater Adamastus arm war, entschloß ich mich, mit gegen Troja zu ziehen. Es war mein Unheil; den Gefahren des Krieges glücklich entronnen, wurde ich hier in der scheußlichen Höhle des Zyklopen, als Odysseus und meine andern Begleiter, so viele der Menschenfresser noch nicht geopfert hatte, die Höhle mit List verließen, krank und elend in einem Winkel der Kluft liegend vergessen. Ich hatte es mit angesehen, wie das Ungetüm von meinen armen Freunden ein Paar ums andere verschlang, hatte mit Hand angelegt, als der einäugige Riese von Odysseus im Rausche geblendet ward. Ich selbst bin nur durch ein Wunder aus seiner Höhle entkommen; aber umringt vom ungeschlachten Volke der Zyklopen, brachte ich seit vielen Tagen mein Leben in Hunger und Todesangst hin. Auch ihr, unglückliche Fremde, wenn ihr nicht die Beute dieses abscheulichen Riesenvolkes werden wollet – denn gleich Polyphem irren über hundert in diesem unwirtlichen Gebirg umher –, auch ihr besteiget eilig die Schiffe wieder, und löset die Seile vom Strand! Drei Monate sind es, daß ich zwischen Höhlen und Wildlagern mein Leben fortschleppe, mich von der ärmlichen Kost der Waldbeeren und Wurzeln ernährend, stets auf der Lauer vor dem Riesengeschlechte, vor dessen tosenden Tritten und brüllenden Stimmen ich erbebe. Da sah ich diese Flotte dem Ufer nahen; ihr mich zu ergeben, brach ich auf, wessen sie auch sein mochte.“

Kaum hatte er dieses gesprochen, als die Trojaner auch schon auf der Höhe des Berges den Zyklopen Polyphem gewahr wurden, den unförmlichen Riesen mit dem geblendeten Auge, einen behauenen Fichtenstamm als Stock in der Hand, inmitten seiner Schafherde, seines einzigen Trostes im Unglück, einherschlendernd. Am Meere angekommen, ging er mitten in die Fluten hinein, die ihm doch noch nicht einmal bis an die Hüfte gingen. Hier bückte er sich und wusch aus dem ausgestochenen Auge das immer noch fließende Blut, stöhnend und zähneknirschend. Bei diesem gräßlichen Anblicke beschleunigten die Trojaner ihre Flucht, nahmen den bejammernswürdigen Flüchtling, obgleich er ihr Stammfeind war und ihre Stadt hatte zerstören helfen, mit sich zu Schiffe und hieben stillschweigend die Seile ab. Jetzt vernahm der Riese den Ruderschlag und wandte seine Schritte, noch immer in der Flut, dem Schalle des Geräusches zu. Mit Mühe entging das letzte Schiff seinen huschenden Händen; und als er vergebens in die Luft griff, erhob er ein so ungeheures Gebrüll, daß die Klüfte des Ätna wie von einem langen Donner widerhallten und das ganze Zyklopengeschlecht, in den hohen Bergen aufgestört, zum Gestade herabgerannt kam. Wie luftige Eichen oder Zypressen ragten ihre Häupter gen Himmel, und sie schickten der absegelnden Flotte drohende Blicke nach.

Um der Skylla und Charybdis zu entgehen, segelte diese rückwärts, längs dem Gestade der Insel hin, von Achämenides beraten, der diesen Weg früher mit Odysseus zurückgelegt hatte. Auf dieser Fahrt traf den Äneas ein großer Schmerz. Sein greiser Vater Anchises, von den Anstrengungen, Gefahren und Schrecken der Reise ermattet, sollte Italien, das Gelobte Land seiner Sehnsucht, nicht mehr erreichen. Er wurde zusehends schwächer, seine Sinne schwanden, seine Zunge erlahmte, und ohne nur ein Lebewohl sagen zu können, gab er in den Armen seines Sohnes den Geist auf, als sie eben in den Hafen der sizilianischen Stadt Drepanum eingelaufen waren.

Die trojanischen Flüchtlinge veranstalteten dem ehrwürdigen Vater ihres Führers ein feierliches Leichenbegängnis. Doch hing Äneas nicht lange der Trauer nach. Die Verheißung der Götter trieb ihn, das Volk, welches sich ihn zum Beschützer erkoren hatte, dem Lande der Ahnen entgegenzuführen und das versprochene Reich dort zu gründen.

Äneas nach Karthago verschlagen

Kaum hatte die Flotte Sizilien aus dem Gesichte und segelte fröhlich auf der hohen See dahin, als Juno, die alte Feindin der Trojaner, die vom Olymp auf den Schiffszug herniederblickte, bei sich selber sprach: „Wie, sollte mein Beginnen auf halbem Wege stehenbleiben? sollte Troja nicht ganz zerstört, sein Volk und Königsgeschlecht nicht mit der Wurzel vertilgt sein? Soll dieser Eidam des Priamus, soll sein Enkel wirklich Besitz von Italien nehmen? Konnte nicht Pallas die heimkehrende Flotte der Griechen auseinanderschlagen und mit Orkanen das Meer durchwühlen, nur um die Schuld Ajax des Lokrers zu rächen: und ich, die Königin der Götter, Jupiters Gemahlin und Schwester, soll dieses eine Volk jahrelang vergebens bekämpfen?“ Solche Gedanken bewegte sie in ihrem zornigen Herzen und eilte in das Gebiet der Stürme, nach der Grotte des Äolus, des Königs der Winde. Auf ihren Befehl und ihre Bitten, mit reizenden Versprechungen gemischt, ließ dieser sämtliche Winde aus ihrem Verschlusse los; sie stürzten wie Heere zur Feldschlacht heraus, wirbelten durch die Länder, legten sich, Ost und Süd, West und Nord, zugleich auf das Meer und reizten die Wogen gegeneinander auf, in deren Mitte die Flotte des Trojaners schwamm. Ein Jammergeschrei erhob sich unter den Männern, die Taue rasselten, während Blitz auf Blitz zuckte und die Donner durch den Himmel rollten. Äneas pries in diesem Augenblicke alle diejenigen glücklich, die unter Trojas Mauern zu seiner Verteidigung gefallen waren, er beneidete seine Freunde Sarpedon und Hektor um den Tod durch die Hand des Tydiden und des großen Achill. Aber seine Seufzer verwehte der Nordorkan, der die Segel der Schiffe nach vorn riß und diese selbst auf fürchterlichen Wasserbergen bis in die Wolken schleuderte. Die Ruder zerkrachten, die Meerflut brach ein, und die Schiffe legten sich wie sterbend auf die Seite. Drei von den Fahrzeugen schleuderte der Südwind auf verborgene Klippen, drei stieß der Ostwind von der hohen See auf seichte Sandbänke; auf eins, das lykische Bundesgenossen mit ihrem Führer Orontes trug, wälzte sich eine ungeheure Welle nieder und warf den Steuermann kopfüber ins Meer; dann drehte der Wirbel das Schiff dreimal in der Runde herum, und der Abgrund verschlang es. Auch das mächtige Schiff des Ilioneus und Achates, das Schiff des Abas und Aletes überwältigte der Sturm, und das Meerwasser drang durch die lockern Fugen der Planken ein.

Jetzt endlich nahm der Meeresgott Neptunus von dem brausenden Aufruhr Kunde und wunderte sich über die losgelassenen Orkane. Er erhob aus den wilden Wogen sein ruhiges Haupt und schaute sich ringsum. Da erblickte er das

Geschwader des Äneas allenthalben im Meere zerstreut und die Schiffe seiner Lieblinge, der Trojaner, von den Wogen bedeckt und in Regengüsse gehüllt. Auf der Stelle erkannte er den Groll und die Ränke seiner Schwester Juno, rief den Ost und West gebieterisch zu sich her und sprach zu ihnen: „Was für ein Trotz hat euer freches Geschlecht ergriffen, so ohne meinen Befehl Himmel und Meer untereinanderzumischen und die Wogen bis an die Sterne zu türmen? Ich will euch...! Doch für diesmal sei eure einzige Strafe, die Meeresflut auf der Stelle zu verlassen; geht und sagt eurem Herrn, nicht ihm sei der Dreizack und die Herrschaft über die See verliehen worden, sondern mir; ihm gehören Felsen und Grotten, wo euer Gemach ist; dort mag er in verschlossenem Kerker über euch herrschen, bis man euch braucht!"

So sprach er, und unter dem Sprechen glättete er die schwellenden Wogen, verscheuchte die geballten Wolken und erheiterte die Luft, daß die Sonne wieder schien. Seine Meeresgötter mußten die Schiffe, die zwischen Klippen geraten waren, von den zackigen Felsen hinwegdrängen; er selbst hob die auf den Sandbänken aufsitzenden mit seinem Dreizacke wie mit einem Hebel und machte sie wieder flott; dann glitt er auf seinem Wagen, von Seerossen gezogen, leicht über den Saum der Flut hin, und das Getöse des Meeres schwieg überall, wohin der Gott mit verhängtem Zügel die Rosse lenkte und einen Blick über die Wasser warf, wie bei einem Volksaufruhr der gemeine Pöbel, der voll Trotzes mit fliegenden Fackeln und Steinen umhertobte, plötzlich schweigt und horchend aufblickt, wenn ein Mann von Tugend und Verdienst erscheint.

Die müden Seefahrer sahen eine Küste vor sich liegen, rafften ihre Kräfte zusammen und steuerten dem Lande entgegen. Es war Afrikas Gestade. Bald nahm sie ein sicherer Port auf. Von der einen Seite winkten sonnige Wälder auf sanften Hügeln, auf der andern starrte ein Gehölz voll schwarzer Schatten an steiler Höhe, im Hintergrunde der Bucht öffnete sich eine Felsengrotte mit Quellen und Moosbänken. Dorthin fuhr mit seinen sieben Schiffen – dies war der ganze Überrest der Flotte – der Held Äneas. Die Trojaner stiegen aus und lagerten sich in ihren triefenden Gewanden dem Ufer entlang. Der Held Achates schlug an einem Kiesel Feuer, fing die Glut in trockenen Blättern auf, nährte sie mit dürrem Reisig und fachte sie durch Schwingen zur Flamme an. Dann wurde das Bäckergeräte und das vom Wasser halbverdorbene Getreide aus den Schiffen ausgeladen und das gerettete Korn mit dem Mühlsteine zermalmt.

Unterdessen erstieg Äneas klimmend einen Felsen mit seinem treuen Waffenträger Achates und ließ oben die Blicke über die weite Meeresfläche hinschweifen, ob er nichts von den vom Sturme verschlagenen Schiffen erblicken könnte, vom Antheus, vom Kapys mit den Fahrzeugen der Phrygier, von der Flagge des Kaïkus; aber kein Schiff begegnete seinem Blick; nur drei Hirsche sah er unten am Strande, denen eine ganze Herde folgte, deren Nachzügler bis tief in ein Tal hinein weideten. Schnell ließ er sich Bogen und Pfeile reichen und streckte den Führer der Herde nieder, einen Hirsch mit hochästigem Geweih; und er ruhte nicht, bis er sieben Tiere erlegt hatte, so viel, als die Zahl seiner Schiffe war. Dann kehrte er zur Bucht zurück; die Beute ward eingeholt und unter die Freunde verteilt. Auch stattliche Krüge mit Wein ließ Äneas aus den Schiffen herbeiholen, die ein Gastfreund an der sizilischen Küste ihm geschenkt, und mit dem süßen Tranke flößte er Trost in ihre kummervollen Herzen. „Freunde", sprach er, „sind wir doch lange mit Trübsal vertraut, selbst mit größerer als diese gegenwärtige ist; darum laßt uns hoffen, daß ein Gott auch ihr ein Ende machen werde. Rufet nur den alten Mut zurück; in später Zeit werdet ihr euch mit großer Lust an alle diese Leiden erinnern. Denkt nur daran, daß das Ziel so vieler Not und Gefahr Italien ist, daß uns dort unser Geschick ruhige Sitze zeigt, daß dort ein zweites Troja emporblühen wird!"

Der Held sprach freilich diese Hoffnungsworte mit kummervollem Herzen, und er mußte seinen tiefen Schmerz gewaltsam in die Seele zurückdrängen. Indessen schlachteten und brieten die Genossen das Wildbret und labten sich an Schmaus und Wein, über die verlorenen Freunde zwischen Furcht und Hoffnung geteilt sich unterhaltend.

Venus von Jupiter mit Rom getröstet. Sie erscheint ihrem Sohne

Auf der Zinne des Olymp stand Jupiter der Göttervater und heftete die Blicke, die über Meer und Land und Völker geflogen waren, endlich auf die afrikanische Küste, in das libysche Reich der Königin Dido, wo eben Äneas gelandet hatte. Zu dem Sinnenden trat seine Tochter Venus, in ihren glänzenden Augen schwammen Tränen, und sie sprach traurig: „Was hat dir mein Äneas getan, allmächtiger Beherrscher der Menschen und der Götter, daß ihm, nachdem er schon so viel Unheil erduldet hat, der ganze Erdkreis um Italiens willen verschlossen wird? Hast du nicht selbst mir verheißen, daß dorthin aus dem erneuerten Blute des trojanischen Stammvaters im Laufe der Jahre dereinst das Römervolk kommen und die Herrschaft über Land und Meer erhalten sollte?

Nur diese Verheißung söhnte mich mit dem Falle Trojas aus; was hat deinen Sinn so auf einmal verwandelt?“

Der Vater lächelte die Göttin huldvoll an, herzte sie mit einem Kuß und sprach mit dem Blicke, mit welchem er die Wolken vom Himmel verscheucht: „Sei getrost, Töchterchen, das Los deiner Schützlinge bleibt unverrückt. Laviniums Mauern in Italien werden sich erheben, in mächtigem Kriege wird Äneas dort siegen, trotzige Völker bändigen, Gesetz und Ordnung gründen. Drei Jahre wird er in Latium herrschen, sein Sohn Askanius oder Julus wird den Sitz der Herrschaft von Lavinium nach Alba longa verlegen. Drei Jahrhunderte wird dort das Geschlecht des Priamus auf dem Throne sitzen, bis eine Priesterin der Vesta aus dem Königshause dem Kriegsgott Zwillingsknaben gebiert. Von diesen wird Romulus, von einer Wölfin gesäugt, seinem Vater Mars neue Mauern bauen und der Stifter des Römervolks werden. Die Römer aber mache ich zu Herren der Welt, und ihrer Herrschaft sei kein Ziel gesetzt. Juno selbst, welche deinen Sohn jetzo quält, wird sich mit diesen seinen Enkeln versöhnen und sie mit mir begünstigen, und der größte Römer wird ein Nachkomme des Julus sein und Julius heißen. Sein Ruhm wird zu den Sternen sich erheben, er selbst, dein Nachkomme, o Tochter, wird in den Himmel unter die Götter aufgenommen werden. Unter den Menschen aber wird nach beendigten Kriegen der ewige Friede wohnen; eiserne Riegel werden die Pforten der Zwietracht schließen, die, mit hundert Ketten gefesselt, vergebens mit den blutigen Zähnen knirschen wird.“

So sprach Jupiter und sandte sofort seinen Sohn, den Götterboten Merkur, nach Karthago, um dort den Trojanern gastliche Herberge zu bereiten. Dieses Land war ein uralter Sitz phönizischer Pflanzer, und Juno beschirmte das Reich mit besonderer Huld. Ihre Rüstung, ihr Wagen waren dort aufbewahrt, und längst war es Wunsch und Bestreben der Göttin, hier ein Weltreich zu begründen. Jetzt aber beherrschte dieses libysche Reich Dido, die Witwe des Phöniziers Sychäus, welche hier die neue Stadt und Burg Karthago erbaut hatte.

Am andern Morgen machte sich Äneas, nur von seinem Freund Achates begleitet, zwei Wurfspieße in der Hand, auf, um das neue Land zu erforschen, an dessen Gestade ihn der Sturm geworfen hatte. Da begegnete ihm mitten im Walde seine Mutter Venus in Gestalt einer bewaffneten Jägerin, wie Spartas Jungfrauen sich zu tragen pflegen: ein Bogen hing ihr über den Schultern, das Haar flatterte frei in den Lüften, das leichte Gewand war bis ans Knie aufgeschürzt. „Sagt mir doch, ihr Jünglinge“, so redete sie die schreitenden

Helden an, „habt ihr keine meiner Gespielinnen gesehen, in Luchspelz gekleidet, mit übergehängtem Köcher?“ „Nein“, entgegnete ihr Äneas; „aber wer bist du, Jungfrau? In deinem Antlitz und deiner Stimme ist etwas Übermenschliches, bist du eine Nymphe, bist du eine Göttin? Doch wer du auch seiest: sag uns, in welchem Lande sind wir? Der Sturm hat uns an dieses Gestade verschlagen, und wir irren schon lang in der Welt umher.“ Hierauf erwiderte Venus lächelnd: „Wir tyrischen Mädchen pflegen uns immer so zu tragen, und ich bin darum nicht Apollos Schwester, weil du mich mit dem Köcher bewaffnet siehst. Du bist unter Tyriern, Fremdling, in einem Reiche der Phönizier, in der Nähe von Agenors Stadt; demnach ist der Weltteil, in welchem du dich befindest, Afrika, das Land ist libysch und das Volk wild und kriegerisch. Eine Königin herrscht über uns, Dido; auch sie stammt aus Tyrus und war dort die geliebte Gattin des reichen Phöniziers Sychäus. Aber ihr Bruder Pygmalion, der König von Tyrus, ein unmenschlicher Tyrann, haßte den Schwager, und geblendet von Goldgier und unbekümmert um die Liebe der Schwester, erschlug er ihren Gatten heimlich am Altare der Götter. Der blasse Schatten des Gemordeten erschien seiner Gemahlin im Traume mit einer tiefen Schwertwunde in der Brust und entschleierte ihr das geheime Verbrechen; er riet ihr zu schleuniger Flucht aus dem Vaterlande und bezeichnete ihr die unterirdische Stelle, wo der alte verborgene Reichtum des Königs, Silber und Gold, ihre Fahrt zu unterstützen, bereit läge. Dido folgte seinem Winke; der Tyrannenhaß sammelte viele Gefährten um sie. Was von Schiffen bereitlag, wurde mit dem Golde des kargen Pygmalion angefüllt. So gelangten sie an die Küste Afrikas und an den Ort, wo du jetzt bald die gewaltigen Mauern der neuen Stadt Karthago und ihre himmelansteigende Burg erblicken wirst. Hier erkaufte sie anfangs nur ein Stück Landes, welches Byrsa oder Stierhaut genannt wurde; mit diesem Namen aber verhielt es sich so: Dido, in Afrika angekommen, verlangte nur so viel Feldes, als sie mit einer Stierhaut zu umspannen vermochte. Diese Haut aber schnitt sie in so dünne Riemen, daß dieselbe den ganzen Raum einschloß, den jetzt Byrsa, die Burg Karthagos, einnimmt. Von dort aus erwarb sie mit ihren Schätzen immer größeres Gebiet, und ihr königlicher Geist gründete das mächtige Reich, das sie jetzt beherrscht. Nun wißt ihr, wo ihr seid, ihr Männer. Aber wer seid denn ihr, woher kommt ihr, und wohin wandert ihr?“ Mit diesen Fragen veranlaßte die Göttin eine rührende Erzählung seines Schicksals aus dem Munde ihres Sohnes, dessen Klage sie jedoch bald unterbrach: „Wenn meine Eltern mich nicht umsonst die Deutung des Vogelflugs gelehrt haben“, sagte sie, „so verkündige ich dir die Rettung deiner verschlagenen Schiffe und die Rückkehr deiner

Freunde. Denn ich sah am offenen Himmel in freudigem Fluge zwölf Schwäne, die kurz zuvor ein Adler, der Vogel Jupiters, auseinandergescheucht hatte. In langem Zuge suchten sie teils das Land zu gewinnen, teils schwebten sie schon über dem gewonnenen: so erreichten auch deine Genossen schon zum Teile den Hafen, zum Teil nähern sie sich ihm mit vollen Segeln. Du aber geh immerhin auf dem betretenen Pfade fort." So sprach die Jungfrau und wandte sich um. Ihr rosiger Nacken erglänzte von überirdischem Licht, ihre ambrosischen Locken verbreiteten einen himmlischen Wohlgeruch, ihr Kleid wallte blendend zu den Fersen hernieder; ihre Gestalt erschien übermenschlich; ihr ganzer Weggang verkündigte die Göttin. Jetzt erkannte Äneas plötzlich seine Mutter und rief die Fliehende vergebens zurück. Diese aber umhüllte die Wanderer mit einer dichten Umkleidung von Nebel, daß niemand sie schauen und ihre Absichten erforschen könnte. Sie selbst schwebte hoch durch die Lüfte nach ihrem Lieblingssitze Paphos.

Äneas in Karthago

Die beiden Wanderer gingen rüstig im Nebel dahin, immer dem Fußpfade nach. Bald hatten sie den Hügel erstiegen, der sich hoch über die Stadt erhob und auf die gegenüberstehende Burg hinuntersah. Mit Staunen betrachtete Äneas den stolzen Königsbau, der sich da erhob, wo früher nur armselige Bauernhütten gestanden hatten, die hohe steinerne Pforte der Stadt, die breiten gepflasterten Straßen, den Lärm und das Gewühl darin. Noch aber wurde an der Stadt gebaut, die Tyrier betrieben das Werk mit allem Eifer: die einen waren mit den Stadtmauern beschäftigt, die andern mit der Vollendung der Burg, zu deren Höhen sie Quadersteine emporwälzten; viele bezeichneten mit Furchen erst den Platz, auf welchem sich ihr Haus erheben sollte. Der größere Teil der Einwohnerschaft war auf dem Marktplatze versammelt, wählte den Senat und die Richter des Volks und beratschlagte über die Gesetze des neuen Staates. Noch andere gruben bereits an den Häfen, andere legten den Grund zu einem Theater und hieben dazu mächtige Säulen als Zierden der künftigen Bühne aus dem Felsen. Das Ganze war anzusehen wie ein Bienenschwarm, der eben schwärmt.

In ihrem Nebelgewande geborgen, befanden sich Äneas und sein Begleiter bald in der Mitte des beschäftigten Volkes und gingen unerkannt hindurch. Mitten in der Stadt grünte ein schöner Hain, voll des kühlsten Schattens, wo nach langen

Stürmen und Meerfahrten die Phönizier oder Pöner zuerst ein Segenszeichen, das ihnen Juno sandte, ausgegraben hatten: ein Pferdshaupt, wodurch ihnen Kriegsglück und Nahrung vorbedeutet ward. Hier baute die Königin Dido der Juno einen prächtigen Tempel; Stufen, Torpfosten und Türflügel, alles war von Erz. In diesem Haine faßte sich der Held Äneas erst wieder einen getrosten Mut und gab sich in seiner verzweifelten Lage kühneren Gedanken der Hoffnung hin. Denn während er sich in dem herrlichen Tempel umschaute und über die prächtigen Kunstwerke, die sich darin befanden, staunte, stieß er auf eine Reihe von Wandgemälden, in welchen die Schlachten Trojas dargestellt waren. Priamus, die Atriden, Achill, Rhesus und Diomed, fliehende Griechen und wieder Trojaner, der Knabe Troilus, von seinen Pferden geschleift, Trojanerinnen mit fliegendem Haar im Tempel der Pallas, Hektors geschleppte Leiche, Penthesilea mit ihren Amazonen: alles erkannte der Held Äneas, ja am Ende endeckte er auch sich selbst, wie er von der Mauer herab den ungeheuren Stein auf die Feinde schleudert.

Während er dieses alles unter Schmerz und Lust mit Verwunderung sich beschaute, nahte die Königin Dido selbst, im höchsten Glanze jugendlicher Schönheit, von einem großen Gefolge tyrischer Jünglinge umgeben, dem Tempel. Unter der Wölbung des Portales setzte sie sich, von Bewaffneten umringt, auf einen hohen Thron und teilte dem Volke, das sich um sie versammelte, teils nach billiger Schätzung, teils durchs Los die Arbeiten in der neuen Stadt aus, sprach Recht, gab Gesetze. Da sahen Äneas und Achates plötzlich mitten in dem Gewühle ihre verloren geachteten Freunde und Genossen, den Sergestus, den Kloanthus und viele andere Teukrer, welche der Sturm von ihnen getrennt und an andere Küsten verschlagen hatte. Freude und Angst ergriff sie bei diesem Anblick; sie glühten vor Begierde, ihnen die Rechte zu traulichem Handschlage zu reichen, und doch machte sie das Unbegreifliche der Sache wieder irre: sie hielten deswegen in ihrem Nebelgewölke an sich und warteten zu, ob sie nicht im Verlauf der Dinge das Schicksal der Freunde aus ihrem eigenen Munde erfahren würden. Denn es waren, wie sie sahen, auserwählte Männer von jedem Schiffe. Auch drängten sie sich bald aus der Menge hervor, traten in die Vorhalle des Tempels ein, und als ihnen das Wort von der Königin vergönnt wurde, hob ihr Führer Ilioneus zu sprechen an: „Edle Königin, wir sind arme Trojaner, die der Sturm von Meer zu Meer geschleudert hat. Wir richteten den Lauf unserer Flotte nach dem fernen Italien, als ein unvermuteter Orkan uns unter die Klippen schleuderte, wo viele unserer Schiffe ohne Zweifel zugrunde gegangen sind. Die Überbleibsel der Flotte haben euer Gestade erreicht. Aber was sind das für Menschen, unter die wir geraten sind? welches Barbarenvolk duldet solche Gebräuche? Man verwehrt uns, den Strand zu betreten; man droht mit Kriege, mit Verbrennung unserer Schiffe. Wenn ihr von Menschlichkeit nichts wisset, so scheuet doch wenigstens die Götter! Äneas war unser Führer – es gibt keinen größeren und frömmern Helden! Wenn das Schicksal uns diesen Mann erhalten hat, so wird euch der Dienst, den ihr uns erweiset, niemals gereuen. Darum gestattet uns, die lecken Schiffe ans Land zu ziehen, in euren Wäldern Schiffsbalken zu zimmern und Ruder zu verfertigen. Finden wir unsern König und unsere Freunde wieder, dann dürfte uns wohl die Fahrt nach dem verheißenen Italien glücken. Hat aber ihn die libysche Flut verschlungen und ist unsere Hoffnung dahin, nun dann gib uns wenigstens sicheres Geleite, mächtige Königin, daß wir zu unserem Gastfreunde am sizilischen Strande, von dem wir herkommen, wieder zurückkehren können."

Die Königin senkte vor den Männern den Blick auf die Erde und antwortete kurz: „Verbannet die Angst aus euren Herzen, Trojaner! Mein Schicksal ist so hart, mein Reich ist so jung, daß ich genötigt bin, die Grenzen des Landes ringsumher durch strenge Wachen sicherzustellen. Trojas Stadt aber und ihr unglückliches Volk, ihre Helden, ihren Waffenruhm, ihre fürchterliche Zerstörung kennen wir gar wohl. Unsere Stadt ist nicht so abgelegen, daß sie nichts von ihrem Schicksale wüßte; unsere Herzen sind nicht so unempfindlich, daß es uns nicht rührte. Möget ihr euch denn Hesperien zum Wohnsitz erwählen oder Siziliens Insel: in beiden Fällen getröstet euch meiner Hilfe, ich will euch mit allem Nötigen versehen und in Frieden ziehen lassen; es wäre denn, daß ihr euch lieber hier im Lande ansiedeln wolltet! Wollet ihr das, so steht euch frei, eine Stadt zu gründen, und meine Gesetze sollen euch denselben Schutz verleihen wie meinen eigenen Untertanen. Was euren König betrifft, so sende ich auf der Stelle sichere Männer an meine Ufer und im Lande umher, um ihn auszuspähen, ob er nicht irgendwo gestrandet in Wäldern oder in Städten umherirrt."

Die beiden Helden in der Wolke brannten vor Begierde, den Nebel zu durchbrechen, als sie solches vernahmen. „Hörst du es, Sohn der Göttin", flüsterte zuerst Achates seinem erhabenen Freunde zu, „die Schiffe, die Freunde alle sind gerettet; nur einer fehlt, den wir selbst ins Meer sinken sahen; sonst entspricht alles den Verheißungen deiner Mutter." Kaum war dieses gesprochen, als die Nebelwolke sich von selbst teilte und in den offenen Äther verschwand.

Da stand nun Äneas im heiteren Lichte, wie ein Gott an Schultern und Haupte glänzend: seine Mutter hatte ihm schönes wallendes Lockenhaar aufs Haupt, das Purpurlicht der Jugend auf die Wangen und in das heitere Auge den Strahl der Huld gezaubert. Wie ein Wunder stand er vor allen da, wandte sich zur Königin und sprach: „Da bin ich, nach dem ihr verlanget, aus den Wellen Libyens gerettet, ich, ich der Trojaner Äneas! Edle, großmütige Königin, die du die Trümmer eines unglücklichen Volkes erbarmungsvoll in deine Stadt aufgenommen hast, keiner von allen Trojanern, die über die ganze Erde zerstreut sind, kann dir würdigen Dank bezahlen; mögen dir die Himmlischen vergelten! Selig sind die Eltern, die dich gezeugt haben! Solange die Erde stehet, wird dein Name bei uns von Ruhme strahlen, welches Land uns auch rufen mag!“ So sprach Äneas und eilte auf seine Freunde zu, die Rechte, die Linke ihnen um die Wette darreichend. Als sich Dido vom ersten Erstaunen erholt hatte, sprach sie: „Sohn der Göttin, welches Schicksal verfolgt dich durch solche Gefahren? Du bist also jener Äneas, welchen einst Anchises, dem Trojaner, die erhabene Göttin Venus an den Wellen des Simois geboren hat! Wohl hab ich vieles von den Schicksalen deines Geschlechts und deines Volkes von meinem Vater Belus vernommen. Als dieser in Zypern kriegte, kam der Argiver Teucer, Telamons Sohn, zu ihm, der dort nach dem Trojanischen Krieg eine Niederlassung gegründet hatte; dieser erzählte viel von euren Heldentaten. Er war zwar euer Feind im Kriege, aber zugleich euer Blutsverwandter, denn auch er rühmte sich, vom alten Geschlechte der Teukrer abzustammen; seine Mutter Hesione, welche Telamon als eine Kriegsgefangene von seinem Freunde Herkules zum Geschenk erhalten hatte, war eine Tochter des trojanischen Königs Laomedon. Nun aber, ihr Männer, tretet getrost in unsere Häuser ein; auch ich bin eine Verbannte, auch ich fand nach langen Mühsalen erst in diesem Lande Ruhe. Ich bin wohlvertraut mit dem Jammer und verstehe mich auf den Beistand Unglücklicher.“

So sprach Dido und führte den Helden unverzüglich in ihren Palast, auch ordnete sie in allen Tempeln ein prächtiges Opferfest an. Das Innere der Burg wurde mit königlichem Prunke ausgeschmückt und in den schönsten Sälen des Palastes ein Festmahl zugerichtet. Kunstvolle Purpurteppiche prangten überall, schweres Silber belastete die Tische, goldene Pokale mit erhabener Kunstarbeit schimmerten allenthalben.

Indessen ließ dem edlen Äneas seine Vaterliebe keine Ruhe; er schickte den treuen Diener Achates schleunig zu der Flotte, dem Knaben Askanius die frohe Botschaft zu verkündigen und ihn selbst herbeizuführen. Auch allerlei

Ehrengeschenke, die er aus dem Schutthaufen Trojas gerettet, befahl er herbeizubringen: einen prächtigen Mantel mit goldgewirkten Bildern, den Schleier Helenas, ein Wundergeschenk ihrer Mutter Leda, den sie aus Sparta mitgebracht, den Zepter der Ilione, der ältesten Tochter des Priamus, ein Halsgeschmeide von Perlen und eine Krone, von Gold und Edelsteinen glänzend. Mit diesen Aufträgen eilte Achates nach den Schiffen.

Dido und Äneas

Aber die himmlische Mutter des Helden war nicht beruhigt über sein Schicksal, sie fürchtete die doppelzüngigen Tyrer und das betrügliche Königshaus. Auch daß Juno, die Todfeindin des Äneas, Schutzgöttin des Landes war, machte ihr schwere Sorge. Sie sann deswegen auf eine ganz neue List. Ihr Sohn, der Liebesgott, sollte die Gestalt des Knaben Askanius annehmen und an seiner Stelle in Karthagos Hofburg erscheinen. Würde nun Dido den holden Jungen beim königlichen Schmause auf den Schoß nehmen und ihn harmlos herzen und küssen, so sollte ihr Amor das heimliche Feuer und betörende Gift der Liebe einhauchen.

Der Liebesgott gehorchte dem Gebot seiner Mutter, er entledigte sich in aller Eile seiner Flügel und wandelte in kurzem, vergnügt über die Rolle, die er zu spielen hatte, dem kleinen Julus oder Askanius täuschend ähnlich, an der Hand des Achates, der keinen Betrug ahnte, der Königsstadt entgegen. Den wahren Askanius hatte Venus im Schlummer in ihr eigenes Gebiet, in den Hain Idaliums, entführt und ihn dort in duftenden Majoran unter kühle Schatten gelegt.

Als Achates mit dem kleinen Gott an der Hand in Karthagos Burg eintraf, hatte sich die Königin schon auf einem goldenen, mit köstlichen Teppichen gepolsterten Throngestelle in der Mitte des Saales niedergelassen; Äneas und die trojanischen Helden kamen von allen Seiten herbei und lagerten sich die Tische entlang auf purpurne Polster; Diener boten Reinigungswasser und Handtücher herum und langten das Brot aus den Körben hervor; fünfzig Mägde standen in langen Reihen in der Küche, vor den dampfenden Speisen an flammenden Herden; andere hundert Mägde und ebenso viele schmucke Diener türmten die Gerichte auf den Tischen umher und stellten die goldenen Becher vor die Gäste. Auch die Tyrier kamen jetzt scharenweise herbei und lagerten sich auf das Gebot ihrer Königin an den Tafeln. Die Geschenke des Äneas wurden herumgegeben und bewundert. Dann richteten sich aller Blicke auf den kleinen vermeintlichen Julus, der mit heuchlerischen Umarmungen sich an den Hals seines Vaters warf, seinen Mund mit Küssen bedeckte und wunderkluge Worte dazu sprach. Die arme Dido besonders, die schon von dem Gott ihrem Verderben geweiht war, konnte ihr Gemüt gar nicht sättigen und blickte bald den Knaben, bald die Geschenke mit immer funkelnderen Augen an. Der kleine Liebesgott riß sich endlich von dem erheuchelten Vater los und eilte auf die Königin zu. Diese nahm ihn arglos auf die Arme, blickte ihn liebreich an und herzte ihn zärtlich, ohne zu ahnen, welch ein mächtiger Gott sich ihr anschmiege. Amor aber, den listigen Befehlen seiner Mutter gehorsam, vermischte allmählich das Bild des verblichenen Gemahls in ihrem Geist und reizte die erstorbenen Gefühle ihrer Brust zu neuer lebendiger Neigung.

Der Schmaus ging zu Ende, die Gerichte wurden von den Tafeln genommen, gewaltige Weinkrüge aufgestellt und die Becher aufs neue gefüllt. Lautes Rauschen wälzte sich durch die Säle des Palastes; die Nacht war herbeigekommen, und flammende Kronleuchter hingen von dem goldenen Deckengetäfel herunter. Jetzt ließ sich Dido die herrlichste Schale, schwer von Gold und Edelsteinen, reichen und füllte sie bis zum Rande mit Wein; sie war längst der Mundbecher aller tyrischen Könige. Diese hielt die Königin, von ihrem Throne sich erhebend, hoch in der Rechten, und in diesem Augenblick verstummte der Lärm in den Sälen des Palastes. „Jupiter“, sprach sie mit feierlicher Stimme, „Mächtiger Beschirmer des Gastrechtes, laß diesen Tag den Tyriern und unsern trojanischen Freunden günstig sein, und unsere späten Enkel mögen desselben noch mit Lust gedenken! Auch du, Freudengeber Bacchus, auch du, huldreiche Juno, sei mit uns!“ So sprechend, goß sie das Trankopfer auf den Tisch aus, nippte dann von der goldenen Schale selbst und bot sie dem tyrischen Häuptlinge, der ihr zunächst saß. Nun machte der Pokal bei Tyriern und Trojanern die Runde, und derweil sang ein lockiger Sänger zur goldenen Zither sinnvolle Lieder vom Ursprunge der Welt, der Menschen und der Tiere. Als der Gesang zu Ende war, hing Dido an dem Munde des erzählenden Äneas, vernahm seine Schicksale mit pochendem Herzen und schlürfte in langen Zügen das Gift der süßen Liebe ein.

Didos Liebe betört den Äneas

Die Mienen, die Worte des Helden gruben sich der Königin tief ins Herz. Als die Gäste den Palast längst verlassen hatten und sie wenige schlaflose Stunden auf ihrem Lager zugebracht, suchte sie das Gemach ihrer geliebten Schwester und vertrautesten Freundin Anna auf und begann dieser ihr ganzes Herz aufzuschließen. „Schwester Anna“, sprach sie, „mich ängstigen wunderbare Träume. Welch ein seltener Gast hat unsere Wohnungen betreten! Welche Waffen, welcher Mut, welche Blicke! Man sieht ihm wohl an, daß er von den Göttern abstammt! Und welches Geschick hat er erfahren, welche Kriege durchgekämpft, welche Fahrten bestanden! Wahrhaftig, Schwester, wenn ich nicht unwiderruflich beschlossen hätte, mich durch das Band der Ehe keinem Mann mehr zu gesellen, seit der Tod mich um meine Erstlingsliebe betrogen hat: dieser einzigen Schwäche könnte ich vielleicht unterliegen. Aber eher soll mich die Erde verschlingen, eher der Blitz mich treffen, ehe ich meinem ermordeten Gemahl die Treue breche; er hat meine Liebe mit sich fortgenommen, er behalte sie auch im Grabe!“ Tränen erstickten ihre Stimme, und sie vermochte nicht weiterzusprechen.

Ihre Schwester blickt sie mitleidig an und erwiderte: „Dido, ich liebe dich mehr als mein Leben; willst du deine holde Jugend denn ganz im Witwengram verjammern? Meinst du, der Staub deines Gatten kümmre sich um deine Entsagung? Kommt es dir denn gar nicht in den Sinn, in welchem Gebiete du hausest, daß du auf der einen Seite von kriegerischen Gätulen, von unbändigen Numidierstämmen, von ungastlichen Sandbänken, auf der andern Seite von wasserlosen Wüsten eingeschlossen bist? Und welche Kriege drohen dir von Tyrus her, von deinem unversöhnlichen Bruder? Glaube mir, durch Gunst unserer Schutzgöttin Juno ist es geschehen, daß die trojanischen Schiffe hier gelandet sind. Schwester, wie mächtig würde unsere Stadt, wie mächtig das Reich durch eine solche Vermählung werden! Wie wird sich der Ruhm der Pöner steigern, von den Waffen der Trojaner begleitet! Sei klug, liebe Schwester, opfere den Göttern, stelle Gastgebote an, umstricke die Helden mit Zögerungen aller Art, solange ihre Flotte noch zerschellt ist und die Winde den Schiffen zuwider sind.“ Anna entflammte mit diesen Worten Didos glühende Seele noch mehr und schläferte alle Scheu in ihrem Herzen ein. Sie gingen zusammen in die Tempel und opferten den Göttern. Dann führte Dido den geliebten Helden durch ihre Stadt, zeigte ihm den sidonischen Königsglanz und feierte ihrem Gaste zu Ehren ein neues Mahl; wieder herzte sie den Askanius, das Ebenbild seines Vaters, wieder konnte sie nicht satt werden, den Helden von Trojas Leiden erzählen zu hören.

Dies alles war der Göttermutter Juno vom Olymp herab nicht entgangen. Der rechte Zeitpunkt, den Helden für immer um das verheißene Italien zu betrügen und das Volk der Trojaner in fremden Stämmen sich verlieren zu lassen, schien ihr gekommen. Sie suchte ihre Tochter Venus auf und begann heftig, doch freundlich zu ihr: „Wahrhaftig, du und dein Knabe, ihr habt einen schönen Sieg davongetragen! Doch wozu noch längeren Hader? Laß uns ein Ehebündnis und damit ewigen Frieden schließen! Du hast, was du mit ganzer Seele suchtest: Dido glüht von Liebe zu Äneas. Wohlan! laß uns die Völker verschmelzen, sie mag dem trojanischen Gatten dienen, und die Tyrier sollen seine Hochzeitsgabe sein.“

Venus merkte die heimliche Absicht der Heuchlerin wohl; sie erwiderte aber ganz willfährig: „Wie könnte ich so töricht sein, dir dieses zu verweigern, Mutter? Wie könnte ich es wagen wollen, in endlosem Kampfe mich mit dir zu messen? Ich fürchte nur, Jupiter möchte den Verein beider Völker nicht gestatten. Doch du bist ja seine Gemahlin, dir ziemt es, sein Herz durch Bitten geneigt zu machen. Was du zuwege bringst, ist mir recht.“ „Laß das meine Sorge sein“, erwiderte Juno vergnügt; „vor allen Dingen muß der Bund geschlossen werden. Laß mich nur die Geschicke lenken, Geschehenem wird Jupiter seine Billigung nicht versagen.“ Zustimmend und freundlich nickte Cythere, aber im Herzen spottete sie des Betrugs.

Am nächsten Morgen veranstaltete die Königin eine große Jagd, ihren fremden Gästen zu Ehren. Auserlesene Jünglinge mit Schlingen, Netzen, breiten Jagdspießen, von Reitern und Spürhunden begleitet, verließen die Tore. Vor dem Palaste stand der Zelter der Königin, mit Gold geschmückt und mit Purpurdecken behangen, und kaute mutig an seinem beschäumten Gebiß; an der Pforte harrten die Pönerfürsten. Endlich trat Dido heraus, umdrängt von großem Jagdgefolge; sie trug ein buntgesticktes sidonisches Jägerkleid, darüber einen mit goldener Schnalle aufgeschürzten Purpurrock; ein goldenes Diadem umschlang ihre Stirne, und von der Schulter hing ihr der goldene Köcher. Vier Trojaner waren in ihrem Zuge, darunter auch der muntere Julus. Endlich schloß sich der schönste von allen, Äneas, mit seinen vertrautesten Helden ebenfalls der Begleitung an.

Als die Gesellschaft das Gebirg erreicht hatte, zerstreute sie sich bald auf der unwegsamen Wildbahn; von den Felsenkuppen sah man bald Gemsen über die Hügel her stürzen; auf der andere Seite verließen Hirsche in stäubender Flucht ihre Berge, drängten sich in bange Haufen zusammen und durchrannten die offenen Felder. Mitten im Tale tummelte der Knabe Julus sein mutiges Pferd und flog damit bald an diesen, bald an jenen Jägern vorüber; das schüchterne Wild war ihm viel zu gering, immer hoffte er, es werde ein schäumender Eber angelaufen kommen oder ein Löwe mit gelber Mähne hinter dem Hügel hervorschreiten.

Die Jäger waren so ganz in ihre Lust vertieft, daß sie nicht merkten, wie der Himmel sich zu verdunkeln begann, und das drohende Ungewitter, das sich in den Wolken zusammenzog, erst entdeckten, als der Wind durch die Bäume sauste und plötzlich Regen und Hagel herniederströmte. Tyrier und Trojaner suchten, zerstreut und verirrt, durch Felder und Wälder sich verschiedenen Schutz vor dem Unwetter. Während nun angeschwollene Waldströme von den Bergen stürzten und ein Zufluchtsort vom andern vereinzelt und abgeschnitten wurde, fanden sich durch Junos Veranstaltung die Königin Dido und der Trojanerheld Äneas zugleich in der nämlichen Grotte zusammen, um vor dem immer tobenderen Ungewitter Schutz zu finden. Mit dem Aufruhre der Natur, beim Leuchten der Blitze und dem Krachen des Donners entfesselte sich auch die bisher zurückgehaltene Neigung der Königin; sie vergaß aller weiblichen Scheu und gestand dem Helden ihre glühende Liebe. Da schwanden dem betörten Äneas die göttlichen Verheißungen, er erwiderte ihre Zärtlichkeiten und versiegelte mit einem leichtsinnigen Schwur die Ausbrüche ihrer Leidenschaft.

Äneas verläßt auf Jupiters Befehl Karthago

Das Ungewitter war vorüber, die Jagdgesellschaft hatte sich wieder zusammengefunden, und Äneas kehrte an Didos Seite nach der Stadt und in den Palast zurück. Ein Freudenfest folgte auf das andere, keiner Abfahrt ward gedacht, und der Winter kam heran.

Jetzt machte sich Fama, die Göttin des Gerüchtes, auf und durchflog die Städte Libyens. Diese, ein Wesen von seltsam beweglicher Gestalt, ist die Tochter der Mutter Erde und die jüngste Schwester der Giganten. Sooft sie aus ihrer

Verborgenheit hervorgeht, ist sie anfangs ganz klein und schüchtern, aber im Fortschreiten wächst sie an Kräften und Größe, erhebt sich bald in die Lüfte; und während ihre Füße über den Boden gleiten, verbirgt sich ihr Scheitel in den Wolken. Ihre Gestalt ist gräßlich, ihr Haupt ganz mit Flaumfedern bedeckt; soviel Federn, soviel funkelnde Augen darunter; soviel Zungen und Mäuler, die nie schweigen, soviel immer gespitzte Ohren. Nachts fliegt sie zwischen Erd und Himmel einher, rauscht durch die Schatten, und nie schließen sich ihre Augenlider zum Schlummer. Den Tag über aber lauscht sie hingekauert, bald am Giebel der Häuser, bald auf den Zinnen der Türme, und schreckt Stadt und Land mit ihrem krächzenden Rufe; und es ist ihr einerlei, ob sie Wahrheit verkündet oder Lug und Betrug meldet.

Dieses häßliche Wesen füllte auch jetzt mit mancherlei Gerüchten die Länder Afrikas an und erzählte schadenfroh alles durcheinander, was geschah und nicht geschah: Ein Fremdling sei gekommen, ein Mann aus trojanischem Geschlecht, Äneas mit Namen, diesen habe sich die reizende Königin Dido zum Gemahl erkoren; sie vergesse der Sorge für ihre Herrschaft, die Zügel der Regierung entglitten ihren Händen und das Paar durchschwelge in Pracht und Üppigkeit den Winter. Solche Sagen ließ die häßliche Göttin durch den Mund des Volkes gehen. Dann richtete sie ihren Lauf plötzlich nach Numidien zu dem Könige Jarbas, dessen Hand kürzlich von Dido verschmäht worden war. Diesem entflammte sie das gekränkte Herz durch ihre Zuflüsterungen zum wildesten Grimme. Er war ein Sohn Jupiters und einer libyschen Nymphe und hatte seinem Vater hundert prächtige Tempel in Numidien erbaut, wo stets geschäftige Priester opferten und die Pforten immer mit Blumen bekränzt waren. Dieser, von dem bitteren Gerüchte in Wut versetzt, warf sich jetzt vor die Altäre und flehte mit rückwärtsgehobenen Händen zum Himmel empor: „Allmächtiger Jupiter, dem die maurischen Völker alle dienen, siehest du das und sendest deinen Blitz nicht? Ein landflüchtiges Weib, das für Geld sich ein Städtchen gegründet hat, der ich in meinem Gebiete das Ufer zum Pflügen, das Land zum Beherrschen verliehen habe, ein solches Weib hat trotzig meine Hand verschmäht, ergibt sich dem glatten Trojaner und läßt den Weichling seines Raubes genießen? Und wir sind solche Toren und hören nicht auf, in deinen Tempeln dir Geschenke darzubringen, und glauben an deine Weltregierung!“ So betete er und faßte seines Vaters Altar. Jupiter hörte ihn und richtete seinen Blick vom Olymp auf Karthago. Dann berief er seinen Sohn Merkur. „Was hat Äneas“, sprach er zornig, „im feindlichen Lande zu schaffen? Nicht dazu habe ich ihn zweimal den Waffen der Griechen und so oft den Stürmen entrissen. Rom soll er mir gründen! Auf der Stelle soll er davonschiffen. Ich will's! Und das sollst du ihm von mir verkünden." Wie ein Vogel durcheilte der Gott mit seinen fliegenden Sohlen die Luft; bald war er in Karthago und fand hier den Helden Äneas, wie er eben den Bau neuer Paläste überwachte. Sein Schwert funkelte von Edelsteinen; sein Mantel, den Dido selbst gefertigt, glühte von Purpur; er glich vom Kopf bis zur Sohle einem tyrischen Fürsten und nicht mehr einem Trojaner. Da stellte sich Merkur, allen andern unsichtbar, neben ihn und schalt ihm ins Ohr: „Weibersklave, hier stehest du, deiner Bestimmung und deines Reiches vergessend, und bauest einer Fremden die Stadt! Weißt du nichts mehr von deinem Sohn Askanius und von der Römerherrschaft, die du gründen sollst? Wisse, Jupiter sendet mich vom Olymp, dich zu strafen, dich fortzutreiben!"

Der Gott war entflogen, ehe sich Äneas von seiner Betäubung erholen konnte; aber das Göttergebot hallte in seiner Seele nach und gestattete ihm nicht mehr, an anderes zu denken als an schleunige Flucht. Nachdem er seinen Vorsatz von allen Seiten geprüft und erwogen, berief er seine vertrauten Genossen zu sich an einen einsamen Ort und befahl ihnen, in aller Stille die Flotte zu rüsten, die Genossen am Strande zu versammeln, die Waffen in Bereitschaft zu halten, aber die Ursache dieses neuen Beginnens aufs vorsichtigste zu verheimlichen. Er selbst wolle, noch bevor Dido den vom Himmel erzwungenen Treubruch ahne, die günstigste Stunde ausspähen, um ihr so mild als möglich den Beschluß des Schicksals beizubringen.

Aber wer kann sich vor einem liebenden Herzen verbergen? Die Königin merkte den Betrug; war sie doch schon bange, als alles noch sicher war. Jetzt hatte ihr die tückische Fama gemeldet, daß die Trojaner ihre Flotte rüsteten und die Abfahrt betrieben. Wie wahnsinnig irrte sie in den Straßen ihrer Stadt umher, und endlich trat sie vor ihren Geliebten selbst und sprach zu ihm: „Treuloser, du hofftest dein Verbrechen mir zu verhehlen und dich schweigend aus meinem Lande zu schleichen; meine Liebe, meine Hand, mein Tod kann dich nicht zurückhalten? Mitten im Winter betreibst du die Fahrt, Grausamer, und willst dich lieber den Nordwinden in den Arm werfen als in meinen Armen ruhen? Warum fliehest du mich, Äneas? Bei diesen Tränen, bei deinem Handschlag, bei unserer begonnenen Ehe beschwöre ich dich, wenn ich Gutes um dich verdient habe, wenn etwas an Dido dir süß war, so ändere deine Gesinnung, so erbarme dich meines sinkenden Hauses; um deinetwillen hassen mich die Völker Libyens, ja die Tyrier selbst, um deinetwillen habe ich der Zucht entsagt, die mich unsterblich machte. Gastfreund, denn Gatte bist du nicht mehr, wem lässest du die Sterbende zurück? Soll ich warten, bis mein Bruder Pygmalion meine Mauern stürmt, bis der Numidier Jarbas mich in die Gefangenschaft führt?"

So sprach die verzweifelnde Dido. Äneas aber, von Jupiter gewarnt, zeigte keine Regung in seinem Blicke und preßte den Kummer ins Herz zurück. Endlich erwiderte er kurz: „Solange ich mich selbst kenne, Königin, solange mein Geist in diesen Gliedern sich regt, werde ich Didos Wohltaten nicht vergessen. Glaube nicht, daß ich mich wie ein Dieb davonstehlen wollte; wir sind nicht vermählt, ich habe nie die Brautfackel angesprochen, nicht zu solchem Bunde bin ich zu dir gekommen. Erlaubte mir das Geschick, nach freier Wahl mein Leben einzurichten, so würde ich zuerst die geliebte Heimat Troja und des Priamus Haus wieder aufrichten; aber nach Italien heißt mich Apollo steuern, dort ist mein Herz und mein Schatz, dort ist mein Vaterland. Darf ich meinen Sohn um das verheißene Reich betrügen? Jupiter selbst verbietet es mir; Merkur, sein Bote, ist mir leibhaftig erschienen. Deswegen quäle dich und mich nicht länger mit Klagen; nicht freiwillig suche ich Italien auf!"

Seitwärts gewendet, blickte schon lange die Königin den Redenden an, ließ die Augen rollen, maß ihn schweigend von der Sohle bis zum Scheitel und brach endlich in die Worte der Entrüstung aus: „Keine Göttin hat dich geboren, nicht Dardanus ist dein Ahn, aus den Felsen des Kaukasus bist du entsprossen, hyrkanische Tiger haben dich gesäugt! Hat er bei meinen Tränen auch geseufzt? Hat er nur das Auge gewendet, die Lebende beweint, bedauert? Als Bettler an den Strand geworfen, habe ich ihn aufgenommen, die Flotte, die Genossen aus dem Rachen des Todes ihm zurückgegeben, ihn zu meines Thrones Gemeinschaft erhoben: und nun schützt er ein Orakel des Apollo, nun gar die Ankunft eines Götterboten vor und einen Befehl der Himmlischen, als ob diesen der Treubruch am Herzen läge! Nun wohl, ich streite nicht; ich halte dich nicht; suche dein Italien im Sturm! Wenn es noch Götter gibt, wird meine Rache dich in den Klippen finden! Mein Schatten zieht dir nach, und wenn du büßest, werd ich es in der Tiefe des Hades vernehmen!" Atem und Stimme versagten der Unglücklichen, und sie wurde von den Armen ihrer Dienerinnen aufgefangen.

Wohl fühlte sich Äneas versucht, den Kummer Didos durch liebreichen Trost zu lindern, und seine eigene große Liebe zu der Königin bewegte ihm den Geist, doch vermochte sie nicht, ihn wankend zu machen; er blieb dem Gebote der Götter treu und ging nach seiner Flotte. Diese war bald segelfertig, und Dido mußte es von der Zinne ihrer Burg mit ansehen, wie das Ufer von den Abziehenden wimmelte. „Anna“, sprach sie zur herbeigerufenen Schwester, „siehest du das Getümmel längs des ganzen Gestades? Hörst du die Segel in den Lüften schwirren, siehst du, wie die Schiffer die Verdecke bekränzen? Ach, hätte ich das geahnt, ich würde es auch zu ertragen vermögen! Jetzt aber bitte ich dich, Schwester, tu es mir Armen zulieb; dich hat ja der Verräter immer geehrt, hat dir seine geheimsten Gefühle anvertraut: geh zu ihm, Schwester, rede den stolzen Feind mit untertänigen Worten an. Frag ihn, ob ich denn eine Griechin sei, die zu Aulis Trojas Untergang mitbeschworen habe; ob ich die Asche seines Vaters Anchises frevelnd in die Lüfte gestreut, daß er solche Rache an mir zu nehmen beschlossen? Heiß ihn wenigstens bessere Zeit zur Flucht, günstigere Winde erwarten; ich verlange ja nicht, daß er auf Italien verzichte; ich will nur eine Frist für meine wahnsinnige Liebe, will nur Muße, bis ich mein Schicksal begreifen und trauern gelernt habe!“

Also flehete sie, und die geängstigte Schwester ging und trug dem Helden die Tränen Didos noch einmal vor. Ihn aber vermochte kein Menschenwort ferner zu erweichen; ein Gott verschloß dem gefühlvollen Manne das sonst jedem Schmerz offene Ohr. Wie wenn die Nordwinde den uralten Stamm einer Eiche, von beiden Seiten her ihn fassend, auszuwühlen sich abmühen: die Wipfel rauschen, der Stamm bebt, fallende Blätter decken den Boden, sie aber haftet fest im Felsenboden, und so hoch ihr Scheitel in die Luft ragt, so tief streckt sie ihre Wurzeln hinunter in die Tiefe – geradeso wurde der Held von den beiden Schwestern mit Bitten bedrängt, und er fühlte auch in seinem edlen Herzen alle die Qualen; aber er blieb unbeweglich wie die Eiche.

Jetzt erst erkannte Dido den Willen des Schicksals und wünschte sich den Tod, ja sie mochte den Himmel über sich nicht mehr sehen. Noch mehr bestärkte sie in ihrem Entschlusse zu sterben, das schreckliche Zeichen, das ihr der Himmel beim neuesten Opfer vor Augen stellte, wo der aus der Schale gegossene helle Wein sich in schwarzes Blut verwandelte. Dieses Vorzeichen erzählte sie niemand, selbst der Schwester nicht. Seitdem dachte sie nur darauf, wie sie alle die Ihrigen täuschen und sich auf die sicherste Weise den Untergang bereiten könnte. Deswegen trat sie mit heiterer Miene, Hoffnung in den Augen und das gräßliche Vorhaben sorgfältig verbergend, vor die Schwester und sprach: „Preise mich glücklich, liebe Anna! Ich habe ein Mittel gefunden, das mir den Treulosen entweder zurückgeben oder mich von meiner Liebe befreien muß. Eine Äthiopierin, die in den Hesperidengärten des Tempels dieser Göttinnen pflegt, ist hier und verspricht mir durch ihren Zaubergesang entweder das Herz des Geliebten zu gewinnen oder mein eigenes der Liebe los und ledig zu machen. Sie hat aber dazu gewisse Gebräuche vorgeschrieben. Nun nehme ich selbst in einer Sache, die mich so nahe betrifft, nicht gerne meine Zuflucht zu magischen Künsten; deswegen beschwöre ich dich, liebste Schwester, errichte mir, wie die Zauberin vorgeschrieben, im innern Schloßhofe heimlich einen Scheiterhaufen, lege darauf die Waffen des ungetreuen Mannes, die er in seinem Gemache zurückgelassen hat, seine Gewande, die Betten seines Lagers. Alle Überbleibsel des Schändlichen möchte ich vertilgen, und überdem ordnet es die Priesterin so an.“

Dido sprach und verstummte, indem Totenblässe sich über ihr Antlitz verbreitete. Ihre Schwester Anna mutmaßte indessen nicht, daß sich hinter diesem seltsamen und neuen Opfergebrauch ein Gedanke des Selbstmords verstecke; sie ahnte nicht, von welcher Raserei das Gemüt ihrer Schwester ergriffen sei; auch befürchtete sie nichts Schlimmeres als beim Tode des ersten Gemahls ihrer Schwester, des Tyriers Sychäus, und ging, sich ihres Auftrags zu entledigen.

Sobald aber der Holzstoß sich in die Luft erhob, aus Kien und Eichenholz aufgeschichtet, erschien die Königin selbst, bekränzte ihn mit Zypressenzweigen und zog Blumenketten rings um ihn her. Dann legte sie Schwert, Gewande und Bildnis des Äneas darauf; und ringsum standen Altäre aufgerichtet. Die fremde Seherin mit fliegendem Haare rief alle Götter der Unterwelt an und goß einen eigenen Höllentrank auf den brennenden Scheiterhaufen aus; Kräuter, die mit Sicheln im Mondenschein abgemäht worden waren, wurden daraufgeworfen und noch allerlei Beschwörungen vorgenommen. Dann kehrte die trauernde Königin zur letzten Nachtruhe auf Erden in ihren Palast zurück.

Äneas lag indessen, nachdem die Abfahrt beschlossen war, auf dem Hinterverdecke des Schiffes, dem Schlummer hingegeben. Da erschien ihm noch einmal der Gott Merkur im Traume und schien ihn zu ermahnen: „Sohn der Göttin, wie kannst du in so gefährlicher Lage schlummern? Siehest du nicht, wie viele Gefahren dich umringen? Hörst du die günstigen Westwinde nicht sausen? Betrug, gräßliche Frevel der Rachgier wälzt die verlassene Königin in ihrem Herzen! Wirst du nicht fliehen, solange du noch kannst?“ Erschrocken sprang der Held vom Lager auf und trieb die Genossen zur schleunigen Flucht an.

Die Morgenröte war inzwischen angebrochen, die Königin hatte den Söller bestiegen, sah den Strand leer und die Flotte mit schwellenden Segeln auf der hohen See. Schmerzvoll schlug sie mit der Hand an ihre Brust, raufte sich die blonden Locken aus, und nach langem Wehklagen rief sie ihre Amme Barce und befahl, ihre treue Schwester Anna herbeizurufen. Sobald sie sich allein sah, stürmte sie in den innern Hof der Burg und bestieg, vom Taumel des Wahnsinns getrieben, das hohe Gerüst, auf welchem das Schwert ihres treulosen Geliebten lag; dieses zog sie aus der Scheide, warf sich auf das Bett und die Kleider des Helden, die zuoberst ausgebreitet lagen, und sprach von dem hohen Holzstoße herab in die einsamen Lüfte die Abschiedsworte: „Ihr süßen Überbleibsel glücklicherer Tage, nehmet dies Leben von mir, erlöset mich von aller Betrübnis! Dido hat ausgelebt, hat den vorgeschriebenen Lauf des Schicksals geendigt. Nicht als ein kleiner Schatten wird sie zur Unterwelt hinabsteigen! Ich habe eine herrliche Stadt gegründet, habe Mauern erblickt, von mir aufgebaute, habe meinen Gemahl Sychäus gerächt, meinen feindseligen Bruder bestraft! In allem wäre ich glücklich gewesen, wäre der Trojaner mit seiner Flotte nicht an Libyens Küste gelandet!“ – Sie konnte vor Schmerz nicht weitersprechen, drückte ihr Gesicht in den Pfühl und stieß sich das Schwert in die Brust.

Auf ihr Stöhnen eilten ihre Dienerinnen aus dem Palast und sahen sie zusammengesunken, den Stahl von Blut gerötet, die Hände bespritzt. Lautes Jammergeschrei tönte durch die Gemächer und tobte durch die erschütterte Stadt. Mitten im Laufe – denn sie war auf den Ruf der Alten mit dem letzen Opfergeräte herbeigeeilt – vernahm Anna die entsetzliche Tat. Sie schlug sich die Brust mit den Fäusten, zerfleischte mit den Nägeln ihr Antlitz und stürzte durch das Gedränge des sich sammelnden Volkes in den Hof der Königsburg hinab. „Schwester, Schwester!“ rief sie der Sterbenden schon von weitem zu, „was hast du getan, wie hast du mich betrogen? Warum hast du mich nicht zur Gefährtin deines Todes erkoren? Du hast mich doch getötet; das Volk, deine Väter, die ganze Stadt hast du gemordet!“ Unter solchen Wehklagen erstieg sie die Stufen des Holzstoßes und umarmte die kaum noch Atem holende Schwester, die mit Mühe den Blick erhob und deren schwarze Wunde aufs neue zu bluten anfing. Dreimal strebte sie vergebens, sich aufzurichten, und hauchte zusammengesunken den Geist in den Armen der Schwester aus.

Fünftes Buch

-

Äneas – Zweiter Teil

Der Tod des Palinurus. Landung in Italien. Latinus. Lavinia

Äneas mußte das Ende Didos, das sein Leichtsinn herbeigeführt hatte, obgleich ihm von den Göttern selbst geboten worden war, sie zu verlassen, mit neuen Irrfahrten und wiederholten Unglücksfällen büßen. Ein Sturm verschlug ihn rückwärts nach Sizilien, wo er vom Könige Acestes, dessen Mutter eine Trojanerin war, gütig aufgenommen wurde und dem Schatten seines Vaters Anchises, welchen er ein Jahr zuvor bei Drepanum begraben hatte, bei der Wiederkehr dieses Tages herrliche Leichenspiele feierte. Inzwischen warfen die trojanischen Frauen, von der Botin Junos, Iris, angereizt und der langen Seefahrt überdrüssig, Feuer in die Flotte, daß vier der schönsten Schiffe verbrannten; die übrigen rettete Jupiter durch einen Regenguß. In der folgenden Nacht erschien dem kummervollen Helden sein Vater Anchises im Traum und brachte ihm Jupiters Befehl, die älteren Weiber und unkriegerischen Greise in Sizilien zurückzulassen; er selbst solle mit dem Kern der Mannschaft nach Italien segeln.

Der Held gehorchte dem Götterwinke, gründete zu Ehren seines königlichen Wirtes die Stadt Acesta in Sizilien und bevölkerte sie mit den Greisen und den alten Müttern seiner Flotte; er selbst brach mit den kräftigsten Männern, den Jünglingen, Frauen, Jungfrauen und Knaben der Auswanderung auf und verließ die Küste. Diesmal gewährte ihm Neptunus, durch die Bitten der Liebesgöttin bewältigt, sicheres Meer und glückliche Fahrt. Zuletzt wurden sie bei dem günstigsten Winde und blauesten Himmel so sorglos, daß die Ruderer selbst in einer heitern Nacht sich unter ihre Ruderbänke legten und dem tiefsten Schlafe überließen. Der verführerische Gott des Schlafes hatte sich von den am hellen Nachthimmel funkelnden Gestirnen des Äthers herabgesenkt und nahte in der Gestalt des Helden Phorbas selbst dem wachsamen Steuermanne Palinurus, der auf dem hohen Verdeck am Steuer saß: „Sohn des Jasius“, sprach er leise zu ihm, „Siehest du nicht, wie das Meer die Flotte selber treibt und die sanftwehende Luft dich einlädt, endlich einmal auch ein Stündlein dir Ruhe zu gönnen? Lege doch dein Haupt nieder, entziehe die ermüdeten Augen der steten Arbeit; komm, laß mich ein wenig dein Amt für dich übernehmen!“ Palinurus vermochte kaum den schläfrigen Blick gegen den Redenden aufzuheben und sprach: „Was sprichst du? Ich soll das tückische Element nicht kennen, wenn es Ruhe heuchelt, und ihm vertrauen? Ich, den so oft der Betrug des heitern Himmels hintergangen hat!“ So sprach er und klammerte sich an das Ruder, indem er sich zwang, seine Augen nach den Sternen zu richten. Aber der Gott träufelte ihm in einem Zweige ein paar Tropfen von Lethe auf seine Schläfe, und plötzlich schlossen sich seine Augen. Dann zerbrach er die Planken am Steuer und gab dem Schlummernden einen Stoß, daß er mitsamt dem Ruder kopfüber in die Wellen stürzte. Der Schlaf erhob sich wie ein Vogel in die Luft. In den Wogen erwachte der arme Steuermann und rief umsonst, mit den Wellen ringend, die Hilfe seiner schlafenden Genossen an.

Die Flotte verfolgte indessen, unter dem versprochenen Schutze des Meergottes, auch ohne Steuermann ihren Weg, und endlich war Italiens Küste erreicht. Äneas fuhr das Gestade entlang und landete zuletzt in dem Hafen von Kajeta. Damals hatte er diesen Namen noch nicht und erhielt ihn erst von der alten treuen Amme des Helden, welche Kajeta hieß, nach der Landung hier starb und, ehe der Zug weiterging, an dem Orte feierlich beigesetzt wurde. Dann begab sich der Führer noch einmal mit seinen Genossen zu Schiffe und gelangte glücklich in den Hafen von Ostia. Hier sah er vom Meer aus ein großes Gehölz; zwischen diesem brach der Tiberstrom, gelb von Sande, unter reißenden Wirbeln sich seine Bahn ins Meer. Bunte Vögel umflatterten unter lieblichem Gesange den Ausfluß und durchschwebten den Hain.

Das italische Land, in welchem sich die trojanischen Auswanderer nun befanden, war das alte Latium, das Gebiet der Laurenter. Seine ruhigen Städte und Felder beherrschte ein schon alternder König mit Namen Latinus, ein Sohn des Faunus und ein Urenkel des Gottes Saturnus. Das Geschick hatte diesem Fürsten keinen Sohn gegönnt; aber um seine einzige schon herangereifte schöne Tochter Lavinia warben aus Latium und ganz Italien viele Fürstensöhne, vor allen Turnus, der schönste aller Jünglinge, der Sohn des Rutulerköniges Daunus, und ihn begünstigte die Mutter Lavinias, die Königin Amata, vor allen andern. Aber schreckhafte Götterzeichen setzten sich dieser Verbindung entgegen. In den hohen Höfen der latinischen Königsburg stand ein Lorbeerbaum, welchen der alte König schon angetroffen und dem Phöbus geweiht hatte, als er den Palast gründete. Nun besetzte einst plötzlich den Gipfel des Baumes ein dichter Bienenschwarm, der mit lautem Gesumse durch die heitere Luft herbeigeflogen kam; Füße an Füße klammernd, hing der ganze Schwarm wie eine Blumendolde plötzlich vom grünenden Aste des Baumes herunter. Man rief einen Wahrsager herbei, der das Zeichen deuten sollte. Dieser sprach: „Ich sehe einen Mann und ein Heer vom Auslande herbeiziehen, aus einer Himmelsgegend nach einer andern Himmelsgegend, und sehe ihn zuoberst in dieser Burg herrschen!“ Und wiederum geschah ein neues Zeichen. Als die Jungfrau Lavinia mit ihrem Vater am Altare stand und dieser die Opferflamme anfachte, da schien es, als fingen die Locken der Jungfrau Feuer, ihr Haar brenne, die Krone von Gold und Edelsteinen glühe und verstreue, in Rauch und Flammen gehüllt, Glut durch den ganzen Palast. Das wurde nun vollends für ein bedeutsames und grausenhaftes Wunder gehalten: zwar Lavinia selbst – so lautete die Deutung der Seher – gehe einem herrlichen Geschick und großem Ruhm entgegen, aber dem Volke weissage dieses Zeichen einen fürchterlichen Kriegsbrand. Latinus befragte darüber das Orakel seines Vaters Faunus. Aber auch dieses wahrsagte ihm einen fremden Eidam, aus dessen Stamm ein Geschlecht erwachsen werde, dem die Herrschaft der ganzen Welt bestimmt sei.

Am Tibergestade streckte sich der gelandete Äneas mit seinem Sohne Julus und den übrigen Trojanerfürsten unter einem hohen, schattigen Baume nieder und bereitete ein Mahl. In der Eile nahmen sie sich nicht einmal die Mühe, das Geräte aus den Schiffen herbeizuholen, sondern sie buken breite Weizenkuchen, die ihnen statt der Tische und Teller dienten und auf welchen sie die Speisen ausbreiteten. Als der kleine Vorrat, den sie mit zu Lande gebracht, verzehrt und ihr Hunger noch nicht gestillt war, ergriffen sie Teller und Tische von Weizenmehl und bissen rüstig ein. Da sagte der kleine Julus lachend: „Wir verzehren ja unsere eigenen Tische!“ Dieser Scherz fiel allen mit schwerem, entscheidendem Gewicht ins Ohr. Freudig sprang Äneas vom Boden auf und rief. „Heil dir, du fremdes Land! Du bist's, das mir vom Geschicke verheißene! Auf heitre Weise wird erfüllt, was uns die Harpyie Celäno als etwas Entsetzliches prophezeit hatte. Der Hunger werde uns an unbekannten Gestaden, so krächzte sie, nötigen, die eigenen Tische zu verzehren. Wohlan denn, es ist geschehen, der Spruch hat sich erfüllt, von dem auch mein Vater Anchises mir geweissagt hatte. „Wenn dieses geschieht“, sprach er, „dann ist das Ende der Mühseligkeiten da, dann bauet Häuser!““

Jetzt erkundigten sich die Fremdlinge, welche das fruchtbare Land durchstreifend bald auf Wohnungen stießen, nach dem Volk und Könige des Landes, und schnell ward eine Gesandtschaft an Latinus, den König der Laurenter, beschlossen.

Lavinia dem Äneas zugesagt

Der Sohn des Anchises wählte aus allen Schiffen des Geschwaders die ausgezeichnetsten Männer, hundert an der Zahl, als Redner oder Gesandte, die an den Laurenterkönig abgeschickt werden sollten. Diese traten, bebänderte Ölzweige, gleich Schutzflehenden, in den Händen, die Reise an und gelangten bald in die Stadt der Latiner. Vor der Stadt tummelte sich die Jugend Latiums zu Wagen und zu Roß, andere vergnügten sich mit Wurfspießwerfen und Bogenschießen, mit Faustkampf und Wettrennen. Als nun die fremden Gesandten kamen, eilte ein Bote zu Pferd in die Stadt voran und brachte dem alten Könige die unerwartete Botschaft, daß eine Schar großer, herrlicher Männer friedlich herannahe. Dieser befahl sogleich, sie in seine Wohnung zu rufen und versammelte alle die Seinigen um den Thron seiner Ahnen.

Der Palast des Königs war groß und herrlich, in der obersten Burg der Stadt gelegen. Hundert Säulen trugen ihn, und ein heiliger Hain umringte ihn mit hohen, Ehrfurcht gebietenden Bäumen. Im Innern desselben saß auf einem erhöhten Throne Latinus und beschied die Trojaner vor sich. Als sie eingetreten waren, sprach er mit freundlichem Angesichte: „Euer Geschlecht ist mir nicht unbekannt, ihr Dardaniden, und ihr waret mir verkündiget, noch als ihr lang auf dem Meere umherirrtet. Möget ihr nun durch Stürme hieher verschlagen oder absichtlich gekommen sein: wisset, daß ihr an keiner ungastlichen Küste gelandet seid. Verkennet in uns Latinern nicht das harmlose Geschlecht des Saturnus, das ohne Zwang und Gesetz Billigkeit übt und den alten frommen Gebräuchen des Gottes mit edler Freiheit folgt! Auch erinnere ich mich wohl noch, obgleich die Sage durch viele Jahrhunderte verdunkelt ist, daß euer Ahnherr Dardanus aus dieser unserer Gegend abstammen solle.“

Ihm erwiderte Ilioneus, der von allen zum Sprecher ausersehen war: „Kein Orkan hat uns an dein Gestade genötigt, erhabener Sohn des Faunus, kein Gestirn hat uns in der Richtung des Weges getäuscht! Mit freiem Willen erreichten wir dein Ufer, und bewußte Absicht hat uns an dasselbe geführt. Wir sind aus einem herrlichen Reiche vertrieben worden, und der Erzvater unseres Geschlechtes ist Jupiter selbst. Auch unser Fürst und Anführer Äneas, der Sohn der Göttin Venus, ist Jupiters Enkel, und er selbst ist es, der uns in deinen Palast gesendet hat. Den Sturm, der Troja niedergerissen, kennt alle Welt; auch dir ist er nicht unbekannt geblieben. Dieser Verwüstung sind wir entflohen und flehen euch um einen Fleck an, wo wir die Götter unserer Heimat aufstellen können, um ein sicheres Ufer, um Wasser und Luft, die ein gemeinsames Gut aller

Sterblichen sind! Es wird Italien nie gereuen, Troja in seinen Schoß aufgenommen zu haben. Stammt doch Dardanus von hier und ruft uns hierher zurück. Auch trieb uns ein besonderes Gebot der Götter, dieses Land aufzusuchen. Damit du aber erkennest, o König, daß wir in Wahrheit diejenigen sind, für welche wir uns ausgeben, so verehrt dir unser Führer Äneas die Geschenke, die wir für dich mitgebracht haben und die freilich nur kleinere Überbleibsel aus Trojas Brande sind: diesen goldenen Pokal, aus welchem der Vater unseres Helden, Anchises, sein Trankopfer zu verrichten pflegte; dies Gewand des hohen Königs Priamus, das er trug, wenn er dem zusammengerufenen Volke Recht sprach, endlich seinen heiligen Kopfschmuck, seinen Zepter und andere Gewande, kunstvolle Arbeit trojanischer Frauenhände."

Während Ilioneus sprach, hatte der alte König Latinus die Augen unbeweglich zu Boden gesenkt wie ein tief Nachdenkender: er gab wenig auf die herrlichen Geschenke Achtung, welche die Gesandten vor den Stufen seines Thrones ausbreiteten; tief bewegte er in seinem Herzen den Orakelspruch seines Vaters Faunus. Auf einmal wurde ihm klar, Äneas und kein anderer sei der verheißene Bräutigam seiner Tochter, dieser zur gemeinschaftlichen Beherrschung des Reiches ausersehen; aus ihm werde das Geschlecht aufsprießen, das bestimmt sei, über die ganze Erde zu herrschen. Da erheiterte sich seine Miene, er richtete sein Haupt auf und sprach: „Mögen die Götter unser Werk und ihre Verheißung segnen! Ich gewähre eure Wünsche, Trojaner, und eure Geschenke nehme ich an. Nur soll Äneas selbst zu mir kommen und sich vor dem Angesicht eines Freundes nicht scheuen. Ihr aber überbringet ihm mein Anerbieten. Mein ist eine einzige Tochter, die mir das Orakel meines Vaters, verbunden mit andern Wunderzeichen, nicht vergönnt, einem einheimischen Manne zu vermählen. Aus dem Auslande soll mir, nach der Weissagung, der Gatte meiner Tochter kommen."

Nachdem er so gesprochen, ließ der alte König aus seinem herrlichen Marstall, in welchem an hohen Krippen dreihundert der schmucksten Rosse standen, für jeden Trojaner ein mit Purpur gedecktes Pferd herbeiführen; goldene Ketten hingen den Rossen bis an die Brust herab, das Geschirr und der Zaum ihres Mundes war von Gold. Dem Äneas selbst aber sandte er einen Wagen samt einem Doppelgespann, schnaubende Rosse aus unsterblichem Samen gezeugt.

Juno facht Krieg an. Amata. Turnus. Die Jagd der Trojaner

Dieses Glück des Äneas konnte seine Feindin Juno nicht mit gleichgültigen Augen betrachten. Sie rief die Furie Alekto aus der Unterwelt herauf, um die Eintracht im Keime zu zerstören. Diese schwebte zuerst nach Latium und nahm Besitz von dem stillen Gemache der Amata; sie warf der Königin, der ohnedem schon peinliche Sorgen über das Herannahen der Trojaner und die ersehnte Vermählung ihrer Tochter Lavinia mit dem Rutulerfürsten Turnus das Herz zernagten, heimlich aus ihrem Schlangenhaare eine der Nattern auf die Brust, damit sie, von diesem Scheusal angefressen, das ganze Haus in Verwirrung bringe. Die Schlange verwandelte sich sofort in Amatas goldenen Halsring, in ihren langen Schleier, ihr Lockengeschmeide und durchschlüpfte und umirrte ihr so alle Glieder. Zu gleicher Zeit träufelte sie unvermerkt ihr Gift auf die Haut, und dieses fing an, den Leib zu durchrieseln. Solang es noch nicht bis ins Mark der Gebeine durchgedrungen war, zeigte sich noch nicht seine volle Wirkung. Es äußerte sich nicht anders, als wie natürliche Gemütsbewegungen sich zu offenbaren pflegen; Amata fing an zu weinen und über die Vermählung ihrer Tochter zu klagen: „Grausamer Gatte“, sagte sie zu sich selbst, „du hast weder mit mir noch mit deiner Tochter Mitleid! Wo ist deine frühere Sorge um die Deinigen, wo das heilige Wort, das du so oft deinem Blutsverwandten Turnus gegeben hast? An heimatlose Flüchtlinge verschenkst du unser Kind!“

Solche Klagen richtete sie auch an ihren Gemahl selbst. Aber als sie ihn fest und unwiderruflich auf seinem Beschlusse beharren sah, da erst durchströmte sie das Schlangengift der Furie ganz, und sie tobte wie wahnsinnig durch die Stadt. Nun war Alekto zufrieden und hatte hier das Werk, das ihr Juno aufgetragen, vollbracht. Sofort schwang sie sich in die Hauptstadt der Rutuler, welche die Geliebte Jupiters, Danaë, gegründet haben soll und die von alters her den Namen Ardea führte. Hier fand sie im Innersten des Königspalastes den Fürsten Turnus in tiefem Schlafe. Da legte Alekto ihre Furienkleider ab und nahm die Gestalt eines alten Weibes an, mit häßlichen Runzeln auf der Stirne und unter dem Schleier hervorquellenden grauen Haaren, um welche sich ein Olivenzweig schlang, so daß sie ganz und gar der greisen Calybe, der Tempelpriesterin Junos, glich. In dieser Gestalt trat sie vor den schlummernden Jüngling und sprach: „Ist es auch möglich, Turnus, kannst du ohne Zorn es mit ansehen, wie alle deine Hoffnung vereitelt und der Zepter, der dich erwartete, an trojanische Landfahrer verschenkt wird? Mich sendet Juno selbst zu dir: du sollst dein Volk waffnen, sollst zum freudigen Kampf aus den Toren ziehen, am

Strande den Phrygiern ihre bunten Schiffe verbrennen und sie selbst vertilgen!" Lachend erwiderte im Traume der Jüngling: „Alte, daß die Trojanerflotte in die Tiber eingelaufen ist und Juno meiner gedenkt, wußte ich schon längst; das andere sind Schreckbilder, mit denen dich dein Alter quält. Warte du der Götterbilder und des Tempels! Krieg und Frieden laß den Mann betreiben!"

Die Furie durchbebte ein Zorn bei diesen Worten, und der Jüngling empfand ihren Schauer auf der Stelle. Er hörte das Zischen ihrer Hydern, sein Blick erstarrte, und er wollte noch mehreres erwidern, als die nächtliche Gestalt, plötzlich übermenschlich groß geworden, den Aufgerichteten mit einem Stoß aufs Lager zurückwarf, aus dem Haare zwei Schlangen hervorzog, mit ihnen wie mit einer Peitsche zu klatschen anfing und dazu mit schäumendem Munde sprach: „Meinst du noch, ich sei ein kraftloses altes Weib und verstehe mich nicht auf den Zwist der Könige? Erkenne die Rachegöttin in mir, die Krieg und Tod in ihrer Hand trägt!" In diesem Augenblicke warf sie ihre Fackel, die der Jüngling in ihrer Furienhand geschwungen sah, ihm auf die offenliegende Brust, so daß der schwarze, qualmende Brand sich fest in sein Fleisch heftete. Seine Glieder und Gebeine überströmte ein Schweiß. „Waffen!" schnaubte er noch in der Besinnungslosigkeit des Schlafes; Waffen suchte er erwacht in seinem Bette, erstanden in seinem Hause; rasende Kriegswut tobte in seiner Brust, wie die Welle in einem siedenden Kessel unter dem Reisigfeuer aufhüpft. Sobald der Morgen angebrochen war, beschickte er die Häuptlinge seines Volkes und hieß sie zu den Waffen gegen den treulosen König Latinus greifen und sich zum Kampf gegen beide, Latiner und Trojaner, rüsten.

Während so Turnus den Mut seiner Landsleute stachelte, flog die Furie zuletzt auch noch an den Tiberstrand, wo Julus mit seinen Begleitern in den dichten Uferwäldern eben dem Wild auf die Jagd nachging. Hier beseelte Alekto die Spürhunde mit plötzlicher Wut, berührte ihre Nasen mit dem bekannten Geruch und jagte sie ganz hitzig einem Hirsche nach. Dieses Wild war besonders herrlich und von Geweihen hoch; die Knaben des Tyrrhus, welcher der Oberhirte über die Herden des Königs Latinus war, hüteten sein, denn es war vom Euter seiner Mutter weggenommen und in den Wäldern des Königs aufgefüttert worden. Die Tochter des Tyrrhus, Silvia, hatte das Tier ganz an ihre Befehle gewöhnt, sie kämmte es, wusch es in lauterer Waldquelle und schmückte seine Hörner mit weichen Blumenkränzen; es ließ sich willig von ihr streicheln, war an den Tisch seines Herrn gewöhnt, irrte frei in den Wäldern umher und stellte sich jeden Abend freiwillig in der Wohnung des königlichen Hüters.

Auf die Spur dieses schönen zahmen Hirsches führte die Furie des Askanius Rüden, während das Tier eben den heißen Ufersand, nach Kühlung begehrend, verlassen hatte und den Tiberstrom hinabschwamm. Askanius faßte das herrliche Wild ins Auge, drückte den Pfeil vom Bogen ab und sandte ihn tief in das Gedärme des Hirsches. Der Verwundete fuhr aus dem Wasser, kam blutig zum wohlbekannten Hause seines Herrn, schleppte sich ächzend in den Stall und erfüllte wie ein um Mitleid Flehender das ganze Haus mit Gewinsel an. Jammernd entdeckte zuerst Silvia ihren Liebling und rief mit lautem Geschrei die Bauern der Umgegend zu Hilfe. Diese kamen mit angebrannten Pfählen und Keulen bewaffnet, Tyrrhus selbst rief seinen Gesellen herzu, der just eine stämmige Eiche mit dem Beil spaltete; und als Alekto den rechten Zeitpunkt ersehen, stellte sie sich auf den Giebel des Hofgebäudes und ließ durch das gewundene Horn den lauten Hirtenruf in die Gegend hinaustönen. Von allen Seiten strömte jetzt tobendes Bauernvolk herbei, aber auch dem Askanius kam die trojanische Mannschaft zu Hilfe. Bald waren es auf der andern Seite auch nicht mehr bloß mit Prügeln bewaffnete Haufen. Es hatten sich zwei ordentliche Schlachtreihen gebildet; Schwerter wurden gezogen, Bogen gespannt.

Der erste Pfeilschuß von seiten der jagenden Trojaner, die sich gegen die anstürmenden Feinde zur Wehr setzten, traf den ältesten Sohn des Tyrrhus, Almo, in die Kehle, daß ihm Stimme und Leben zugleich schwand. Nun begann ein allgemeines Gemetzel unter den Hirten. Der ehrlichste und begütertste Bauer in ganz Latium, der alte Galäsus, der fünf Rinder- und fünf Schafherden besaß und hundert Pflüge über seine Äcker gehen hatte, war aus den Scharen des Bauernvolkes hervorgetreten, um den Frieden zu vermitteln; aber er wurde nicht angehört, und ein Pfeilregen bedeckte ihn, unter dem er sterbend erlag. Jetzt stürzten die überwältigten Hirten aus dem Kampfe in die Stadt und trugen ihre Erschlagenen, den Almo, den Galäsus und viele andere, wehklagend durch die Tore. Sie riefen die Götter laut um Hilfe an, eilten auf den Königspalast zu und versammelten sich um Latinus, ihren Herrn.

Auch Turnus fand sich schreiend und tobend ein, mit der lauten Anklage, daß die Herrschaft des Landes an die Trojaner verraten werde. So umringten sie alle, in Klagen und Lärm wetteifernd, die Königsburg des Alten. Dieser aber stand unbeweglich wie ein Fels im Meere. Dennoch vermochte er dem blinden Toben in die Länge nicht Widerstand zu leisten. „Wehe mir“, rief er endlich, „ich fühl es wohl, uns reißt der Sturm fort! Armes Volk, du wirst, gegen den Willen der Götter kämpfend, diesen Frevel mit deinem eigenen Blute büßen! Auch du,

Turnus, wirst dem Strafgerichte des Himmels nicht entgehen! Ich aber glaubte schon im Hafen zu sein und hoffte in Ruhe zu enden, nun gönnt ihr mir nicht einmal einen friedlichen Tod!“

Der Götterkönigin Juno, der Feindin Trojas, dauerte der Verzug zu lange. In der Latinerstadt stand ein Tempel des Krieges mit zwiefachen Pfosten, von hundert ehernen Riegeln verschlossen; sein Hüter ist Janus, der uralte Städtegott der Latiner. Wenn die Häupter des Volkes blutigen Kampf auf Leben und Tod beschließen, so öffnet der König selbst im feierlichen Kriegsgewande die knarrenden Pfosten. Dieses zu tun ermahnte das Volk jetzt auch seinen König Latinus; er aber weigerte sich dieses gräßlichen Dienstes und verbarg sich in die tiefste Einsamkeit seines Palastes. Da schwang sich Juno selbst vom Himmel hernieder, stieß mit eigener Götterhand an die widerstrebenden Pfosten, drehte die Angeln, und donnernd fuhren die ehernen Pforten des Kriegstempels auseinander.

Ausbruch des Krieges. Äneas sucht bei Euander Hilfe

Ganz Italien, so ruhig und friedsam es vorher war, geriet in plötzlichen Brand. In allen Häusern wurden die Schilde geglättet, die Speere gespitzt, die Äxte am Schleifstein gewetzt; die Trompeten riefen zum Marsche, die Fahnen flatterten. Alle Männer griffen zu den Waffen, die einen zogen zu Fuß ins Feld, die andern wirbelten hoch zu Rosse den Staub des Weges auf, Streitwagen flogen hinter schnaubenden Pferden daher, die Ebenen glänzten von Gold und Eisen, von Panzer und Schwert. Aus allen Städten Hesperiens kamen die ersten Sprößlinge der alten Heldengeschlechter hervor, deren Ahnen zum Teile Götter und Göttersöhne waren. Unter den ersten schritt in männlicher Schönheit Turnus voran, seine herrlichen Waffen in der Hand, um einen ganzen Scheitel über die andern hervorragend. Ein dreifacher Busch wehte von seinem Helm, auf dessen Kuppel die glutatmende Chimära abgebildet war; auf seinem Schilde war in getriebener Arbeit Io abgebildet, wie sie eben zur Kuh wird, ihr Hüter Argus und ihr Vater Inachus, der den Strom aus der Urne gießt. Hinter Turnus und seinen Helden drängten sich die Latiner und Rutuler, Aurunker, Sikaner und eine Menge ausonischer Völkerschaften; beschildete Fußgänger, vor allen Mezentius mit seinem Sohne Lausus, Aventinus, der Sohn des Herkules und der Rhea, Katillus und Koras, die Brüder des Tiburtus aus Tibur, und viele andere; dann kam die Reiterei der Volsker, schimmernd in Erzpanzern, geführt von ihrer jungfräulichen Fürstin Kamilla. Diese hatte ihre weiblichen Hände nie an Minervas Rocken und Webstuhl gewöhnt, im rauhen Männerkampfe war sie aufgewachsen, auf ihrem flüchtigen Rosse hatte sie mit den Winden in die Wette laufen gelernt; sie flog so luftig dahin, daß sie über die Saatflur gesprengt wäre, ohne ein Hälmchen zu rühren, ohne eine Ähre zu knicken, und über die Meerflut, ohne die Sohlen zu netzen. Alt und jung blickte ihr verwundert nach, wie sie mit ihrer Schar durch Städte und Dörfer zog, den königlichen Purpur über die runden Schultern geworfen, das reiche Haar mit einer goldnen Nadel aufgebunden, Köcher und Bogen auf der Achsel und die scharfe Lanze in der Hand.

Diese gewaltigen Kriegsrüstungen erfüllten den Äneas und seine Trojaner mit schweren Sorgen. Da erschien jenem im Traume der Flußgott Tiberinus und stieg in meerblauem Kleide, die Haare mit einem Schilfkranze beschattet, zwischen Pappelstauden in Greisengestalt aus dem Strom empor. „Göttlicher Held", sprach er, „verzage nicht! Der Groll der Himmlischen gegen dich ist verschwunden. Damit du nicht wähnest, ein nichtiges Traumbild zu schauen, will ich dir ein Zeichen sagen. Unter den Eichen des Ufers wirst du ein großes Mutterschwein liegend finden, das dreißig Frischlinge geboren hat: dort ist die Stelle, wo nach dreißig Jahren dein Sohn Askanius die verheißene Stadt Alba, Roms Mutterstadt, gründen wird. Für jetzt aber merke, wie du dich gegen die Gefahr zu schützen hast, die dich bedroht. Nicht weit von hier, im Tuskerlande, haben sich arkadische Pelasger, vom alten Könige Pallas abstammend, unter ihrem Fürsten Euander angesiedelt und auf einem hohen Hügel die Stadt Pallanteum nach dem Namen ihres Ahnherrn gegründet. Ob es gleich Griechen sind, so darfst du sie doch nicht scheuen, denn es sind unversöhnliche Feinde des Latinervolks. Mit diesen sollst du dich verbünden, und sie werden deine Kampfgenossen werden. Opfere der Göttermutter Juno, sobald du erwachst, und überwinde ihren Zorn durch Demut. Alsdann begib sich auf den Weg zu Euander."

Der Gott verschwand, und der erwachte Äneas befolgte seinen Rat. Zwei Schiffe wurden aus der Flotte ausgewählt und mit auserlesenen Freunden bemannt. Noch ehe der Held mit ihnen abging, erfüllte sich das verkündigte Zeichen. Am Saume des Waldes, unter einer mächtigen Eiche, schneeweiß schimmernd, erblickte man ein Schwein mit dreißig Jungen. Der Mahnung des Stromgottes eingedenk, opferte Äneas die Mutter und ihre ganze Zucht der mächtigen Göttin Juno und versöhnte durch ein so herrliches Opfer ihr grollendes Herz. Dann schiffte er sich auf der Tiber ein, die, von dem Flußgotte gebändigt, glatt und eben dalag wie der Spiegel eines Landsees. Die Wellen selbst staunten und der Uferwald wunderte sich, als sie bunte Verdecke und Männer mit hellen Schilden den Strom fast ohne Ruderschlag heraufziehen sahen. Jene aber fuhren Tag und Nacht durch lange Krümmungen zwischen grünenden Hainen auf dem spiegelhellen Wasser dahin. Endlich am andern Morgen sahen sie von ferne Mauern, Häuser und eine Burg auf hohem Berge schimmern. Sogleich drehten sich ihre Schiffschnäbel dem Lande zu, wo der Berg, auf welchem die Stadt Pallanteum gelegen war, sich mit seinem Fuße in den Fluß verlor.

Es war gerade der Tag, an welchem der Arkadierkönig Euander, seinen Sohn Pallas an der Seite, mit dem Kleinen Rate seiner Stadt und den angesehensten Jünglingen in einem benachbarten Haine dem Herkules ein feierliches Opfer darbrachte. Der Weihrauch und das Blut dampfte auf den Altären, und das Opfermahl hatte schon begonnen. Als nun die Arkadier die hohen Schiffe zwischen den dunkeln Uferwäldern unter leisem Ruderschlage herbeischwimmen sahen, erschraken sie vor dem plötzlichen Anblicke und wollten den Schmaus verlassen. Doch der mutige Jüngling Pallas verbot ihnen, das Fest zu unterbrechen; er selbst ergriff seine Lanze, flog den Fremden entgegen und rief noch vom Hügel hinab: „Was führte euch auf diese ungewohnte Bahn, ihr Männer, woher seid ihr? Wohin trachtet ihr? Bringet ihr uns Krieg oder Frieden?“ Äneas antwortete von dem hohen Verdecke seines Schiffes, indem er das Zeichen des Friedens, den Olivenzweig, hoch in der ausgestreckten Rechten hielt: „Trojaner siehest du, Jüngling; Männer, zum Kampfe mit den Latinern gerüstet, welche uns Flüchtlinge mit Waffengewalt aus ihrem Lande vertreiben wollen. Wir kommen zum Könige Euander, um ihn um sein Bündnis und um Hilfe zu bitten.“ Als Pallas den großen Trojanernamen hörte, staunte er und rief in freudiger Bestürzung: „Willkommen, Gast, wer du auch seiest, tritt immerhin vor meinen Vater und nimm in unserer Wohnung fürlieb!“

Pallas hatte den Ausgestiegenen mit traulichem Handschlage begrüßt, und bald wiederholte der Held sein Gesuch vor dem Könige der Arkadier, ohne jedoch sich selbst zu nennen. Jener aber hatte Augen, Angesicht und Gestalt des Redenden lang mit Schärfe gemustert und erwiderte endlich: „Wie gern nehme ich dich auf, tapferer Sohn Trojas; dein Geschlecht, dein Name verbirgt sich mir nicht. Wort, Stimme und Gestalt deines großen Vaters Anchises steigt wieder in meiner Seele auf; wohl entsinne ich mich noch des Fürsten Priamus, als er, mit seinen Helden auf der Fahrt gen Salamis, das Reich seiner Schwester Hesione, der Gemahlin Telamons, zu besuchen, auch durch unser Arkadien gezogen kam. Mir sproßte damals der erste Flaum um die jungen Wangen, und mit Ehrfurcht betrachtete ich den König und die Häupter seines Volkes, vor allen aber den herrlichen Anchises. Ich konnte mein Verlangen nicht bezähmen, ihn anzureden und ihm meine Rechte darzubieten. Er folgte mir als Gastfreund in unsere Wohnung, und beim Abschied verehrte er mir Köcher und Pfeile, ein golddurchwirktes Kriegsgewand und zwei vergoldete Zäume, herrliche Gaben, die jetzt mein Sohn Pallas besitzt. Darum dürfet ihr euch zum voraus als meine Verbündeten betrachten, und morgen frühe schon sollt ihr, verstärkt durch unsern Beistand, nach eurem Lager zurückkehren. Unterdessen begehet mit uns dieses schöne Jahresfest, das wir nicht verschieben dürfen." So sprach er, hieß die aufgeräumten Becher und Speisen wieder zurückbringen und die Trojaner auf den Rasenbänken Platz nehmen, den Äneas selbst aber führte er zu einem herrlichen gepolsterten Sessel aus Ahorn, über den ein zottiges Löwenfell gebreitet war. Der Priester des Altares und auserlesene Jünglinge brachten geröstete Stücke der Stiere herbei, häuften das Brot in Körben auf und reichten um die Wette Wein herum.

Den reichlichen Schmaus würzte der König Euander mit einer schönen Erzählung von der Veranlassung dieses Opfers, indem er mit den Fingern seinen Gästen eine Felsenkluft wies, in welcher der gräßliche Halbmensch Kakus, der Sohn des Vulkanus, gehaust, der dem Herkules die erbeutete Rinderherde des Riesen Geryones stahl und von jenem bezwungen wurde. Für den Sieg über dieses Untier brachten die dankbaren Arkadier noch immer dem Herkules als Schutzgott der Gegend ein Jahresopfer dar.

Über dieser Erzählung war der Abend herangerückt, und nach vollendetem Opfer begaben sich alle in die Stadt. Diese war nur klein; wer hätte ahnen können, daß einst die Weltstadt Rom an ihrer Stelle stehen sollte? denn die Arkadier waren ein ländliches Hirtenvolk und hatten aus ihrer Heimat keine Schätze mitgebracht. Aber Mut und nervige Arme konnten sie den Trojanern zum Beistand anbieten. Deswegen gefiel es dem Äneas doch in dem Hause Euanders, das mehr einer Hütte denn einem Palaste glich, und er sank auf einem weichen Blätterlager, über welches das zottige Fell eines Bären gebreitet war, in sanften Schlummer.

Der Schild des Äneas

Mittlerweile ging Vulkanus, von seiner Gattin Venus durch Bitten getrieben, in die Ätnakluft der Zyklopen, die Waffen des Äneas, die ihm den Sieg über die Latiner verschaffen sollten, zu schmieden. Er nahte sich der donnernden Höhle, die ganz von Feueressen durchflammt war. Gewaltige Schläge auf den Amboß stöhnten widerhallend weit hinaus in die Ferne, im Gewölbe sprühten zischende Stahlschlacken, und aus den Öfen atmete unaufhörliche Glut. Dort in der weiten Kluft schmiedeten das Eisen Tag und Nacht hindurch, mit aufgestülpten Ärmeln, die rußigen Zyklopen, Brontes, Steropes und Pyrakmon, mit unzähligen Knechten. Die einen waren gerade an einem halbfertigen Blitzstrahl, der mit zwölf Zacken geschmiedet wurde, und sie schweißten eben die drei Hagelspitzen, die drei Regenspitzen, die drei Glutspitzen und die drei Sturmwindspitzen daran und mischten Flamme, Donnergeroll und Entsetzen darunter. Die andern verfertigten dem Mars Räder und Wagen, wieder andere aus Gold und Drachenschuppen den glatten Ägisschild der Minerva mit dem Medusenhaupte.

„Weg mit allem", rief Vulkanus, in die Höhle tretend, „auf anderes eure Gedanken gerichtet, ihr Zyklopen! Dem tapfersten Manne sollt ihr jetzt seine Kriegswaffen schmieden; da gilt es Kraft, Kunst und Erfahrung: ans Werk ohne Verzug!" Die Zyklopen kannten schon die kurzangebundene Weise ihres Herrn und machten sich rasch an die Arbeit. Bald floß das Erz und Gold in Bächen; in den Öfen zerschmolz der Stahl. Ein gewaltiger Schild wurde geformt und Scheiben auf Scheiben siebenfach geschmiedet; einige setzten die Blasbälge in Bewegung; andere verkühlten das zischende Erz im Löschtroge. Dann wurde die Masse mit der Zange umgedreht, und die Hämmernden schwangen die Arme im Takt und schlugen auf den Amboß, daß die Höhle schmetterte. –

Am andern Morgen übergab der greise Euander, der nicht selbst mit in den Krieg ziehen konnte, vierhundert arkadische Reiter, dazu den Trost und die Hoffnung seines Alters, seinen eigenen Sohn Pallas, dem scheidenden Gastfreunde und beschenkte noch außerdem alle Trojaner mit Rossen, den Äneas selbst mit dem herrlichsten, das ein gelbes Löwenfell bedeckte und dessen Klauen vergoldet waren. Dann ergriff Euander die Hand seines abziehenden Sohnes, drückte sie an die Brust und sprach unter Tränen: „Ach, daß mir Jupiter die vergangenen Lebensjahre zurückbrächte und ich wäre, wie ich einst unter Pränestes Mauern war, als ich den König Herilus, der drei Leben von seiner Mutter, der Nymphe, mitbekommen hatte, dreimal in den Orkus hinabschickte, bis er nicht mehr wiederkam! Jetzt kann ich nichts als dich und unsern Freund den Göttern empfehlen; mögen sie mich erhören, mögen sie dir fröhliche Wiederkehr bereiten! Möge mir kein Schreckensbote je das Ohr verwunden!" Mit diesem Abschiede sank der greise Vater zusammen und wurde von den Dienern in die Wohnung zurückgetragen.

Die Reiter aber zogen aus den offenen Toren, mit ihnen Äneas und ein Teil der trojanischen Mannschaft; den andern hatte der Held mit den Schiffen auf dem Strome zurückgehen lassen. Als sie in einem entlegenen Tale zwischen finsteren Tannenwaldungen angekommen waren und, vom langen Zuge ermüdet, ihrer Rosse und der eigenen Leiber pflegten und Äneas an einem kühlenden Waldwasser, abgesondert von der ganzen übrigen Schar, unter einer Eiche sich gelagert, ersah seine Mutter Venus den günstigen Augenblick, senkte sich mit den frischgeschmiedeten Waffen aus dem Gewölke des Äthers hernieder, legte sie dem Sohne zu Füßen, machte sich diesem sichtbar und sprach: „Schau her, Kind, welch ein Geschenk dir die Gunst meines Gemahls bereitet hat. Jetzt darfst du dich nicht mehr besinnen, die stolzesten Laurenter, ja den wilden Rutuler Turnus selbst zum Kampfe herauszufordern." Äneas staunte. Beseligt von der Gegenwart seiner göttlichen Mutter und der Pracht der Gabe, konnte er sich an dem funkelnden Waffengeschmeide gar nicht satt sehen und wendete bald den buschigen Helm, bald das gediegene Schwert, bald den Erzpanzer, der rötlich wie Blut oder wie die Sonne durch Wolken strahlend glühte, bald die goldenen Beinschienen und den schlanken Speer in seinen Händen um. Am längsten aber verweilten seine Blicke auf dem kunstreichen, mit unerschöpflichem Bilderschmuck in erhabener Arbeit übersäeten Schild. Auf diesem hatte der Gott des Feuers eine ganze Reihe von Begebenheiten abgebildet, in welche sich Äneas vergebens mit seiner Beschauung vertiefte, denn es waren die Schicksale und Triumphe der Römer, des Volkes, das erst in später Zukunft dem Stamme seines Sohnes Julus entsprießen sollte. In der Mitte des Schildes war eine Wölfin abgebildet, welcher Zwillingsknaben am Euter hingen, zu denen sie liebkosend ihren Hals zurückbeugte und die sie mit der Zunge beleckte. Jeder Knabe aus unserer Zeit hätte dem Äneas sagen können, daß die Kinder Romulus und Remus hießen. Dann war eine Stadt abgebildet, wo im hohen Theater von kräftigen Männerhänden Frauen als ein Raub davongetragen wurden: es war Rom und der Raub der Sabinerinnen; dann vor Jupiters Altar zwei bewaffnete Herrscher mit Sühnopfern und mit Bundesschalen in der Hand: Romulus und Tatius. Nicht ferne davon schleifte ein König mit seinem Viergespann einen Verbrecher zu

Tode: Tullus Hostilius den falschen Mettius. Auf einer halbabgebrochenen Brücke stand einäugig ein Verteidiger, und durch den Strom schwamm eine Jungfrau, indes ein zorniger Kriegerkönig am jenseitigen Ufer thronte: es waren Kokles, Klölia und Porsenna der Etrusker. Auf einer hohen Burg mit Palästen und Tempeln stand ein bewaffneter Wächter, und silberne Gänse flatterten durch goldene Hallen, während am Fuße des Berges Barbaren auf der Lauer standen: Manlius und Gallier. Und so kam eine Geschichte um die andere, bis auf Catilina, Cato, Cäsar und Augustus herab. Unkundig aller dieser Dinge, freute sich Äneas des Schildes, wie ein Kind sich des Bilderbuches freut; dann kleidete er sich in die himmlischen Waffen, faßte den Schild mit der Linken, und im Gefühle hohen Götterschutzes mischte er sich wieder in den Zug der Seinigen.

Turnus beim Lager der Trojaner

Während dies in Tuscien vorging, schickte Juno, deren Groll gegen Äneas doch noch nicht gedämpft war, ihre Botin Iris zu dem Rutuler Turnus. Diese meldete dem Anführer der Feinde, daß Äneas sein Lager, seine Genossen, seine Flotte verlassen und sich nach dem Reich Euanders gewendet habe, und befahl ihm, das trojanische Lager zu stürmen. Turnus folgte auf der Stelle dem Ruf. Der Held Messapus voran, Tyrrhus und seine Söhne in der Hinterhut, mit dem Kerne des Heeres Turnus selbst, zogen sie durchs offene Feld nach dem Gestade der Tiber. Plötzlich sah Kaïkus, der Wächter der vordersten trojanischen Warte, ein dunkles Staubgewölke vom Felde wirbelnd aufsteigen. „Brüder“, rief er rückwärtsgewendet, „es verfinstert ein nahender Schwarm die Luft; Waffen herbei; schnell auf die Lagermauern; der Feind ist da!“ Auf diese Nachricht stürzten die auf dem Felde zerstreuten Trojaner durch alle Tore ins Lager zurück und sammelten sich, wie es Äneas für unvorhergesehene Fälle scheidend befohlen hatte, auf den Schanzen und Mauern, obgleich sie Scham und Zorn viel mehr zum offenen Gefechte getrieben hätte. Sie sperrten also die Tore und vollzogen in allem die Gebote ihres Führers, indem sie den Feind auf den Zinnen und in den hohlen Türmen erwarteten.

Turnus aber eilte dem Heere, das ihm zu langsam vorwärts ging, mit zwanzig auserlesenen Reitern voran und erschien, auf einem thrakischen gefleckten Schimmel, unvermutet vor den Mauern des Lagers. „Wer wagt sich zuerst an den Feind?“ fragte er rückwärtsgewendet seine kleine Schar und schleuderte seinen

Wurfspieß durch die Lüfte hinan. Jubelnd taten seine Genossen ein Gleiches und höhnten die feigen Trojanerseelen, die sich hinter ihren Mauern verschanzt hielten und es nicht wagten, ins Feld zum offenen Kampfe herabzusteigen. Indessen spähte Turnus hoch zu Roß, den goldenen Helm mit dem roten Federbusch auf dem Haupte, ringsum die Mauern des Lagers aus und suchte einen unbemerkten Zugang. So schnaubt ein Wolf bei Wind und Regen die halbe Nacht hindurch um den vollen Schafstall herum und ergrimmt über das Blöken der Schafe und Lämmer, die drinnen in Sicherheit sitzen. Endlich fiel ihm die Flotte ins Auge, die, ganz von Dämmen und Wellen umgeben, sich geborgen an die eine Seite des Lagers lehnte. Jauchzend ermahnte er seine Freunde, diese in Brand zu stecken, ergriff selbst zuerst die flammende Fackel, und sofort bewehrte sich die gesamte Jugend des allmählich nachgerückten Heeres mit Feuerbränden, die von den Herden der benachbarten Hütten geraubt worden waren. Und unfehlbar wäre nun die Flotte der Trojaner verbrannt worden, wenn nicht ein göttliches Wunder das Feuer von den Schiffen abgewendet hätte. Schon damals nämlich, als Äneas am Fuße des Idagebirges die Flotte zimmerte, die ihn in das fremde Land tragen sollte, flehte Cybele, die Mutter aller Götter, zum allmächtigen Zeus: „Sohn, gib mir, was ich von dir verlange! Ich habe dem dardanischen Manne, der einer Flotte bedurfte, willig meinen schönen Hain von Ahornbäumen und Kiefern fällen lassen. Nun aber ängstet mich die Sorge, meine geliebten Bäume, zu Schiffen umgewandelt, möchten ein Raub der Stürme werden. Darum erhöre meine Bitte, laß es dem Holz zugute kommen, daß es auf dem Ida gewachsen ist, und schütze die Schiffe vor aller Gefahr." „Das kann ich nicht", erwiderte Jupiter, „ich vermag dem von sterblichen Händen Erbauten nicht Unsterblichkeit auf Erden zu verleihen; doch was ich für sie tun kann, das will ich. Soviel ihrer, ausgedient, das Ziel und den Hafen Ausoniens erreichen, die will ich von der sterblichen Form befreien, und wie die Töchter des Nereus sollen sie als Göttinnen des Meeres ein seliges Leben in den Fluten führen."

Dies Wort ging jetzt in Erfüllung. Als Turnus den Brand in die Schiffe werfen wollte, verbreitete sich von Morgen her ein Strahlengewölk über den Himmel, und ein grauenvoller Schall aus den Lüften durchlief die Scharen der Trojaner und Rutuler. „Bemühet euch nicht so ängstlich", rief es, „ihr Trojaner, meine Schiffe zu schirmen. Eher wird Turnus das Meer verbrennen als sie! Ihr aber, Schiffe, schwimmst erlöst dahin, seid Meeresgöttinnen; die Mutter der Götter will es so!" Bei diesem Worte wurden die Schiffe plötzlich lebendig, zerrissen jedes seine Seile, mit welchen sie angebunden waren, tauchten mit den

Schnäbeln wie Delphine ins Meer unter und schwammen, wieder aufgetaucht, in Gestalt schöner Jungfrauen durch die Meeresflut. Entsetzen ergriff die Rutuler. Messapus, ihr vorderster Führer, schreckte mit scheuem Gespann auf seinem Wagen zusammen, ja der Tiberstrom selbst zog sich mit seinen Wellen schaudernd vom Meere zurück. Nur der tollkühne Turnus ließ die Hoffnung noch nicht fahren. „Merket ihr nicht, Freunde", sprach er, „daß dieses Wunder allein gegen die Trojaner gerichtet ist? Jupiter selbst hat ihnen ihre Hilfe entrissen; alle Hoffnung zur Heimkehr ist ihnen mit der Verwandlung ihrer Schiffe abgeschnitten, und die Rutuler brauchen keine Feuerbrände mehr! Das Land aber ist in unsern Händen. Tausende in ganz Italien waffnen sich für uns. Mich ängstigen keine Göttersprüche und Verheißungen, deren sie sich rühmen. Auch mir ist mein Schicksal bestimmt, und es lautet auf Vertilgung dieses verruchten Geschlechtes mit dem Schwerte!"

Auch mit der Tat blieb Turnus so unverdrossen wie mit dem Worte. Dem Messapus wurde das Geschäft übertragen, die Tore mit Kriegern zu umstellen und die Wälle rings mit Feuern zu umzingeln, und unter ihm versahen, von vierzehn auserlesenen Hauptleuten befehligt, je hundert Jünglinge, schimmernd von Gold und mit rotbebuschten Helmen, den Dienst. Diese machten einander ablösend die Runde, und die Feiernden lagerten sich ins Gras und taten sich beim Weinkruge gütlich. Die Trojaner von ihren Wällen herab schauten dieses und hielten die Zinnen aufs vorsichtigste mit Bewaffneten besetzt. Nicht ohne Besorgnis umwandelten sie die Tore, versahen die Bollwerke mit Brücken und brachten den nötigen Vorrat von Geschossen herbei. Das Ganze leitete Mnestheus und Serestus, welche Äneas vor seiner Abfahrt über das Lager gesetzt hatte. Und so wachte denn das ganze Heer innerhalb der Lagermauern.

Nisus und Euryalus

Unter dem trojanischen Heere befanden sich zwei kühne Jünglinge: Nisus und Euryalus. Nisus, ein Sohn des Hyrtakus, einer der besten Speerwerfer und Pfeilschützen, hatte sich aus dem Idagebirge an die auswandernden Helden angeschlossen. Euryalus war der schönste unter allen teukrischen Knaben, und der erste Flaum der Jugend sproßte ihm um die Wangen. Beide waren durch die innigste Freundschaft verbunden, stürzten sich immer zusammen in die Schlacht und hüteten auch jetzt eines der Tore, nebeneinander Wache haltend. „Ich möchte doch wissen", fing da zuerst Nisus an, „ob die Götter uns diese

Tatenlust in der Seele aufwecken oder ob seine blinde Begier einem jeden der Gott ist! Mir ist diese träge Ruhe lästig, und schon lange treibt mich der Geist, etwas Rechtes zu unternehmen. Sieh, wie sich die Rutuler ihrem blinden Vertrauen hingeben! Nur hier und da glänzt um die Mauern ein Feuer; fast alle liegen von Wein und Schlafe begraben da, und das tiefste Schweigen herrscht ringsum. So vernimm denn, Freund, welcher Gedanke in mir aufgestiegen ist: Alle unter uns, Volk und Väter, verlangen, daß Äneas herbeigerufen werde und daß man ihm zu dem Ende sichere Boten zuschicke, die uns Kunde von ihm zurückbringen. Wenn man nun dir, dem Zurückbleibenden, verspräche, was ich für dich fordern will – denn mir genügt an der Ehre –: was meinst du? Ich könnte am Fuße des Hügels dort den Weg nach dem Tuskerlande und dem Berge von Pallanteum wohl finden."

Euryalus wurde von Staunen bei dem Vorschlage seines Freundes ergriffen; denn auch ihn beseelte jugendliche Ruhmbegierde. „Also wolltest du", sprach er zu seinem feurigen Genossen, „mich, den unbärtigen Knaben, als Teilnehmer an der herrlichen Tat verschmähen? Wie könnte ich dich allein in eine solche Gefahr hinauslassen! Nein, so hat mich mein Vater Opheltes nicht erzogen, und auch du hast mich bisher nicht so kennengelernt! Auch ich achte das Leben gering und erkaufe willig mit ihm den Ruhm!" „Nie habe ich so etwas von dir befürchtet", erwiderte Nisus; „aber wenn mich irgendein Unfall oder ein Gott, wie es bei solchen Entschlüssen wohl zu gehen pflegt, ins Verderben risse, so wünschte ich, daß du mich überlebest. Deine Jugend ist des Lebens werter als ich. Auch hätte ich gern einen, der meinen Leichnam, aus der Schlacht gerettet oder mit Lösegeld erkauft, in den Boden verscharrt oder, wenn dies Glück mir nicht beschieden wäre, wenigstens dem Abwesenden ein Totenopfer brächte und einen Denkstein errichtete. Wie könnt ich auch deiner armen Mutter, die allein von so vielen Müttern es verschmäht hat, in Sizilien zurückzubleiben, und dir auf die weite Wanderung gefolgt ist, so bitteren Schmerz bereiten?" Aber Euryalus erwiderte: „Du hältst mir umsonst nichtige Beweggründe vor; mein Vorsatz ist unerschütterlich; laß uns eilen." So sprach er und weckte sogleich die nächsten Wachtposten, die zur Ablösung bestimmt waren. Nachdem sie diesen das Wächteramt übertragen hatten, eilten sie beide vor den Hohen Rat der Trojaner. Denn die Fürsten des Heeres berieten sich bis tief in die Nacht hinein über die wichtigsten Angelegenheiten der neuen Pflanzung. Während sie nun mitten im Lager, an die Speere gelehnt und auf die Schilde gestützt, im Kreise standen und Rat darüber pflogen, was zu beginnen sei und wer dem Äneas die

Nachricht zu bringen hätte, da baten Nisus und Euryalus herbeigeeilt um augenblicklichen Zutritt in die Versammlung. Askanius, der an seines Vaters Stelle, so jung er war, im Rate saß, hieß die Ungeduldigen eintreten und Nisus als den Älteren zuerst reden. „Höret uns günstig an“, sprach dieser zu den Helden, „und messet, was wir euch vorschlagen, nicht nach den Jahren ab. Wir haben die Gegend ausgekundschaftet. Dort, am Scheidewege des Tores, das wir bewachen, in der Nähe des Meeres, finden sich Lücken in den Wachtfeuern der Feinde: dort ist Raum, um sich durchzuschleichen. Wenn ihr uns erlaubet, das Glück zu benützen, so wollen wir als Boten zu Äneas gehen, und ihr sollt uns bald mit Begleitern und mit Beute zurückkehren sehen.“

Mit Bewunderung vernahmen die Helden den Entschluß der Jünglinge. „Nun, ihr Götter“, rief Aletes, der Ergrauteste unter ihnen, aus, „ihr seid noch nicht gesonnen, die Trojaner zu vertilgen, da ihr uns so entschlossene Jünglingsherzen erwecket!“ So sprach er und legte seine Hände auf beider Schultern. Dann rief der zarte Jüngling Askanius: „Guter Nisus, lieber Euryalus, in euren Schoß lege ich mein Glück und meine Hoffnung; lasset mich meinen Vater wieder schauen! Wenn er zurück ist, ängstigt mich nichts mehr. Zwei silberne Becher, zwei köstliche Dreifüße, zwei Talente Goldes, den schönen alten Krug, den Dido meinem Vater geschenkt hat: das alles sollt ihr jetzt schon haben, und wenn wir siegen, noch viel mehr. Hast du das herrliche Roß gesehen, Nisus, das Turnus reitet, und seine goldene Rüstung? Sie seien dein! Zwölf Gefangene wird euch mein Vater verleihen, Männer mit vollen Waffenrüstungen, und Frauen, und vom Felde des Latinus herrliche Güter. Du aber“, so sprach er, zu Euryalus gewendet, „verehrter Jüngling, dessen Jugend meine Jahre nachstreben, dich begrüße ich schon jetzt von ganzem Herzen als Kampfgenossen und unzertrennlichen Freund.“ Darauf nahm Euryalus das Wort: „Es soll kein Tag kommen“, sprach er, „an dem ich mich meines tapfern Entschlusses unwürdig zeige. Aber vor allen Geschenken bitte ich dich um eines, Julus. Meine Mutter, vom alten Königsgeschlechte des Priamus stammend wie du, hat sich nicht abhalten lassen, mit mir auszuwandern, und ich verlasse sie ohne Abschied, denn ich könnte ihren Tränen nicht widerstehen. Nimm du dich der Verlassenen an; tröste sie in der Not, wenn das Schicksal mich nicht zurückkehren läßt!“ In der Seele des Askanius erwachte bei diesen Worten die Liebe zum Vater noch heftiger; er fing laut zu weinen an und versprach ihm unter Tränen alles. Auch die Helden ergriff diese Rührung; Mnestheus zog sich die Löwenhaut von der Schulter und warf sie dem Nisus um; Aletes tauschte mit ihm den Helm, und

Euryalus empfing aus der Hand des Julus dessen eigenes Schwert mit goldenem Griff, die Scheide von Elfenbein.

So gewaffnet, wurden sie von allen Edeln, Jünglingen und Greisen bis ans Tor begleitet. Bald waren sie über die Gräben hinaus und kamen im Dunkel der Nacht an die schlummernden Posten der Rutuler. Diese lagen voll Trunks und Schlafes zerstreut auf dem Rasen, zwischen Wagenrädern, Riemen und umherliegenden Waffen. „Die Gelegenheit ruft“, sprach Nisus leise zu seinem jungen Freund; „halte du mir den Rücken frei; ich will dir aufräumen und uns eine Gasse machen.“ Während er so mit gedämpfter Stimme redete, hieb er den ersten Wächter, den Vogelschauer des Königs Turnus, Rhamnes, der aus voller Kehle schnarchend dalag, samt drei sorglosen Knechten nieder; dann den Waffenträger des Remus, den er mitten unter seinen Rossen überraschte und ihm den gesenkten Hals abhieb, und dann den Herrn selbst. Auch Euryalus war nicht müßig; beide tobten wie Löwen in den Hürden und richteten ein furchtbares Gemetzel unter den Wächtern an. Ja, Euryalus drang schon bis zu den Wachtfeuern des Rutulerfeldherrn Messapus vor, die im Verglimmen waren und dessen angebundene Wagenrosse gemächlich das Gras abweideten. Aber Nisus rief ihn zurück. „Siehst du nicht“, sprach er warnend, „daß das Morgenlicht schon anzubrechen droht? Rache ist ja geübt und Bahn gebrochen.“ So ließen sie auch alle Beute liegen, und Euryalus nahm nur den Pferdeschmuck des Rhamnes mit und schlang sich seinen Schwertgurt um die Schulter; auch setzte er sich freudig den bebuschten Helm des Messapus aufs Haupt, den er bei den vordersten Wachtfeuern aufgelesen und der ihm gerade paßte. Darauf verließen sie das feindliche Lager und gewannen das Freie.

Aber um dieselbe Zeit zogen aus der Latinerstadt dreihundert Reiter mit Schilden unter ihrem Führer Volscens, welche dem Fürsten Turnus Botschaft vom Könige zu bringen hatten, dieser Straße. Sie waren schon ganz nahe am Lagerwall, als sie von ferne die beiden eilenden Gestalten bemerkten und im dämmernden Frührote den unbesorgten Euryalus der erbeutete Helm mit seinem tückischen Schimmer verriet. „Halt! Ihr seid in Waffen!“ schrie Volscens bei diesem Anblicke, „wo eilet ihr hin?“ Jene antworteten nicht, sondern flüchteten sich in den Wald und vertrauten auf die Dämmerung. Aber die Reiter, der Nebenwege kundig, warfen sich in das Gehölz und versperrten alle Ausgänge mit Wachen. Der Wald war mit dichten Eichen und wilden Gesträuchen bewachsen, und kaum sichtbar schimmerte der Fußpfad durch das Dickicht. Den Euryalus hemmte die Beute, und die Furcht täuschte ihn über die Richtung des Weges. Nisus aber entkam glücklich aus dem Wald und eilte schon sorglos auf den See zu, der später den Namen Albanersee erhielt. Jetzt erst stand er stille und sah sich vergebens nach dem fehlenden Freunde um. „Euryalus“, rief er wehklagend, „wo bist du, Armer, wo find ich dich?“ Und nun warf er sich aufs neue in den verworrenen Wald. Dort vernahm er bald Rossegestampf, Lärm und die Trompeten der Nachhut; und es währte nicht lange, so ward er das ganze Reitergeschwader ansichtig, das den übermannten Euryalus mit sich fortschleppte. Was sollte er tun? Welche Hoffnung war, den armen Jüngling zu befreien? Sollte er sie aufgeben und sich den Tod in den starrenden Schwertern suchen? Er hielt inne, dann drehte er mit zurückgebogenem Arme plötzlich den Speer empor, und zum Mond aufblickend, der blaß am morgendlichen Himmel stand, betete er: „Luna, Beschützerin der Wälder, Latonas Tochter, wenn dir je mein Vater für mich geopfert, wenn ich selbst je dir meine Jagdbeute geweiht, lenke meinen Speer und laß diese Rotte mich zerstreuen!“ So sprach er und schleuderte mit Leibeskraft seine Lanze. Diese drang dem abgekehrten Rutuler Sulmo in den Rücken und zur Brust heraus, daß er sich zuckend auf dem Boden wälzte. Erschrocken schauten sich die Reiter in der Runde um. Da flog das zweite Geschoß des Nisus und durchbohrte einem andern Rutuler, dem Tagus, knirschend beide Schläfen. Volscens, der Anführer der Reiter, geriet in Wut, denn nirgends erblickte er den Speerschwinger; grimmig rief er: „So bezahle denn du mir mit deinem Blute für beide!“und ging mit entblößtem Schwerte auf den Euryalus los. Vor Entsetzen schreiend, brach Nisus jetzt aus seinem Verstecke hervor. „Ich bin der Täter“, rief er, „auf mich nur richtet eure Schwerter; der ganze Betrug rührt von mir her! Ich schwör es euch, dieser ist unschuldig; nur Liebe zum unglücklichen Freund war sein Vergehen!“ Sein Rufen kam zu spät; Volscens hatte dem Knaben schon das Schwert durch die Brust gestoßen, dieser wälzte sich im Tode, die schönen Glieder überströmte das Blut, und sein Hals neigte sich auf die Schultern, wie eine purpurne Blume, vom Pfluge durchschnitten, dahinsinkt, wie ein blühender Mohnstengel sein vom Regen belastetes Haupt zur Erde neigt. Da warf sich Nisus in den Feind, stieß den Andrang der Reiter rechts und links zurück, ging gerade auf den Führer Volscens los und bohrte sein blitzendes Schwert in des schreienden Feindes Mund, daß er sterbend vom Rosse fiel. Dann warf er sich über den Leib seines getöteten Freundes und ruhte, ganz von den Geschossen der Reiter durchbohrt, über dem Leichnam im Frieden des Todes.

Die Reiterschar zog den erschlagenen Feinden die Rüstung ab, trug ihre Leichname mit dem ihres Anführers Volscens in das Lager des Turnus, und bald mußten die Trojaner von den Türmen ihres Lagers herab mit Grausen die von schwarzem Blute noch triefenden gespießten Köpfe der beiden Jünglinge schauen, die sie mit so zuversichtlichen Hoffnungen entlassen hatten. Die Kunde des Unglücks verschonte auch die Mutter des Euryalus nicht. Sie wurde von ihr am Webestuhl über der Tagesarbeit getroffen. Da entrollte das Schifflein ihren Händen, sie zerraufte sich das Haar, sie rannte nach dem Walle in die vordersten Reihen der Streiter, keine Gefahr achtend, und brach in ein Klagegeheul aus, daß es die festesten Krieger erschütterte. Unter vielen Tränen befahl endlich Julus und mit ihm der weise Ilioneus zwei alten Helden, sie aus den Reihen der Männer hinwegzuziehen und unter ihren Armen in die Wohnung zu geleiten.

Sturm des Turnus abgeschlagen

Schmetternd ertönten die Trompeten der Rutuler. Ein Schrei erhub sich in dem ganzen Lager, und der Widerhall von den Bergen antwortete. Von allen Seiten stürmten die Feinde heran, rückten unter den Schilddächern vor, mühten sich, die Gräben auszufüllen und die Schanzen einzureißen, und schon legten sie an den Stellen, wo die Vorfechter des Lagers dünner auf den Zinnen standen, die Sturmleitern an die Mauern. Die Trojaner dagegen, durch die lange Verteidigung ihrer Vaterstadt im Belagerungskampfe wohlgeübt, verstreuten Geschosse aller Art, wälzten Steine und Felsblöcke auf die Schilddächer und stießen die Emporkletternden mit Spießen darnieder. Schon setzten die angerückten Rutuler das blinde Gefecht nicht mehr fort, sondern lenkten ihre Schritte rückwärts von den Mauern und versuchten es nur mit Lanzenwürfen, die Teukrer vom Walle hinwegzutreiben. Endlich richteten sie alle ihre Streitkräfte auf einen hoch emporragenden Turm, der durch schwebende Brücken mit der Lagermauer verbunden war. Diesen zu erobern, strengten sich die Rutuler in die Wette an: die Trojaner aber verteidigten ihn, indem sie jetzt von der Zinne herab Steine wälzten, jetzt durch hohle Schießscharten Pfeile hinunterschnellten. Endlich schleuderte Turnus eine Brandfackel, die, an die Seite des Turmes sich anhängend, das Getäfel ergriff. Ehe die Verteidiger sich flüchten konnten, stürzte das unterhöhlte Gebälk zusammen, und krachend setzte sich der Turm zu Boden. Die einen fielen mit ihm, von den eigenen Waffen durchbohrt, die andern spießten sich in die Trümmer des Holzes; und viele von denen, die noch unversehrt waren, sahen sich bald von den Scharen des Turnus umringt und wurden niedergehauen. Endlich erwehrten sich die Trojaner der Zudrängenden. Der Knabe Askanius, der bisher nur fliehendes Wild mit seinen Pfeilen zu erlegen gewohnt war, durchbohrte dem Remulus, der kürzlich des Turnus jüngere Schwester gefreit hatte und auf diese Auszeichnung stolz prahlend auf die Teukrer eindrang und sie feige Phrygier schalt, das Haupt mit einem sicheren Pfeilschuß. Die Trojaner jubelten, und die erschreckten Feinde machten einen Schritt rückwärts. Julus wollte sie verfolgen. Da stellte sich ihm Apollo selbst, dem alten Waffenträger seines Großvaters, der ihm vom Vater beigegeben war, an Gestalt und Stimme gleich, in den Weg und sprach: „Sohn des Äneas, dir genüge, daß du einen Helden ungestraft erlegt hast; diesen Beginn deines Ruhmes hat Apollo dir vergönnt, für jetzt aber meide den Krieg!“ Die Fürsten Iliums erkannten die Gegenwart des Gottes und hielten den Julus vom weitern Kampfe ab. Sie selbst aber erneuerten das Gefecht; und der Schlachtruf tönte um die äußersten Bollwerke der Mauer fort. Als die innerhalb der Tore aufgestellten trojanischen Wächter hörten und sahen, wie ihre Freunde draußen so mutig und kraftvoll kämpften, faßten Pandarus und Bitias, die Söhne Alcanors vom Berg Ida, stark und schlank wie ihre heimischen Tannen, den trotzigen Entschluß, das ihnen vom Feldherrn anvertraute Tor zu öffnen und im Übermute den Feind in die Mauern einzuladen. Sie selbst aber standen inwendig mit blinkenden Schwertern rechts und links am Eingang, und von ihren hohen Helmen nickten die Federbüsche. Als die Rutuler die Torflügel offen sahen, stürmten sie, ohne sich zu besinnen, hinein. Aber vier oder fünf ihrer Helden, mit einem ganzen Gefolge von Kriegern, fielen unter den Stößen und Streichen der beiden Jünglinge oder wurden in schmählicher Flucht zum offenen Tore hinausgetrieben.

Jetzt wagten die Trojaner sich schon in dichtern Scharen zusammenzurotten; ein regelmäßigeres Handgemenge entspann sich; und die Rutuler wurden rückwärtsgedrängt. Als Turnus, der auf einer andern Seite stritt, die Nachricht von dieser neuen Wendung des Kampfes erhielt, stürzte er, von gräßlichem Zorne gespornt, mit einer auserlesenen Schar von Kriegern herbei und warf sich über eine Bahn von trojanischen Leichen auf das geöffnete Lagertor. Seine mächtige Lanze, aus der Ferne geschleudert, durchbohrte den Bitias, daß der Boden von seinen fallenden Riesengliedern bebte und der Schild auf den Liegenden herniederrasselte. Die Trojaner flohen zurück in das Tor, und nach drängten sich die siegenden Rutuler. Da faßte Pandarus mit einem Blick auf die ausgestreckte Leiche seines Bruders die Torflügel in ihren Angeln und warf sie, mit den Schultern angestemmt, in die Wölbung zurück, daß das Tor verschlossen war und viele Trojaner im Gefechte draußen, viele Rutuler in die Mauern eingezwängt, zurückblieben. Aber der Unbesonnene hatte nicht bedacht, daß mitten unter den Eingeschlossenen Turnus selbst sich befand wie ein Tiger, der in den Stall eingelassen ist. Voll Entsetzens erkannten die Trojaner das schreckliche Gesicht und die riesigen Glieder. Nur Pandarus, ein Riese wie er, erschrak nicht. Voll Erbitterung über die Ermordung seines Bruders stellte er sich ihm entgegen und rief. „Hier bist du nicht im Palaste der Latinerkönigin, schmachtender Bräutigam; im Feindeslager stehest du und wirst nicht wieder hinauskommen!" Turnus lächelte nur und erwiderte ganz ruhig: „Bind an, wenn du es wagst, und beginne nur den Zweikampf; und wenn du ein Hektor wärest, so sollst du deinen Achilles finden!" Pandarus schleuderte darauf seinen Wurfspieß, in dem die Rinde noch mit allen Knoten saß; aber Juno lenkte das Geschoß ab, und die Lanze flog in den Torflügel. Jetzt bäumte sich Turnus und schwang sein Schwert: „Diesem Streiche wirst du nicht entfliehen!" schrie er und spaltete ihm die Schläfe mitten durch die Stirne, daß das Haupt, in gleiche Teile zerhauen, dem Zusammensinkenden von den Schultern herunterhing.

Zitternd stäubten die Trojaner auseinander; und wäre dem Sieger jetzt der Gedanke gekommen, das Tor wieder zu öffnen und seine Freunde hereinzulassen, so wäre es um die neue Ansiedlung Trojas geschehen gewesen. So aber ließ er sich von der Mordlust betören und drang von Sieg zu Siege mit den Seinen immer tiefer in das Innere des Lagers ein. Schon war die Verwirrung bis zu Serestus und Mnestheus gedrungen, die in der Mitte der Mauern befehligten. Da brachte zuerst Mnestheus die fliehenden Freunde mit den Worten zur Besinnung: „Wohin wendet ihr euch, Unsinnige, was für andere Mauern, was für andere Burgen besitzet ihr? Soll ein einziger Mann, rings umschlossen von euren Wällen, ungestraft ein solches Gemetzel unter euch anrichten? Habt ihr euer Vaterland, euren Führer Äneas, die Götter eurer Heimat so schamlos vergessen?" Mit solchen Reden beschämte und kräftigte er die Fliehenden, daß sie, in eine dichte Rotte zusammengedrängt, wieder standhielten. Den Turnus hatte der siegreiche Kampf selbst allmählich ermüdet. Zum Tore zurückzudringen konnte er nicht mehr hoffen; so kämpfte er sich mühsam vorwärts, wo das Lager ohne Mauern an den Fluß grenzte. An den Sandbänken des Stromes angelangt, zog er sich mit schnelleren Schritten, doch noch ohne Flucht, zurück, und wenn ihm der Feind zu nahe auf den Leib kam, trieb er ihn immer noch siegreich mit dem Schwerte zurück. Nun flogen aus der Ferne von allen Seiten Geschosse nach ihm; von den anprallenden Steinen erklang sein Helm, der Busch war zerfetzt; der Schild steckte voll Speere und ward so schwer, daß seine Linke ihn kaum mehr zu halten vermochte. In diesem Augenblicke stürmte auch Mnestheus in blitzenden Waffen auf ihn zu, und wie flüssiges Pech rann ihm der Schweiß über den Leib. So war er fechtend am Rande des Flusses angekommen. Da zum ersten Male kehrte Turnus dem Feinde den Rücken und warf sich in voller Rüstung in die Wogen des Tiberstroms. Dieser nahm den Kommenden willig auf und trug ihn mit sanften Wellen aus dem Bereiche des Lagers ans Gestade, wo er bald, von Blut und Staube rein gewaschen, bei den Seinigen eintraf.

Äneas kommt ins Lager zurück

Jupiter hatte in einer Götterversammlung die Klagen seiner Gemahlin Juno und die Fürbitten seiner Tochter Venus angehört und beschlossen, ohne Einmischung der Himmlischen alles dem Schicksale zu überlassen; so dauerte denn die Belagerung der trojanischen Niederlassung und der Kampf der Rutuler und Trojaner um die Mauern fort.

Inzwischen war Äneas mit seiner Heeresabteilung und der arkadischen Reiterei in der blühenden tuskischen Stadt Agylla angekommen. Diese hatten ihren grausamen König Mezentius vertrieben, und da der Verjagte zu Turnus entflohen war, so lebten die Bewohner der Stadt in tödlicher Feindschaft mit Rutulern und Latinern. Deswegen wurde Äneas von dem jetzigen Beherrscher derselben, dem Könige Tarchon, sobald er ihm Geschlecht und Namen gemeldet und ihm von den Kriegsrüstungen des Turnus und Mezentius erzählt hatte, mit offenen Armen aufgenommen. Der König vereinigte nicht nur die eigene Streitmacht, sondern rief auch alle etrurischen Bundesstädte zur Teilnahme an dem Kampfe auf. Es währte nicht lange, so sah sich der Trojaner an der Spitze einer furchtbaren Flotte und segelte, nachdem er arkadische und tuskische Reiter auf dem Landwege vorangeschickt hatte, mit dreißig Schiffen von der etrurischen Meeresküste ab. Wie er nun in der Nacht aus Vorsicht selber am Steuer saß und den Lauf seines Schiffes, dem die andern folgten, regierte, umringte ihn auf einmal ein Chor tanzender Nymphen. Es waren die Schiffe der Trojaner, welche Cybele, um sie von den Brandfackeln des Turnus zu retten, jüngst an der Mündung der Tiber verwandelt hatte. Sie erkannten, belebt und beseelt, ihren Herrn; die beredteste faßte sein Schiff mit der Rechten, ragte mit dem Rücken aus dem Wasser hervor, streichelte besänftigend die Flut mit der Linken und sprach:"Wachst du, Göttersohn? O wache und laß den Wind in die Segel blasen! Wir sind Fichten vom Idagebirge, deine treuen Schiffe, jetzt durch Cybeles Erbarmen dem Brande der Rutuler entzogen und in Meeresgöttinnen umgewandelt. Eile, Freund, dein Sohn Askanius, von Wall und Graben umschlossen, ist von den Rutulern belagert, und der Kampf tobt um seine Mauern. Deine Reiter sind zwar angekommen und stehen nicht ferne vom Lager, aber Turnus weiß es und ist entschlossen, Kriegsvolk zwischen sie und das Lager zu werfen. Auf denn, beflügle deinen Lauf! Wenn der Tag anbricht, wirst du in der Tibermündung sein; dann ergreife den funkelnden Goldschild, den Vulkanus dir gab, und strecke ihn dem Lager deiner Genossen entgegen. Sei getrost, der morgende Tag wird dir Sieg verleihen!"

So sprach sie und gab im Hinuntertauchen dem Hinterverdecke des Schiffes einen Stoß, daß es schneller als Lanzen und Pfeile durch die Wellen fuhr. Als hätten sie Flügel, eilten dem Feldherrnschiff auch die andern Schiffe nach, und mit dem ersten Morgenlichte hatte der Sohn des Anchises sein Lager im Angesicht. Da gedachte er des Befehls der Nymphe; er ergriff seinen flammenden Schild, stellte sich damit aufs Vorderverdeck, hielt ihn mit der Linken hoch in die Lüfte und streckte ihn seinen Freunden entgegen. Wie eine Sonne, die aus den Fluten taucht, schien er den Trojanern, die den Schiffszug vom Walle herab gewahr wurden, entgegen. Sie erhoben ein Jubelgeschrei, und ihre Lanzenwürfe verdoppelten sich. Die Rutuler und ihre Führer begriffen von dieser plötzlichen Begeisterung der Feinde nichts, bis sie auf einmal hinter sich das Meer von Segeln angefüllt und eine Flotte an den Strand laufen sahen. Da leuchtete ihnen wie ein blutroter Komet oder wie der pestdrohende Sirius Äneas im Schmucke seiner Götterwaffen entgegen: seine Helmkuppel strahlte wie ein Brand; Glut entströmte dem Federbusch; die goldene Schildbuckel spie weit und breit Feuerstrahlen aus.

Dennoch verließ den tollkühnen Turnus das Selbstvertrauen nicht; er hoffte, den landenden Feinden den Strand durch Schnelligkeit abzugewinnen und sie vom Ufer zu verdrängen. „Die Stunde ist gekommen", rief er den Seinen zu, „die ihr so sehnlich herbeigewünscht habt. Jetzt könnt ihr eure Gegner zermalmen; der Kriegsgott selbst hat sie euch in die Hand gelegt. Denkt eurer Weiber und Kinder, setzt den Taten eurer Väter die Krone auf. Solange die Schritte der

Ausgestiegenen noch schwanken, solange sie noch straucheln, empfanget sie am Strande! Das Glück begünstigt die Kühnen!“

Indessen wurden die landenden Trojaner und ihre Bundesgenossen aus dem Schiffe des Äneas teils auf Brücken ans Land gesetzt, teils schwangen sie sich mit Hilfe der Ruder an dasselbe oder ließen sich von den rückprallenden Wellen ans Ufer tragen. Der König Tarchon aber, der mit der übrigen Flotte folgte, beschaute sich das Ufer und ersah sich eine Stelle, wo das Meer in der Mündung des Flusses nicht mit gebrochenen Wogen rauschte, nicht aus der Tiefe gärte, sondern sich frei dem flachen Ufersande zuwälzte. Dorthin befahl er plötzlich die Schiffsschnäbel zu drehen und rief seinen Genossen zu: „Jetzt, meine Freunde, rudert frisch drauflos, bohrt euch mit den Kielen eine Furche ins Feindesland; mag das Schiff auch scheitern, wenn es nur den Strand gewonnen hat!“ Die Etrusker, wie sie solches hörten, ruderten drauflos und trieben die beschäumten Schiffe vorwärts, bis die Schnäbel das Trockene erreicht und alle Kiele unversehrt im Sande aufsaßen, nur Tarchons eigenes Schiff nicht. Dieses blieb an einer schrägen Sandbank hängen, die sich unter den Fluten hinzog; lange schwankte es und bot den Wellen Trotz. Endlich brach das Getäfel auseinander und schüttete die ganze Ladung seiner Männer mitten in die Flut aus, unter zerbrochene Ruder und umherwogende Balken hinein. Nur mit Mühe rettete sich Tarchon mit den Seinigen ans Land.

Äneas und Turnus kämpfen. Turnus tötet den Pallas

Als Turnus die Feinde gelandet sah, stand er von der Belagerung ab, raffte sein Heer in Eile zusammen, stellte es längs dem Gestade auf und ließ die Hörner zum Angriff blasen. Auch Äneas hatte die Seinigen, Trojaner und Bundesgenossen, geordnet, warf sich zuerst, um den Kampf spielend zu beginnen, auf die Scharen des latinischen Hirtenvolkes und richtete unter ihnen eine große Niederlage an. Dann wandte er sich gegen die Helden der Feinde selbst, und in erbittertem Streite wurde bald von beiden Seiten gefochten. Heer stieß an Heer, Fuß hing an Fuß, Mann drängte sich an Mann, und lange schwankte die Schlacht.

Seitwärts vom Hauptkampfe, wo ein Waldstrom Felsen in den Weg gewälzt und entwurzelte Bäume am Ufer umher zerstreut hatte, kämpfte Pallas, der junge Sohn des Königs Euander, mit seinen Arkadiern. Der unebene Boden erlaubte diesen nicht, sich der Pferde zu bedienen, und weil sie des Fußkampfes nicht gewohnt waren, boten sie endlich den eindringenden Latinern und Rutulern den Rücken. Nur allmählich brachte der Zuruf ihres jungen Führers sie wieder zum Stehen. „Bei dem Ruhm und bei den Siegen meines Vaters, bei meiner eigenen Hoffnung beschwöre ich euch, ihr Männer", schrie er, „haltet stand, vertraut euren Armen und nicht euren Füßen! Wir haben keine Wahl, entweder vorwärts ins trojanische Lager oder rückwärts in die See!" Mit diesen Worten führte er sie aufs neue gegen den Feind und focht wie ein junger Löwe, indem er mit Lanze und Schwert bald diesen, bald jenen niederstreckte. Nun sammelte sich die Streitkraft seiner Genossen wieder gedrängt um ihn her, und Schritt für Schritt gewannen die Arkadier neuen Boden, bis ihnen Lausus, der heldenmütige Sohn des Mezentius, Einhalt tat. Die Arkadier zogen sich auf ihre Freunde, die Etrusker und Trojaner, zurück, aber unter allen wütete der italische Held mit seinen tödlichen Streichen. Endlich sahen sich Lausus und Pallas einander gegenüber, beide Jünglinge, an Alter wenig verschieden, beide herrlich von Gestalt, beide frühem Tod in diesem Treffen vorbestimmt. Doch sollte keiner von des andern Hand fallen, denn beide erwartete das Verhängnis unter den Händen eines größeren Feindes.

Turnus, der mit seinem Streitwagen das Heer durchflog, erblickte das Paar, wie sie eben voll Kampflust aufeinander losgingen. „Halt", rief er von seinem Wagen herab, „ich allein will mit Pallas kämpfen, mir allein ist sein Leben bestimmt: möchte sein Vater Euander doch zuschauen!" Verwundert richtete der Jüngling den spähenden Blick nach der Stelle, von der herab der trotzige Ruf erschollen war; dann maß er sich seinen neuen Gegner mit großen Augen und rief endlich mutig zu ihm empor: „Entweder erbeute ich heute eine Feldherrnrüstung oder einen rühmlichen Tod; beides wird mein Vater willkommen heißen, darum spare dein Drohen!" So sprach er und schritt in die Mitte der Gasse hervor, die des Turnus Zuruf eröffnet hatte. Auch Turnus sprang von seinem Doppelgespann, wie ein Löwe herbeifliegt, wenn er ferne vom Berg herab einen kämpfenden Stier in der Ebene erblickt hat. Als Pallas ihn auf Schußweite vor sich sah, schleuderte er den Speer mit aller seiner Jugendkraft ab und riß sofort das Schwert aus der Scheide. Der Lanzenwurf war gut gezielt, er durchbrach dem Turnus den Rand des Schildes, seinen Riesenleib aber streifte er nur. Jetzt wiegte Turnus lange seinen Wurfspieß mit der scharfen Eisenspitze und sprach dazu: „Nun merk auf, ob mein Geschoß nicht besser durchdringt." Dann flog sein Speer und fuhr dem Jünglinge durch Schild, Panzer und Busen bis tief ins Herz. Vergebens zog dieser den Speer noch warm aus der Wunde, die Seele entfloh mit dem strömenden Blute, und er sank tot unter den rasselnden Waffen auf den Boden. Turnus setzte den linken Fuß auf den Toten, löste ihm den schönen Gürtel vom Leibe, auf welchem der Zentaurenkampf in getriebenem Golde abgebildet war. „Das Grab", sprach er dann, „verweigere ich dem Jüngling nicht: bringet ihn immerhin seinem Vater Euander, ihr Arkadier!" So sprach Turnus und flog auf seinem Streitwagen zurück. Wehklagend trugen die Arkadier ihren erschlagenen Königssohn aus der Schlacht, und Etrusker und Trojaner, von den vordringenden Rutulern gemäht, zogen sich ihnen in verworrener Flucht nach.

Zu Äneas, der auf einem andern Flügel des Heeres focht, kam die Botschaft vom Weichen der Seinigen. Da raffte sich der Held mit den mutigsten Genossen auf, brach sich mit dem Schwert eine breite Bahn durch den Feind und suchte den Turnus. Vor seinen Augen schwebte ihm Euanders gastlicher Tisch und der holde Jüngling Pallas, der ihm mit so vielen Vatertränen anvertraut war. Schmerz und Rachelust erfüllten seine Heldenbrust. Vier Söhne des Sulmo, vier Söhne des Ufens griff er lebendig aus den Feinden heraus und ließ sie aus der Schlacht führen: sie sollten als Sühnopfer für Pallas bluten. Keinen Mann, keinen flehenden Jüngling schonte er, der dem Rasenden in den Weg trat, welcher wie ein brausender Bergstrom oder die nächtliche Windsbraut wütete. Zu gleicher Zeit brach der Jüngling Askanius mit den eingeschlossenen Trojanern, den günstigen Zeitpunkt ersehend, aus dem Lager hervor.

Turnus von Juno gerettet. Lausus und Mezentius von Äneas erschlagen

Die Rutuler wären verloren gewesen, wenn nicht Juno den Göttervater im Olymp demütig um die Erlaubnis angefleht hätte, Turnus, ihren Führer, aus der Hand des Äneas zu retten und der Schlacht zu entführen. „Verlangst du nur Verzug seines Todes", sprach Jupiter, „so mag es immerhin sein! Wenn du aber damit das Schicksal des ganzen Krieges zu ändern vermeinst, so hegest du eine vergebliche Hoffnung." Weinend erwiderte Juno: „O daß dein Herz mir gewährte, was dein Mund mir verweigert! Soll mein unschuldiger Schützling so traurig endigen? Doch ich danke dir schon für den Aufschub; vielleicht lenket dich deine Milde doch noch auf gnädigeren Beschluß!"

Juno, von Gewölken umgürtet, ließ sich vom Sturm durch die Lüfte tragen und hatte bald das Lager der Laurenter erreicht. Hier schuf sie aus einer hohlen Wolke ein wesenloses Schattenbild, das an Gestalt dem Helden Äneas täuschend ähnlich war, bekleidete es mit einem Schatten von Panzer, Schild und Helm, der herrlichen Rüstung des Göttersohnes nachgebildet, verlieh ihm den Schritt des Wandelnden und, ohne seinen Geist, den Hall seiner Stimme. So flog die Gestalt dahin wie ein Traumbild, das unsere Sinne trügt, mischte sich unter die vordersten Reihen der Kämpfenden, reizte den Turnus mit Geschossen und forderte ihn zum Kampfe heraus. Turnus eilte der Täuschenden entgegen und warf die Lanze nach ihr, da wandte jene den Tritt und bot ihm den Rücken. Mit gezogenem Schwerte, unter höhnischem Rufe, folgte Turnus und merkte nicht, daß er schon die Schlachtlinie verlassen hatte. Zunächst am Strande lag eines der etrurischen Schiffe; dorthin warf sich das fliehende Bild des Äneas und schien sich zagend in seine Schlupfwinkel zu verbergen. Nicht langsamer folgte Turnus, sprang über die Brücke und faßte Fuß auf dem Vorderverdeck. Jetzt hatte Juno ihren Zweck erreicht. Kaum hatte Turnus den Bord berührt, so riß sie das Seil ab und ließ das Schiff von der gerade zurückrollenden Ebbe hinaus in die See tragen.

Inzwischen tobte der rechte Äneas im Kampfe fort und begehrte umsonst nach dem entfernten Feind. Sein Schattenbild aber verließ den Winkel, in dem es sich geborgen, und flatterte, von Turnus ungesehen, in die Luft. Als dieser seinen Feind nicht fand und vom Meereswirbel dahingerissen wurde, schaute er nach dem Lande zurück, ratlos und ohne Dank für seine Rettung. „Allmächtiger Vater", rief er, die Hände gen Himmel erhebend, „hieltest du mich so großer Schande würdig, wolltest du mich so hart bestrafen? Alle meine Freunde habe ich im grausamen Todeskampf zurückgelassen; wie kehr ich zu ihnen zurück? O daß der Meeresabgrund sich unter mir auftäte, daß die Winde mein Schiff an einer Klippe zerschellten!" Erst gedachte er sich ins Schwert zu stürzen und hatte es schon aus der Scheide gezogen, doch ein Versuch, zu den Seinigen zurückzukehren, deuchte ihm für diese selbst ersprießlicher, und so sprang er, gewaffnet wie er war, ins Meer. Aber Juno trieb die Wellen ihm entgegen. Der Strom nahm ihn mit sich fort; und erst bei seiner Vaterstadt Ardea spülten ihn die Wellen ans Land.

Die Schlacht vor den Lagermauern wütete fort. Die Trojaner waren im Vorteile und jauchzten. Aber der vertriebene König von Agylla, der Etrusker Mezentius, der wildeste Bundesgenosse der Rutuler, der bisher bei der Hinterhut gehalten hatte, brach jetzt vor und stürzte sich auf die Feinde. Als die Etrusker ihren Todfeind herankommen sahen, stürmten sie in ihrem alten Hasse alle auf den einen los und bedrängten ihn von allen Seiten mit ihren Geschossen. Er aber stand wie ein Fels im Meere fest und streckte Etrusker und Phrygier, wer ihm nahte, zu Boden. Bald war der Kampf wieder ins Gleiche gesetzt; schon konnten sich die Trojaner nicht mehr Sieger nennen. Mezentius hatte eine Gasse in die Feinde gebrochen, und furchtbar schritt seine hohe Gestalt in den mächtigen Waffen einher. Da ward Äneas, der inzwischen auf der andern Seite des Treffens getobt hatte, den furchtbaren Feind aus der Ferne gewahr, ließ plötzlich vom Gefechte ab und kehrte sich ihm entgegen. Dieser aber hemmte seinen Schritt auf Schußweite von seinem Gegner, ergriff mit der Linken die Hand seines Sohnes Lausus, der ihm schon lang an der Seite gestritten hatte, hob mit der Rechten den Wurfspieß, schwenkte ihn in den Lüften und rief: „Wohlan, du mein Arm, der du von jeher mein Gott warst, denn ich kenne keinen andern, und du mein Speer, jetzt gilt's! Du aber, mein Sohn Lausus, sollst das lebendige Siegeszeichen über diesen Räuber werden, wenn du mir in der erbeuteten Prachtrüstung desselben prangest!“ Nun warf er den zischenden Wurfspieß seinem Gegner zu; dieser aber prallte vom Schilde des Äneas zurück und traf den Antores, einen edlen argivischen Auswanderer, der mit Euander nach Italien gekommen war und nun zusammensinkend seinem fernen griechischen Vaterlande einen Seufzer der Sehnsucht zuschickte. Darauf schleuderte auch Äneas seinen Speer ab. Der durchbohrte den dreifachen Erzschild des Feindes und fuhr diesem in die Weiche. Als Äneas das Blut des Etruskers fließen sah, riß er erfreut sein Schwert von der Hüfte und drang wütend auf den Bebenden ein. Gespießt von der Lanze und entkräftet, zog sich Mezentius mit dem durchbohrten Schilde zurück. Tränen rollten seinem guten Sohne Lausus aus den Augen, als er den Vater verwundet sah; er brach mit seinem Schilde vor und lief dem Trojaner, der schon mit seiner Rechten zum tödlichen Streich ausholte, unter die drohende Klinge, indem er dem Vater die Schutzwaffe vorhielt. Ihm folgten seine Genossen mit großem Geschrei, und alle schleuderten Geschosse, so daß Äneas mitten in seinem Grimm stillehalten und sich mit seinem Schilde bedecken mußte. Von Lanzen umhagelt, rief er dem Lausus zu: „Wahnsinniger, was rennest du in den Tod? Deine Liebe betrügt dich über deine Kräfte!“ Als aber Lausus nicht wich, verdoppelte sich der Grimm des Helden, und nun rannte ihm Äneas das Schwert, tief eintauchend, mitten durch den Leib; es hatte den Weg ohne Mühe durch den leichten Schild und den goldgestickten Rock des Jünglings, das Kunstwerk der zärtlichen Mutter, gefunden. Aber als Äneas in das erbleichende Antlitz des sterbenden Knaben sah, da erbarmte ihn sein, und das Bild der kindlichen Liebe durchbebte sein eigenes Vaterherz. Er reckte die Hand nach dem Sinkenden aus und rief. „Unglückseliger Jüngling, du hättest eine bessere Gabe von mir für dein rühmliches Tun verdient! Deine leichte Rüstung und dein Goldkleid, dessen du dich freutest, soll nicht von dir genommen werden. Wie du bist, sollst du bei deinen Vätern schlafen dürfen, und so wenigstens sollst du innewerden, daß du einem großmütigen Feind erlegen bist!“ So sprach Äneas, hob ihn selbst von der Erde empor, daß das schmucke Lockenhaar nicht von Staub und Blute besudelt würde, und ermahnte seine erschrockenen Genossen, den Leichnam in Empfang zu nehmen.

Der verwundete Mezentius hatte sich indessen an den Tiberstrand gerettet und stillte, an einen Uferbaum gelehnt, das Blut seiner Wunde mit dem Wasser des Flusses. Sein eherner Helm hing an einem Aste; seine schwere Rüstung lag im Grase; junge, erlesene Streitgenossen standen um ihn her; er selbst, schwach und keuchend, stützte sich das Haupt mit der Hand, und sein hangender Bart fiel ihm auf die Brust herab. Gar oft fragte er nach seinem Sohne Lausus, viele Boten sandte er, die ihn herbeirufen, die ihm seines geängsteten Vaters Befehle bringen sollten. Da nahte sich die weinende Schar der Freunde, die den entseelten Jüngling mit seiner klaffenden Brustwunde auf dem Schilde dahertrugen. Mezentius, Unheil vorahnend, verstand ihr Wehklagen schon in der Ferne. Als sie angekommen waren, streute er Staub auf sein graues Haar, streckte die Hände gen Himmel und klammerte sich dann um den Leichnam. „Ist's möglich“, rief er, „geliebter Sohn, konnte mich die Lebenslust so betören, daß ich dich statt meiner in die Hand des Feindes rennen ließ? Muß dein Tod mein Leben sein? Wehe mir, jetzt erst wird mir die Verbannung aus dem Etruskerlande zur unerträglichen Qual! Jetzt erst fühle ich meine Wunde! Ist's möglich, daß ich noch lebe, daß ich das Tageslicht und die Menschen nicht verlasse? Aber ich will sie verlassen!“ Mit diesen Worten richtete er sich auf bis zur kranken Hüfte, und so tief die Wunde saß, verlangte er doch sein Roß. Dies war seine Lust, dies war sein Trost: noch aus allen Gefechten hatte es ihn siegreich zurückgetragen. Auch das Streitroß schien über den Jammer seines Herrn zu trauern, es stand mit gesenktem Haupte da, und die Mähne floß regungslos über den Hals. „Wir haben lange gelebt, guter Rhöbus“, redete der wunde Held sein Pferd an, „wenn irgend etwas auf der Erde lang ist; aber heute noch wirst du als Sieger mit mir den Lausus rächen und Haupt und Rüstung des Mörders blutig heimtragen, oder wir fallen miteinander; denn du wirst, hoff ich, keinen Trojaner tragen wollen!“ Schnell waffnete sich der Greis, so gut es die Wunde erlaubte, wieder; das Erz des Helmes umleuchtete sein Haupt, der Roßschweif flatterte in den Lüften, seine Hand hielt ein Bündel Speere; so trug ihn Schmerz, Wahnsinn und Mut hoch zu Rosse wieder in die Schlacht.

„Das gebe Jupiter und Apollo“, rief Äneas erfreut, als er den Gegner wieder auf sich zukommen sah, „daß du den Zweikampf mit mir erneuerest!“ Und nun eilte er ihm mit gehobenem Speer entgegen. Mezentius rief dagegen: „Glaubst du mich noch schrecken zu können, nachdem du mir den Sohn entrissen hast? Ich fürchte den Tod nicht; ich frage nach keinem Gott; sterben will ich, aber dir sende ich zuvor diese Gabe!“ Sprach's und sandte seinen ersten Speer nach seinem Feind, und einen zweiten und einen dritten, indem er ihn dreimal dazu mit seinem Roß umkreiste. Äneas drehte seinen Schild nach den Würfen und fing die Geschosse, eins um das andere, mit der goldnen Schutzwaffe auf. Dann brach er hervor und schleuderte seine eigene Lanze dem Streitrosse des Feindes in die Schläfe. Das Tier bäumte sich, streckte seine Vorderhufe in die Lüfte, schüttelte den Reiter ab und deckte ihn fallend mit dem Rücken. Ein Schrei stieg aus den beiden Heeren gen Himmel. Äneas aber flog herbei, riß das Schwert aus der Scheide und rief höhnend: „Wo ist nun der wilde Mezentius, wohin hat sich der Trotzende verkrochen?“ „Grausamer“, seufzte der Gefallene vom Boden empor, „Spottest du mein im Tode noch? Sterb ich doch den edlen Tod in der Schlacht! Nur um eine Gunst bitte ich dich: gönne meinem Leib die Decke des Bodens; du weißt, daß mich wilder Haß alter Untertanen umringt; wehre ihre Wut von mir ab, gönne mir ein Grab mit meinem Kind!“ So sprach er und reichte den Hals dem Schwerte des Feindes dar; sein Blut strömte auf die Rüstung, und sein Leben war dahin.

Sechstes Buch

-

Äneas – Dritter Teil

Waffenstillstand

Die Morgenröte stand über dem Schlachtfelde, das die Trojaner als Sieger innehatten. Äneas richtete auf einem Hügel ein Siegeszeichen auf. Der Stamm einer riesigen Eiche, von dem alle Äste abgehauen waren, wurde mit der funkelnden Waffenrüstung des Feldherrn Mezentius bekleidet: rechts wurde der blutige bebuschte Helm, die zerbrochenen Speere des Fürsten, sein Panzer, der zwölfmal von Geschossen getroffen und durchbohrt war, aufgehängt; links der eherne Schild und an seinem Gurte das Schwert in der Scheide von Elfenbein. Der gesamte Haufe der trojanischen Führer drängte sich um das Denkmal, und Äneas weihte die Beute unter feierlichem Flehen dem Schlachtengott.

Alsdann wandten sie ihre Schritte nach dem Lager, wo der greise Arkadier Acötes, der als Waffenträger und Gefährte seinem geliebten Zögling gefolgt war, den entseelten Leib des Pallas hütete, den eine Schar von Dienern und teilnehmenden Trojanern und Trojanerinnen mit aufgelöstem Haar umstand und der in einer bedeckten Halle der Lagerburg untergebracht war. Als Äneas durch die Pforte trat, erhob sich lautes Stöhnen; alle Anwesenden schlugen an die Brust, und die Burg dröhnte von Jammer. Wie nun Äneas das Haupt des Pallas mit dem blassen Angesichte auf dem Polster erblickte und in der jugendlichen Brust die offene Speerwunde, da rief er, indem ihm die Tränen aus den Augen hervorquollen: „Unglückseliger Knabe, hat dir das trügerische Glück, das dich so schmeichlerisch begleitete, nicht vergönnt, das Reich, das du deinen Freunden gründen halfest, zu schauen, um als Sieger in die Heimat zurückzukehren! Nicht solches habe ich deinem Vater Euander versprochen, als er mich beim Scheiden umarmte und sprach: „Hüte dich, du gehst in den Kampf mit einem streitbaren und harten Volk!“ Weh uns, vielleicht bringt jetzt, da wir deinen Leichnam bestatten, dein Vater den Göttern Gelübde für dich dar!“ So sprach er weinend und befahl, die Leiche auf ein Geflecht von Eichenzweigen zu legen und ins Lager zu tragen. Dort ward der Jüngling auf einem hohen Grashügel mitsamt der Tragbahre niedergelassen und lag da nun wie ein gepflücktes Veilchen oder eine welkende Hyazinthenblüte, von welcher Schönheit und Farbenschimmer noch nicht ganz gewichen sind. Äneas selbst brachte zwei purpurne, mit Gold durchwobene Feiergewande, von Didos eigener Hand gewirkt, herbei: in das eine hüllte er den Leib des Jünglings, das andere schlang er um sein Lockenhaupt. In diesem Schmucke sollte der Tote seinem Vater nach Pallanteum zurückgeschickt werden. Dem Zuge schlossen sich erbeutete Gefangene, Pferde mit Waffen beladen, Acötes, der alte Diener des Jünglings, der sich das Haar zerraufte und die Brust mit Fäusten schlug, und zuletzt Athon, das Streitroß des Königssohnes, an, das mit gesenktem Kopf einherschritt und Tränen vergoß wie ein Mensch. Dann kamen die Fürsten der Etrusker und Arkadier und ein Trauergefolge von Trojanern, alle mit gesenkten

Waffen. Äneas sah dem Zuge der Begleitenden nach, bis er aus seinen Augen verschwand, rief dem Toten ein letztes Lebewohl zu und kehrte wieder in das Lager zurück.

Indessen waren aus der Stadt des Latinus Gesandte mit Ölzweigen in der Hand angekommen und flehten um die Erlaubnis, die Leiber der Ihrigen bestatten zu dürfen. Diesen erwiderte Äneas voll Huld, indem er ihnen ihre Bitte sogleich gewährte: „Welche Verblendung, ihr Latiner, hat euch unsere Freundschaft verschmähen lassen und in diesen großen Krieg verwickelt? Ihr begehret Frieden für eure Toten? Wie gerne gewährte ich ihn auch den Lebenden! Auch wäre ich gewiß eurem Lande niemals genaht, wenn dieser Wohnplatz mir nicht durch das Schicksal angewiesen worden wäre. Dazu führe ich keineswegs Krieg mit eurem Volke. Nicht dieses, nur euer König hat unsern Bund verschmäht und sich lieber den Waffen des Turnus anvertraut. Will Turnus den Krieg mit der Faust enden, will er die Trojaner durchaus nicht in dem Lande dulden, nun, so werfe er sich in seine Rüstung und kämpfe mit mir, Mann für Mann. Behalte dann recht, wem ein Gott und seine Faust das Leben verleiht. Jetzt aber gehet und legt eure armen Mitbürger auf den Scheiterhaufen."

Als die Gesandten so milde Worte aus dem Munde des Trojanerfürsten hörten, sahen sie, schweigend vor Staunen, einander an. Endlich sprach der greise Drances, von jeher ein Feind des Turnus: „Held von Troja, was soll ich mehr an dir bewundern, deine kriegerische Tugend oder deine Gerechtigkeit? Wir gehen, voll Dank unserer Vaterstadt deine Willensmeinung zu verkünden und, wenn es möglich ist, den König Latinus mit dir zu versöhnen." Alle Gesandten bestätigten diese Rede mit ihrem Beifallrufe. Es wurde ein Waffenstillstand auf zwölf Tage geschlossen, und nun schweiften im Schutze desselben Latiner und Trojaner durcheinander ungefährdet auf den waldigen Berghöhen umher; die Esche, die Fichte sank unter dem Streiche der Axt; die Eiche, die Zeder, die Buche wurde mit Keulen gespalten, und seufzende Wagen, schwer mit Holz beladen, fuhren der Stadt der Latiner zu.

Inzwischen war das Gerücht von dem Tode des Pallas zur Stadt des Euander gedrungen, die bisher nur von den Siegen ihres Königssohnes vernommen und geträumt hatte. Unaussprechliche Niedergeschlagenheit bemächtigte sich des Königs und aller Bürger. Leichenfackeln in der Hand, stürzten die Arkadier zu den Toren hinaus, und vom langen Zuge der Flammen leuchtete der Weg. Auf der andern Seite kam ihnen die wehklagende Schar der Phrygier mit dem Leichnam entgegen.

Als die Frauen der Arkadier den Zug auf die Häuser der Stadt zukommen sahen, erfüllten sie die Straßen mit lautem Heulen. Jetzt vermochte auch den König Euander keine Gewalt mehr zurückzuhalten; er ging der Schar entgegen, und als die Tragbahre niedergestellt ward, warf er sich über die Leiche seines Sohnes und ließ seinem Schmerz in lautem Schluchzen und abgebrochenen Worten des Jammers den Lauf.

Volksversammlung der Latiner

Trojaner und Latiner hatten ihre Toten unter Tränen und Opfern bestattet; die lauteste Wehklage und längste Betrübnis aber war bei den letztern. Trauernde Mütter, Witwen, Schwestern, Knaben, ihrer Väter beraubt, irrten durch die Stadt umher, verfluchten den Krieg und das Eheverlöbnis des Turnus. Diese Stimmung verstärkte noch der Abgesandte Drances, indem er versicherte, daß nur Turnus von Äneas verlangt, nur er zur Entscheidung des Krieges durch einen Zweikampf herausgefordert werde. Auf der andern Seite wurde auch Turnus von der entgegengesetzten Meinung eifrig verteidigt, ihn deckte der mächtige Name der Königin Amata; sein eigener Ruhm und die errungenen Siege verherrlichten ihn in den Augen des Volkes.

Die Niedergeschlagenheit der Latiner vermehrte indessen eine Botschaft, durch welche eine langgehegte Hoffnung vereitelt wurde. Im untern Teile Italiens, in Daunien, saß, auf der Rückkehr von Troja durch die Nachstellungen seiner treulosen Gattin von seiner Heimat Ätolien zurückgehalten, der große Griechenheld Diomedes, der Sohn des Tydeus, und hatte dort die Stadt Argyripa gegründet. Gleich beim Ausbruch des Krieges hatte Turnus zu diesem alten Feinde der Trojaner einen Rutulerhelden, namens Venulus, abgeschickt, welcher demselben meldete, daß Trojaner, von Äneas, dem Schwiegersohne des Königs Priamus, angeführt, im Latinerlande sich festgesetzt hätten und ein zweites Troja gründen wollten. Gegen diese verhaßten Ankömmlinge hatte Turnus die Hilfe des Königs Diomedes verlangt. Mitten in jener Aufregung nun kam Venulus, der Botschafter des Turnus, aus der griechischen Pflanzstadt des Diomedes zurück und brachte keine günstige Antwort mit. Damit war die letzte Hoffnung des alten Königs Latinus verschwunden. Niedergebeugt von Kummer, berief er die Häupter des Volkes zu einer großen Versammlung in seinem Königspalast, setzte sich mit düsterer Stirne auf seinen Herrscherthron und hieß den zurückgekommenen Boten mit seinen Begleitern Bericht erstatten.

„Bürger“, begann hier Venulus, „wir sahen den Helden Diomedes und die Pflanzstadt der Argiver, unter den Eichenwäldern des Berges Garganus auf der schönen Anhöhe gelegen. Als wir ihm Namen und Heimat gesagt, unsere Geschenke vor ihm ausgebreitet und ihm gemeldet hatten, wer uns mit Krieg heimsuche, erwiderte uns der große Fürst mit freundlichem Angesichte: „O ihr glücklichen Völker Ausoniens, ihr unter der Obhut des guten Saturnus lebenden, welch ein Schicksal stört auch euch aus der Ruhe auf? Wir Sieger Trojas sind die elendesten unter allen Sterblichen! Selbst Priamus müßte uns bemitleiden, wenn er schaute, wie schwer wir unsern Übermut büßen müssen. Der Lokrer Ajax hat im Meere sein Grab gefunden; Agamemnon liegt im eigenen Haus erschlagen; Menelaus irrt in Ägypten umher; Odysseus zitterte vor den Zyklopen. Auch mir haben die Götter die Wiederkehr in meine Heimat mißgönnt; erlasset mir die Erzählung! Ich bin kein Mann des Glückes mehr, seit ich es gewagt habe, die unsterbliche Venus im Kampfe zu verwunden! Darum reizet mich nicht zu neuen Gefechten! Seit Troja gefallen ist, bin ich kein Feind der Trojaner mehr, denke auch nicht mit Freuden an das Übel zurück, das ich ihnen zugefügt. Die Geschenke, die ihr mir von Hause bringet, überreichet sie dem Äneas! Ich habe mich im Kampfe mit ihm gemessen, glaubet mir's: er ist ein gewaltiger Mann, wenn er sich mit seinem Schild emporbäumt und im Wirbel die Lanze dreht! Wären nach Hektors Tode noch zwei Männer wie er in Troja gewesen, so hätte die Welt nichts von unserm Siege zu erzählen. Darum bietet die Hände zum Frieden, solange es noch Zeit ist; seinen Waffen seid ihr nicht gewachsen.““

Als Venulus seinen Bericht geendigt hatte, entstand ein murrendes Tosen in der Volksversammlung, wie ein Gießbach durch Felsen rauscht. Als die bewegten Lippen endlich stille wurden, sprach der König Latinus von seinem hohen Throne herab: „Wir führen einen unglückseligen Krieg, ihr Bürger, mit unbezwinglichen Männern, mit einem Göttergeschlecht. Beherziget deswegen, was ich euch verkünden will. Nicht ferne von der Tiber, gegen Abend, besitze ich ein altes Gebiet, von Rutulern und Aurunkern bebaut und beweidet und von Fichtenbergen begrenzt. Dieses will ich den Trojanern abtreten und sie zu Reichsgenossen aufnehmen; dort mögen sie sich ansiedeln und die verheißene Stadt begründen. Ziehen sie es aber vor, ein anderes Land aufzusuchen, so wollen wir ihnen Erz, Schiffsbauzeug und Hände darreichen, um sich fünfzig Ruderschiffe zu bereiten und auszurüsten. Außerdem sollen hundert Gesandte aus den edelsten Geschlechtern von Latium sich aufmachen, mit

Friedenszweigen in der Hand, und ihnen Gold, Elfenbein und Mantel und Thron als Reichskleinodien darbringen."

Da stand der alte Drances in der Versammlung auf, ein reicher, beredter Mann, obwohl kein Held im Kampfe mehr, der seit langer Zeit den Ruhm des Turnus mit Scheelsucht betrachtete, und rief. „Vortrefflicher König, es fehlt nur eines noch! Du solltest zu den herrlichen Geschenken, die du den Trojanern zu senden befiehlst, auch noch die Hand deiner Tochter Lavinia hinzufügen und so den Frieden mit einem ewigen Bund versiegeln!" Jetzt entbrannte das Herz dem Turnus, der, eben erst von seiner Vaterstadt zurückgekehrt, sich unter die Volksversammlung gemischt hatte. Aus der tiefen Brust emporatmend, rief er: „O Drances, sooft der Krieg Fäuste verlangt, bist du mit der Zunge da! Jetzt aber gilt es nicht, den Ratsaal mit Worten anzufüllen: die Feinde umringen unsere Stadt, gefochten will es sein! Was wird uns der Ätolier Diomedes und seine Pflanzstadt helfen, wenn unser eigener Arm, wenn Latium, wenn ganz Volskerland, das sich für uns erhoben hat, es nicht vermag? Wenn es sich aber nur um meine Seele handelt, die ist euch längst geweiht; wenn es wahr ist, daß Äneas mich allein herausfordert: ich bin Turnus; er soll mich finden!"

Während die Latiner so sich über die Lage ihres Reichs zankten, kam Äneas mit seinem ganzen Gefolge heran, und plötzlich stürmte die Botschaft durch den Palast, daß die Trojaner und Etrusker vom Tiberstrome hergezogen kommen.

Neue Schlacht. Kamilla fällt

Die Versammlung stäubte auseinander, aus der ganzen Stadt warf sich alles in Hast auf die Mauern. Die Stadttore wurden mit Gräben verschanzt, Steine wurden aufgehäuft, Palisaden in den Boden gerammelt, das Schlachthorn schmetterte; Mütter und Männer stellten sich in bunten Reihen auf den Mauerkranz. Auf einem hohen Wagen fuhr die Königin Amata und an ihrer Seite ihre Tochter Lavinia, die Ursache so vielen Leides, ihre reizenden Augen auf den Boden gesenkt, durch den Schwarm der Frauen nach der Burg der Stadt, um dort im Tempel der Minerva Gebet und Opfer darzubringen.

Turnus selbst gürtete sich eilig zum Kampfe. Bald starrte er im schuppigen Erzharnisch, legte sich die Goldschienen an die Beine und schnallte sich das Schwert an die Seite. Dann setzte er sich den goldenen Helm aufs Haupt und eilte, funkelnd vom Kopfe bis auf die Sohlen und frohlockend in Siegeshoffnung, von der Königsburg hinab. Unter dem Tore begegnete ihm Kamilla, hinter sich den Zug ihrer Volsker. Als sie den Helden erblickte, sprang die jungfräuliche Königin vom Rosse, und ihr folgte das ganze Geschwader. Dann sprach sie zu dem Rutulerfürsten: „Turnus, wenn anders ein Starker mit Recht auf sich selbst vertraut, so gelobe ich heute, die Schar des Äneas zu bestehen und mich allein mit meinen volskischen Reitern ihm entgegenzuwerfen."

Solch Anerbieten war dem Helden willkommen. „Dieser Mut", erwiderte er, „erhebt dich, o Jungfrau, hoch über dein Geschlecht und in den Rat der Männer. Von nun an sollst du die ganze Kriegsarbeit mit mir teilen. Meine Späher melden mir, daß Äneas seine leichten Reitergeschwader vorausgesandt hat; er selbst mit dem schweren Heerhaufen schreitet über den Bergrücken auf die Stadt zu. Dort will ich ihm in einem waldumwachsenen Hohlweg einen Hinterhalt bereiten und beide Schlünde des engen Pfades mit Kriegern besetzen. Du dagegen sollst die etruskischen Reiter mit deiner Reiterei empfangen, und ich gebe dir den Helden Messapus mit den latinischen Geschwadern bei. Die Oberfeldherrnschaft aber sei dir selbst anvertraut, unvergleichliche Jungfrau!"

Nach diesen Anordnungen ging Turnus seinen eigenen Weg. Durch ein enges Tal mit vielen Krümmungen, das von beiden Seiten eine schwarze Bergwand voll Waldes begrenzte, führte ein schmaler Fußpfad. Drüberhin, zuoberst auf dem Bergesgipfel, lag zwischen Wäldern verborgen ein ebenes Feld, wo sich ein sicherer Hinterhalt aufstellen ließ und von wo aus man rechts oder links angreifen oder aber von der Höhe herab Steine ins Tal herniederwälzen konnte. Dorthin zog Turnus mit seinen Scharen und lagerte sich auf der Höhe und in den Wälderschluchten.

Während dieses geschah, rückten die Trojaner und ihre etruskischen Bundesgenossen mit den Reitergeschwadern immer näher an die Mauern. Die Rosse brausten durch die Ebene, eine eiserne Saat von Spießen starrte, und die Felder schienen von den erhobenen Waffen zu brennen. Gegenüber erschienen die Latiner, Messapus mit seinem Bruder Koras an der Spitze, und die Reiterei der Volsker, von Kamilla angeführt. Als die Heere einander auf Speerwurfs Weite nahegekommen waren, standen sie einen Augenblick still und brachen dann plötzlich mit Geschrei hervor, ermunterten ihre Rosse, und von allen Seiten flogen Geschosse wie Schneeflocken, so daß die Luft ganz verdunkelt wurde. Sobald die feindlichen Scharen Speer gegen Speer miteinander kriegten, fing die Schlachtordnung der Latiner zu wanken an; sie warfen bald die Schilde auf den Rücken und lenkten ihre Rosse nach der Stadt hin. Aber ihre Flucht war nur verstellt; sowie sie bei den Mauern angekommen waren, drehten sie sich wieder und warfen sich, wie die Ebbe, die in die Flut umschlägt, mit erneutem Feldgeschrei auf die verfolgenden Etrusker, die nun ihrerseits wieder zurückwichen. So ging es zweimal, und erst das drittemal wurde das Treffen zur stehenden Schlacht, wo alle sich untereinandermengten und Mann sich Mann zum Kampfe auswählte. Jetzt erscholl bald ein Geächze von Sterbenden; Waffen und Leichen wälzten sich im Blutstrome, halblebende Rosse lagen unter Leichnamen vermischt, und andere bäumten sich über ihren abgeworfenen Reitern.

Mitten im Morden frohlockte, einer Amazone gleich gekleidet und aufgeschürzt, die Volskerin Kamilla, sandte bald Pfeile vom Bogen, bald schlanke Lanzen mit der Hand, bald griff sie zur Streitaxt, und auf ihrer Schulter schallte klirrend ihr goldener Köcher. Wenn sie auch einmal mit ihrem Rosse umlenkte und weichend über den Plan hinflog, so wendete sie doch noch den Bogen rückwärts und schickte im Fliehen einen Pfeil ab. Ein auserlesenes Gefolge von tapfern Jungfrauen umgab sie, Larina, Tulla und Tarpeja, welche sie sich selbst zur Gesellschaft auserkoren hatte und die in Krieg und Frieden ihre treuen Begleiterinnen waren. Eine Menge Phrygier stürzten unter ihren Würfen und Streichen. Endlich begegnete ihr im Kampfe auch einer der tapfersten Apenninenbewohner, als sie eben dem kühnen Orsilochus durch den Helm das Haupt gespalten hatte, der streitbare Sohn des Aunus, ein Ligurier. Der Anblick der furchtbaren Frau schreckte ihn, und als er sah, daß es ihm nicht mehr möglich war, dem Kampfe zu entrinnen und die ihn bedrängende Feindin abzulenken, sann er auf eine neue List und rief: „Was ist es denn so ein Großes, wenn ein Weib sich einem tapfern Rosse anvertraut! Entsag einmal dem flüchtigen Umherschweifen, steige von deinem Pferde und versuche den Kampf mit mir auf ebenem Boden; dann wollen wir sehen, ob dein windiges Prahlen standhält!“ Diese Worte waren ein Stachel in das Herz der Jungfrau, sie übergab ihrer nächsten Gefährtin das Pferd und stellte sich dem Jünglinge, nur mit Schwert und Schild bewaffnet, zum gleichen Fußkampfe. Der Jüngling aber glaubte seinen Betrug gelungen; ohne abzusteigen gab er seinem Pferde die Sporen und ergriff mit umgewandtem Zügel die Flucht. „Betrüger!“ rief die Heldin, als sie ihn fliehen sah, „du sollst die Künste deiner Heimat umsonst versucht haben, und deine List wird dich nicht zum verschlagenen Aunus zurückbringen!“ Zugleich eilte sie mit geflügelten Sohlen dem Rosse voran, fiel ihm in die Zügel und stieß von vorn dem Reiter das Schwert in den Leib.

Aber auch auf der Gegenseite erhob sich ein gewaltiger Held, der Etruskerkönig Tarchon. Dieser trieb weichende Scharen vor sich her, belobte die Seinigen mit ermunterndem Zurufe, nannte jeden mit Namen, frischte die Zurückgedrängten zu neuem Kampfe auf und trieb unbekümmert um den Tod sein Roß mitten in die Schlacht hinein. Hier stieß er auf den Venulus, dem er sich stürmisch entgegenwarf, ihn vom Pferde riß und mit der rechten Hand umschlingend auf seinem eigenen Rosse im Fluge davontrug.

Mit Blicken und Geschrei folgten die staunenden Latiner dem Eilenden, der im Laufe seinem Feinde mit dem abgebrochenen Schafte seiner eigenen Lanze zwischen den Fugen der Rüstung eine Todeswunde zu versetzen strebte. Venulus aber erwehrte sich des Streichs und hielt die Hand vor die Kehle. So war das Paar anzuschauen wie ein Adler, der eine geraubte Schlange durch die Lüfte entführt: das blutende Tier ringelt sich, bäumt sich immer höher und zischt mit dem Munde; der Vogel aber läßt die Beute nicht aus dem krummen Schnabel fahren und peitscht die Lüfte mit seinen Flügeln. Dem Glück und Beispiel ihres Führers folgten die Etrusker und stürmten wieder mutiger voran.

Auch Kamilla fand einen kühnen Gegner in den Reihen der Etrusker. Der Held Arruns schwärmte mit seinem Speer um die rasche Amazone her und wich ihr nicht von der Seite, nach welcher Stelle des Treffens die Wut sie auch führen mochte. Nun verfolgte Kamilla gerade den phrygischen Cybelepriester Chloreus, dessen schuppiger Erzpanzer mit goldenem Geflecht wie ein gefiedertes Gewand sich um seinen Leib legte und den ein Überwurf von dunklem Purpur bedeckte. Ein goldener Helm strahlte auf seinem Haupte, ein Köcher aus Gold tönte um seine Schultern, und vom Bogen schoß er die schärfsten Pfeile. Sein ausländisches Waffengeschmeide machte die volskische Jungfrau lüstern, und sie verfolgte ihn, sei es, um die trojanische Wehr als Siegesbeute in einem italischen Tempel aufzuhängen, sei es, um selbst in dem erbeuteten Golde zu prangen. Als sie nun ganz mit Sinn und Blick auf diesen Feind gerichtet war und den Arruns aus den Augen gelassen hatte, schnellte dieser, zu Apollo flehend, daß er die Schmach der verbündeten Waffen tilgen und auch ihn nicht einem Weib unterliegen lassen wolle, plötzlich und unversehens den Speer. Phöbus nickte ihm den halben Wunsch zu. Die umringenden Volsker hörten die Lanze daherrauschen und suchten mit den Augen ihre Königin. Sie selbst aber dachte an keine Gefahr, bis ihr das Geschoß in der Brust haftete und ihr jungfräuliches Blut aus der Wunde drang. Zitternd eilte die Schar ihrer Gefährtinnen herbei, und sie faßten ihre Herrin in den Armen auf. Arruns aber, über seine eigene Tat wie erschrocken, entfloh vor Freude und Furcht bebend, so wie ein Wolf, nachdem er einen Farren oder einen Hasen erwürgt hat, noch ehe die Pfeile ihn verfolgen, plötzlich vom Wege abweicht und mit eingezogenem Schweif sich in die Waldungen flüchtet. Geradeso stahl sich Arruns hinweg und mischte sich hastig fliehend unter die Reiter. Kamilla aber zog sterbend an dem Eisen, dessen Spitze ihr eine tiefe Wunde in die Rippen gewühlt hatte, ihre Augen brachen, der Purpur der Wangen wich von ihrem Angesichte. Mit schwachem Atem sprach sie zu Akka, der liebsten ihrer Gespielinnen: „Fleuch, du Liebe, und überbring dem Turnus meine letzten Befehle, denn um mich her wird alles Nacht: Er soll hinfort den Kampf leiten und die Stadt vor den Trojanern beschützen!" So sprach sie, ließ die Zügel fahren und glitt, noch immer widerstrebend, vom Rosse auf den Boden herab, neigte dann Haupt und Hals und verschied.

Die Volsker erhoben ein Geschrei der Verzweiflung bei ihrem Tode, und nach ihrem Fall entbrannte die Schlacht noch wilder. Da traf auch den Mörder Kamillas, den Etrusker Arruns, ein Pfeil, von unsichtbarer Hand abgeschossen; es war Dianas Schuß, die ihre geliebte Jägerin rächte. Die Freunde des Getöteten schritten zum fortlaufenden Kampf über seinen Leichnam, und dieser blieb vergessen im Staube liegen. Nach dem Tode der Führerin begann nun zuerst das Reitergeschwader Kamillas zu fliehen, darauf auch die Rutuler. Alle flogen mit abgespannten Bogen, die Rosse antreibend, über das Blachfeld hin. Eine schwarze Wirbelwolke von Staub wälzte sich den Stadtmauern entgegen, von den Zinnen stieg ein Jammergeschrei der Mütter in die Lüfte; und bald waren die Tore von den nachfolgenden Scharen fast zugleich mit den Feinden erreicht, und unter Gemetzel drangen die Sieger in die Stadt ein. An andern Stellen wurden von den verzweifelten Bürgern die Stadtpforten vor den Flüchtenden geschlossen, und diese, zu den Feinden hinausgesperrt, erlagen den Geschossen der siegreichen Gegner vor den Toren.

Unterdessen drang die Schreckenskunde auch zu Turnus in das dunkle Waldtal; denn Akka suchte ihn in seinem Hinterhalte auf und brachte ihm von dem Tod ihrer Herrin und der verlornen Schlacht unzweifelhafte Nachricht. Von Wut und Schmerz im Innersten zerrissen, verließ er auf der Stelle das Gehölz und stürmte nach der Ebene hinab. Kaum hatte er sein Versteck verlassen, als Äneas vom Gebirge her in die Schluchten des Tales mit den Seinigen sorglos eingedrungen kam und bald aus der finstern Waldung heraustretend auf der Ebene vor der Stadt sichtbar wurde. Da sah er den Heerhaufen des Turnus vor sich her ziehen. Auch dieser hörte Heerestritt und Roßgeschnaube hinter sich, erkannte umgewandt den grimmigen Äneas und stellt sich in Schlachtordnung ihm gegenüber auf. Wäre nicht die Sonne schon im Sinken gewesen, auf der Stelle hätten beide Heere den Kampf der letzten Entscheidung ausgefochten.

Unterhandlung. Versuchter Zweikampf. Friedensbruch. Äneas meuchlerisch verwundet

Als Turnus sah, daß die Latiner, von den Feinden gedemütigt, ihre Blicke alle auf ihn allein richteten und ihn an sein Versprechen zu erinnern schienen, überflog eine Schamröte sein Gesicht, und sein Herz schlug ihm stolzer in der Brust. Wie ein verwundeter Löwe sich aufs neue ernstlich zur Wehr setzt, die zottige Mähne fröhlich schüttelt und den Speer des Jägers, der ihm im Leibe sitzt, zerbricht, mit den blutigen Zähnen dazu knirschend, so entbrannte der Ungestüm des hohen Jünglings wieder. Er trat vor seinen Schwiegervater Latinus und sprach: „An mir soll der Verzug nicht liegen, wenn nur die feigen Trojaner ihr gegebenes Wort nicht brechen! Laß Opfertiere herbeischaffen, Vater, und schließe den Bund! Entweder schickt mein Arm heute noch den asiatischen Flüchtling zum Orkus hinunter und rächt unsere Schande, oder ich erliege seinem Schwert, und er mag deine Tochter Lavinia als Gattin heimführen!“ Ihm antwortete Latinus mit ruhigem Herzen: „Je mehr du an trotziger Tapferkeit alle besiegest, hochherziger Jüngling, desto mehr ist es meine Pflicht, dich zu beraten und alle Glücksfälle des Schicksals sorgfältig zu überlegen. Von Daunus, deinem Vater her ist ein großes Reich dein, und du hast ihm manche Stadt durch Eroberung hinzugefügt. Gold und Gunst wird dir durch Latinus zuteil. Latium hat noch genug andere Bräute, die auch nicht unedlen Stammes sind. Laß mich dir die ganze Wahrheit sagen, so schmerzlich sie dir auch sein mag: Einem von den vorigen Freiern meine Tochter zu geben, verhinderte mich der Warnungsspruch von Göttern und Menschen; dir zulieb aber, getrieben durch die Verwandtschaft, durch die Tränen meiner Gemahlin, überwand ich alle Zweifel, nahm dich zum Eidam an und habe mich in diesen ungesegneten Krieg eingelassen. Unser Schicksal siehest du. Du allein stehest dem Frieden im Wege. Entsage meiner Tochter und verlange nicht von mir, das erst auf den zweifelhaften Ausgang eines Zweikampfes ankommen zu lassen, was du mir sogleich als Gewißheit zu gewähren vermagst! Denk an das ungetreue

Kriegsglück! Erbarme dich auch deines bejahrten Vaters, den der Gram um dich in deiner Vaterstadt Ardea verzehrt."

Aber keine Worte vermochten den Rutuler umzustimmen, ja er wurde durch diese sanfte Rede nur noch wilder entflammt. Nicht einmal die Bitten, die Tränen und Umarmungen der Königin wirkten auf sein Herz. Da kam endlich, von den Wehklagen ihrer Mutter aufgeschreckt, auch seine Braut Lavinia herbeigeeilt. Tränen rannen ihr über die heißen Wangen, und die große Verschämtheit jagte ihr die Glut über das Angesicht. Wie Elfenbein von Purpur überlaufen, wie Lilienschnee von Rosen angeschimmert, so spielten die Farben auf ihrem jungfräulichen Antlitz. Turnus heftete einen Blick auf die Geliebte, und seine Gedanken verwirrten sich einen Augenblick; aber die Hoffnung, den verhaßten Nebenbuhler zu besiegen, entflammte ihn noch mehr zum Streit, und er sprach zu der Königin gewendet: „Mutter, ich bitte dich, verfolge mich nicht mit deinen Tränen, mit deiner bangen Ahnung; Turnus hat keine Wahl mehr!" Dann rief er einen seiner Streitgenossen und sagte zu ihm: „Du, Idmon, eile zum trojanischen Führer und verkündige ihm ein Wort, das ihn nicht freuen wird. Er soll am nächsten Morgen seine Trojaner nicht zum Streite führen, wie ich meine Rutuler nicht: wir lassen die Heere von allem Streite ruhen; aber wir beide, sobald die Sonne am Himmel aufgegangen ist, wollen mit unserem Blute den Krieg entscheiden, nur auf diese Weise soll das Schlachtfeld bestimmen, wem Lavinia als Gattin folgen wird."

Nun ließ Turnus, ins Innere der Burg zurückgekehrt, seine schneeweißen, windschnellen Rosse vorführen, legte sich die Waffen an, ergriff die unbesiegte Lanze, und sprühenden Auges übte er sich in spielendem Stoß. Auch Äneas, mit der Botschaft des Rutulerfürsten zufrieden, wappnete sich mit seiner göttlichen Rüstung. Kaum bestrahlte der Tag die Gipfel der Berge mit frühem Sonnenlichte, als schon Rutuler und Trojaner vor den Mauern der mächtigen Latinerstadt das Feld für den Zweikampf ihrer Feldherren abmaßen und in der Mitte den gemeinsamen Göttern Rasenaltäre aufbauten. Wasser und Feuer zum Opfer, Kränze für die Priester, Tiere und Altäre wurden herbeigebracht. Dann ergoß sich das gesamte Volk der Italer aus den Toren der Stadt; von der andern Seite eilte das verbündete Heer der Trojaner und Etrusker herbei. Auf ein gegebenes Zeichen zog sich jeder auf seinen Platz zurück, und ein geräumiges Feld blieb zum Kampfe offen. Die Krieger stießen ihre Spieße in die Erde und lehnten die Schilde an. Aus der Stadt strömte jetzt auch noch unbewaffneter Pöbel heraus, selbst schwache Mütter und gebückte Greise. Innerhalb der Stadt besetzten sich

Türme und Dächer mit Zuschauern, und auf den höchsten Toren saßen der Schaulustigen genug.

Jetzt nahten die Könige: Latinus kam auf einem vierspännigen Prunkwagen einhergefahren; von seiner Stirne blitzte ein Diadem mit zwölf goldenen Strahlen, zum Zeichen, daß er vom Sonnengotte abstamme. Turnus erschien mit einem Zwiegespann von weißen Rossen, zwei Wurfspieße in der Hand schüttelnd. Auf der andern Seite eilte aus dem trojanischen Lager Äneas hervor, und seine Rüstung samt Schild strahlte wie Sternenschimmer; an seiner Seite ging Askanius, sein kräftig heranblühender Sohn. Dann brachte ein Priester in reinem Gewande ein borstiges Ferkel und ein langwolliges Lamm und stellte die Tiere an die brennenden Altäre. Die Fürsten wandten sich mit ihrem Angesichte der aufgegangenen Sonne zu, streuten gesalzenes Mehl auf die Opfer, schoren ihnen die Scheitel mit dem Stahle und gossen das Dankopfer auf die Altäre. Dann beschworen dort Äneas, hier Latinus mit feierlichen Gebeten den Vertrag: Würde Äneas besiegt, so sollten die Trojaner unter Julus Latium auf der Stelle räumen und nach Pallanteum, der Stadt Euanders, sich zurückziehen; wäre der Sieg sein, so sollten sich Italer und Trojaner, jedes Volk frei und selbständig, vereinigen, Latinus herrschen, Äneas die Tochter des Königs gewinnen und eine Stadt sich und seinem Volke bauen und nach ihrem Namen Lavinia nennen.

Den Rutulern erschien längst der Kampf als ein ungleicher: ihre Herzen gärten ungeduldig, und der Ausgang deuchte ihnen bei des Äneas überwiegender Heldenkraft sehr unsicher. Ihre Sorge vermehrte sich, als sie ihren Führer Turnus mit bleichem Antlitz und eingefallenen Wangen schweigend vortreten und mit gesenktem Haupte vor dem Altare stehen sahen. Seiner Schwester Juturna entgingen diese Eindrücke nicht; sie, eine unsterbliche Nymphe, verwandelte sich schnell in die Gestalt des Helden Kamers, der durch mächtige Ahnen und eigene Taten in großem Ansehen bei dem Rutulervolke stand, und mischte sich mitten unter das Heer. „Rutuler", flüsterte sie da, „schämt ihr euch nicht, für euch viele streitbaren Männer, die ihr so gut kämpfen könnet, nur eine einzige Seele dem Tode darzubieten? Sind wir unsern Gegnern etwa an Kräften nicht gewachsen? Zählet einmal Trojaner, Arkadier und Etrusker: ihr werdet finden, daß, wenn wir uns Mann gegen Mann schlagen wollten, kaum jeder von uns Rutulern und Latinern seinen Gegner finden würde! Turnus freilich wird zu den Göttern, an deren Altar er sich weiht, ruhmvoll emporsteigen, wenn er fällt; wir aber werden unser Vaterland verlieren, um trotzigen Zwingherren dienstbar zu sein: und es geschieht uns recht; warum saßen wir auch untätig hier im Grase, während wir hätten kämpfen können!“

So sprach Juturna, und sie tat noch mehr. Sie schickte den Italern ein sinnbetörendes günstiges Vorzeichen vom Himmel. Ein Goldadler Jupiters schwebte durch den lichten Äther, scheuchte das Ufergevögel des Stromes auf, schwang sich dann plötzlich zu den Wellen hinab und packte mit den Klauen den schönsten Schwan. Die Rutuler sahen staunend zum Himmel auf, wo alle die Vögel in einem luftverdunkelnden Schwarm, von der Flucht umgewendet, plötzlich ihren Feind, den Adler, der sich mit seiner Beute dem Himmelsgewölbe zuschwang, verfolgten, bis dieser, durch die Übermacht bezwungen und seine Last erschöpft, den Raub aus den Klauen fahren und in den Fluß fallen ließ, dann wieder die Höhe suchte und in den Lüften verschwand. Rutuler und Latiner begrüßten diese Erscheinung mit Freudengeschrei, legten die Hand an den Schwertgriff und lauschten ihrem Seher Tolumnius, der ihnen das Zeichen günstig deutete und sie zu den Waffen greifen hieß. Zugleich warf er selbst zuerst sein Geschoß auf die gegenüberstehenden Feinde, daß es zischend die Luft durchfuhr. Ein Lärm erhob sich, Verwirrung kam in alle Reihen, alle Herzen gerieten in Aufruhr. Ihm gegenüber standen nämlich neun schöne, schlanke Brüder, Söhne des Arkadiers Gylippus und einer einzigen edlen etruskischen Mutter. Einem von diesen stattlichen Jünglingen war der Speer des Tolumnius an der Gürtelschnalle mitten durch den Leib geflogen und hatte ihn in den Sand hingestreckt. Die acht Brüder des Gefallenen, von Schmerz um den Bruder entbrannt, schwangen ihre Lanzen, zückten ihre Schwerter; gegen sie stürzte sich die Macht der Rutuler. Nun brachen alle Arkadier, Trojaner und Etrusker los. Die Altäre wurden vom Gedränge zerwühlt, ein Sturm von Pfeilen durchlief die Luft, ein eiserner Speerhagel ergoß sich, Latinus selbst floh mit den Götterbildern, durch den Bruch des Bündnisses vertrieben; die einen schirrten ihre Wagen an, die andern schwangen sich aufs Roß, und andere stürzten sich mit gezogenen Schwertern ins Handgemenge. Ein fürchterliches Morden erhob sich.

Äneas aber streckte die unbewehrte Rechte gen Himmel, warf sich unverhüllten Hauptes mitten unter die Seinigen und rief“Wo rennet ihr hin, Freunde, welche plötzliche Zwietracht hat sich erhoben? Hemmt doch eure Wut; der Bund ist ja geschlossen, die Bedingungen sind festgesetzt. Wer hindert uns Führer am Kampf?“ Aber indem er noch sprach, schwirrte von unbekannter Hand ein Pfeil daher, und verwundet mußte der Held den Kampfplatz verlassen.

Sowie Turnus sah, daß Äneas den Platz räumte und die Führer der Trojaner in Verwirrung gerieten, verlangte er Pferde und Waffen, schwang sich auf den Wagen, lenkte die Zügel in die Schlacht und richtete mit seinen Speeren Verheerung unter den Feinden an oder zermalmte sie unter seinen Rädern. Während er so auf dem Schlachtfelde Leichen auf Leichen häufte, brachten Mnestheus und Achates im Geleite des Askanius den verwundeten Äneas ins Lager zurück, blutend und Schritt für Schritt auf seinen Speer gestützt. Vergebens strengte er sich an, den im Leibe haftenden Pfeil am zerbrochenen Rohre herauszuziehen; er verlangte, daß die Wunde ausgeschnitten werde: Japyx, der Arzt, erschien; auf die Waffe geneigt, stand vor ihm der Held, unbewegt unter seinen weinenden Genossen. Der Alte aber, in der Heilkunst wohlerfahren, brauchte kein gewaltsames Mittel, sondern suchte mit wirksamen Heilkräutern den Pfeil in der Wunde locker zu machen, faßte das Eisen mit packender Zange, rüttelte mit der Hand an dem Rohr; doch alle seine Kunst war nicht vermögend, das Geschoß herauszuziehen. Und während er sich vergebens abmühte, sah man schon die Staubwolke der feindlichen Reiter, dichte Geschosse fielen bereits ins Lager, und das Geschrei der Kämpfenden näherte sich.

Äneas geheilt. Neue Schlacht. Sturm auf die Stadt

Da erbarmte sich Venus ihres gefährdeten Sohnes. Sie pflückte auf dem Idagebirge der Insel Kreta das herrliche Kraut Diktamnum mit seinen saftigen Blättern und purpurnen Blumen, brachte es, in eine dichte Wolke gehüllt, ins Lager herbei und träufelte von seinem Safte heimlich und allen ungesehen in den Kessel, in welchem die Heilkräuter des Arztes brodelten; dazu mischte sie noch Tropfen Ambrosias und das duftende Panazeenkraut. Japyx ahnete hiervon nichts; aber als er noch einmal die Wunde mit seinem Kräutersafte wusch, siehe, da entfloh plötzlich der Schmerz aus dem Leibe des Helden, zuinnerst in der Wunde versiegte das Blut; der Pfeil folgte von selbst und zwanglos der berührenden Hand und fiel aus dem Leibe heraus. Sichtlich waren dem geheilten Äneas die Kräfte zurückgekehrt. „Was zögert ihr?“ rief der Arzt ganz vergnügt; „schnell dem Helden die Waffen gebracht! Das ist nicht aus menschlicher Macht, nicht nach den Gesetzen der Heilkunst erfolgt, das hat ein Größerer getan denn ich, und zu größeren Taten treibt er dich an, o König!“ Äneas, nach Kampfe lechzend, legte schnell Schienen und Panzer an, zürnte allem Verzug und war froh, als er endlich den Helm auf dem Haupte sitzen hatte und den Speer in den Händen schwang. In voller Waffenrüstung umarmte er seinen Sohn Askanius, küßte ihn streifend durch das Helmgitter und sprach: „Lerne von mir die Tapferkeit, mein Kind, und die wahre Beharrlichkeit; das Glück aber lerne von andern!" Dann schritt die gewaltige Heldengestalt aus den Lagertoren; Antheus und Mnestheus mit dichter Reiterschar drängten sich ihm nach; alles Volk strömte aus dem Lager, und ein wolkiger Staub verkündigte dem Turnus die Nahenden. Ein Schauder lief ihm durch Mark und Bein. Auch seine Schwester Juturna wandte sich mit ihm, bebend vor Furcht, zur Flucht, und bald tobte der Trojanerheld in der Schlacht wie eine Windsbraut. Da fiel auch der Seher Tolumnius, der zuerst das Geschoß in die Reihen der Feinde geschleudert hatte.

Die Halbgöttin Juturna aber stieß auf ihrer Flucht den Metiskus, den Wagenlenker ihres Bruders, vom Sitze, schwang sich in seiner Gestalt selbst zum Bruder empor, ergriff die Zügel und schwirrte nun mit ihm wie eine Schwalbe mitten durch den Feind, bald da, bald dort ihn zeigend, dann wieder abwegs ihn führend, so daß niemand ihn zum Kampf einholen konnte. Auf allen Wendungen verfolgte Äneas den Flüchtigen, blieb ihm unaufhörlich auf der Spur und rief ihn durch zersprengte Geschwader von Feinden aus der Ferne zum Kampfe herbei. Sooft er aber nahe kam, drehte Juturna den Wagen auf die Seite und ermüdete durch seine Beugungen den vergebens nachfolgenden Helden. Nun rannte der Latiner Messapus, der eben zwei Speere in der Linken wiegte, herbei und schleuderte einen davon mit sicherem Schwunge dem Trojaner entgegen. Äneas stand stille, zog die Glieder ein und bückte sich ins Knie. Der Speer fuhr über ihn hin, doch so, daß er ihm den Helmbusch vom Scheitel stieß. Da rief Äneas die Götter zu Zeugen des gebrochenen Bundes auf und stürzte sich zum schonungslosen Morde tief unter die Feinde.

Dann legte ihm seine Mutter Venus den Anschlag ins Herz, ohne Verzug seine Streitmacht seitwärts zu wenden und die Latiner durch unerwartete Not in Verwirrung zu setzen. Während er den dahinrollenden Wagen des Turnus noch immer verfolgte, fiel sein Blick auf die Mauern, und er sah sich die Stadt an, die, noch immer unberührt vom Kriege, verschont und in Ruhe dalag. Plötzlich rief er seine Helden Mnestheus, Sergestus und Serestus herbei und besetzte die Höhen; das übrige Trojanerheer zog den Helden nach und drängte sich, ohne Schilde und Lanzen niederzulegen, in einem Kreis um seinen Führer.

Da stand nun Äneas in der Mitte und sprach von einer Erhöhung herab: „Zögert nicht, meine Befehle zu erfüllen. Jupiter steht auf unserer Seite. Wenn die Feinde sich nicht heute unterwerfen, so stürze ich die Stadt des Latinus und mache ihre rauchenden Giebel dem Boden gleich! Soll ich etwa warten, bis es dem Turnus beliebt, den Kampf mit mir zu bestehen? Nein, hier, vor euch liegt das Ziel des Krieges; eilet mit Fackeln herbei, mahnet sie mit Flammen an ihr Bündnis!“ So sprach er, und sein ganzes Heer bildete auf der Stelle einen Keil und drängte sich in dichter Masse der Stadt zu; die Sturmleitern werden angelegt, Fackelbrände leuchten, an den Toren tobt der Sturm und fallen die Wachen; Pfeile und Lanzen fliegen über die Mauern. Vor allen im Heere hob Äneas seine Rechte gen Himmel, wälzte alle Schuld auf den König Latinus und rief die Götter zu Zeugen des gebrochenen Bündnisses an.

Unter den geängsteten Bürgern entstand Zwietracht: die einen verlangten, man sollte die Stadt den Trojanern auftun, die Tore entangeln, den König Latinus selbst rufen und zum Abschlusse des Friedens zwingen; andere schleppten Waffen herbei und sannen auf die Verteidigung der Mauern. Die Königin Amata, als sie vom Dache des Palastes aus den Feind herannahen sah, die Mauern erstürmt, Brände auf die Häuser geworfen, nirgends den Turnus oder sonst ein Rutulerheer den Feinden entgegengestellt, klagte sich selbst laut als die Urheberin alles dieses Unheiles an, zerriß sich ihr Purpurgewand und erhängte sich am Deckengebälk ihres Frauengemachs. Als die Frauen der Latiner dieses Ende ihrer Herrin vernommen hatten, tönte ein lautes Jammern aus den Gemächern. Lavinia, ihre Tochter, raufte sich die goldenen Locken aus und zerschlug sich Brust und Wangen. Bald verbreitete sich der Ruf der Trauer durch die ganze Stadt; der König Latinus zerriß sein Gewand und jammerte durch den Palast, sich selbst anklagend, daß er den Trojaner nicht sogleich in die Stadt aufgenommen und sich zum Eidam auserkoren habe.

Turnus stellt sich zum Zweikampf und erliegt. Ende

Turnus setzte indessen auf dem äußersten Plane des Schlachtfeldes noch wenigen Fliehenden nach, aber seine Rosse liefen allmählich langsamer und müder. Da scholl ihm von ferne aus der zerrütteten Stadt verworrenes Geschrei und Getöse entgegen, und er fing an zu ahnen, daß dort sich ein großes Unglück ereignet haben müsse. Er fiel der Schwester, die noch immer in Gestalt des Wagenlenkers Metiskus neben ihm im Wagen saß, in die Zügel, zog sie an und hielt in dumpfer Betäubung die Rosse zurück. Juturna aber sprach ärgerlich zu ihm: „Was besinnst du dich, Turnus, willst du auf der Bahn des Sieges stillestehen? Hier laß uns die Trojaner verfolgen, für die Verteidigung der Häuser mögen andere sorgen!" Turnus blickte sie lange staunend an und sprach: „So hab ich mich doch nicht getäuscht! Mir war längst, als wenn nicht mein Wagenlenker Metiskus mir zur Seite säße, sondern als wenn du es wärest, geliebte Schwester! Ja, ich habe dich schon erkannt, als deine List das Bündnis der Könige trennte! Auch jetzt verbirgst du dich mir umsonst, o Göttliche! Aber sage mir, wer sandte dich vom Olymp herab und hieß dich um meinetwillen die Beschwerden der Sterblichen erdulden? Bist du etwa dazu abgeschickt, den Tod deines armen Bruders zu schauen? Denn habe ich eine andere Aussicht? Sah ich nicht die edelsten und tapfersten Rutuler um mich her fallen? Nun muß ich es auch noch mit ansehen, daß die Stadt erstürmt und verwüstet wird! Und ich sollte nicht mit meiner Faust die Worte des neidischen Drances widerlegen, sollte schimpflich mich dem Kampfe entziehen? Und mein Land, mein Volk sollte den Turnus fliehen? Ist denn der Tod so etwas gar Unseliges? Ihr Götter der Unterwelt, seid ihr mir wenigstens geneigt, weil die Neigung der Himmlischen sich von mir abkehrt! Vorwurfslos, ein fleckenfreier Geist, will ich, des Ruhmes meiner Altvordern wert, zu euch hinuntersteigen!"

Kaum hatte er die Worte gesprochen, als mitten durch die Feinde auf einem schäumenden Rosse der Rutuler Saces, dem das Angesicht von einem Pfeilwurfe blutete, herangestürmt kam und den Turnus flehend beim Namen rief. „Komm, Turnus, komm; du bist unsere letzte Hoffnung! Äneas ist in der Stadt, bedroht die Burg; Feuerbrände fliegen nach den Häusern; der König zweifelt schon, wen er zum Eidam wählen soll; die Königin ist durch eigene Hand gefallen, nur Messapus und Atinas halten das Treffen noch an den Toren auf." Turnus hielt die Rosse wieder an und starrte, zwischen Scham, Kummer und rasender Liebe geteilt, in die Weite mit den irrenden Blicken hinaus. Endlich rollten seine Augen wieder in ihren Kreisen, und seine Blicke fielen auf die Latinerstadt. Siehe, dort wallte von Stockwerk zu Stockwerk des höchsten hölzernen Mauerturmes die Feuersäule des Brandes empor, jenes Turmes, den er selbst aus riesigen Balken gezimmert, auf Räder gesetzt und durch mächtige Zugbrücken mit der Stadt verbunden hatte. „Jetzt, Schwester", rief er, „jetzt besiegt uns das Glück; halte mich nicht länger auf; laß uns folgen, wohin das strenge Geschick mich ruft! Ich bin entschlossen, mit Äneas zu kämpfen; mag kommen, was da will, ruhmlos sollst du mich nicht sehen!"

So sprach er, sprang vom Wagen auf die Erde, stürzte durch die Lanzen der Feinde dahin und durchbrach, die trauernde Schwester zurücklassend, die

Scharen der Trojaner. Wie ein Felsblock, vom Gipfel des Gebirges losgerissen, in die Tiefe hinabrollt, vom Boden emporhüpft, Wälder, Herden und Männer im Sturze mit sich fortreißt, so stürmte Turnus durch die zersprengten Reitergeschwader heran zu den Stadtmauern, wo der Kampf am dichtesten war, winkte mit der Hand und begann laut zu rufen: „Hört auf zu kämpfen, Rutuler! Hemmt eure Geschosse, ihr Latiner! Mir allein gebührt es, mit den Waffen über das Bündnis zu entscheiden!“ Als die Streitenden dieses hörten, entstand eine Gasse, und Äneas, der den Ruf des Turnus vernommen hatte, verließ die Höhen, brach jedes andere Geschäft ab, jubelte und rauschte in den schallenden Waffen einher. Der greise Latinus selbst mußte staunen, wie er die zwei gewaltigen Männer, aus zwei verschiedenen Weltteilen stammend, aufeinander zuschreiten sah, um den Hader durch das Schwert zu entscheiden.

Jene beiden aber stürzten, wo von den zurückweichenden Streitern ein offener Platz im Gefilde gelassen war, in reißendem Lauf hervor, warfen die Speere gegeneinander und rannten dann mit Schild und Schwert zum Kampfe an, daß der Grund erbebte. Nun folgte Hieb auf Hieb; die Kämpfenden riefen Glück und Tapferkeit zu Hilfe. Endlich streckte sich Turnus mit ganzem Leibe hervor und langte zuversichtlich, sich bloßgebend, zu einem entscheidenden Schwertstreiche aus. Trojaner und Latiner, in banger Erwartung, schrien laut auf. Aber die treulose Klinge brach dem Rutuler mitten im Hiebe und gab ihn preis, wenn er nicht das Heil in der Flucht suchte! Als er nämlich beim Wiederausbruche des Krieges den Streitwagen bestieg, da hatte Turnus in der Eile an der Stelle seines vom Vater ererbten Wunderschwertes die Klinge seines Wagenlenkers Metiskus ergriffen. Diese hielt ihm auch gut aus, solange er nur in den Rücken flüchtiger Trojaner einzuhauen hatte; aber sie war eben doch nur ein menschliches Schwert, und als sie auf der von dem Gotte Vulkanus geschmiedeten Wehr des Helden Äneas aufzusitzen kam, brach sie ihm wie mürbes Eisen mitten im Streich entzwei, und die Stücke lagen schimmernd im gelben Sande.

Nun warf sich Turnus, unsicher kreisend, bald da-, bald dorthin auf die Flucht; doch konnte er nicht entrinnen, denn auf zwei Seiten umschlossen ihn die Trojaner in dichtem Gedränge, auf der dritten hemmte seinen Lauf ein Sumpf, und auf der vierten, hinter Latinern und Rutulern, erhoben sich zugangslos die Mauern der Stadt. Auch verfolgte den Fliehenden, obgleich noch von der alten Pfeilwunde entkräftet und im Laufe selbst ermüdet, Äneas und bedrängte mit dem Fuße den Fuß des Bebenden. Jetzt erst entstand unter den zuschauenden

Heeren ein rechtes Geschrei; Ufer und Hügel umher erschollen, und donnernd stieg der Ruf zum Himmelsgewölbe empor. Auf der Flucht rief der geängstete Turnus diesem und jenem Rutuler mit Namen zu und verlangte seinen eigenes Kampfschwert. Äneas aber bedrohte jeden, der ihm nahen würde, mit unausbleiblichem Verderben und schreckte mit der Drohung, sich auf die Stadt zu werfen und sie zu zerstören, alle Herannahenden zurück.

So durchkreisten sie die Bahn fünfmal, denn es galt kein Spiel und keinen geringen Kampfpreis. In einem wilden Ölbaume, der sich inmitten des Kampfplatzes befand und dem Faunus geweiht war, dem die glücklich gelandeten Schiffer hier Weihgeschenke aufzuhängen pflegten, steckte der Speer des Äneas vom ersten Kampfwurfe her und hatte sich in der Wurzel des Baumes gefangen. Beim Vorübereilen kam dem trojanischen Helden der Gedanke, seinen Speer herauszuziehen und den Feind, den er im Laufe nicht einzuholen vermochte, mit der Lanze zu verfolgen. Außer sich vor Schrecken sah dies Turnus und richtete sein Gebet an den einheimischen Gott Faunus mit den Worten: „O Faun und gütige Göttin des italischen Bodens, wenn ich euch immer die schuldigen Ehren erwiesen habe, erbarmt euch meiner jetzt, haltet den Speer des Gegners fest!" Die Landesgötter hörten den Flehenden, und Äneas bemühte sich vergebens, die Lanze aus dem fest zusammenhaltenden Holze des zähen Stammes herauszuziehen. Während sich nun der Held hitzig anstemmte und abquälte, rannte die Schwester des Turnus, die Nymphe Juturna, wieder in die Gestalt seines Wagenlenkers Metiskus verwandelt, vor und händigte ihrem Bruder sein rechtes, gefeietes Schwert ein. Venus aber, entrüstet, daß einer gewöhnlichen Nymphe ein so kühnes Werk erlaubt sein sollte, trat auch herbei und half dem Äneas den Speer aus der tiefen Wurzel hervorziehen.

Nun waren beide Kämpfer mit frischen Waffen versehen und von neuem Mute beseelt; beide richteten sich in die Höhe, der eine schwang sein Schwert, der andere bäumte sich mit dem Speer, und so standen sie mit fliegendem Atem einander zum letzten Kampfe gegenüber. Da sprach Jupiter, der aus dem goldenen Gewölke des Olymp dem Streite zusah, zu seiner Gemahlin Juno: „Setzen wir endlich diesem Krieg ein Ziel! Du weißt und bekennest es ja selbst, daß Äneas vom Geschicke dem Himmel bestimmt sei! Wozu steifest du nun seinen Feind und gibst ihm durch Juturna sein Schwert wieder in die Hand? Du hast die Trojaner über Land und Meer verfolgt, den Krieg entzündet, den Palast in Trauer versenkt, das Brautfest durch Jammer gestört. Weitere Versuche verbiet ich dir!" Juno antwortete dem zürnenden Gemahl mit gesenktem Antlitz:

„Wider Willen habe ich, weil dein Befehl mir heilig war, die Erde und den Turnus verlassen. Hätte ich dir nicht gehorchen wollen, so würdest du mich jetzt nicht hier in den Wolken das Unrecht erdulden sehen, sondern ich stände, mit Flammen umgürtet, vorn im Trojanertreffen. Daß ich der Nymphe Juturna geraten, in der Not ihrem Bruder beizustehen, ist wahr; aber daß sie ohne mein Zutun dem Bruder das Schwert gereicht, das schwöre ich dir beim Styx! Auch will ich mich des Kampfes gar nicht mehr annehmen und bitte dich nur um eines: Wenn Turnus erlegen ist und Äneas die Königstochter heimführt, zwinge die Latiner nicht, ihren alten Volksnamen aufzugeben und sich Trojaner zu nennen, zwinge sie nicht, ihre Sprache zu vertauschen, nicht, fremde Gewande, Sitten und Gebräuche anzunehmen; laß sie das Volk bleiben, das sie gewesen sind, laß auch den Römerstamm aus italischer Wurzel emporwachsen! Troja aber sei und bleibe gefallen mitsamt seinem Namen!"

Lächelnd erwiderte der Göttervater seiner Gemahlin: „Kind des Saturnus, geliebte Schwester, was für Zorneswellen wälzest du noch in deinem Innern? Bezähme doch deinen vergeblichen Groll! Was du begehrest, soll dir ja gewährt sein. Latium soll Sprache, Sitten und Namen beibehalten. Der Trojaner soll sich mit dem Volke verschmelzen und nur so sich ansiedeln; er soll die Opfergebräuche des Landes annehmen, er soll ganz zum Latiner werden. Die Römer, das neue Geschlecht, das aus dem vermählten Blute der Italer und Teukrer entstehen wird, sollen das Volk sein, das dir, o Juno, die meiste Ehre erweisen wird!" Die Göttin nickte dem Gemahl freudig zu und änderte, zufriedengestellt, ihre Gesinnung.

Nun dachte Jupiter darauf, die Schwester des Turnus aus dem Kampfe zu entfernen. Drei Zwillingskinder, Töchter der Rache, mit Schlangengürteln und Windesflügeln, Diren genannt, stehen immer vor Jupiters Throne bereit und werden von ihm zu den Sterblichen hinabgesandt, wenn er Seuchen, Krieg und andere Todesnot unter ihnen erregen will. Eine von diesen schickte Jupiter vom Äther herab und befahl ihr, der Nymphe als ein unheilbringendes Zeichen zu begegnen. Die Dire flog zur Erde hinab wie ein Pfeil, und sobald sie die beiden feindlichen Heere erblickte, zog sie sich schnell in die Gestalt eines kleinen Käuzchens zusammen, wie es als Unglücksvogel auf Scheiterhaufen oder verlassenen Häusergiebeln zu sitzen pflegt. In dieser Gestalt umflatterte sie das Angesicht des Turnus, kreiste hernieder zu seinem Schild und schlug auch diesen mit den Fittichen. Dem kämpfenden Helden sträubte sich das Haupthaar, und seine Glieder erstarrten bei diesem unheilvollen Anblicke. Juturna aber raufte sich das Haar aus und schlug sich an die Brust; denn sie erkannte die Übermacht Jupiters und fluchte ihrer eigenen Unsterblichkeit. Sie bedeckte sich den Leib mit dem grünen Flutengewande und tauchte verzweifelt in den nahen Tiberstrom unter.

Äneas drang jetzt heran, schüttelte seinen baumlangen Speer voll Wut und rief dem Gegner zu: „Was zögerst du noch, Turnus, was sträubst du dich noch länger? Nicht zum Wettkampfe haben wir uns vereinigt, sondern zum Waffenkampf! Sammle jetzt, was du von Kunst und Mut besitzest!“ Turnus schüttelte das Haupt und entgegnete: „Nicht deine hitzigen Worte schrecken mich, du Trotziger; mich schreckt das Götterzeichen und die Feindschaft Jupiters!“ Mehr sprach er nicht, sondern faßte einen gewaltigen Stein ins Auge, der neben ihm im Felde lag und einen Markstein vorstellte. Zwölf Männer, wie sie jetzt sind, würden ihn kaum auf den Nacken heben können. Diesen faßte der Rutulerheld mit der Hand, richtete sich empor und wollte ihn im Laufe gegen den Feind schleudern. Aber er kannte sich selbst nicht mehr, denn er fühlte seine Arme kraftlos, seine Knie schlottern, sein Blut zu Eis erstarren. Der Felsenstein, durch die leere Luft gewirbelt, erreichte sein Ziel gar nicht; er sank entkräftet auf den Boden, wie man oft im Traume einen Anlauf nimmt und doch nicht gehen und nicht sprechen kann. Turnus wandte sich unwillkürlich zur Flucht um und säumte, die Rutuler und die Mauern der Stadt vor sich erblickend, in verzagender Angst und den Speerwurf des Feindes erwartend. Vergebens sah er sich nach seinem Wagen, vergebens nach der leitenden Schwester um.

Auch zauderte der Trojaner nicht und schleuderte aus Leibeskräften die Todeslanze, die wie ein Felsstück vom Geschütze abgesendet oder wie ein Blitzstrahl dahergesaust kam. Durch Schildrand und Panzer fuhr sie den Feind in die Hüfte, und getroffen vom Stoße, sank der gewaltige Turnus zusammenbrechend ins Knie.

Die Rutuler ächzten laut auf, daß die hohe Waldung umher widerhallte. Turnus lag gedemütigt auf dem Boden, streckte flehend seine Rechte zu dem Sieger empor und sprach: „Ich hab es so verdient; ich verlange keine Schonung für mich; brauche dein Glück! Aber wenn der Jammer meines Vaters dich zu rühren vermag – er ist mir, was dir Anchises war –, so erbarme dich des greisen Daunus. Gib mich – oder willst du dieses nicht, so gib meinen entseelten Leib den Meinigen zurück! Ich gebe mich ja besiegt; Lavinia sei dein; setze deinem Haß ein Ziel!“

Äneas stand ausholend zum Streich, seine Blicke rollten über den Liegenden hin, doch hielt er die bewehrte Rechte zurück; und schon wollte seine Seele sich zum Mitleid kehren, als er zum Unheil des Besiegten an dessen Schulter das Wehrgehenk des arkadischen Fürstensohnes Pallas erblickte, des holden Jünglings, den Turnus erschlagen hatte. Da entbrannte sein Schmerz und Zorn aufs neue, und schrecklich im Grimme rief er: „Wie? du, den der Raub der Meinigen schmückt, solltest mir entrinnen? Pallas, Pallas opfert dich mit diesem Stoß und nimmt Rache an dem verfluchten Blut!“ So sprach Äneas und tauchte stürmisch sein Schwert in die ihm entgegengestreckte Brust des Feindes. Turnus sank zu Boden; Kälte durchrieselte ihm die Glieder, und unwillig floh sein Schatten aus dem erstarrenden Leibe hinab zur Unterwelt.